陶行知学文库

湖北省公益学术著作出版专项资金项目

丛书主编 \ 周洪宇

陶行知与牧口常三郎教育思想比较研究

TAO XINGZHI YU MUKOU CHANGSANLANG JIAOYU SIXIANG BIJIAO YANJIU

蔡幸福 著

华中师范大学出版社

新出图证(鄂)字10号

图书在版编目(CIP)数据

陶行知与牧口常三郎教育思想比较研究/蔡幸福著. — 武汉：华中师范大学出版社，2020.11

(陶行知学文库)

ISBN 978-7-5622-9122-0

Ⅰ.①陶… Ⅱ.①蔡… Ⅲ.①陶行知(1891-1946)—教育思想—思想评论 ②牧口常三郎(1871-1944)—教育思想—思想评论 Ⅳ.①G40-092.6 ②G40-093.13

中国版本图书馆CIP数据核字(2020)第207739号

陶行知与牧口常三郎教育思想比较研究

责任编辑：陈良军

责任校对：罗 艺　　**封面设计**：罗明波

编辑室：学术出版中心　　**电话**：027-67867792/3280

出版发行：华中师范大学出版社

社址：湖北省武汉市洪山区珞喻路152号　　**电话**：027-67863426(发行部)

网址：http://press.ccnu.edu.cn　　**电子邮箱**：press@mail.ccnu.edu.cn

印刷：湖北恒泰印务有限公司　　**督印**：刘 敏

开本：710mm×1000mm 1/16　　**印张**：19

字数：294千字

版次：2020年12月第1版　　**印次**：2020年12月第1次印刷

定价：95.00元

欢迎上网查询、购书

总　　序

周洪宇

陶行知是中国近现代享有盛誉的教育家、思想家、政治家和文学家，也是中国近现代原创力最强、真正形成了自己的教育学说体系、富有世界影响力的教育思想家。2007年，美国知名学者、哥伦比亚大学教育学院大卫·汉森教授在其主编的《教育的伦理视野——实践中的教育哲学》一书中介绍了世界最具影响力的十大教育思想家，其中唯一的中国教育思想家就是陶行知。该书将陶行知与美国的杜威、意大利的蒙台梭利等世界著名教育思想家并列，足见陶行知在国际学术界的巨大影响力及其被国际人士高度认可。

2020年是陶行知研究100周年，2021年是陶行知130周年诞辰和逝世75周年。借此机会，我们与华中师范大学出版社合作，编辑出版“陶行知学文库”丛书50余册，约2000万字，以深化陶行知研究，推动中国教育改革发展，加快建设中国教育学。

一

“陶行知学文库”丛书的编辑出版具有重大的学术价值与现实意义。2020年是国家“十三五”教育事业发展规划的收官之年，2021年是国家“十四五”教育事业发展规划的起步之年。值此重要历史节点，编辑出版“陶行知学文库”丛书意义重大而深远。

其一，这是深化当代陶行知研究的迫切需要。

如果将1920年北京大学缪金源所写的关于陶行知学生自治思想研究的文章算为正式起点的话，陶行知研究到现在已有整整100年历史。回顾百年陶行知研究，可以发现陶行知研究已经逐步发展为一门国际性的学问，在美国、德国、法国、日本、韩国等国家都有不少学者在进行研究并取得了丰硕成果。陶行知研究是一门中国本土成长起来的学问，它是对中国近现代教育家陶行知的专门研究之学。既然是本土之学，中国人自己首先要研究好，这样才能更好地与国外学术界对话和交流，提高我国在国际学术界的话语权。

深化当代陶行知研究需要建立专业的、系统的、科学的“陶行知学”。所谓“陶行知学”，就是一门以陶行知的家世家庭、个人生平、事业贡献、思想学说、人格精神、历史作用和国际影响为主要研究对象的学问。它涉及陶行知本人及其所处的时代环境、所经历的重要活动和重要事件、所交往的重要人物等，重点是研究陶行知的精神文化世界，对陶行知的历史价值及其局限进行历史反思。透过这种研究来看在当时的时代环境下，以陶行知、鲁迅为代表的中国近现代进步知识分子如何处理中西古今关系，走上一条追求真理、救国救民的历史道路，以及我们今天怎样学习和借鉴陶行知思想，推动当代的教育改革和社会进步。“陶行知学”的具体内容应该包括历史研究、文本研究、理论研究、应用研究、比较研究、海外研究和研究史研究等。就其性质而言，它有应用研究的一面，但主要还是基础研究。换句话说，它就是以基础研究为主、应用研究为辅的一门专门学问。

随着中国经济的快速发展、国际地位的日益提高，中国的学术和文化也要有相应的提升，以适应时代的需要。在当前西方学术文化占据强势地位的情况下，加强与西方学术界对话，发出中国自己的声音，很有现实意义。中国当代陶行知研究的重要任务之一，就是发展陶行知学术文化，形成陶行知学术话语体系，促进中西教育学术交流，在国际上拥有更大的话语权。“陶行知学文库”丛书的编辑出版正有助于此。

其二，这是加快建设当代中国教育学的迫切需要。

陶行知从20世纪10年代开始撰写教育论文，至40年代中期去世前，披阅不停、笔耕不辍，数十年如一日，围绕其独特的生活教育思想，著述达四百万字以上，客观上构建了一个概念清晰、原理明确、主张具体、内容丰富、结构完整的教育理论体系，得到了教育界、学术界的充分肯定。陶行知教育学说由若干概念范畴、基本原理和具体主张组成。具体而言，它以政治理念、哲学观点和文化思想为理论基石，以“生活”范畴为逻辑起点，以“生活即教育”“社会即学校”“教学做合一”三大原理为教育哲学依据，以民主教育、科学教育、乡村教育、师范教育、幼儿教育、创造教育、全面教育、终身教育等为具体教育主张，将其有机地建构成一个紧密联系、不可分割的整体，而且随着社会形势的变化与教育实践的深入，不断发展变化，具有鲜明的时代特征和特定的历史内涵。

20 世纪上半期，陶行知在反传统教育和反洋化教育的斗争中，在长期的教育实践过程中，通过批判地吸收古今中外各种教育思想精华和总结自己的教育实践经验，创立了具有中国特色、以教育哲学原理为基础、以各类教育主张为内容的一套完整的生活教育学说。他的生活教育学说是在半殖民地中国社会历史条件下中国人民争取解放、自由、平等的教育理论，也是既符合中国国情又适应社会发展和世界潮流的现代教育思想，达到了近现代中国社会教育思想所能达到的最高高度，成为新中国教育思想体系的重要理论来源之一，也是当今与未来中国教育思想发展的一个重要理论资源。“陶行知学文库”丛书的编辑出版是对陶行知教育学说的系统梳理与科学总结，有助于丰富和建设具有中国特色、中国风格、中国气派的当代中国教育学。

其三，这是加快当代教育改革发展的迫切需要。

陶行知早年毕业于世界著名的教育研究机构——美国哥伦比亚大学师范学院，师从 20 世纪著名的哲学家、教育学家、美国哲学学会会长杜威，世界著名教育史学家、世界教育联合会会长孟禄，知名教育学家、“设计教学法”创始人克伯屈等人，并在美国教育行政学权威、美国教育行政学会会长斯特雷耶教授的指导下撰写博士学位论文，研究中国教育。陶行知一方面深受西方先进教育理论的熏陶，另一方面又有长期的中国教育改革实践经历，教育理论功底深厚，教育实践经验丰富，而且善于总结提炼，具有强烈的自觉去系统建构教育理论体系的愿望与能力，被美国最负盛名的汉学家、哈佛大学东亚研究中心主任费正清教授誉为“杜威博士最有创造力的学生”。

陶行知不仅是一位杰出的教育家、思想家、文学家，也是一位活跃的政治家。他始终把教育变革与社会改造紧密地结合在一起，一生致力于中国的民族独立、国家富强、文教发达、社会进步。他的爱满天下的博大胸襟、乐于奉献的伟大情操、炽烈真诚的教育激情、求真务实的思想作风、不屈不挠的刚毅品质、开拓求新的创造精神，是我们今天进一步推进改革开放、实现中华民族伟大复兴宏伟事业、圆美好中国梦最需要的精神财富。“陶行知学文库”丛书的编辑出版有助于深化陶行知研究，把这些精神财富很好地总结和提炼出来，服务于当代中国教育发展改革的需要，特别是服务于十九大尤其是十九届五中全会后中国教育改革发展、建设高质量教育体系、推进教育现代化、建设教育强国、办人民满意教育的迫切需要。

其四，华中师范大学陶行知研究团队四十年的学术积累使之具有可行性与可操作性。

华中师范大学是改革开放以后中国大陆最早开展陶行知研究的重点高校之一，编辑出版了国内外第一套《陶行知全集》(共 8 卷，湖南教育出版社 1984 年、1985 年出版前 6 卷，1992 年出版后 2 卷)，该书 1986 年获得全国优秀畅销书奖，1988 年获得全国第一届优秀教育图书特别奖，1994 年获得第一届国家图书奖，为全国陶行知研究的顺利开展提供了基本条件；1993 年撰写出版了第一本陶行知研究专著《陶行知教育学说》，该书获得 1995 年首届全国高校人文社会科学研究优秀成果一等奖；1985 年和 1988 年分别培养了国内第一个教育史陶行知研究硕士研究生和第一个历史学博士研究生，这为 2000 年华中师范大学获得教育史学博士学位授权点以及此后培养多位以陶行知研究为论文选题的教育学博士奠定了坚实基础。无论是编纂出版陶行知全集、选集，还是编写年谱长编、人物传记、画传；无论是撰写出版专著，发表研究论文，还是组织开展教育改革实验，创新发展陶行知思想；无论是培养人才，建设一支高素质、专业化、创新型研究队伍，还是建立陶行知国际研究中心、举办专题国际学术会议，让陶行知研究走向世界，华中师范大学都走在国内外教育界、学术界的前列，成为举世公认的陶行知国际研究中心。在著名历史学家章开沅教授、著名教育史学家董宝良教授的导航引路下，一批中青年学者脱颖而出，成为当今国内外陶行知研究领域里的中坚力量。华中师范大学陶行知研究团队四十年深厚的学术积累为“陶行知学文库”丛书的编选出版奠定了坚实基础并提供了可能。

二

“陶行知学文库”丛书的编选范围广、体量大、内容丰富，主要是选取改革开放以来华中师范大学陶行知研究团队的陶行知研究成果，既有陶行知的全集、选集等资料整理，又有专题研究、人物传记、比较研究、国际研究、年谱长编和应用研究等。其中全集有《陶行知全集》（新编本）和《陶行知全集》（精编本），选集有《陶行知教育论著选》、《陶行知教育名篇选》、《陶行知教育名篇精选》（教师读本）、《陶行知教育名论精要》（教师读本）、《陶行知幼儿教育名篇选读》、《生活教育——陶行知英文著作精选》（中英双语），专题研究有《陶行知教育学说》、《陶行知生活教育学说》、《陶行知生活教育导读》（教师读本）、《陶行知生活教育理论》（英文版）、《陶行知与中国现代文化》、《陶行知与中外文化教育》、《陶行知与中外文化教育再探》、《陶行知研究的学术谱系》、《我与陶行知研究》，人物传记有《平凡的神圣——陶行知》、《山乡社会走出的人民教育家：陶行知》、《人民之子　陶行知》、《陶行知画传》、《陶行知大传——一位文化巨人的四个世界》、《平凡的伟大：教育家陶行知、杨东莼、牧口常三郎的生活史》、《最后的圣者——陶行知新论》、《教育改变世界——陶行知》（英文版），比较研究有《蔡元培、黄炎培、陶行知的比较研究》《陶行知与牧口常三郎教育思想比较研究》，国际研究有《陶行知研究在海外》、《陶行知研究在海外》（新编本）、《全球视野下的陶行知研究》、《教育交流与社会变迁：哥伦比亚大学与现代中国教育》（此书大篇幅论述陶行知），年谱有《陶行知年谱长编》，应用研究也正在编写之中。需要说明的是，“陶行知学文库”丛书选收的研究性著述均为华中师范大学陶行知研究团队成员所作，有些优秀之作因各种原因未能纳入其中，不免有遗珠之憾，敬请原作者谅解。

三

本丛书的编选范围与编选体量决定了其以“陶行知学文库”命名，而非简单地取名为“陶行知丛书”或“陶行知研究丛书”。这既体现了丛书命名的科学性与准确性，也彰显了丛书内容的全面性与专业性。“陶行知学文库”丛书由章开沅先生、朱永新先生、董宝良先生担任顾问，周洪宇、周挥辉任编辑委员会正、副主任，申国昌、操太圣、刘从德、刘大伟、刘来兵为编委会委员，齐彦磊任编委会秘书长，陈诗、窦海元、詹淑兰、范青青、戚同欣、郑媛、王亭力、陈海霞、韩旭帆等为编委会工作人员。在丛书的编选过程中，编委会力求以历史唯物主义为指导思想，以历史研究、比较研究、理论研究等为研究方法，做到历史与逻辑相结合、抽象与具体相结合、理论与实践相结合、本土与域外相结合，深化陶行知研究水平，使之更具专业性、系统性和科学性。依此，编委会对丛书的整体进度作了如下安排：丛书共 50 余册，分三辑出版，2020 年出版第一辑 10 册，2021—2025 年出版第二辑 22 册，2025 年之后出版第三辑约 20 册。

本丛书在编选过程中得到了著名史学家、教育家章开沅先生，著名教育史学家董宝良先生的关心与支持，华中师范大学教育学院喻本伐教授、余子侠教授、申国昌教授、刘来兵副教授和曾在华中师范大学教育学院任教或学习的现深圳大学师范学院熊贤君教授、聊城大学教育学院胡志坚教授、长江大学教育学院陈竞蓉教授、南京晓庄学院陶行知研究院刘大伟副教授、武汉市市场监督管理局蔡幸福博士以及国内外教育界、学术界的其他朋友等均从不同维度为丛书的立意、构思与修改提出了宝贵的意见和建议。同时，"陶行知学文库"丛书编选工作的顺利展开也得益于编委会各位同志的辛勤付出。华中师范大学出版社社长周挥辉、总编刘从德、学术出版中心主任冯会平和编辑张怀东等人，为丛书出版倾注了大量的心血。值此丛书第一辑付梓之际，谨对以上各位同仁致以最诚挚的谢意！

2020 年 12 月 18 日于武汉东湖之滨远望斋

目录

引　论

一、选题缘起

2007年，国际教育研究重镇美国哥伦比亚大学教育学院的哲学、教育学教授戴维德·汉森(David T. Hanse)博士在他主编的并由哥伦比亚大学出版社出版的《教育的伦理视野——实践中的教育哲学》一书中，介绍了20世纪最具影响力的世界十大教育家，其中，有两位是亚洲教育家，一位是广为人知的中国教育家陶行知，另一位是名不见"正史"的近代日本教育家牧口常三郎。让笔者困惑不解的是：陶行知的教育思想早在20世纪三四十年代就已享誉世界，而牧口常三郎虽然在当时一度引起日本社会重视并为日本学术界权威所认可，但毕竟由于历史的原因少为人知，如今，为什么大放光彩，受到与陶行知相提并论的"待遇"？其依据何在？这一悬念无疑进一步强化了笔者进行陶行知与牧口常三郎教育思想比较研究的信心。

2006年元月给导师周洪宇教授所作的一次学业情况汇报中，导师建议笔者将"陶行知与牧口常三郎教育思想比较研究"作为毕业论文的题目。听完导师对牧口常三郎的介绍后，心情喜忧参半。激动的是，因为被牧口常三郎不屈不挠、乐于奉献和爱好和平的人格魅力所感染；担忧的是，因为这是我有生以来第一次听说这位日本教育家，而且由于语言的原因，资料收集难度可想而知。另外，国内外对陶行知的研究成果林林总总，要想对已有的研究成果有所突破无疑是一个很大的挑战。

为了帮助我了解牧口常三郎，导师给我详细介绍了创价学会以及华中师范大学池田大作研究所的有关情况。这无疑极大地增强了我对牧口常三郎的研究兴趣和信心。更为珍贵的是，2006年3月，我有幸参加了日本创价大学国际部副部长高桥强先生一行与章开沅教授进行的亲切会谈。这次亲身经历不仅让我结识了高桥强先生一行的日本友人，而且对创价学会，尤其是对牧口常三郎加深了认识。令我感激的是，在听到有关我正在从事陶行知与牧口常三郎教育思想比较研究的情况介绍后，高桥强先生非常高兴并主动向我伸出了援助之手。回国后，他在繁忙的工作之余，帮我求助于台湾创价学会，台湾创价学会又以很快的速度为我邮来了牧口常三郎撰写的《创价教育学体系》①第一卷(中文版)。这无异于雪中送炭，同时让我从他们身上看到了牧口常三郎创价精神的生命力和魅力。

此外，章开沅教授在会谈中体现出的作为当今历史学泰斗的那种浓重的历史责任感给了我强烈的震撼和鼓舞，使我感受到了陶行知与牧口常三郎教育思想比较研究的重要意义。

章开沅教授在谈话中说："凡是善良的日本人、善良的中国人，都应该做一些有益于人类的事情。目前中日关系出现了一些曲折，我们更应该携起手来为两国关系的友好、为和谐社会乃至和谐世界的构建作些贡献。日本人民也是爱好和平的，牧口常三郎先生就是其中热爱和平的典型代表。中国人对牧口常三郎先生的了解不够，教育界对牧口常三郎先生的了解也很少。所以密切与创价学会的交流，加强对牧口常三郎先生的研究和介绍，有助于化解矛盾、增进友谊，有助于和谐社会与和平世界的建设。"

"牧口常三郎的教育理念与陶行知的教育思想有很多相通之处，而且有很多可比性。牧口常三郎信仰佛教，陶行知曾经是一位基督徒。他们都热爱和平且为人类和平事业而献身。牧口常三郎主张创造价值，陶行知也提倡创造。尽管陶行知更强调人的创造性的培养，牧口常三郎侧重于讲人生价值的创造，但创造的大目标是一样的。陶行知主张'真、善、美'，牧口常三郎主张'得、善、美'。牧口常三郎和陶行知对杜威的思想很尊重，都立足于本土社会特点和文化资源对杜威的思想进行了发展。"②

章开沅教授的一席话不仅让我在研究牧口常三郎和陶行知教育思想上吃了一颗定心丸，更为重要的是，为笔者从事这一研究提供了重要的精神支撑。

当然，大学时所受到的英语专业和读硕士研究生时所接受的比较教育专业训练、近些年来一直保持着的对佛学的研究兴趣及学到的一点粗浅的

---

① 《创价教育学体系》共四卷，第一、二、三、四卷分别于 1930、1931、1932、1934 年出版。

② 根据 2006 年 3 月 9 日章开沅教授与日本友人高桥强先生谈话整理，未经本人审阅。

佛学知识为笔者从事这项研究增加了底气,这也是笔者最终决定将"陶行知与牧口常三郎教育思想比较研究"作为研究题目的理由。

二、研究价值

本选题的研究价值主要表现在三个方面:

(一)填补教育史上的一点研究空白

牧口常三郎作为一名日本教育家,由于诸多原因,不仅在中国教育史上而且在日本教育史上尚属"真空"。尽管牧口常三郎的《人生地理学》早在20世纪初就被介绍到中国,而且其中的许多内容还被编入当时的地方地理教材在课堂中讲授,尽管近年来国内学者也有人就牧口常三郎的哲学思想撰写了有关论文,然而,截至2006年10月,就牧口常三郎的教育思想进行专门介绍的文章还找不到一篇。即使是在日本,对牧口常三郎的研究也大多是着眼于他的地理学、哲学和宗教思想的介绍。不用说还没有人将牧口常三郎与国外的教育家进行比较研究,就是单独对牧口常三郎教育思想进行全面、系统、深入挖掘整理研究也尚无一人。为此,将陶行知与牧口常三郎的教育思想进行比较研究,不仅有助于研究领域的拓展、有助于对陶行知教育思想研究的深入,而且可以填补牧口常三郎在中国教育史乃至日本教育史上的空白。

(二)拓展视野,深化研究

八十多年来,尤其是近二十年来,虽然陶行知研究获得了长足的发展,取得了蔚为可观的研究成果,但无论是在研究队伍的理论素质还是在学术研究的理论深度与广度方面,仍然存在着不少亟待解决的问题。其中,尤为突出的是:从比较的角度将陶行知与其他教育家进行比较研究还留有很多空间,尤其是将比较研究的视野延伸到国外教育家的更不多见。而且,即使是比较研究,也多局限于与杜威、武训、孔子、王阳明、陈鹤琴等人进行比较。根据对万方数据库中中国学术会议文献数据库、中国学位论文全文数据库,中国知网中的中国期刊全文数据库和周洪宇教授撰写并刊载于1991年12月《华中师范大学学报》专刊中的《六十年来国内陶行知研究文献目录》(1928—1991)等资料进行不完全检索统计,20世纪80年代和90年代涉及陶行知与其他人物(21人)比较研究的文章共42篇,其中,将陶行知与杜威、武训、孔子、陈鹤琴进行比较研究的分别为12、9、3和3篇,与墨子、王阳明、晏阳初、黄炎培等17人进行比较的各1篇。由于某些研究视角的单一和狭窄，在一定程度上影响了陶行知研究的纵深发展，而且也容易导致研究疲劳。为此，将陶行知与我们陌生的教育家牧口常三郎二者的教育思想进行比较研究，不仅扩大了陶行知研究的视域，而且会让人耳目一新。尤其是日本教育家牧口常三郎创立的由人与自然、人与人、人与社会和谐的世界观，人生即创造的人生观，以“得、善、美”为核心的价值观和以获得幸福人生为旨归的教育目的观为主要因素构成的创价教育理论会给人以全新的感受。比较研究两位教育家的教育思想，对于我们进一步领悟人生真谛、探求教育本质有着一定的现实意义和历史价值。值得一提的是，两位教育家对教育问题的探讨并不囿于教育自身，而是从政治、哲学等角度对教育进行了诠释。特别需要指出的是，二人都有自己的宗教信仰，陶行知与基督教有着不解之缘，而且推崇佛教理念；牧口常三郎是一位虔诚的佛教徒。他们的教育思想与自身的宗教思想融为一体，并且将两教中弘扬博爱、崇尚和平、关注生命的闪光思想精髓发挥得淋漓尽致，成为中外教育史上为人类和平事业殉身的两颗“明珠”，这对我们进一步认识宗教的价值，认识教育与宗教的关系也有着一定的启迪作用。

（三）扩大交流，增强了解，促进中日友好

中日两国人民的友谊历史悠久，源远流长。新中国成立以来，本着符合两国人民根本利益的宗旨，中国始终坚持中日应发展世代友好关系的方针。通过两国人民的共同努力，中日两国的交流和合作领域不断扩大，两国人民的了解日渐加深，友谊日益得到加强。然而，我们也必须看到，日本法西斯主义阴魂未散，军国主义扩张野心也未得到有效遏制，日本右翼保守势力甘冒天下之大不韪坚持错误的历史观，并妄图重温亚洲霸权旧梦。我们完全有理由在充分认识问题严重性、认清问题根源的同时，将爱好和平的日本人民与极少数军国主义分子区分开来。

研究生活在同一时代的陶行知和牧口常三郎，我们不难发现，两位都是人类和平的使者，同时也是中日两国人民爱好和平的典型代表，他们都为反对日本军国主义的侵略行径牺牲了自己宝贵的生命。而且，他们从生命一体、世界同心的理念出发，走出狭隘的民族主义，以世界市民的身份去构筑并支撑人类和平的平台。

历史证明，日本的历史问题归根结底要由日本人民来解决。战争不得人心，而且是人类的“大恶”。唯有进行沟通和理解，扩大交流和合作，才是解决争端的金钥匙，也是人类和平的希望所在。

教育交流是两国人民相互了解和沟通的基本途径，它对于消除误解、化解矛盾、增加两国人民感情和心理的亲近感具有特殊的作用，对培养两国青少年的国际意识与和平友好观念具有重要意义。比较研究陶行知和牧口常三郎的教育思想，挖掘其思想宝库中的和平精神，对推动当代中日教育交流，促进两国友好关系的发展将具有一定的历史意义和现实意义。

几年来，笔者在研究中感到，陶行知和牧口常三郎具有很强的人格魅力，其丰富的教育理论至今仍具有启迪意义，值得学术界深入研究。笔者对他们的理论和实践深为折服，对他们的崇高品德更是钦佩。可以说，“在感动中写作和在写作中感动”是笔者在撰写本书时内心的真实写照。

三、研究现状

(一)关于陶行知研究的国内状况

陶行知是我国伟大的人民教育家。陶行知研究是 20 世纪以来中国教育史研究的一个热点，它所经历的时间之长、规模之大、影响之深远，与中国同时代的其他教育家研究相比是相当突出的。据不完全统计，截至 1991 年 12 月底，已公开出版的有关陶行知的各类传记、年谱、专著和论文集，国内的有 10 余本，国外的有 19 本，而公开发表的研究论文和资料，国内的超过了 1500 篇，国外的也不少于 120 篇。另据李庚靖对 20 世纪 90 年代中国陶行知教育思想研究成果和 1918 年以来八十多年的陶行知研究成果所进行的综合统计，截至 2002 年初，国内外研究陶行知的人员至少有 2000 多人，包括中国大陆、台湾、香港以及海外的美国、日本等八个国家和地区的研究人员；研究机构共有 25 个，包括中国陶行知研究会和中国陶行知研究基金会，以及 23 个省市自治区建立的陶行知教育思想研究会；研究刊物有十多种，其中，最有影响的是安徽省陶行知研究会主办的《行知研究》双月刊，这是从事陶行知教育思想研究的必读刊物；研究成果总共 3400 多件，其中，研究著作有 200 多部，研究论文达 3200 多篇[①]。近几年

① 李庚靖：《陶行知教育思想研究之现状》，《上海教育研究》2002 年第 4 期，第 31—34 页。

来陶行知研究的势头有增无减，仅从对国内收录公开发表的文章比较齐全的权威网上数据库之一——中国知网中的中国期刊全文数据库进行检索的数据就可以略见一斑。据初步统计，2002 年至目前，国内发表有关陶行知的论文共 1100 多篇。与同时代的其他教育家相比，陶行知无疑是学术界研究得最多的历史人物之一。

尽管对陶行知的研究已有八十多年的历史，而且成果丰硕，但是重视"陶行知研究的研究"还只有十多年的时间。不过，从这十多年的研究成果中，我们不仅可以观照到陶行知研究中所经历的轨迹，而且也可以在下一步研究的重点、难点以及方法论上有一个更明确的把握。

国内最早进行"陶行知研究的研究"的有郭笙、周洪宇、赵刚和童富勇等。其中，周洪宇 1989 年在《华中师范大学学报》第 2 期发表的《陶行知研究的方法论问题》一文，最先从方法论的角度对如何开展陶行知研究进行了论述。紧接着，赵刚在同年《日本研究》第 3 期发表《陶行知研究在日本》，对日本陶行知的研究进行了初步的介绍。两年后，也就是在 1991 年，周洪宇和童富勇等人对"陶行知研究的研究"给予高度重视，并先后发表文章就陶行知的研究状况进行回顾和梳理。与此同时，余子侠、熊贤君、喻本伐等也在陶行知研究上倾注了大量心血，撰写了多篇文章，这些文章为陶行知研究的纵深推进打下了较好的基础。十年后，金林祥、李庚靖等将"陶行知研究的研究"作为研究热点，发表了一些重要文章。这些文章不仅梳理了目前国内陶行知的研究现状，也为将来的陶行知研究提供了宝贵的参考资料。

如果我们将陶行知研究视野向前延伸到 1918 年，在对目前国内具有代表性的四部陶行知研究文献索引，即周洪宇编的《六十年来国内陶行知研究文献目录》、梁宇光等编的《七十年来陶行知研究资料索引》、浙江丽水师专编的《伟大的人民教育家陶行知研究资料索引》和吴奕宽、方善森编的《陶行知研究集粹》，以及对四部比较全面地涉及教育资料的重要索引，即《报刊资料索引》、《全国报刊索引》、《中文报刊教育论文索引》、《教育、心理科学资料索引》，和《教育研究》、《教育史研究》、《行知研究》、《生活教育》等重要刊物进行相互参照、查阅检索，同时在对收集到 1919—2000 年的陶行知研究成果①进行数据分析的基础上，主要根据陶行知研究的变化规律以

① 1919—2000 年的陶行知研究成果共 3423 件，其中，著作 200 部，论文 3223 篇。

及各时期政治、经济、文化、思想等外部环境的发展变更，可以把近九十年的中国陶行知研究划分为探索研讨（1918—1946）、纪念评价（1946—1951）、批判与沉寂（1951—1979）、争鸣与复兴（1979—1985）以及理论研究与实践探索并行（1985—2000）五个时期。

从1918年教学合一的论争到1946年7月陶行知逝世之前，是人们对陶行知及其教育思想与实践开始探索研讨的时期。这时期大致可分为三个阶段：从1918年以“教学合一”为中心的论争开陶行知研究史之先河到1927年晓庄师范创办之前，是陶行知研究的萌芽阶段，主要围绕着教授法改为教学法展开争论，同时针对陶行知从事的平民教育、职业教育等教育活动及其言论发表评论；从1927年晓庄师范的创办到1934年《生活教育》创刊之前，是陶行知研究兴起阶段，主要围绕晓庄师范对中国乡村教育的影响，同时针对山海工学团、人口统制与教育等具体问题展开探讨；从1934年《生活教育》的创刊到1946年陶行知逝世之前，是陶行知研究的初步发展阶段，主要研讨生活教育问题，同时涉及幼儿教育、小先生制、育才学校，乃至陶行知的政治思想和改革创新思想①。

从1946年7月陶行知逝世到1951年5月《武训传》批判之前，是人们对陶行知进行纪念和评价的时期。这时期发表的论文有321篇，出版的著作有14部，悼念和纪念是这一时期陶行知研究的主题。此外，这时期的陶行知研究还对陶行知的教育思想及其哲学、政治思想进行了广泛的涉猎。人们普遍认为，陶行知的教育思想与旧中国传统教育有着本质区别，它提倡生活教育，反对旧八股、洋八股教育；提倡大众教育，反对小众教育，是理论与实际相联系的革命教育学说，是为人民服务的教育思想，与新民主主义的理论基本是一致的。也有张劲夫等同志在肯定陶行知教育思想的同时，指出了它的局限性，即带有“朴素性”和“不够严密完备”②。

从1951年5月《武训传》批判到1979年3月陈鹤琴提出将陶行知做重要课题研究之前，是陶行知研究由批判走向沉寂的时期。1951年5月，几乎是在批判电影《武训传》的同时，许多陶行知的学生和生前好友，由于

① 李庚靖：《中国陶行知研究80年概述》，《广西师范大学学报（哲学社会科学版）》2002年第1期，第74—78页。

② 李庚靖：《中国陶行知研究80年概述》，《广西师范大学学报（哲学社会科学版）》2002年第1期，第74—78页。

受“左”的思想影响，迫于种种政治压力，也公开批判陶行知的生活教育理论并作自我检讨。后来随着批判的升级，根据陶行知教育思想创办的学校，甚至宣传过陶行知生活教育理论的教师，也受到株连。1956 年 10 月，由于我国政治气氛比较宽松，对陶行知的批判有所缓和。从 1958 年初开始，陶行知研究进入了长达二十多年的沉寂期，人们谈陶色变。其间，国内涉及陶行知的文章仅仅零星地出现了 10 篇。由上可见，这一时期先是批陶，继而翻案，再接着批判，虽然有一段时间是对陶行知做了较为客观、公正的评价，但大部分时间都是以批判代替研究。这时期陶行知研究的显著特征是，把陶行知的政治思想与教育思想、民主活动与教育活动截然分开，对他的定位明显下降。在政治上，对他的评价从“党外布尔什维克”、“共产主义者”变为“小资产阶级革命派”、“小资产阶级改良主义者”或“爱国主义者”。在教育上，则把陶行知及其生活教育理论与杜威及其实用主义教育思想等同起来，认为生活教育实质上是一种狭隘的经验主义的教育思想，也是一种自发论的教育思想。

从 1979 年 3 月陈鹤琴提出将陶行知做重要课题研究到 1984 年 12 月中国陶行知研究会和中国陶行知基金会(以下简称“两会”)成立之前，是陶行知研究处于争鸣和复兴时期。这一时期的陶行知研究，主要是对有关陶行知教育思想的一些基本理论问题展开争论，包括陶行知教育思想的性质、陶行知与杜威的关系、陶行知与武训的关系、生活教育理论等，同时还涉足一些新领域，诸如创造教育、民族教育、健康教育等问题。

从 1984 年 12 月“两会”成立至今，是陶行知研究理论研究与实践探索并行发展的时期。1985 年 1 月，华中师范大学教科所以惊人的勇气编辑并由湖南教育出版社出版了巨型文献著作《陶行知全集》(湘版 6 卷本)，为全面研究陶行知的教育思想提供了丰富的资料来源。“两会”的成立标志着中国陶行知研究进入了一个全面发展的新阶段。20 世纪 90 年代以后，广大陶行知研究工作者借着全国隆重举行纪念陶行知一百周年诞辰的东风，积极展开陶行知研究。其中，90 年代的陶行知教育思想研究，无论从涉及的范围、研究的广度和深度，还是参与研究的人数、出版或发表的研究成果，都超过以往任何一个时期。其中，关于陶行知研究的著作 29 部，论文 1331 篇[①]。

① 金林祥、李庚靖:《20 世纪 90 年代陶行知教育思想研究综述》,《教育研究》2001 年第 6 期,第 78—80 页。

这一时期的陶行知研究理论研讨基本围绕着陶行知与中外文化教育及其贡献、陶行知教育思想及其当代价值与实践意义这两大主题展开。

新中国成立以来人们一直争论的几个基本理论问题，诸如陶行知政治思想和教育思想的性质以及相互关系，陶行知和武训、杜威的区别与联系，小先生制，人口统制与教育等，到 20 世纪 90 年代已经不再引起人们太多的关注，人们的视角已经更多地转移到陶行知与中外文化教育及其贡献、陶行知教育思想及其当代价值与实践意义、生活教育理论和创造教育思想等方面。

1. 陶行知与中外文化教育及其贡献

20 世纪 90 年代人们对这一问题的研究共识是：陶行知在历史转型时期，对于中西文化教育的认识，对中外教育理论所采取的态度，以及解答的理论课题，在中国近现代教育史上颇具特色、很有影响，在近代中国知识分子的中西文化教育观中，也是一种革命的、进步的、正确的代表。表现之一，陶行知“用批评态度，介绍外国文化，整理本国文化”，坚持“破”与“立”相结合，继承借鉴与开拓创新相结合，既不同于“全盘西化”和文化复古主义，又有别于“中国文化本位”论和文化折中主义。表现之二，陶行知的中西文化教育观具有“民族性”、“大众性”、“爱国性”和“科学性”。表现之三，陶行知强调“明辨择善”和“只问适不适，不问新与旧”，这种中西教育观与我们党对待中外教育一贯坚持的去糟取精的批判继承主张是相一致的。表现之四，陶行知对中西文化有深透的研究，因此能够被继承、借鉴，并加以弘扬和发展。他正确地处理了传统教育与现代教育、中国教育与外国教育的关系，成功地构建了适合中国国情的生活教育理论。这远非是“翻了半个筋斗”所能概括的①。

2. 陶行知教育思想及其当代价值与实践意义

主要体现如下：

(1)救国思想和人民思想始终是陶行知教育思想体系的两大深厚底蕴。其生活教育理论对构建现代科学的教育观与树立正确的人生观都具有重大的指导意义。

---

① 金林祥、李庚靖：《20 世纪 90 年代陶行知教育思想研究综述》，《教育研究》2001 年第 6 期，第 78—80 页。

(2)陶行知的教育革新理论和教育立国、依法治教的思想,具有很强的前瞻性和预见性,对于我们推动当代的教育改革,建设有中国特色的社会主义教育理论体系有着重要的现实意义。

(3)陶行知阐述了教育要面向现代化的必要性、现代化的含义以及中国现代化的出路和现代生活教育之路,为中国现代化勾画了全民族共有、共治、共享的教育蓝图,揭示了现代化教育的一些基本规律,并提出了许多对我们今天教育现代化仍有借鉴意义的真知灼见。

3.生活教育理论

长期以来,学者们对这一基本理论的理解众说纷纭,莫衷一是。董宝良主编的《陶行知教育学说》对过去学术界的种种误解和曲解做了深入辨析,他们认为"陶行知的'生活即教育'既不是把教育和生活画等号,把教育原始化、低级化,也不是杜威'教育即生活'的'翻版'"。它的实质是强调生活与教育的一致性、共通性,主张教育要与社会生活相联系,与生产实践相结合,为人民大众服务。关于生活教育理论的特点,人们主要强调它的大众性、爱国性和实践性。对生活教育的性质和历史定位,学术界倾向认为这是一种具有中国民族特色的进步的教育理论,不仅在当时具有积极意义,而且也有现实价值。如董宝良、陈桂生、熊贤君认为,陶行知生活教育理论在一定程度上反映了教育的客观规律,蕴含着许多合理因素,在半殖民地半封建社会的旧中国,它已经达到了它所能达到的思想高度,是近代以来中国教育家在独立自主地探索中国教育发展道路的过程中所取得的最为重要的理论成果之一。唐迅认为,陶行知的生活教育理论,不仅是20世纪中国教育现代化运动的极为珍贵的历史遗产,也是面向世界、走向新世纪的未来教育的蓝图。也有的学者在肯定生活教育理论积极意义的同时,认为其有明显的缺陷和偏颇。主要看法是,陶行知把"生活"和"教育"等同,把"学校"和"社会"混一,把"教学做合一"视为教学的普遍规律,就不免以偏概全,夸大了社会生活教育的效能,忽略了学校教育的作用,轻视了系统知识的传授和教师的主导作用①。

---

① 金林祥、李庚靖:《20世纪90年代陶行知教育思想研究综述》,《教育研究》2001年第6期,第78—80页。

4.创造教育思想

这方面的研究主要包括如下几点：

(1)形成与发展。人们普遍认为，陶行知在1933年发表的《创造的教育》一文是其创造教育思想形成的标志。不同的是，以王世杰、张耀宗、吴一德为代表的学者把它看作是其思想体系形成的标志。他们还以此为根据，把陶行知创造教育思想形成和发展的过程分为萌芽时期(出国留学前后)、形成时期(1931—1933年前后)、完善时期(在创办育才学校前后)三个阶段。以金林祥、李庚靖为代表的学者则只是把它看作是其思想形成的开始。他们在《论陶行知的创造教育思想及其现实意义》一文中，认为其形成发展过程大致经历了提出和萌芽阶段(1917—1933年，主要以试验教育的形式出现)、形成和发展阶段(1933—1946年)。

(2)主要内容及其特征。教育史学界目前对这一问题基本达成以下共识：陶行知的创造教育以生活为中心内容，旨在培养一种具有创新精神和创造能力的"真、善、美的活人"，是一种既有别于中国传统，又有别于西方情形的带有中国特色的反传统教育的现代教育，也是生活教育的理想境界。

(3)历史地位及其现实意义。人们认为，陶行知的创造教育思想在我国现代教育发展史上具有划时代的地位，而且对于实施素质教育，培养跨世纪的创新型人才，有着重要的现实意义。尤其应该指出的是，广大陶行知研究者开始从单纯的理论探讨转到教育改革和实验上，在全国建立了一大批陶行知教育思想基地，更有计划、有目的地开展单项实验、整体实验与区域性实验，并创造条件开辟熔教育改革、社会改革于一炉的综合实验，提高了教育实验的科学性、质与量的统一性和可检验性。

总之，近九十年的中国陶行知研究虽然经历了潮起潮落，但其发展总的态势好。研究范围除了教育问题，还涉及政治、经济、文化等各个领域；研究内容既有理论研究，又有实践探索；研究方法主要采用辩证唯物主义，同时还表现了方法运用的多样性。

值得一提的是，21世纪以来对陶行知进行研究的三项成果：

一是张蓉在《华东师范大学学报》(教育科学版)2005年第3期上发表的《批判与反思：1951—1978年的陶行知研究》一文认为，1951年至1978年近三十年来的陶行知研究的主流是批判，而且批判是"建立在对当时中国社会政治形势的不正确的判断基础上的，是'左'倾思想在教育领域中的反映”①。与此同时，文章还从正确处理学术问题与政治问题的关系、正确评价历史人物和正确认识教育的本质三个方面对本时期国内陶行知研究进行了反思。

二是涂怀京和陈冬在《爱满天下》2005 年第 1 期发表的题为《从争鸣到复兴：陶行知教育思想研究述评(1979—1985)》一文。该文就 1979 年至 1985 年这一时期陶行知教育思想研究状况进行了解剖，认为从 1979 年 1 月至 1985 年 8 月，陶行知研究进入了一个重要的转折期——争鸣复兴期。文章对陶行知研究复兴的缘由、契机、研究中不同观点间的商榷争鸣、探研的热潮、研究的全面复兴、创获颇丰的理论进展进行了较为全面、详尽的阐述。

三是 2005 年金林祥主编的《二十世纪陶行知研究》一书。这本比较全面系统反映陶行知研究历史全过程的学术力作，得到了国内一些陶行知研究专家的高度评价。中国陶行知研究会原会长方明先生指出，“像这样全面系统反映陶行知研究全程的学术专著，迄今还是第一部”。凌绍崇认为，此书是陶行知研究的恢弘史诗，匠心独运，真实地反映了 20 世纪陶行知研究的历史丰富性和多样性，其学术特色非常鲜明，具有合理性和科学性、全面性和系统性以及开拓性和创新性。熊贤君认为此书的出版“是我国教育理论界的一件大事”②。

(二)关于陶行知研究的海外状况

检索前文提到的国内专家发表的有关“陶行知研究的研究”方面的文章可以看到，长期以来，世界知名的伟大教育家陶行知的教育理论与实践不仅得到国内学术界的重视和研究，而且也吸引了不少海外学者的注目。从地域来看，主要集中在日本、欧美(主要集中在美国和德国)和韩国。

1. 日本的研究状况

日本对陶行知的介绍与研究始于 1935 年。如同其他中国学者研究一样，日本学者在陶行知研究方面，其起步之早、发展之快、研究之深广、成果之丰硕，均居各国学者之首。

---

① 张蓉：《批判与反思：1951—1978 年的陶行知研究》，《华东师范大学学报(教育科学版)》2005 年第 3 期，第 90—96 页。

② 凌绍崇、詹根连、熊贤君：《〈二十世纪陶行知研究〉读后感》，《爱满天下》2005 年第 4 期，第 35—37 页。

在日本研究陶行知的学者中，主要代表人物有斋藤秋男和牧野笃两位先生。

斋藤秋男先生①在日本陶行知研究界，其学术贡献最大，研究时间最长，理论成果最丰，不愧为"日本陶行知研究第一人"。

斋藤秋男的所有陶行知研究工作主要是紧紧围绕三个课题进行：一是对陶行知从"改良主义者"转变成"革命民主主义者"这一发展过程进行分析；二是阐明陶行知生活教育理论从晓庄师范时期到他晚年的大约20年时间中的发展和停滞，及其对解放区教育事业的影响；三是描述陶行知作为"大众诗人"的一面。

斋藤秋男先生在陶行知研究方面的贡献突出表现在三个方面：一是提出了陶行知回归"民族土壤"这一颇有理论深度的命题。二是斋藤先生对陶行知进行了科学的历史定位，提出"陶行知是属于全世界的"和陶行知留下的宝贵遗产"不仅是中国的，而且也是世界人民的"的观点。三是从研究方法的角度提出了"不能孤立地静止地去进行研究而是要把握陶行知的整体人格形象"的研究观。

斋藤秋男不仅是日本介绍陶行知的主将和研究陶行知的核心人物，而且在相当长的时期内，也是年轻陶行知研究者的指导者。日本许多陶行知研究工作者，在他们的成长道路上，都曾得到斋藤秋男的帮助和提携。最为典型的是现日本名古屋大学教育学部的教授、教育学博士牧野笃先生。他的学士学位论文、硕士学位论文和博士学位论文题目都与陶行知教育思想有关，其突出贡献主要表现在两个方面：第一，率先对"斋藤模式"提出异议。认为，"陶行知在接受杜威理论之前，就基本形成了接受其思想的'土壤'。对杜威理论的接受是以这块'土壤'为基础的。而且，那并不是单纯的接受，而是其'土壤'在对杜威理论加以修正、解释的同时，'土壤'自身从杜威理论中接受影响而逐渐成形"②。从某种意义上讲，这不啻是修正了的"斋藤模式"。第二，对陶行知教育思想的形成提出了一个新的见解，认为，陶行知不是回归到"民族土壤"里去，而是"民族土壤"始终在陶行知内部。

---

① 斋藤秋男（1917—2000），日本东京专修大学教授，前中国研究所理事长，日本著名的老一代教育史学家。

② ［日］牧野笃：《陶行知教育思想之根基——金陵大学时期对王阳明思想的解释与吸收》，见周洪宇编《陶行知研究在海外》，人民教育出版社1991年版，第127页。

牧野笃的研究成果代表了20世纪90年代日本陶行知研究的新水平①。

2.欧美的研究状况

欧美学者自20世纪20年代末期起就开始从事陶行知研究。早在1929年,即陶行知创办南京晓庄学校的两年后,世界著名教育家、美国哥伦比亚大学师范学院教授克伯屈(William Heard Kilpatrick)就对陶行知的教育理论和实践有所论评,并在当年10月中旬去晓庄学校实地考察。自此,陶行知及其晓庄学校就开始引起了欧美学者的关注。七十多年来,欧美对陶行知研究的发展速度明显加快,研究成果发表、出版的时间间隔也越来越短。其中,美国和德国学者的研究成果相对更为引人注目,具有代表性的研究如下:

美国著名学者、哈佛大学费正清教授在1948年出版的著作《美国与中国》一书中,曾将陶行知在中国从事乡村教育、开展"小先生运动"比喻为引起国民党恐慌并受到下令禁止厄运的"政治炸药"②。特别是在1986年出版的作品《伟大的中国革命,1800—1985》(纽约哈珀与罗出版股份有限公司出版)中对陶行知作出的"杜威博士的最有创造力的学生却是陶行知"、"陶行知是杜威的学生,但他正视中国的问题,则超越了杜威"等精辟的论述对欧美学者的陶行知研究产生了重要影响。

美籍华裔学者朱宕潜早在20世纪20年代在国内读书时,就受到陶行知教育思想的影响,并对陶行知进行了深入系统的研究。在20世纪50年代初赴美攻读哥伦比亚大学师范学院教育学博士学位时,他以陶行知的教育理论和实践作为其研究对象,并于1953年,向校方提交了题为《发展中国家教育的模式——陶行知与中国教育》的博士学位论文。该论文着重围绕陶行知的教育理论和实践的内容、产生原因以及陶行知其人其说对中国现代教育所产生的影响三个方面进行了分析,比较客观地评价了陶行知在中国教育史上的地位和作用。

1954年12月,知名学者、哈佛大学的孔斐力(Philp A. Kuhn)教授在哈佛大学东亚研究中心出版的《中国论文》第13卷上发表了一篇题为《陶行知,一位教育改革者,1891—1946》的专题论文,介绍陶行知其人其说,着

① 金林祥:《日本陶行知研究的两位先驱》,《教育评论》2001年第5期,第54—56页。

② [美]费正清:《美国与中国》,张理京译,商务印书馆1989年版,第242页。

重论述陶行知1930年以前创立生活教育理论的过程，提出了晓庄是陶行知事业上的巅峰的论断。该文的观点后来为不少西方学者所赞同和阐发。1966年，朱宕潜将其博士学位论文以《发展中国家的教育模式：陶行知在中国的工作，1917—1946》为题，由中国台湾台南高昌印刷公司正式出版。

1970年，“陶行知”被作为一重要条目收入由哥伦比亚大学出版社出版的在国际学术界影响甚大的《民国名人传记辞典》（第3册）。

蒙特·霍约克学院的巴雷·基南（Barry C. Keenan）教授在1977年由哈佛大学出版社出版的专著《杜威实验在中国：民国早期的教育改革与政治势力》中用相当篇幅论述了郭秉文、蒋梦麟和陶行知等20世纪20年代中国新教育改革运动领袖们的主张和活动，揭示了他们在各种政治势力的夹缝中从事文化改革时所必然遭遇到的悲剧性结局[①]。

此外，哈佛大学博士、芝加哥大学教授艾皑（Guy S. Alitto）也深受费正清学术观点影响。他在曾获“美国东方学奖”的《最后的儒家——梁漱溟与现代中国的困境》（加利福尼亚大学出版社1979年版）一书中，论述了陶行知及其晓庄师范对于梁漱溟教育思想和实践的影响。另一位中国近代史专家、加利福尼亚大学教授魏斐德（Frederic Wakeman）在为该书所写的序言中，也将陶行知的乡村建设模式与梁漱溟的乡村建设模式做了比较，指出了两者的差异[②]。

德国的陶行知研究起步很早。1927年11月，当时正在德国耶拿大学留学的中国留学生许本震（即许恪士，1896—1967）在他的博士学位论文《中国的教育现状与欧洲的改革》中列举了许多当时中国教育家提出的各种改革主张和在平民教育运动中采取的具体措施，诸如编印《平民千字课》等，而且对陶行知的乡村师范学校教育创新尝试进行了介绍，受到了指导教授、著名的德国改革教育家之一的彼得·彼得森（Peter Petersen，1881—1952）的赞赏。此文后被收入由彼得·彼得森教授主编的“教育科学研究与著作”丛书中，并于1928年在魏玛作为该丛书的第11卷公开出版[③]。

20世纪50年代在德国研究陶行知有一定影响的要算詹生博士（Fritz

① 金林祥主编：《二十世纪陶行知研究》，上海教育出版社2005年版，第182页。

② 周洪宇主编：《陶行知研究在海外》，人民教育出版社1991年版，第23—24页。

③ [德]黄冬：《陶行知研究在德国》，宝山教育信息网2003年3月19日。

Jensen,1903—1955)。他曾于1950年在柏林出版了《中国腾空而起》一书。在书中,他向德国读者简略地介绍了"中国最伟大的教育家陶博士"的业绩,例如"小先生运动"和"育才学校"等①。

德国的学术界真正开始认识陶行知是在20世纪70年代初。70年代以来,恩斯特·诺格保尔、托马斯·沙平、艾哈德·内克曼(Erhard NecKermann)、马蒂亚斯·利斯勒(Matthias RiasLer)、克尔斯滕·赖希和余蓓荷等德国学者都从不同侧面对陶行知的教育思想与实践做了概括性的介绍和积极的评价。其中,恩斯特·诺格保尔1971年在汉堡大学提交的博士学位论文《中华民国教育发展援助之开端,1931—1935年》中对陶行知进行了多处介绍。托马斯·沙平的专著《民主同盟及其先驱者,1939—1949年》为研究陶行知的民主思想和后期的政治活动间接地提供了许多重要的背景材料。艾哈德·内克曼(Erhard Neckermann)曾在1975—1976年冬季学期亲自主办了一期以陶行知的生平与著作为重点的中国近代教育研讨班,并与参加研讨的四名学生和其他两位同事共同翻译整理了一本文献汇编《生活即教育——中国改革教育学家陶行知之生平》。1981年纪念陶行知九十周年诞辰之际,艾哈德·内克曼还在德中友好协会会刊《新中国》上发表了题为《陶行知——被中国重新认识的人民教育家》的纪念文章,概括地向德国读者介绍了陶行知的生平和教育思想与实践。1993年初,克尔斯滕·赖希教授将来自南京的留学生丁伟祥在不幸突患癌症之前撰写的已完成的博士论文部分,以《陶行知:中国20世纪的改革教育学家》为标题公开发表,并亲自写序。中国古代思想史和教育史专家余蓓荷教授在1992年撰写的学术论文《为新中国担起半边责任——妇女在二十年代初中国合作运动中的作用》一文中称陶行知为"独特的教育家"②。

上世纪末在陶行知研究方面成果较为突出的是德国马堡大学留学的学者黄冬,他于1997年完成并于1999年初在德国正式出版了《陶行知与德国教育家莱希维恩比较研究》的博士论文。文中对陶行知生平事业与著作、中国国内对陶行知思想的争论、国际陶行知研究现状与评价进行了全

---

① [德]黄冬:《陶行知研究在德国》,宝山教育信息网2003年3月19日。

② [德]黄冬:《陶行知研究在德国》,见周洪宇、余子侠、熊贤君主编《陶行知与中外文化教育》,人民教育出版社2003年版,第50页。

面详细的阐述，同时从比较的角度对陶行知与德国教育家莱希维恩的教育思想与实践、民主思想以及文化观进行了剖析，从而将德国陶行知研究水平提高了一个新的高度。

从上文可以看到，与日本学者相比较，虽然欧美学者的研究重点有所不同，但在研究深度上，两者实在难分轩轾，各有千秋。

3. 韩国的研究状况

由于历史的原因，相比较而言，韩国的陶行知研究起步要晚得多。1975 年，李炳柱发表论著《陶行知博士与中共的教育理念》，成为"韩国陶行知研究第一人"。文章论述了陶行知的社会观和教育思想与以毛泽东思想为基础的中国教育理念的关系。当时中韩之间基本没有文化交流，中国大陆对陶行知的批判仍未结束，李炳柱的研究实属不易①。20 世纪末，中国实行改革开放后，韩国与中国大陆间的关系逐渐好转。1992 年 8 月，中韩两国终于掀开了全面交流的新篇章，有关陶行知的研究成果不时见诸学术期刊。其中，研究成果相对较多的是学者金贵声。1992 年以来，他先后发表《陶行知的儿童教育论》、《中国近代教育中实用主义的影响：陶行知中心》、《陶行知的劳作教育思想》、《陶行知：行是知之始，知是行之成》和《生活即教育》(译著)等文章，对陶行知的儿童教育观、劳动教育观、知行观以及陶行知与杜威的关系进行了探讨。学者金玟志和具滋亿也撰文对陶行知的生活教育思想进行了深入的研究。

总体上看，韩国陶行知研究呈现三大主要特点：一是研究面还不够宽，主要集中在陶行知的生活教育思想上；二是研究者不多；三是研究还未成体系。

随着全球化进程的不断深入，国与国之间文化教育的交流也会不断加深与扩大，各国对陶行知的研究将会越来越多。因为，陶行知的教育思想确实是人类教育史上的宝贵遗产，是值得世界各国研究与借鉴的。

(三)关于牧口常三郎的研究状况

与陶行知相比，牧口常三郎的影响面要小得多，其研究队伍、研究成果的数量也显得很少。然而，研究牧口常三郎撰写的作品，可以发现，尽管与陶行知相比，其数量很少，但就质量和影响来说，是不可低估的。尤其是他

① [韩]李庚子：《陶行知研究在韩国》，宝山教育信息网 2006 年 1 月 4 日。

的教育思想的基石之一——价值哲学的理论性、系统性和开拓性等，值得充分肯定。

《人生地理学》是牧口常三郎的处女作，也是他的成名之作，至今仍很受日本地理学家注目①。此书一出版就在日本的教育界尤其是在地理学界产生了较大影响，并在当时的主要报刊、书评栏获得较高的评价。著名的地质学家、地理学家小川琢治作了书评“逐页翻阅，作者读书之广博、想法之新颖、论点之稳妥，令人赞叹”②。《创价教育学体系》也是牧口常三郎的教育力作。此书奠定了牧口常三郎作为教育家的历史地位。日本学者田边寿利为该书作序并给予了充分肯定，称之为具有划时代意义的伟大著作。此书的出版在日本教育界影响广泛，当时不少报纸和杂志对它进行了报道。遗憾的是，迄今为止，由于政治等多方面的原因，对牧口常三郎教育思想进行全面、系统的研究和发掘尚待起步。让人颇感欣慰的是，牧口常三郎的著作对中国和美国等国家产生了一定的影响，而且，牧口常三郎的研究也渐渐引起了一些国家学术界的重视。当然，研究成果较为突出的当推中国和美国。

《人生地理学》一出版就很快被当时的中国留日学生翻译，并在《浙江潮》第 9 期杂志上向国内进行了介绍。紧接着，前往日本弘文学院的中国留学生回国后以牧口常三郎的讲义笔记为基础③编写出版了中文地理教科书《江苏师范讲义》，并在序言里对《人生地理学》进行了推介。1906 年，《人生地理学》的日文版在中国出版。次年，《人生地理学》的全文翻译版《最新人生地理学》在中国面世，而且获得好评，当年 10 月就进行了再版。2004 年，复旦大学出版社出版了该书的最新中文版。

与《人生地理学》相比，《创价教育学体系》在中国的影响似乎要小一些。《创价教育学体系》第二卷的中文翻译版《价值哲学》直到 1989 年才在中国问世。《创价教育学体系》第一卷的中文版则是台湾学者刘焜辉翻译

---

① DVD：Tsunesaburo Makiguchi — For the Happiness of Children，Kinokuniya Company Ltd.，Tokyo，Japan，2006.

② DVD：Tsunesaburo Makiguchi — For the Happiness of Children，Kinokuniya Company Ltd.，Tokyo，Japan，2006.

③ DVD：Tsunesaburo Makiguchi — For the Happiness of Children，Kinokuniya Company Ltd.，Tokyo，Japan，2006.

并于2004年出版的。该书的第三、四卷的中文版尚在期待之中。不过从《创价教育学体系》第一、二卷的中文翻译版来看，译者对牧口常三郎的教育思想称赞有加。尤其是《价值哲学》一书中文版出版后，引起了中国学者的研究兴趣。

不过，实事求是地说，从目前我国已发表的文章来看，对牧口常三郎进行专题研究的成果还很少。截至目前，从网上检索到公开发表的有关研究牧口常三郎的论文也只有五篇，而且起步较晚(2002年)，此前大多都止步于牧口常三郎著作的翻译上或创价学会的介绍上。

我国最早出版专著研究牧口常三郎的是高达一先生。他曾于1963年编著出版了《创价学会——日本新兴的宗教性政治团体》一书。书中着重就创价学会成立和发展的经过、日莲[①]正宗、创价学会的基本教义和理论、创价学会的组织和活动、会员情况以及其发展的背景、原因等方面向读者进行了初步介绍。与前者相比，何劲松博士撰写并于1995年出版的《创价教育学会的理论与实践》一书则从纵向的角度将创价学会的形成和发展分为理念的滥觞、牧口常三郎时期、户田城圣时期和池田大作时期(上、下)，并分别进行了较为详细的论述。

最早在国内专题研究并公开发表研究牧口常三郎价值哲学论文的是孙穗平和孙耀珠两位专家。2002年，孙穗平和孙耀珠在《河北大学成人教育学院学报》发表的《价值与创造价值——牧口常三郎〈价值论〉的核心理论》文章中，对牧口常三郎的价值论的主要内容进行了介绍，并给予了较高的评价。他们认为，牧口常三郎以严谨态度对日本将走向何处这一时代课题进行了认真思考，是近代日本著名教育思想家和教育实践活动家。他将西方哲学中的价值论加以改造引进教育学体系之中，把东西方文化和教育理论交融在一起。他的理论既接受了西方文化的影响，又发展了日本传统文化，还顺应了日本现代化的发展潮流。牧口常三郎所著的《价值论》被视为创价教育学的思想基础、理论与实践的核心著作，其所著内容与教育息息相关[②]。

特别值得一提的是，2003年和2004年湖南师范大学出版社、香港社

---

① 日莲(1222—1282)：日本僧人，1253年以《法华经》为依据创立日莲宗。

② 孙穗平、孙耀珠：《价值与创造价值——牧口常三郎〈价值论〉的核心理论》，《河北大学成人教育学院学报》2002年第4期，第19—22页。

会科学出版社有限公司先后出版了冉毅和曾建平主编的《关爱人性　善待生命——池田大作思想研究》和贾蕙萱、张可喜主编的《池田大作研究论文集》两本书。两书收录了分别由冉毅、周俊武和池田大作(日)撰写的《创价教育之源——牧口常三郎》、《创价学会及其历任会长》和《论牧口与康德》(彭程译),高桥强(日)和张昌玉撰写的《〈人生地理学〉与中国》和《牧口常三郎与〈人生地理学〉》等文章。

2004年,王玉樑教授在2004年第3期《天府新论》发表的论文《牧口常三郎与价值哲学》中对牧口常三郎哲学思想进行了研究并给予了极高的肯定,认为《价值哲学》是价值哲学发展史上的一部重要著作,对推进价值哲学发展具有重要意义。文章指出,价值哲学于19世纪末20世纪初形成独立的哲学学科。到20世纪30年代,价值哲学形成了两种类型的见解:一种是主观主义价值论;另一种是客观主义价值论。两种类型的见解均未能科学理解价值的本质。牧口常三郎既反对主观主义价值论,又反对客观主义价值论,坚持以主客体相互作用为基础,从主客体相互作用产生的功能出发去理解价值。他的这种观点有助于科学地理解价值的本质[①]。牧口常三郎对价值哲学发展的重要贡献主要有:一是对价值本质问题进行了有益的探索。牧口常三郎首先肯定价值的存在,并对主客体的价值关系问题做了深入分析。他认为,价值的概念意味着客体与主体的关系,价值是被创造的。价值就意味着在客体与人的相互关系中正在起作用的"力"或"功能"的状态,价值是客体与主体相互作用时产生的功能。牧口常三郎从功能去理解价值,有重要的意义。一是因为价值既是关系范畴,又是功能范畴,从功能去理解价值,切近价值的本质。牧口常三郎的见解超过了当时西方和东方各国学者关于价值本质的见解,在当时居于领先的地位[②]。二是拓展了人们研究真理问题的思路。牧口常三郎特别强调真理与价值的区别,认为二者的内涵不同。首先,真理意味着同一,即主观符合客观;价值则表示一种关系,即客体对主体的适宜。其次,真理不会因人而异,价值则因人而异。再次,真理不能被创造,可以被发现,而价值则既能被发现,又能被创造。最后,真理可以是实体概念,也可以是关系概念,而价值

① 王玉樑:《牧口常三郎与价值哲学》,《天府新论》2004年第3期,第14—18页。

② 王玉樑:《牧口常三郎与价值哲学》,《天府新论》2004年第3期,第14—18页。

则是关系概念而不是实体概念。牧口常三郎对真理和价值的区别的分析是很深刻的。从真理与价值的区别出发，牧口常三郎不同意把真善美放在同一水平上，因为他认为真不属于价值，而善和美则属于价值。牧口常三郎的这些见解，使人们对真理和价值的认识更全面了[①]。三是在认识与评价的区分、价值的分类以及将价值哲学与现实生活结合起来等方面都提出了很有价值的见地。

文章还精辟地指出，牧口常三郎在他的《价值哲学》一书中，从现实生活的实际出发，从主体与客体相互作用中产生的功能去理解价值，这样就对如何科学地把握价值的本质的问题提出了新的思路。牧口常三郎的见解，把价值本质的研究推进到一个新的高度，代表了 20 世纪 30 年代价值哲学的最高水平。由于他的书最初是以日文出版，对西方影响不大，对整个世界的价值哲学影响不大，但这并不妨碍他的价值哲学思想是 20 世纪前期最有价值的见解，不影响他的思想在价值哲学发展史上的重要地位及对价值哲学的重要推进、重要贡献。尽管牧口常三郎的价值哲学理论由于时代的原因存在着种种局限，但这并不能掩盖他对价值哲学发展作出的重要贡献。牧口常三郎对价值本质等方面的重要见解不仅在价值哲学发展史上具有重要价值，在 20 世纪 30 年代居于领先地位，而且在今天仍对我们具有深刻的启示，值得我们深入研究[②]。

尽管上面提到的书集或文章没有专题对牧口常三郎的教育思想进行深入的阐述，但总体来看，这些资料或是提供了不少有关牧口常三郎人生经历的素材，或是对牧口常三郎的著作《人生地理学》和《价值哲学》进行了研究，尤其是从宗教的层面对牧口常三郎宗教思想的走向进行了介绍。应该说，这些素材对牧口常三郎教育思想的研究都具有宝贵的参考价值。

对牧口常三郎的教育思想进行的专题挖掘起步于 2006 年。周洪宇教授和笔者于当年 10 月向在华中师范大学举办的《和谐社会与和谐世界——池田大作思想国际学术研讨会》提交的《教育的目的就是要增进人格的价值·日本创价教育思想的先驱——牧口常三郎》一文，堪称国内专题研究牧口常三郎教育思想的开基之作，文中对牧口常三郎的生平，教育

① 王玉樑：《牧口常三郎与价值哲学》，《天府新论》2004 年第 3 期，第 14—18 页。

② 王玉樑：《牧口常三郎与价值哲学》，《天府新论》2004 年第 3 期，第 14—18 页。

经历，创价教育思想的三大支柱、主要内容、特质以及其影响进行了专门的论述。也就在当年的12月，周洪宇教授和笔者在《教育科学》发表了《牧口常三郎创价教育思想的三大基石》一文。此外，周洪宇教授和笔者撰写的文章《牧口常三郎“创价教育”思想研究》[①]、《从船工之子到教育大师——牧口常三郎的人生历程》和《陶行知和牧口常三郎教育思想之比较》也分别在《比较教育研究》(2007年第6期)、《河北师范大学学报》(2007年第9卷第5期)和《华中师范大学研究生学报》(2008年第1期)上发表。此外，西南大学教育科学研究所的张颖夫和廖其发两位学者2007年在《学术论坛》(2007年第5期，总第196期)上发表了《论牧口常三郎〈人生地理学〉中的教育思想及其对现代生态文明教育的启迪》一文。应该说，这些文章对牧口常三郎教育思想研究的纵深推进有着重要的参考意义。

特别值得一提的是，周洪宇教授和笔者将牧口常三郎教育思想研究不断引向深入，而且取得了丰硕成果：《融通与创新——陶行知与牧口常三郎教育思想比较研究》(蔡幸福著)于2008年9月在山东教育出版社出版，此书作为“教育史学研究新视野”丛书之一，2012年获第四届中华优秀出版物奖图书奖；《船工之子与教育大师——牧口常三郎的教育活动》(周洪宇、蔡幸福著)于2011年10月在华中科技大学出版社出版，此书是全国教育科学“十一五”规划教育部重点课题“中国教育活动历史研究”研究成果；《牧口常三郎画传》(周洪宇、蔡幸福著)于2015年1月在山东教育出版社出版并获华东地区2015年度优秀教育图书二等奖；汉译世界教育经典丛书之一《牧口常三郎教育论著选》([日]牧口常三郎著，周洪宇、蔡幸福等编译)于2015年1月在人民教育出版社出版，在中国教育界，特别是在日本教育界产生了广泛影响(2015年4月22日《圣教新闻》进行了头版报道)，完全可以相信，这些著作为牧口常三郎教育思想研究奠定了重要的基石。

牧口常三郎的《创价教育学体系》20世纪80年代被译成英文，并于1989年在爱荷华州立大学出版社出版。作为译者，美国学者戴勒·M.贝瑟对此书极为推崇，他认为《创价教育学体系》是一部划时代的著作，也是牧口常三郎具有深谋远虑和创新思想的多种著作之一[②]。目前，该书的葡

---

① 此文被中国人民大学复印报刊资料《教育学》2007年第10期全文转载。

② [日]牧口常三郎：《人生地理学·英文版序言》，陈莉等译，复旦大学出版社2004年版，第12页。

萄牙文、法文、意大利文、西班牙文和越南文等十四种翻译本也相继出版。2002年戴勒·M.贝瑟怀着对牧口常三郎的敬仰之情，将《人生地理学》译成英文出版，为牧口常三郎走向世界打造了一个更为宽广的平台。

综观牧口常三郎教育思想的研究历史和现状，由于种种原因，其成果可以说是寥若晨星。然而，必须指出的是，“是金子总是要发光的”，过去没有研究或者说研究不多，不等于不值得研究或者说没有研究价值。牧口常三郎的教育思想过去没有得到教育史学界应有的认可，不等于现在和未来不能或不会得到教育史学界的重视。事实上，现今世界上越来越多的人已认识到牧口常三郎教育思想的历史意义和现实意义。特别要指出的是，美国哥伦比亚大学教育学院的哲学、教育学教授戴维德·汉森（David T. Hansen）博士在他2007年主编并由哥伦比亚大学出版社出版的《教育的伦理视野——实践中的教育哲学》一书中，将牧口常三郎与美国教育家杜威、巴西教育家保罗·弗雷勒、美国黑人教育家杜包斯、中国教育家陶行知、意大利教育家玛莉娅·蒙台梭利等十位教育家并称为20世纪最具影响力的世界十大教育家。

书中，安德鲁·格伯特（Andrew Gebert）和蒙特·约夫菲（Monte Joffee）在《创造价值是教育的目标：牧口常三郎及创价教育》一章中主要从牧口常三郎的人生、教育思想和创价教育实践三个方面介绍了牧口常三郎并进行了高度评价。文章指出，牧口常三郎的人生可浓缩为“追求价值”四个字。美国学者黛尔·M.贝瑟在其传记体作品《牧口常三郎——价值创造者》一书中对牧口常三郎采用的“价值创造者”这一表述很恰当，因为它反映了牧口常三郎教育工作的核心，即创造价值①。从牧口常三郎的早期经历和研究中可明显察觉到他对创造价值的关注，对之他倾注了毕生兴趣并身体力行直到人生的最后岁月。牧口常三郎看到创造价值的必要性可能归因于其生存的历史背景及年轻时代的特殊环境。作为一名长期奉献在教育岗位的小学校长，他冒着极大的个人风险和职业风险向日本小学教育的不公正和非人性化现象提出了挑战②。牧口常三郎的教育方法的中

① Ethical Visions of Education: Philosophies in Practice, Edited by David T. Hansen, Teachers College Press, Columbia University, New York and London, 2007. p.66.

② Ethical Visions of Education: Philosophies in Practice, Edited by David T. Hansen, Teachers College Press, Columbia University, New York and London, 2007. p.67.

心是价值哲学，它强调了人类在创造“得、善、美”的价值并由此改进个人或集体生活的过程中所扮演的重要角色①。他将创造价值视为人类存在的最终目标，并将快乐的生活定义为一种能充分施展发现价值和创造价值能力的生活。他认为学习者的终身快乐才是教育的真正目标，因此，他将自己的教育哲学构建在开发学生的创造价值潜力的基础上，并将它作为自己努力的方向。

此文就牧口常三郎教育思想的主要内容进行了重点介绍，认为自主性是牧口常三郎教育思想的一个重要特点。他始终以批判的眼光看待日本教育理论家的权威思想，而且总是小心翼翼地选择自己要接受的思想，并有条件地吸取。所以，尽管他热切地接纳了西方的分析推理这一工具，在许多方面他仍扎根于东方的世界观；牧口常三郎创造性地提出了以“得、善、美”为核心的价值体系。这一价值理论的关键在于其对“真”进行了一种价值的质疑。在他看来，“真”用于表示客观事实与人类用来描述该事实的语言和概念之间的关系。作为一名教育者，牧口常三郎虽然孜孜不倦地追求知识和真理，因为它包含在学生与经验的相互作用中。但是，他仍认为不应该将“真”视为价值的一个构成因素。在对日本的新康德主义②理论家的价值理论进行批判的过程中，牧口常三郎首次为抽象而无实质意义的“真”赋予了实实在在的含义。他主张，价值必须是“通过主观量化反应进行测量的客观物体的相关能力”，价值产生于人类与其周围环境之间的相互作用，所以，“真”不是价值的一个构成因素。牧口常三郎的价值哲学提倡个人创造“得、善、美”，并鼓励人们以开放的姿态与复杂的世界磨合。通过这种磨合，个人可以创造无限的价值。牧口常三郎也否认任何基于个人的“快乐”观点。他主张个人的幸福必须伴有对社会的合作或贡献，坚信协调个人的“得”与社会的“善”不仅是可能的而且是至关重要的。同时，他强烈地意识到，唯有付出巨大的努力才能达成此目标。他的创价哲学可以提供一个理论和实践上的对话框架，按照如今的说法就是为传统教育和进

---

① Ethical Visions of Education: Philosophies in Practice, Edited by David T. Hansen, Teachers College Press, Columbia University, New York and London, 2007. p. 65.

② 新康德主义，19 世纪中期黑格尔派在德国解体后形成，19 世纪 70 年代以后广泛流行的、具有超越传统形而上学倾向的哲学流派或思潮。它尤其赞成康德对主体的创造作用的强调，并企图通过复兴和重新解释康德的有关理论来建立自己的理论体系。

步教育之间对立的观点提供一个对话框架。牧口常三郎认为两种方法都不完善，他称传统教育倾向于简单的知识传授。牧口常三郎否认盲目的个性化学习观念，认为教育者的责任是唤醒并鼓励将学生与人类更广泛的关注联系起来的个人兴趣，而不是毫无批判地接受学生碰巧喜欢或想要做的事情；教育的目的应来源于生活本身的目的。牧口常三郎为教师们展现了一个丰富而具有挑战性的工作，并要求这些可信赖而有勇气的教师本身就是生活在社会中为社会做贡献、创造价值的人。教师必须能推动学生实现其人生价值，引导其人生从无意识状态转向有意识状态，从无价值转向有价值，从无理性转向有理性。然而，在学习过程中起向导作用的不只是教师，家庭和社区所发挥的积极作用同样是培养快乐、坚强和有贡献作用的年轻人所必需的。他对于家庭和社区将如此重要的教育职责全部推给学校这一做法感到遗憾，其结果只能是将年轻人的整个童年和青少年时期变成了自习室，得不偿失。而且，学生由此产生的冷漠会使其身心受损。为了避免这种情况，牧口常三郎强烈呼吁生活和学习的统一以及学校和社区的联合。基于此，他建议采用半日学校制度。他认为，半日学校制度将带来更高的学习效率，同时也更节约成本。学生花费在家庭和社区或假期活动中的时间将有助于他们欣赏工作的价值，同时，他相信这样还会使学生们对学习的目的有更好的认识和定义。总的看来，牧口常三郎的价值哲学来源于其自身的工作和经验，其教育思想不仅对当时日本的教育改革有着重要的指导意义，而且有助于开发人类创造生活意义的能力。

文章强调指出，牧口常三郎的创价教育有着很强的生命力，他的遗愿通过其学生户田城圣[①]的努力得以传承。与此同时，创价学会（Soka Gakkai）也得到迅猛发展。到 1958 年户田城圣逝世时，该组织的会员的涉及面已经超过 75 万个家庭。特别是池田大作在 1960 年接任了第三任会长职务后不久，创价学会很快走向国际舞台。同时，他致力于实现其两位导师——牧口常三郎和户田城圣创立的教育理念并使他们的创价教育思

① 户田城圣（1900—1958），日本教育家和企业家，二十多岁时从北海道来到东京，在牧口常三郎担任校长的学校执教，成为牧口常三郎的门生。1928 年，跟随牧口常三郎皈依日莲佛法。1930 年，师徒共创“创价教育学会”。1943 年，他和牧口常三郎一样因执意不与日本军政府的独裁政治妥协被捕入狱，大战结束后获释。1946 年，他重建“创价教育学会”，并将之改名为“创价学会”。1951 年，他成为该学会第二任会长。

想被所有的创价学校所秉承。

安德鲁·格伯特(Andrew Gebert)和蒙特·约夫菲(Monte Joffee)对牧口常三郎给予了很高的评价:在一个充满哲学和政治冲突的矛盾重重的世界里,牧口常三郎的创价观念实则是号召教育者和个人通过一种统一的教育理论,采取既注重实效又富于进取精神的行动。牧口常三郎不向现有教育体系的混乱和瘫痪状态妥协,他敦促教育者们寻找创造价值的方式,从而改进而不是拆除这种体系。作为一个生活在危险时期的普通公民,牧口常三郎以自己的实际行动为有贡献的人生树立了榜样,他勇敢地走上了离经叛道的道路,始终不懈地在乱世之中寻求一条创造价值的途径。他的奋斗传统如今可见于世界各地众多满腔热忱努力实现其教育设想的人们。

安德鲁·格伯特和蒙特·约夫菲所写的文章可以称为目前国外牧口常三郎教育思想的最新研究成果,为我们进一步深入研究牧口常三郎教育思想提供了宝贵的素材。

四、研究的主要内容及创新点

本研究的主要内容如下:

(1)研究陶行知和牧口常三郎从寒门之子走向教育大师的人生历程,重点从本土文化的浸染、外国文化的洗礼、宗教文化的影响、亲身实践的结晶四大板块对其教育思想的形成进行了整体勾画。

(2)从哲学、宗教与政治三个方面对其教育思想的形成基石进行了分析。

(3)以教育目的、教育功能、教育内容、教育方法、教育组织形式和教师等方面的论见为切入口对其教育思想进行了研究。

(4)对陶行知和牧口常三郎教育思想的性质与特点以及其影响与评价进行了论述。

本研究的创新点主要有以下几个方面:

在研究内容和观点上,一是在陶行知研究方面,对陶行知的宗教思想在周洪宇、余子侠、何荣汉等专家研究成果的基础上进行了进一步挖掘,提出并论证了陶行知信仰基督教但不排斥佛教的观点;首次将哲学、宗教和政治一同作为陶行知教育思想的基石,并从哲学、宗教和政治三个层面对陶行知教育思想的基础进行了立体式的探讨;提出了“在教育目的观上,陶行知属于社会本位者”、陶行知“三创一改”的教育功能观等观点；将民主性、民族性列入陶行知教育思想的特点，并进行了一定深度的分析等。二是对牧口常三郎教育思想进行了较为全面、系统、深入的整理和研究，填补了牧口常三郎在中国和日本教育史上的研究空白。

在写法上，介绍陶行知和牧口常三郎二人的教育人生历程时，打破单纯按时间顺序进行平铺直叙式的常规，从本土文化、外国文化、宗教文化和亲身实践四个视角来组织材料。

五、研究方法

研究的方法要服从于研究的方向与目的。根据本研究课题的特点和要求，主要采用比较法、历史法、文献法等研究方法。

比较法，作为人们认识客观事物的重要方法之一，已越来越多地被运用到教育科学研究工作中。这也是本课题的研究以比较法为主的重要缘由。

所谓比较法，是根据一定的标准，对某类现象进行比较研究，找出其普遍规律及其特殊本质，力求得出符合客观实际结论的方法。比较必须具备三个条件：一是双边性或多边性。就是说两个事物(一对一)或者两个以上(多对一)即必须存在两种以上事物才能进行比较。二是差异性和矛盾性。三是可比性。就是说比较的对象之间具有一定的内在联系，具有某些本质上的而不是表面上的共性。或者说进行比较研究的对象必须是同种、同类的。如果不是同一范畴、同一标准、同一类事物和现象，则不能相比较。

全书重点把握和关注人物的可比性，比较时注意二者进行比较的可能性，如生活的年代、理论水平、社会地位以及其影响等。陶行知与牧口常三郎生活的年代大致相同，陶行知生于1891年，卒于1946年；牧口常三郎生于1871年，卒于1944年。当时的中国与日本都处于开放急变的时代，而且两国之间发生了让历史永远不能忘记的战争；二者有着相似的成长经历，都从小酷爱读书、终生从事教育，与宗教都有不解之缘，且为了人类的和平事业奉献出了自己宝贵的生命；二者在教育中有着不凡的成就。陶行知的生活教育论和牧口常三郎的创价教育论在教育目的、教育功能、教育内容、教育方法与特质等方面都有着诸多共通之处，二者的教育思想不仅当时在本国甚至对国外教育有着一定的影响，而且至今对本国及其他国家的教育发展与改革都有着极大的借鉴和参考价值。

总之,比较法的使用是本研究的一个突出特点。本书力求做到定量与定性比较、横向比较与纵向比较有机结合,力图通过比较,找出陶行知与牧口常三郎的共性与个性,从而认识研究对象的本质特征并进行清楚地把握。

用比较法研究教育史人物,会使我们对于教育的发展性、阶段性、继承性、民族性有一个更具体而全面的认识,从而避免在研究史事上的公式主义、形式主义和教条主义的弊病,但必须注意的是,任何教育史人物都是一定历史时代的产物,研究教育史人物就不能离开对其活动的社会、时代背景的分析,否则,历史人物的一切思想和行动都成了无本之木、无源之水,同时,其思想与行为的时代价值也难以得到说明。为此,本书注意以马克思主义理论为指导,运用历史的方法,将陶行知与牧口常三郎放在当时特定的历史环境中去研究,同时做到从事实出发,并用发展的观点去看待研究对象、尽可能做到具体、全面、历史和辩证,以求作出科学的结论和评价。就像研究陶行知和牧口常三郎,如果不能注意到 19 世纪末到 20 世纪前半叶中日教育改革和发展的大背景,不能联系日本法西斯军国主义的侵略和中国人民的反侵略的历史事实,就无法找到他们教育思想的真正来源,也就看不到他们的价值和意义。因此,本研究的一个重要方法就是将教育史人物"置于特定的时代与社会环境之内,考察其教育思想与活动在多大程度上满足了社会发展的需要"①。也就是说,评价陶行知和牧口常三郎时,首先注意分析他们所处时代的各种社会条件,如政治、经济、思想、文化的发展状况,指出社会诸方面的发展向他们提出了哪些迫切需要解决的重大教育课题,然后分析他们是否解决、又如何解决、在多大程度上解决了他们所面临的课题。这样,可以清楚地看到历史人物教育思想的形成原因、过程及其教育活动对于他们所处时代的意义。可以说,如果研究陶行知,不去联系中国近代那段落后、屈辱、挣扎、救亡的历史,是永远不能理解他所走过的平民教育、乡村教育、普及教育、国难教育等教育历程的。同样,如果研究牧口常三郎,不去联系日本近代尤其是明治维新以来日本国家主义势力的日益抬头、军国主义教育氛围日渐浓厚的那段历史,我们也无法读

① 杜成宪、邓明言:《教育史学》,人民教育出版社 2004 年版,第 120 页。

懂他的创价教育思想，也就难以发现蕴藏在其教育思想中的追求“大善”人生、追求和谐世界的宝贵精神财富。其次，在评价陶行知和牧口常三郎时，注意“把‘古为今用’和以‘今’的标准来论衡‘古的人事’这两件事分别开来”①，实事求是地在历史的范围内比较历史人物的是非善恶，而不是以现在的标准机械地套到前人古事上去。再次，研究的眼光始终面向未来。不是为了研究而研究，更重要的还是站在历史的角度去认真总结他们的经验教训。总之，对陶行知和牧口常三郎进行比较研究，始终注意把他们置身于当时发展的社会历史背景去分析、评价，同时力求做到在总结过去的基础上面向未来。

文献法也是本课题所采用的基本研究方法。文献资料是人类智慧的结晶，是人类知识的海洋。本研究立足于充分占有国内外有关研究的文献资料，“贪婪地”从已有的相关文献资料中吸取营养，批判地继承他人已有的研究成果，力求“站在巨人的肩膀上”达到一个新的研究高度。

此外，本研究还适当地辅之以统计法、归纳法和演绎法等常用的研究方法。

① 陶愚川:《中国教育史比较研究》(古代部分)，山东教育出版社 1985 年版，第 429 页。

第一章　从寒门之子走向教育大师——陶行知与牧口常三郎教育思想的形成比较

臧克家在纪念鲁迅的一首诗《有的人》中这样写道："有的人活着，他已经死了；有的人死了，他还活着。"笔者认为，借用臧克家这两句话来评价陶行知(1891—1946)和牧口常三郎(1871—1944)这两位中日近代教育史上的教育家再贴切不过了。

陶行知集大众诗人、人民教育家和社会活动家于一身。在其半个多世纪的战斗生涯中，为追求人民大众的自由幸福、为寻求中国教育的出路而呕心沥血，为谋求中华民族的彻底解放、推进人类的和平事业献出了宝贵的生命。在陶行知刚刚辞别人世时，人们就对他的光辉一生给予了高度评价："伟大的人民教育家"(毛泽东)、"万世师表"①(宋庆龄)、"反洋化教育、反传统教育的旗手"(林伯渠)、"中国新教育——人民教育的奠基人"(钱俊瑞)、"中国近百年来伟大的思想家"(千家驹)、"新中国思想界的圣人"(陈家康)、"时代的导师"②(郭沫若)。他被公认为"中国近代教育史上的'一代巨人'"、"第一流的教育家"，绝非一般的溢美之词。陶行知被称为陶夫子、陶子，是因为他具有先贤那样的高尚道德和君子人格，在立功、立言、立德三方面均有大建树③。他继承发扬了孔子那样的平民教育精神，脱下西装，穿上布衣草鞋，"捧着一颗心来，不带半根草去"，以"爱满天下"的博大情怀践履了"决心为三亿四千万农民烧'心香'"的诺言。他大胆开辟，勇于

---

① 中国陶行知研究会、上海市陶行知研究会编：《民主之魂——陶行知的最后100天》，上海教育出版社2003年版，第96页。

② 中国陶行知研究会、上海市陶行知研究会编：《民主之魂——陶行知的最后100天》，上海教育出版社2003年版，第91—92页。

③ 杨东平编著：《艰难的日出：中国现代教育的20世纪》，文汇出版社2003年版，第344页。

实践，高举“和平”、“民主”两面旗帜，始终站在斗争的一线对封建专制主义和陈腐的传统教育价值、内容和方法进行了不妥协的批判，同时摈弃了源自美国教育模式的都市化和西方化取向，改造了杜威的教育理论，从而创建了“生活教育”这一具有中国特色的教育理论，有力地推进了中国教育现代化进程。

牧口常三郎和陶行知一样一生波澜，尤以与强暴权势相对抗、热爱和平为特征。身为一名教育家和哲学家，牧口常三郎的善良仁慈流芳百世，“得、善、美”为核心的价值观至今为世人所推崇。为了他钟爱的教育事业，竭尽所能，把学生的幸福确立为教育的目的，使教育更人性化。他酷爱教育和孩子，对日本军国主义法西斯教育和对西方“食洋不化”所进行的简单照搬进行了大胆的抨击。他热爱自然、人类，牢记“地球市民”的身份，警示人们自然与人类生命一体、共荣共存。他以“价值”为切入口，告诉人们“人生幸福就在于创造价值，教育的目的就是要增进人格的价值，教育就是要教人去创造价值”，通过自己毕生的实践和历练，创造性地提出了“创价教育理论”，成为“创价教育之父”。为了实现其教育改革理念，牧口常三郎于1930年创立创价教育学会（创价学会的前身），后因反抗日本军国主义而被捕入狱，在狱中虽然多次遭到审讯，但是他始终不背弃自己的信仰，最后在东京拘留所因营养失调而病逝①。尽管牧口常三郎在生前没有引起当时日本政府和社会的足够重视，但这并没有影响他的价值存在，相反，随着世界民主和平步伐的加快，其人本主义教育理论、人道主义竞争理想等价值观念为创价学会的继承人户田城圣先生和池田大作先生所弘扬，他所开创的事业与时俱进，已成星火燎原之势。

牧口常三郎和陶行知生前未曾谋面，但揭开他们的坎坷人生，我们可以触摸到他们那许多惊人相似而且不得不让我们心潮澎湃的灵魂。他们给我们留下的不仅是那发人深省的前卫的教育理念，让人铭记的还有那曲折的人生、悲壮的事业。

19世纪末到20世纪上半叶是中日历史巨大变动的时期。陶行知和牧口常三郎就是诞生在这一多变时代的值得历史铭记的代表人物，也是这

① ［美］D. M. ベセル：《価値創造者：牧口常三郎の教育思想》，中内敏夫、谷口雅子訳，小学館1971年版，第109页。

一时代让人感动的典型人物。当然，这样的评价对于他们来说也许是多余的，因为他们并不在意自己的身后名。正如陶行知所言“捧着一颗心来，不带半根草去”。也正是因为如此，他们的人格魅力甚至比其所创建的事业更加让人感动。

综观陶行知与牧口常三郎的一生，我们会发现他们有很多不同之处。在父母的关爱方面，陶行知的父母将陶行知视为“心头肉”、“掌上珠”，尤其是陶父，生活再艰难也不放过任何对行知言传身教的机会。为了儿子的前程，他甚至痛下决心，以过人的毅力戒掉了多年抽吸鸦片的嗜好。相比较而言，牧口常三郎则是“先天不足”。6 岁时，由于生活拮据，他的父亲离妻别子，背井离乡外出打工挣钱，而且是一去杳无音信。不久，母亲也改嫁他人，牧口常三郎不得不由姑姑抚养①。在教育的背景方面，陶行知虽然家境困窘，但他在父母、亲人、师友甚至政府的帮助下，比较顺利地走完了入学破蒙到“博士头衔”的教育历程，而牧口常三郎一生接受的正规教育不过是四年初小和四年寻常师范，前后加起来也只有 8 年时间，更谈不上漂洋留学的幸运。在宗教信仰方面，陶行知信仰基督教，推崇佛教，而牧口常三郎对佛教情有独钟。在教育思想方面，陶行知创立了生活教育理论，牧口常三郎构建的是创价教育理论。在价值观方面，陶行知讲求“真、善、美”，牧口常三郎以“得、善、美”为取向。在“创造”的解读上，陶行知更强调人的创造性的培养，牧口常三郎则强调人生价值的创造，而且是更多的正价值的创造等。然而，我们同样也会感受到这两位东方教育家身上太多的相同或相似。

陶行知所处的时代，正是古老的中国文化与新兴的西方文化相互撞击与交锋的时代。中西文化在撞击中不断兼蓄，在交锋中走向融合，同时也给生活在这个时代的人们留下了深深的印记。陶行知便是这种典型的文化复合体——中西文化撞击与交融的产儿，既饱经了传统文化的熏陶，又接受了西方文化的洗礼，旧学问与新知识兼备，传统性与现代性并存。无独有偶，年长陶行知二十岁、早两年辞世的牧口常三郎所处的时代，也正是日本大和文化与西方文化博弈激烈的时代。两种不同文化的碰撞，同样也

① DVD：Tsunesaburo Makiguchi — For the Happiness of Children，Kinokuniya Company Ltd.，Tokyo，Japan，2006.

给生活在这一时代的每一个日本人打下了深深的烙印。牧口常三郎便是日本传统大和文化与新兴西方文化撞击、交融打造而成。当然，无论是陶行知还是牧口常三郎，在从寒门之子走向教育大师的历程中，一刻也未曾离开过自身对人生的体味和实践。

第一节　本土文化的浸染

实践表明，人类的生存和发展与环境的影响密不可分。从哲学的角度来看，所谓环境，主要指我们所研究的主体周围的一切情况和条件。对于人来说，环境是指人生活于其中并能影响人的一切外部条件的综合。其中，自然环境是人类生存和发展的基础，而由人生活于其中的各种社会条件、社会关系、社会意识形态以及经过改造的自然等因素构成的社会环境则决定着人的社会化程度，决定着人身心发展的内容、方向和水平。陶行知和牧口常三郎就是在他们各自的本土文化环境[①]中孕育而成的。

一、中国本土文化对陶行知的浸染

陶行知身上处处无不体现着那厚重的徽州文化、博大的儒学底蕴和近代以来中国社会文化巨人的智慧。1891 年 11 月 19 日[②]，陶行知出生于歙县西乡有名的佃户村——黄潭源村的一个贫寒家庭。陶父名位朝，字槐卿，粗通文墨，为人厚道，原在休宁县万安镇经营亨达官酱园。鸦片战争之后，由于帝国主义列强的入侵和洋货倾销，农村自给自足的经济每况愈下，营业萧条，家境困难，只得将酱园出顶给曹氏亲戚，回故乡黄潭源村种几亩薄田。陶行知的母亲曹翠仂，除协助丈夫田间劳动、操持家务外，还为他人浆洗缝补，以贴家用。陶母一向艰苦朴素，治家节俭，家中丈夫、儿子，包括后来孙子的理发，全由她一人包办，数十年如一日。她这种热爱劳动、艰苦朴素的精神，对陶行知的一生影响很大。

困难的家境、勤劳的父母，使陶行知从小就养成了劳动习惯，培养了热

① 本土文化环境即他们的“乡土文化”。

② 目前，学术界普遍认为，陶行知出生于 1891 年。

爱劳动人民的思想感情。十一二岁时，他就成为家中的半个劳动力，每天随祖母一起绩麻，跟母亲一起种菜，随父亲一起砍柴、卖柴和卖菜。他平日接触的大多是贫民，一直生活在贫民社会环境中，对劳苦大众无比挚爱，对有钱有势者则极为鄙视。自幼便形成的亲民、爱民、为民、救民的思想，成为贯穿他一生道路与事业的主线，推动着他奋力开拓以人民为本位的思想路线。

陶行知的故乡歙县饱受传统文化浸染沐浴，旧属徽州府，在安徽省东南部，新安江上游。此地山川清淑，风景秀美。陶行知正是在这块山清水秀的皖南山乡社会中的传统文化热土里度过了自己的幼年和少年时代。

秦统一天下后设置的歙县，自隋末至新中国成立之前，一直为郡、州、路、府和专署治所，不仅是徽州地区和新安江上游流域的政治中心，亦是这一区域社会的文化和教育中心。歙县自古以来人杰地灵、文风昌盛，向有“文物之邦”的蜚名。东汉以来，人才辈出，南北朝时期，即有徽人入太学的记载。唐代以后，其地儒学教育不断发展，学术流派日渐形成。五代时期，徽州归属南唐，其文教事业有了进一步的发展。及至两宋，此地不仅有州、县学，而且兴建了书院。至于基础教育的塾学、义学等则应北宋庆历年间兴学运动而勃兴。自朱熹之后，徽州文风更为昌盛，学术播衍，人文荟萃，学者辈出。以江永、戴震为主要代表的徽州朴学，在文化学术发展史上树立了又一块丰伟的里程碑，使传统儒学文化在徽州地区别开生面：在本体论上，由“理在气先”、“理能生气”一变而为“气在理先”、“气化即道”；在认识论上，由“冥心求理”而“复其初”，一变而为“理义在事而接于我之心知”；在知识体系上，由“格物致知”实则格物致“理”，一变而为讲求“实学”、“经世”以致“会通中西”；在政治伦理观上，由“存天理”、“灭人欲”，一变而为“体民之性，遂民之欲”……比较而言，这种变革传统讲求实用具有异端创新精神的徽州朴学，在整个新安文化中，数其对陶行知的影响最远最深①。徽州文化的灿烂辉煌，离不开徽州地区的经济条件尤其是繁荣的徽商经济。由于地处山区，加之自然资源十分富饶，使徽州自古以来既是战乱时期中原衣冠躲避兵祸的最佳之处，亦是那些家境窘迫的人们寻求生计的最佳择居之地，因此，自东晋以来，徽州人口日渐繁衍，而又因为人口的日益

① 余子侠：《双子座的光能——黄炎培陶行知教育思想比较研究》，华中师范大学1997年博士学位论文。

增多，导致了人均资源的相对贫困。古人云："穷则思变。"也正是得益于生计所迫，徽州剩余劳动力大多离乡背井、外出经商，舍"从儒求官"之途，走上"从贾求富"之路，并因此铸就了刻苦耐劳、开拓创业的精神，赢得了"徽骆驼"、"绩溪牛"的美名。陶行知自幼便深受这种精神的感染，萌生了艰苦奋斗、开辟进取的意识。

随着富余劳动力的大量外移，与之相应，徽州地区社会主体亦日渐显示出"三贾一儒"的职业结构。受传统文化中"庶、富、教"思想的影响，徽人在"从贾"、"经商"获利发迹之后，更加注意子孙后代的教育，各级各类学校也随之兴建。徽州六县各乡创办的社学，由明初的394所发展到清朝康熙年间的562所。嘉庆以后，渐衰的社学被渐兴的私塾所替代。可谓"居民之处，莫不有学有师"、"十户之村，不废诵读"。与此同时，徽州的书院也有了相当发展。从北宋到清末，徽州六县共建书院60所，其中宋建8所，元建6所，明建34所，清建12所①。教育的繁兴又推动着社会经济的发展。在其地习俗中形成了贾儒互促，好儒与从贾并进的良性循环。

身为陶氏在歙的第十六世传人的陶行知，在少年时期，自然饱受了这种源远流长的徽州文化的陶冶。在继承与弘扬实事求是、大胆怀疑、敢于批判的徽派朴学基本治学精神的同时，也打下了较为扎实的儒学基础。

受整个徽州地区社会风气和习俗的影响，陶父十分注重儿子的早期教育，启蒙前就利用空余时间教幼年的陶行知认字、临帖。为不耽误儿子的宝贵年华，在把年仅6岁的陶行知送到附近场村塾师方庶威秀才处开蒙接受传统儒学教育的同时，还尽可能利用业余时间在家教儿子读书习字。8岁时，陶行知随父前往休宁万安后，很快就被送入离外祖母家很近的当地地主吴尔宽经馆就读。虽然"好景"不长，13岁不得不随父归居故里，辍学务农以求生计，但陶行知勤奋好学精神不减，陶父也倾其所有为儿子进行"家教"。与此同时，陶行知在亲友的帮助下，还先后得到秀才程朗斋对"四书"的指点和道德文章在当地享有盛名的贡生王藻对经学的传授。由是，凭借父亲家教言传和四处求师问学这两条途径，陶行知在传统文化方面奠定了比较厚实的根底。这为他后来事业的发展，打下了良好的基础。

在金陵大学求学的陶行知，凭着少年时代练就的超凡的自学才能和勤

① 周洪宇：《陶行知与中国现代文化》，华中师范大学1992年博士学位论文。

奋好学的精神.苦钻大量的中国古代文化典籍以及中国的孔子、孟子、墨子、庄子、荀子、朱熹、王阳明等人的著作和学说,其哲学思想和政治思想迅速迈入新境界,极大地影响着他的世界观和人生观的形成。

特别值得注意的是,陶行知的成长,与他对本民族传统教育思想的接纳、继承、发展和李白、杜甫、王阳明、张謇和蔡元培等中华圣贤大家思想精髓的博采切切相关。

少年时代,陶行知就对唐代诗歌产生了浓厚的兴趣。在众多唐朝诗人中,他尤其酷爱白居易、杜甫两人。白诗的通俗,杜诗的沉郁充满了对人民的爱和对腐朽势力的恨,对国家的赤诚和忧虑。从这些优秀文化遗产中,陶行知吸取了丰富的人民性的思想力量和爱国主义的精神。陶行知后来之所以成为用大众语言写大众诗的现代中国著名大众诗人,显然是受到了白居易、杜甫的影响。

进入金陵大学不久,陶行知在该校亨克博士(Dr. Henke)的悉心指导下开始研究明代大哲学家、教育家王阳明的学说。王阳明的学说产生于16世纪初叶,注重知行统一,重视道德践履,颂扬百折不回、进取奋击的坚强意志。这一高扬主体意识、实现自我解放、蔑视正统权威、砥砺战斗意志的有力武器,深得青年陶行知的推崇,而且也烙进了陶行知的灵魂深处。进入金陵大学的第二年,他就将自己的原名文濬改为“知行”。1934年,再改为“行知”,并沿用至1946年遽然去世。尽管他1931年以后不再赞同王阳明“知先行后”的主张,提出“行是知之始,知是行之成”的理论,但知行问题始终是他关心和努力解决的问题,在他一生的道路与事业中占有极为重要的位置。

在近代以来的诸多教育大家中,深得陶行知景仰且于思想精神上多有传承者则要首推张謇和蔡元培二人。其中,张謇这位近代中国著名的实业教育家的教育思想和办学实践,对旧的传统教育多有突破,其教育思想与事业精神,对陶行知的影响可谓至深至大。陶行知与张謇虽无师生关系,然陶亦以师相尊,如在剖析自己走上改造乡村教育的道路师从何法时,他就明确地告诉世人“和农民生活习惯打成一片,我是学张謇的……他对我的生活影响不浅。我搞生活教育,他就是我第一个先生”。可以说,是张謇教导他掌握了“要替农民做事,第一就是与农民打成一片,不然,农民就怕你,什么真心话不同你说”的窍门。再从张謇和陶行知二人在事业精神上都崇敬武训这一点上，也可见张陶二氏之间的事业影响以及两者思想精神的相似或相通。陶行知对武训的景慕追从早为人们所知，而张謇早在陶氏之前就对武训“穷学穷办”的精神赞之于口应之于心：“武训一乞丐，幕天席地，四大皆空，是真丝毫无凭借。然一意振兴教育，日积所乞之钱，竟能集成巨资，创立学塾数所，是真士大夫对之而愧色者也。人患无志，患不能经强毅之力行其志耳。”正如章开沅教授所言：“张謇正是以强毅之力行武训之志，为发展通海地区近代教育事业奋斗到最后一息。”[①]反观陶行知，又何尝不是如此！

陶行知对蔡元培这位学界泰斗亦是景随慕行，于其教育思想亦多有鉴取。陶行知的教育事业也深得蔡元培这位贵人尽力相助。1922年2月以陶行知为主任干事的中华教育改进社成立后，蔡元培即任该社董事。显然，由于受到蔡元培“兼容并包”、“学术自由”教育思想的影响，陶行知主持中华教育改进社期间，始终以“兼容并包”为办社宗旨，社员不分“白、黑、红、灰”，使各种光、各种颜色都能透出真面目。蔡元培的这种“兼容并包”、“学术自由”的思想精神，在陶行知生活教育理论形成并付诸试验的晓庄师范时期，体现得更为明显。在晓庄这个“自由王国”里，凡事只要谁说得有道理就听谁的，凡事都讲求公平自由竞争。晓庄创立后，其时身为国民政府要员的蔡元培，还亲身兼任晓庄学校董事长，对陶行知的教育事业给予了极大的支持，尤其是对陶行知生活教育理念给予了充分的肯定和褒赞：“此地校里很重要的原则，教法、学法、做法合一……我极相信此法是有至理，而且是很自然的，比如雏燕的能够飞，一方面老燕子要教雏燕飞，雏燕看见老燕的怎样飞法，于是就效着做同样的飞法，终于雏燕亦能飞了，在这一件很小的事内，就可以看出教、学、做是应当合一的。”[②]由此可见，对于陶行知来说，蔡元培“老燕教飞”的思想传导和事业上的宝贵援手，无异于登山路上不可多得的奠基石。

二、日本本土文化对牧口常三郎的浸染

相较而言，整整早陶行知二十个春秋出世的牧口常三郎，当其于1871

---

① 章开沅：《论张謇》，经济日报出版社2006年版，第219页。

② 蔡元培：《在晓庄师范学校演说词》，《蔡元培全集》第5卷，中华书局1988年版，第154—155页。

年农历六月初六出生时，拥抱他的社会环境则是一块饱受大和文化沐浴浸染的土地。

牧口常三郎的诞生地日本柏崎县查刈羽郡荒浜村（现新潟县柏崎市荒浜），位于柏崎市的北面，面对日本海，与佐渡岛遥遥相望。当时的荒浜村虽然自然风光非常美丽，但是土地贫瘠，气候恶劣，庄稼难以成活，而且可耕的土地很少，生活在这里的居民日子过得非常困难①。他们不厌严寒酷暑之艰辛，勤劳耕作，但必须将所获中的三四成缴纳征税，一二成供为公费，二三成纳给地主。故终岁辛辛苦苦获得十石之谷物，仅剩余一二石而已，农户们一年到头衣食住一日之费平均止于二三分钱至四五分钱之间。幸运的是，新潟县的小樽港是一个向北通往北海道、向西连接大阪贸易航线上的港口，既安全又宽敞，装卸货物也很方便，所以村民们大多靠海吃海，以从事渔业和海产品交易为生。另外，村民们还擅长编结渔网之术，他们编织的渔网，享誉整个北方渔场，畅销于往来的各地渔船。因得渔网之利，虽然荒浜村穷山恶水，仍是查刈羽郡 200 个村落中屈指可数的大村庄，在当时总户数达 400 之多。

牧口常三郎是船工渡边长松的长子，父亲给他取名叫渡边长七②。1877 年，由于生活拮据，长七的父亲长松抛妻别子，前往北海道打工挣钱，自此杳无音信。不久，母亲伊莱改嫁给本村的柴野右卫门，长七由姑姑托利抚养，成为牧口常三郎善太夫的养子，此时，长七年方 6 岁。长七是一个听话、机灵、肯动脑筋而且很有孝心的孩子，不仅对善太夫夫妇非常乖顺，而且还经常照顾年迈的爷爷。现存的资料中虽然此后再也没有涉及他父母的信息，但我们可以推测到懂事的长七的念父思母之情。

由于生计艰难，这一带的村民最害怕的有两件事：一是政府征兵。虽说明治维新使日本走上了资本主义道路，但当时的社会生产力尚不发达，近代工业也刚刚起步，对一般民众来说，主要还是依赖传统的生产方式维持生活，而青壮年男子大都是家庭的支柱，一旦应征，整个家庭生活将更为困窘。当时的孩子除了家庭很富裕的，都要尽可能帮助大人干活。大人对

① MAKIGUCHI: THE VALUE CREATOR by Dayle M. Bethel, Published by Weatherhill, Inc., of New York and Tokey, First edition, 1973, p. 26.

② MAKIGUCHI: THE VALUE CREATOR by Dayle M. Bethel, Published by Weatherhill, Inc., of New York and Tokey, First edition, 1973, p. 26.

孩子的期望是快点长大，成为一个劳动力，能帮助干活①。二是六年制义务教育②。明治政府把教育改革作为“大振皇基”的主要施政纲领之一。“文明开化”既是整个国家的大政方针，同时又是教育改革的指南。在教育改革的一系列举措中，普及初等教育成为首选。然而，对于贫困的家长来说，更是期望自己的孩子成为家内劳动的帮手或下地干活的劳动力，所以凡是家境贫寒的儿童，年及六七岁后，多半要帮助父母干力所能及之活。他们或在家照看弟妹、编织草鞋、搓捻绳索，或外出刈草牧牛喂马，有的甚至上山去田助以樵耕之业。另外，因国力所限，实施义务教育初期的教育费用仍多由人民负担。就学校兴建费而言，文部省只支付很少的扶助金，最多时只占全部费用的 12%，大部分经费要靠地方村民上缴的捐赠款及学区内募集金。捐赠款表面上要求地方有钱的旧藩主、士族、豪农、豪商自愿捐赠，但实际上他们把捐赠款以不同名义层层转嫁给了平民，他们常常以捐赠办学为诱饵，增加民众负担。再就学校维持费来说，与从前的寺子屋时代比较也大不相同，民众负担的部分很多，主要靠学生缴纳的学费来维持。《学制》规定，办学以征收学费为原则，全国一律征收学费，分为月额五角和二角五分两等，家庭贫困和子女入学人数多的，可适当减免。从实际执行的情况来看，不征收学费的学校很少，征收学费的府县和学校很多。征收学费的府县多半按就学者家庭的贫富程度划分学费等级，最高的等级定为二角五分。各府县不尽相同。即便如此，当时地方的米价只是二元钱或者三元钱一石。可见，学费额并不算低，再加上教科书费及其他学习用品费和学区内集金等，负担就更为繁重。此外，“一刀切”式的脱离各地区和各学校实际、脱离学生的学习能力和水平的教学制度和教学计划以及脱离现实生活的教学内容等也都是人民对义务教育产生反感的重要原因。

尽管如此，善良的善太夫夫妇视长七为己出，疼爱有加。加上二人智慧贤良，深知知识的重要，所以在生活极为困难的情况下，还是咬紧牙关送长七读了四年初小。长七时年 7 岁，生性聪明、懂事的长七对养父母的关爱很是感激和珍惜，一有时间就埋头学习，在校则如饥似渴地吸取新知识，

---

① DVD：Tsunesaburo Makiguchi — For the Happiness of Children，Kinokuniya Company Ltd.，Tokyo，Japan，2006.

② MAKIGUCHI：THE VALUE CREATOR by Dayle M. Bethel，Published by Weatherhill，Inc.，of New York and Tokey，First edition，1973，p. 26.

遇上在家帮忙不能上学时，就谦虚地邀请上过课的同学去海边，以沙滩为黑板，把当天落下的课程补上。由于学习勤奋刻苦，长七念完四年初小后，深谙读写之妙，被同学们称作"优等生牧口"、"秀才牧口"。也正是因为长七的向学之心甚笃，所以当他初级小学（当时学制为4年）毕业后为生活所迫辍学在家帮养父干活时，周围的人颇为惋惜。

值得一提的是，在长七读初小期间，正是日本开明政策和保守思想经过磨合渐渐走向妥协的时期，或说是传统大和文化观念经过朝廷中保守斗争而得到复活的时期。众所周知，中日两国一衣带水，交往历史极为久远，虽然古代中日之间的交往究竟从何时开始已不得而知。据学者推断，早在中国的春秋战国时期，古代吴越一带先民，就可能有一些人从海上来到日本列岛，这大概是日本最早的中国移民。徐福东渡的传说，实际上是秦汉之际中国人渡海移民到日本的一个缩影①。文献明确记载中日之间的友好往来，当在中国东汉时期。汉光武帝赐金印于倭王，则是一个典型的实物例证。到了中国的魏晋南北朝时期，日本先有邪马台王国女王卑弥呼与曹魏的通使往来，继有大和奴隶制国家"倭五王"统治时期遣使南朝刘宋，双方的交往非常频繁。在漫长的交往史中，对日本文化最具意义的当数儒家文化的植入。从原生性角度看，儒家文化理所当然属于"域外来客"，然因其引入的时间久远，儒家文化早已与日本固有的神道文化水乳交融并且与后来的武士道浑然一体，共同组成了日本大和文化的主干。从这个意义上看，儒家文化也就成了日本本土文化的一部分。而且，儒家文化从它登上日本岛屿的那一刻，也就表现了其强大的生命力支配着日本人的灵魂。

长七上初小的四年，也正是儒教思想在明治之初受到短暂冲击而很快得到复活的时期。最重要的表现是1882年颁发的《幼学纲要》。

《幼学纲要》是为了对幼年儿童进行道德教育而编纂的。其内容共计有二十项德目：孝行、忠节、和顺、友爱、信义、勤学、立志、诚实、仁慈、礼让、俭朴、忍耐、贞操、廉洁、敏智、刚勇、公平、度量、识断、勉职。每个德目都先简单地阐述其意义，然后列出经书的几条章句，再把日本和中国历史上的故事各收录五六篇。它充分地体现了儒家道德。它的宗旨，明确地表述在

---

① 汪高鑫、程仁桃：《东亚三国古代关系史》，北京工业大学出版社2006年版，第2页。

敕谕中，大意是："五伦道德是教育的根本，我朝(指日本)和中国一向崇尚。虽然欧美各国也有修身之学，但把它运用到我朝(指日本)还不得其要领。方今学科多端，而本末误置者亦不鲜。年少就学：应当以忠孝为本，以仁义为先。因而命儒臣编纂此书，颁赐部下，由此得知明伦修德之要领。"[①]由此可见，当时日本政府对教育提出的要求是强调传统的道德，而且它以颁赐敕谕和圣旨的形式来表述这种要求。这不仅是对维新以来不断探索的教育改革加以否定，而且也给以后的"国民道德"教育定了基调。长七伴随着"四书五经"并沐浴着以儒教思想为龙头的大和文化度过了四年初小。这四年对长七来说不仅是难忘而勤学的岁月，更富有意义的是他在这里培植了学习兴趣，懂得了明伦修身之道。

辍学在家的长七虽说在一定程度上缓解了家庭生活的压力，但面对当时外国经济的冲击显然是苍白无力。长期以来，荒浜的渔网是用从长冈出产的麻编织而成的，但由于外国便宜耐用棉的大量涌入，网就由麻网变成棉网，村里的渔网生产濒临破产。不过，此前的荒浜村通过渔网交易，与北海道唯一的藩——松前藩来往密切，许多年轻人为了生计都去"闯松前"[②]。1885 年，为谋求出路，也是为了让成绩出众的长七的才华不至于被埋没，善太夫夫妇在村里一些德高望重者的大力支持下，将年仅 14 岁的长七送到当时正进行大规模开发建设的北海道港口城市小樽，并拜托在北海道的叔父渡边四郎治给予照顾。

在叔父的关照下，长七来到小樽警察署当杂役[③]，帮助倒茶、跑腿、整理文件。没事时，就倚桌看看书。下班后的长七更是争分夺秒地刻苦学习，晚上常常抽空至叔父家附近的寻常高等小学旁听。好学的长七还把不多的薪水都用来买书，而且只要有空闲，就抓紧时间埋头苦读。署员们亲切地称他为"学生杂役"。幸运的是，长七的勤奋、责任心和向学之志得到了由小樽郡长兼任的警察署长森长保的赏识[④]。1889 年 3 月，森长保由小

---

① 王桂编著：《日本教育史》，吉林教育出版社 1987 年版，第 146—147 页。

② "闯松前"，指去松前打工赚钱。

③ MAKIGUCHI: THE VALUE CREATOR by Dayle M. Bethel, Published by Weatherhill, Inc., of New York and Tokey, First edition, 1973, p. 27.

④ MAKIGUCHI: THE VALUE CREATOR by Dayle M. Bethel. Published by Weatherhill. Inc., of New York and Tokey, First edition, 1973, p. 27.

樽调往札幌的时候，也让长七作为署长家的寄食生①一同前往。从此，长七似乎时来运转。同年，森长保把 17 岁的长七以郡区长的名义推荐送入北海道寻常师范学校学习。学校采取寄宿制，不仅发制服，每个月还有一些助学金。这对贫寒的长七来说，无疑是雪中送炭。师范学校的学习经历在牧口常三郎的人生道路上占有极为重要的地位，这既是他终生从事教育的起点，也为他后来形成创价教育思想提供了重要契机。

如果说，四年初小为长七打开了大和文化之门，那么四年的师范教育使长七的文化底蕴更为厚实。师范教育是明治政府教育体制中的重点②。时任教育部长森有礼（1847—1889）特别重视师范学校的作用。1880 年（明治 13 年）制定的《改正教育令》，扩大了府县立的师范学校，从此师范学校的数目骤增。1886 年，政府又制定了《师范学校令》，规定：师范学校旨在"培养教员应有的品德和学识"。在师范学校里，要培养学生具有顺良、信爱、威重的气质。这里的"顺良"是针对国家而言，即要做一个忠于国家的标兵；"威重"是针对学生而言，因为他们将来都要为人师表。当时，教育被看成明治政府实现"富国强兵"的基础，而作为教育"母机"的师范教育自然被视为打造"富国强兵"先行部队的关键。长七就学的北海道寻常师范学校是在函馆师范学校和札幌师范学校被废除后新建的学校。与日本其他师范学校一样，北海道寻常师范学校受着严格的管制。仅从师范生必学必知的《小学教员须知》和《小学教员任免规则》就可略知一二。《小学教员须知》明确指出：对于教师来说，道德教育比智育更为重要。而且强调要把儒家伦理道德与近代国家的爱国心结合到一起，挂在尊天皇爱王室的旗帜下，要教育学生"忠皇室、爱国家、孝父母、敬民上、信朋友、爱卑幼……"《小学教员任免规则》明文规定："硕学老儒等有德望者"，"善于教授修身科者，不必经过考试则可授予该学科任用证书，录用为教师"。师范学校的另一个显著特征就是一切军事化，学校管理就像军营一样③，学生们受到严格监督，违反纪律者要遭到严厉制裁。为培养学生的"尊王爱国"思想，让学

---

① 寄食生，指一边在他人家里帮着干家务事一边学习的学生。

② DVD：Tsunesaburo Makiguchi — For the Happiness of Children，Kinokuniya Company Ltd.，Tokyo，Japan，2006.

③ MAKIGUCHI：THE VALUE CREATOR by Dayle M. Bethel，Published by Weatherhill，Inc.，of New York and Tokey，First edition，1973，p. 33.

生具有为振兴国威而献身的体魄和精神，学校时常在夜里进行“紧急集合”一类的演习，早上在走廊整队点名，每天都要高唱军歌，有时还要持枪训练。学生除了周六下午和周日外，不得离开学校和宿舍。如果离开，也必须下午 5 点返回①。学校禁止看报。每天晚饭后有两个小时的学习，而且必须安静。据有的学生回忆，晚上学习时间不得开抽屉和打喷嚏②。值得敬佩的是，尽管在这种军队式的生活和国家主义的气氛中接受的师范学校教育无视人的个性，违反教育规律，但长七不仅没有成为法西斯军国主义教育的牺牲品，反而注意吸取大和文化中的有益成分，从正面发扬光大了早年所学的《幼学纲要》中提倡的孝行、忠节、和顺、友爱、信义、勤学、立志、诚实、仁慈，礼让、俭朴、忍耐、廉洁、敏智、刚勇、公平等做人处事的优良品格，走出了狭隘的岛国主义的阴霾，注意到家乡、国家和世界共存共荣的关系，孕育了崇高的国际主义情感③。

1893 年 1 月，长七改名为“常三郎”。6 月，牧口常三郎在本校附属小学实习(4 个月)，并担任该校高小一年级女生班班主任。同年，成绩优异的牧口常三郎师范毕业，被分配到附小当教师④。师范毕业后，牧口常三郎一边兢兢业业地教书，一边对教育理论和现实问题进行深刻的思考，与此同时也开启了自己的教育职业生涯。在接下来的四年课程教学的同时，他还在当地一个名为《北海道地区教育协会杂志》的教育出版刊物上频繁地发表文章。1898 年，成为该杂志的编辑，并被同事们视为领袖人物⑤。

在牧口常三郎的成长过程中，与陶行知一样，非常注重对本国文化先贤和大家思想的兼收。在附小当训导之时，长期以来地理学科在教育中受到冷落、教学方法一成不变，并且是仍停留在对山川物产死记硬背上，这种

---

① ［美］D. M. ベセル:《価値創造者:牧口常三郎の教育思想》，中内敏夫、谷口雅子訳，小学館 1974 年版，第 38 页。

② MAKIGUCHI: THE VALUE CREATOR by Dayle M. Bethel, Published by Weatherhill, Inc., of New York and Tokey, First edition, 1973, p. 34.

③ 周洪宇、蔡幸福:《从船工之子到教育大师——牧口常三郎的人生历程》，《河北师范大学学报(教育科学版)》2007 年第 5 期，第 49—50 页。

④ DVD: Tsunesaburo Makiguchi — For the Happiness of Children, Kinokuniya Company Ltd., Tokyo, Japan, 2006.

⑤ Ethical Visions of Education: Philosophies in Practice. Edited by David T. Hansen, Teachers College Press, Columbia University, New York and London, 2007, p. 68.

现象让牧口常三郎颇为痛心。所幸的是，当时有些思想敏锐的学者已经结合日本大和本土文化着手对地理学进行研究，其中，地理学家内村鉴三(1861—1930)和志贺重昂(1863—1927)获得了突破性的研究成果，而这恰恰成了吸引牧口常三郎从事地理学研究的直接动因。内村鉴三是日本著名的宗教思想家和学者，在近代日本思想史上产生过很大影响。他精通宗教学、生物学、历史学、英文等，同时对地理学有着很深的造诣。牧口常三郎从北海道师范学校毕业后的第二年，即明治二十七年，内村鉴三发表了他的地理学专著《地理学考》(后更名《地人论》)。这部书主要是从世界和谐的角度来探讨日本的位置，主张日本应当成为东西方之间的桥梁。书中所倡导的国际主义精神对牧口常三郎产生了很大的影响。

与《地人论》相继问世的是志贺重昂的《日本风景论》。该书立足于日本对地理学进行了世界范围的思考，将地理学的视野拓展到日本以外的世界，这对牧口常三郎的人生观、自然观和世界观产生了巨大的启迪价值。在汲取他人精华的基础上，牧口常三郎对地理学科教学中存在的有关问题进行了富有成效的探索。与以往陈旧的教法不同，牧口常三郎不仅仅告诉学生哪里是山、哪里是河、哪里出产什么等，而且将地理知识生动化、生活化和生命化，进而着重探讨人与自然的关系、人生与地理的结合等。对学生来讲，这种教授法特具魅力。在受益于对地理教学的扎实研究的同时，牧口常三郎的创价教育思想也得以孕育。

第二节　西方文明的洗礼

一、西方文明对陶行知的洗礼

鸦片战争以后的中国，西方列强在政治、经济侵略的同时，逐步加强了文化侵略。它们以强大的武力作后盾，迫使清政府签订了一系列不平等条约，并向西方传教士敞开了国门，允许西方传教士在各省租买田地，开设教堂，传播基督教。从此，西方传教士蜂拥而入，很快便深入中国的穷乡僻壤。当时，在安徽地区活动的教会组织，主要有内地会、来复会、浸信会、北长老会、信义会、圣公会等，其中，内地会的势力最大。内地会是英、美等国基督教新教对中国派遣传教士的差会组织，由英国人戴德生于 1865 年创立，总会设在伦敦。所派传教士来自各个不同的宗派，以英、美、加拿大、澳大利亚和新西兰人为主，亦有少数德、奥、瑞士和北欧人。在安徽打头炮进行传教的是密多士(Mr. Meadows)和卫良(Mr. Willianson)两人。经过一番惨淡经营，终于1869年在安庆奠定了传教事业的基础。此后几年中，内地会成为安徽唯一的教会组织。

外国传教士对中国内地的积极渗透，使陶行知获得在家乡接受新式教育洗礼的际遇。1906年，陶行知进入隶属于基督教内地会的"徽州府崇一私立中学堂"学习，开始接触西方近代科学文化知识，经受西方文化的洗礼，从而为他从旧式知识分子转变为现代文化人架设了第一块跳板。

崇一私立中学堂实施的是一种中西混合式教育。在崇一私立中学堂，陶行知发奋攻读，如饥似渴地学习西方文化科学知识。尽管在此所接触到的西方文化还极为有限，但在这里度过的短暂的两载春秋，毕竟给少年陶行知打开了一扇从一个小小的歙县眺望到全中国甚至全世界的窗口。在那里，他读到了发达的西方文明，看到了旧中国与西方世界的巨大差距，且滋生了一股强烈的历史使命感和爱国情怀，立下了"我是一个中国人，要为中国做出一些贡献"的座右铭，也开始了对救国救民真理的艰难探索。

两年后，因英籍牧师吉布斯(G. W. Gibbs)校长(汉名唐进贤)临时有事返回英国，崇一学堂便关了门。

此时的陶行知因目睹旧中国贫穷落后、自己的姐姐因病夭折一度萌生了行医济世、医学救国之念，并于1908年春考入杭州的一所教会学校——广济医学堂。不过，由于该校对于非基督徒学生在课程学习等方面的歧视性规定，他只待了三天就愤而退学。也许是陶行知对英语情有独钟，也许是他有英语将是进入高等学府和海外留学的开山斧的先见之明，离开杭州流落苏州过了一段窘迫的日子后他回到徽州，专攻了一年英语。之后，可能是辍学在家有压力，也可能是为投奔在苏州的姨表哥，更可能是听说唐进贤在苏州，有意寻找帮助，便辗转再次来到苏州①。也许是老天有意安排，就在他茫茫人生路上彷徨的1909年秋，在街上竟巧遇从英国回到中国的唐进贤，并经唐进贤介绍，幸运地考入南京美国美以美会办的汇文书院。1910年春，汇文书院与基督会和长老会合办的宏育书院合并为金陵大学

① 王一心：《劳谦君子陶行知》，南京师范大学出版社2001年版，第5页。

堂，他直接升入金陵大学学习。因他此前已有汇文书院的半年成绩，故预科只读了一年半，便于1911年升入文科本科。至1914年夏完成学业，他在金陵大学生活和学习了5年。如果说，跨入崇一，是他在人生道路上迈出的关键性的第一步，那么，求学金陵大学堂，无疑为其事业发展奠定了更为坚实的基础。

在金陵大学堂求学期间，陶行知在学习上非常勤奋，在广泛涉猎近代西方各种哲学、社会政治学说和达尔文、赫胥黎、斯宾塞、林肯等西方名人书籍的同时，他对清末民初社会现实进行了冷静的观察和思考，通过广采博纳和理性抉择，初步形成了资产阶级共和主义的政治思想。在自由平等观上，他把共和主义的根本精神概括为自由、平等、民胞（即博爱）三大信条。在对个人与社会的关系上，试图以社会为基点，将个人与社会两方面协调起来，不致有所偏废。在政治观上，力主"共和政治图谋国民全体之福利"、"共和政治重视共和目的、共同责任"和"共和政治能得最良之领袖"。在实施共和主义的途径上，他反对"不问国情"，照抄西方模式，主张一切要视中国的具体国情而定。而且在透视中国国情的基础上，认为"教育实建设共和最要之手续，舍教育则共和之险不可避，共和之国不可建，即建亦必终归于劣败"①。可以说，陶行知后来献身于教育事业，就是以此时对教育功能的深刻认识为思想基础的。

1914年秋，陶行知凭借着出色的外语水平、优异的学习成绩和金陵大学的"学校出身"，在师友和父母的帮助下赴美留学。按照陶行知原来的设想，他本是打算直接到当时美国进步主义教育运动的大本营哥伦比亚大学师范学院学习教育的，但苦于负担不起该校高昂的学费，陶行知只得屈就进了专为学习市政学专业的外国学生免除学费并提供奖学金的伊利诺伊大学。虽然陶行知在伊利诺伊大学研修市政学专业，但他学习教育的渴望一直没有泯灭。在校的第一学期就专门选修了一门由杜威的信徒、哥伦比亚大学哲学博士罗托斯·台尔塔·考夫曼教授主讲的教育行政学。1915年夏，陶行知参加了在威斯康星州基尼法湖畔召开的基督教育年会夏季会议，得益于与会者发言的极大鼓舞，正式决定以毕生精力从事教育工作，并定下了从伊利诺伊大学研究生毕业后转入哥伦比亚大学师范学院深造的

① 陶行知：《陶行知全集》第1卷，四川教育出版社2005年版，第189页。

计划。在接下来的1915年夏学期，便全都选修了教育评价基础、教育研究法、中学课程和教育心理学讨论四门教育课程。吉人自有天助，这时的他正巧取得了庚子赔款的留学生派遣制度“半费生”资格，同年9月下旬顺利转入哥伦比亚大学师范学院，终于圆了攻读教育行政学博士课程的梦。

如果说陶行知迈入哥伦比亚大学师范学院之门，圆了攻读研究院教育行政学博士课程的梦是陶行知的人生一喜的话，那么更让他三生有幸的是，他遇到了希望遇到的在那里执教而且对他的教育思想的形成有着重大影响的杜威、孟禄和克伯屈等一大批进步主义教育巨匠。其中，无论是在当时还是在后来陶行知的人生中，杜威可以说是影响最为深远，即使是当今，人们只要提到陶行知，就很难绕过杜威这一话题。

陶行知求学哥伦比亚大学期间，正是杜威实用主义教育理论创造已步入最为辉煌之时。正如当代美国教育家克雷明所说：“到1916年，杜威已被公认为进步主义的一位最主要的发言人，不管他写什么文章，都保证有众多的感兴趣的读者。”①在此前后，他的主要教育论著《我的教育信条》、《学校与社会》、《儿童与课程》、《明日之学校》和《民主主义与教育》等，均已相继出版。而最集中最系统地阐述其教育思想的《民主主义与教育》，正好就发表于陶行知就读该校的1916年。杜威对旧教育的抨击和对新教育的设想以及他的批判精神、试验精神和创造精神，对于早就不满中国旧教育、亟欲建立一种新教育以维护和发展共和体制的陶行知来说，无疑具有极大的吸引力。加之杜威教育学说的理论基础(达尔文的进化论、民主共和的政治主张和注重行动的哲学观)与陶行知在金陵大学时期就已形成的政治思想和哲学观点(达尔文的进化论、林肯的民主共和主张与王阳明“知行合一”的哲学观)在内容与形式上都有相通或相似之处，这些因素都使陶行知一跨入哥伦比亚大学师范学院的大门，就很快沉浸到杜威实用主义教育理论的学习之中。在哥伦比亚大学就学期间陶行知选修的十五门课程中，就有十门课程为杜威门徒或是杜威私交甚好的教育大师所授，其中，克伯屈教授是杜威的学生和最得力的助手，孟禄教授、斯特雷耶教授、斯列丁教授和康德尔教授等人，都是与杜威私交甚好、思想上不同程度受杜威实用主

---

① [美]克雷明：《学校的变革》，单中惠、马晓斌译，上海教育出版社1994年版，第135页。

义教育理论影响的著名教育家。如果说陶行知在伊利诺伊大学选修由杜威的信徒、哥伦比亚大学哲学博士罗托斯·台尔塔·考夫曼教授主讲的教育行政学时受杜威的影响还是隐隐约约的话，那么在哥伦比亚大学期间的陶行知完全可以说是被杜威思想浸泡着。

后来，杜威在华两年零两个多月的演讲不仅在陶行知政治思想的形成中起到了举足轻重的作用，而且成了陶行知生活教育思想的助产婆。在华讲学中，杜威始终提倡采用理性而不盲从、进步而不激进的全新的思想方式来正确看待传统思想、本国文化与外来文化，高倡民主和自由，重视社群的作用，推崇个性和男女平等，主张试验的态度和科学的精神，有力地动摇了中国传统儒教的权威，促成了中国思想界向所有哲学、政治和社会的“主义”开放，促进了家庭和婚姻制度的变革。他的实用主义在当时为人们在新文化运动中如何用科学的方法去批判和重估中国文化提供了所需的思想。尤其要指出的是，杜威为“五四”时期中国的启蒙运动中如“初生牛犊”的陶行知提供了一个有影响的思考方法和批评方法。

陶行知的教育理论可以说是杜威思想与中国教育实践相结合的产物。杜威在中国的学生不少，但在杜威的中国信徒中，第一个发展出自己的一套教育理论和实践，并且第一个探索着把杜威的影响从城市里的大学扩大到乡村学校的人，除了陶行知以外，还别无他人。在杜威来华之前，陶行知就专门写文章介绍杜威的教育学说。杜威在华演讲期间，他还多次充当杜威讲演的翻译，为实用主义在中国的传播起了重要作用。尤其难得的是，他能够响应杜威的“行而后知”号召，身体力行地投身于中国的教育事业当中去，并且结合中国的实际创建了具有中国特色的生活教育理论。可以说，杜威不仅是陶行知进入神奇教育殿堂的牵引人，而且杜威的思想还成了陶行知政治、教育思想的重要源泉。

当然，回顾陶行知从海外求学归国以后的长期的教育改革实践，我们会发现，陶行知在其生活教育理论的构建过程中，除了对杜威的教育思想进行批判地吸取外，一些西方教育家和著名学者如孟禄、罗素、杜里舒、泰戈尔、推士、克伯屈等人频频来华讲演交流或考察访问，无一不使陶行知从思想、理论上得到新鲜而具生气的助益。此外，举凡对教育进步产生影响的西方教育科学的试验成果，甚至西方一些著名的自然科学家及其科学成就与精神，陶行知在构建理论体系时，也都一一加以引鉴和采收，以此使自己的理论体系更符合时代需要，更富有现代精神①。

这一点，从孟禄对陶行知教育思想理论的形成的影响中可以找到充分的佐证。早在 1997 年，华中师范大学的余子侠教授对此就进行了透彻的分析：从陶行知所记录下的文字来看，孟禄对其教育思想、理论的形成，至少在下述几个方面发生了促进作用：一是强调了“学校如何对于社会实际有所贡献”，由此阐述学校教育的教学内容必须与社会生活形成密切关系，并指明解决此等问题从乡村学校下手较易为力，显然这些思想主张对陶行知社会即学校的理论产生了催生作用，同时也促使陶行知将改造中国教育的目光转向乡村社会。二是指明了课程改革和进步尤须特别注意科学方面，认为旧文明与新文明的区别即在于“科学”二字，并且强调指出所谓讲求科学，乃在于如何能运用到实际中去控制天然，不是教些什么科学分类的方法，这些理论说明无疑成为陶行知致力于中国教育科学规范化的指导思想。三是阐述了科学的教育之教授法的改进，指出中国现行的教授方法最大的弊害在于不能引起学生自动，且与实用无关系，因此学生不能发现问题以求解决，永远处于被动的地位。为此，孟禄直接提倡“要应用‘学由于做’的原理，使学生随做随习，而且要与社会发生关系”。其时陶行知在教学方法论上正强调“教学合一”，但就在孟禄访华后不久，他的“教学做合一”的理论已经形成。“这是民国十一年的事”，可见陶行知在原来的“教法、学法”基础上添上“做法”并且合而为“教学做合一”，实由孟禄导之以“学由于做”的原理而贯通。除此之外，在“对教师职业精神的提倡、对新型学制的说明、对教育行政的制定标准等等，孟禄亦对陶行知多有影响和导引”②。

在陶行知思想的形成和发展过程中，有一点也是我们绝对不可忽视的，那就是马克思主义的影响。这一点与陶行知所处的时代背景切切相关。

随着“五四”爱国运动的爆发，新文化运动的深入发展，马克思主义开始在中国得到了广泛的传播。也就是在这个巨大的时代潮流的推动下，陶

---

①　余子侠：《双子座的光能——黄炎培陶行知教育思想比较研究》，华中师范大学 1997 年博士学位论文。

②　余子侠：《双子座的光能——黄炎培陶行知教育思想比较研究》，华中师范大学 1997 年博士学位论文。

行知开始接触和介绍社会主义。1919年3月，他在《新教育》杂志第1卷第2期上发表《普鲁士教育之基本改革》一文，向中国教育界、思想界介绍马克思和社会主义。1921年，在他担任《新教育》杂志编辑和主干（主编）时，该杂志还载文介绍了十月革命胜利后俄国的政治、军事、教育、宗教等各方面的情况，并刊登过列宁的照片①。从中我们不难看出，当时陶行知对社会主义的态度是不排斥的。20世纪30年代初，面对尖锐复杂的阶级斗争和严重的民族危机，陶行知在改造中国社会和文化教育实践的一次次碰壁过程中对中华民族之出路与中国教育之出路进行了深层思考，下决心系统学习马克思主义学说，并以此作为自己斗争实践的理论指导。

1933年春节，陶行知借同乡友人程霖生的寓所（当时陶行知住处），请共产党方面的朋友讲解马克思主义，与严竟成、戴伯韬、王洞若等人一起听讲与讨论，进一步深入学习了马克思、列宁的著作。同年3月4日，不顾国民党反动派的法西斯统治，他与蔡元培、叶恭绰、李公朴、陈望道等人共同发起马克思逝世五十周年纪念会。在1936年10月至1939年6月出国访问期间，前后三次拜谒马克思墓，在墓前摄影留念，并写下了“光明照万世，宏论醒天下。‘二四七四八’，小坟葬伟大”②四行诗句，发出了“这象征着生要和大众打成一片，死也要和大众打成一片，才是真正的伟大”的赞叹。也正是由于对马克思充满了无比敬仰之情，陶行知在五十岁后，开始学习俄文以便能直接品味马列原著的“原汁”，真正掌握马克思主义。得益于自身的刻苦学习和他人尤其是在他身边工作过的刘季平、丁华、徐明清、王洞若、林一心、张劲夫等共产党人的帮助和影响，陶行知逐步弄清了马克思主义的基本原理，掌握了马克思主义的基本思想方法。特别值得注意的是，1934年1月，陶行知在《生活教育》杂志上发表《行知行》一文中，作出了正式宣布放弃他使用了23年之久的名字陶知行改为陶行知的惊人之举。从知行到行知这一大手笔的转变，无疑充分反映了陶行知哲学思想的飞跃，也昭示着他的世界观的根本转变，同时也标志着他的辩证唯物主义思想的确立。

也正是得益于马克思主义正确的世界观和方法论的启迪，陶行知在后

---

① 周洪宇：《陶行知与中国现代文化》，华中师范大学1992年博士学位论文。

② 陶行知：《陶行知全集》第7卷，四川教育出版社2005年版，第594页。

来的人生道路上，不畏强暴，不怕威胁，不断追求真理、追求民主和自由，与人民同呼吸、心连心、共命运，四处奔走呼号，生命不息，战斗不止，最终成为一位人民教育家，成为一位毫无保留的党外布尔什维克。

二、西方文明对牧口常三郎的洗礼

与陶行知相比，牧口常三郎虽然没有在外国人开办的教会学校学习的经历，也没有享受过漂洋过海求学他乡的"奢侈"，更没有出色的外语水平，但是他与时俱进，紧贴整个国家扩张而开放的脉搏，借助着博览他人的译作并在外来文化的冲击中形成了自己独到的人生观和世界观。特别要指出的是，尽管牧口常三郎一生与杜威不曾相识，更谈不上接受其耳提面命的教诲，但是从对牧口常三郎教育思想的考察中可以得知，牧口常三郎与杜威之间的缘分也很深，而且牧口常三郎对杜威的教育思想多有吸纳和借鉴。

牧口常三郎一生经历了明治(1868—1911)、大正(1912—1926)和昭和前期(1926—1944)三个时代。牧口常三郎在明治时代生活了四十一年。这个时期，正是日本以前所未有的力度和深度走向世界的时期，也是日本文化教育进行除旧布新的时期。富有划时代意义的明治维新，使日本很快走上了发展资本主义的道路。但是，在西洋文明的冲击之下，日本的最初反应还是很被动的，顽固的守旧派、排外主义的"攘夷论"、锁国论等阻碍着开国与文明的进程。然而，以福泽谕吉和森有礼为首的改革派对攘夷主义非常反感，并且力主开国。福泽谕吉认为：排外主义的弊端在于把自己封锁起来，断绝外来的一切活力因素，社会只能处于一个封闭的大"笼子"里，如一潭死水。而且客观上讲，西洋文明优于日本文明。要使日本独立和富强，就应该坚决吸取西洋文化。因此，福泽谕吉把排外主义视为最大的灾难，并对西洋的技术表示高度的赞扬。在《民情一新》和《西洋事情》中，福泽谕吉集中分析了西方技术文明给社会带来的巨大变动。他说："19世纪的蒸汽船车、电信、印刷、邮政等四者的发明是出现'民情一新'的主要原因。自古以来发明创造是不少的，但像这四者一样，对人的肉体和其内部精神产生触动，并改变人的智德状态的还是没有的。"①与福泽谕吉一样，森有礼深知振兴科学与繁荣产业之间的关系，非常重视西文科学和技术的

① 梁景松：《康有为与福泽谕吉的启蒙思想比较》，延边大学2003年硕士学位论文。

学习和实业教育。并且认为，对其他国家先进的东西只要发现其长处就要取之用之于日本。在他们看来，日本要赶上西方，除培养日本民族的独立精神外，一定要掌握数理方面的实学。由于开放派的努力，日本统治者深深认识到自己的国家与欧美国家在政治经济，特别是科技、军事、文化等方面的巨大差距，同时也使日本幕府就已在社会上盛行的“和魂洋才”思想得到了进一步的强化。所谓“和魂洋才”，就是主张日本的大和国魂不改，学习西洋的重点要放在西洋技艺方面，尤其是西洋文化中的人们衣食住行所需的器物和维持社会秩序的各种政令和法律等外在形式上。也正是在这种思想的主导下，明治政府围绕着解决民族危机和建设强大资本主义国家的两大课题制定了“富国强兵”、“殖产兴业”、“文明开化”三大政策，并把文化教育革新作为在政治、经济、社会等各个领域进行一系列资产阶级性质的改革的推助器和突破口。明治初期，传播欧化主义思想成为思想界的主流，与封建思想对立的自由主义思想、个人主义思想、功利主义思想、国家主义思想陆续被介绍到日本。其中，中村正直、西村茂树、西周、津田真道、神田孝民、加藤弘之等学者群在传播西方近代思想、方面发挥了重要的作用。自 1870 年陆续创刊的各种报纸、杂志也纷纷传播、宣传近代文明，成为介绍西方文明的重要窗口。

在文明开化的风潮中，明治政府对教育制度也进行了种种积极的改革尝试，采取了一系列得力举措，主要有：一是不惜重金，聘请西方国家的技术专家和教师，以培养本国的科技人才和教师。据统计，明治初期从国外聘请的专家达 8000 人之多。其中，自 1868 年至 1889 年，从国外聘请的教师就高达 2299 人①。同时，明治政府为加快学习西方的科技和教育还于 1869 年成立了翻译中心。二是废除封建教育体制，建立资产阶级的新学制。从 1872 年开始，日本政府对旧教育进行了有计划的改造工作。时年，文部省颁布了日本近代教育史上第一个新学制。日本新式学校制度颁布之时，即是解放贱民、废除封建的等级身份制之日。这一举措消除了传统制度对新式教育发展的压抑机制，排除新旧体制间的摩擦与内耗，为新式学制的发展开辟了广阔的前景。三是加快普及初等义务教育步伐。由于政府的高度重视，日本仅用了 30 年的时间就在全国普及了初等义务教育，

① 戴本博主编：《外国教育史》（中），人民教育出版社 1990 年版，第 483—484 页。

成为世界教育史上在全国范围内完全实现普及初等义务教育的最早的国家之一，它比英国早 4 年，比法国早 10 年。同时就其普及速度而言，也远远超过经过七八十年才在全国范围内真正普及初等义务教育的工业化最早的英国和法国。对日本近代教育发展有着特别意义的是，政府在教师培养方面狠下功夫。除采取从国外聘请先进教师来日授课、实行导生制、招收已有相当文化基础的青年，通过短期速成并从经济上给予吸引等举措外，还派遣了相当数量的人员赴英、法、德、美等国留学，研究各派教育理论以解决教师数额不足问题。这样整个明治时期就形成了一个相当完善、相当全面的师范教育体制，从而有力地促进了各级各类学校的发展和日本国民思想的解放。

牧口常三郎与其他日本国民一样，在其青少年的教育经历中，也自然充分享受着这种吸纳外来文明而形成的成果。从事教职后，牧口常三郎更是博览古今日外书籍，而且深受欧美哲学家、思想家和教育家的影响。特别值得注意的是，牧口常三郎的教育思想与大正时代外来的教育思想以及由此而引发的教育思潮也密不可分。第一次世界大战后，日本的国际交往日益频繁。与此同时，国内民主运动也不断高涨。在这种形势下，欧美各国教育思想陆续传入日本，其中，最盛行的有公民教育思想、实用主义教育思想、自由主义教育思想、人格主义教育思想等。外来的教育思潮对日本教育界有较大影响。作为工作在教学一线的牧口常三郎，对这些外来的教育思想进行了广泛的涉猎。这一点可以从他的作品中引用的人名得到证明。这些人名包括了从柏拉图时代到 20 世纪初在哲学、教育和社会学领域具有一定影响的一些重要人物。其中，康德和杜威在牧口常三郎思想的形成和发展中起到了举足轻重的作用。

牧口常三郎对康德情有独钟，早在 26 岁发表的论文中，“康德”的大名就赫然在册。此后，牧口常三郎对康德的著作一直进行潜心研习，直至生命结束前夕，牧口常三郎还在反复体会康德哲学，而且受益颇深。从牧口常三郎去世前从狱中寄给家人的最后一张明信片上写着的“我在精读康德的哲学”①的语句中，可以看出，在寒冷狭窄的单人牢房里，牧口常三郎虽

① DVD：Tsunesaburo Makiguchi — For the Happiness of Children，Kinokuniya Company Ltd.，Tokyo，Japan，2006.

然孑然一身，但正是伟大哲学家康德的著作陪伴着他愉快地走完了人生的最后一程。牧口常三郎“独创‘美、得、善’的价值观是以康德的‘美、得、善’为基础，在不断攀登哲学一个又一个高峰中产生的”①。在一定程度上讲，康德关于“所谓人的价值，‘并不是得到了什么’，而是‘做了什么’”②的思想便是牧口常三郎创价教育思想的哲学源头。康德一生主张人权至上和永久和平。在他看来，“‘使人们陷入苦海的，正是人们之间的相互倾轧’，这其中最大的倾轧就是‘战争’。以人为手段，莫甚于此”。“‘以权力为中心的政治’是‘伪政治’、‘欺名盗世’、‘空架子’、‘自我背离’”③，而那些追逐一己之欲的野心家，正是阻碍永久和平的罪魁祸首。康德认为，要启蒙人性思想，使人聪明睿智，关键在于实行教育革命。在他看来，好的教育就是世上一切善产生的土壤和源泉，人如果不加强自身的道德修养，恶就会如影随形、滋生蔓延。只有使民众提高道德水平，才能将社会导入向善的轨道。通过道德塑造，他会获得“一种对于整个人类的价值”④。为此，教育一定要面向世界，培养人的世界公民意识；教育必须进行改革，培养出一批“世界公民”。也只有培养出超越狭隘国家、民族意识的世界公民，才能构筑“永久和平”的基石，而且只有把为“善的实现和弘扬”奋斗的人们团结起来，才能实现世界的“永久和平”。康德将“人权”置于政治之上，主张为捍卫人权应建立“诸国家的联合体”，认为由此带来的“永久和平”就是“政治的至善”。康德的这种教育观与和平观正是牧口常三郎一生致力于创价教育和“大善政治”并为之牺牲生命的精神动力。此外，康德关于“人是唯一必须劳动的动物”⑤、“人具有一种自己创造自己的特性，因为他有能力根据他自己所采取的目的来使自己完善化，因此可以作为天赋有理性能力

---

① 冉毅、曾建平主编：《关爱人性　善待生命——池田大作思想研究》，湖南师范大学出版社 2003 年版，第 173 页。

② 冉毅、曾建平主编：《关爱人性　善待生命——池田大作思想研究》，湖南师范大学出版社 2003 年版，第 176 页。

③ 冉毅、曾建平主编：《关爱人性　善待生命——池田大作思想研究》，湖南师范大学出版社 2003 年版，第 177 页。

④ [德]伊曼努尔·康德：《论教育学》，赵鹏、何兆武译，上海人民出版社 2005 年版，第 15 页。

⑤ [德]伊曼努尔·康德：《论教育学》，赵鹏、何兆武译，上海人民出版社 2005 年版，第 28 页。

的动物而自己把自己造成为一个理性的动物”①以及教育要培养儿童“合群”的品格和“世界公民的情怀”②等理念，无疑对牧口常三郎创价教育思想的形成有着重要的影响。

如果说康德对牧口常三郎的影响主要是在哲学和政治方面，那么，杜威的现代教育思想，尤其是他提出的尊重儿童个性、重视教育与生活的沟通、注重学校与社会的联系等一系列主张则是牧口常三郎教育思想形成和发展的重要来源。在日本现代化的进程中，伴随着西方先进文化和教育思想的传入，杜威的教育思想也漂洋过海东进日本，并引起了日本学者的极大兴趣。主要表现在两个方面：其一是杜威的著作开始传入日本并被翻译出版，开始流传。其二是日本学者开始将兴奋点投入到研究杜威的哲学和教育思想上，并出版发表了很多研究成果，国人争相购买和传阅。

早在 1888 年，在美国哲学研究方面的一位日本先驱者元良右二郎在《宇宙》刊物上发表了一篇有关杜威心理学的文章，使得杜威的名字第一次出现在日本的刊物上。此后，特别在 20 世纪初，对杜威哲学和教育学说的介绍与研究一直在继续③。在这种十分有利的背景下，杜威访日的计划又得以实现，使他有机会亲自到日本访问和讲学，宣传他的民主的、实用主义教育思想，加上新教育运动在日本的发展，使得杜威的实用主义教育思想在 20 世纪二三十年代的日本产生了更大的影响。虽然从 20 世纪 40 年代起到第二次世界大战结束期间，杜威教育思想的影响在日本受到了阻碍，达到了“谷底”，但在第二次世界大战结束后，杜威的教育思想在日本的影响与研究很快得以恢复，并且随着研究的不断深入而逐渐加大，出现了日本学者所说的“杜威勃兴”④。1962 年，日本教育学者田村关治在他的题为《杜威教育思想的当代意义》一文中指出“没有一个人能否认杜威在过去 18 年里对日本教育思想的重要影响。其影响超过了任何其他教育思想家”⑤。

---

① [德]伊曼努尔·康德：《实用人类学》，邓晓芒译，重庆出版社 1987 年版，第 232 页。

② [德]伊曼努尔·康德：《论教育学》，赵鹏、何兆武译，上海人民出版社 2005 年版，第 51 页。

③ 单中惠：《现代教育的探索——杜威与实用主义教育思想》，人民教育出版社 2002 年版，第 458 页。

④ 关松林：《杜威教育思想在日本》，南京师范大学 2004 年博士学位论文。

⑤ 日本《教育学术新闻》1962 年 9 月 26 日。

众所周知，没有资料表明杜威在日本两个半月的讲学中牧口常三郎遇到过杜威，也没有“如果能遇见，他们可能进行交流”的说法。相反，种种现象表明，牧口常三郎与杜威之间的个人联系很难。而且，语言障碍排除了牧口常三郎与杜威面对面进行双向有效交流的可能性。杜威可能到逝世都没听说过牧口常三郎。然而，有两个方面的因素是在我们研究杜威对牧口常三郎的影响时不可忽视的。

一是1868年明治维新后日本经济的快速发展使日本进入了一个技术知识和工业发展的增长阶段，虽然日本和美国的文化存在很大的差异，但两国都面临着同样的问题和需要。在美国19世纪后期和20世上半期，杜威是对美国文化教育尤其是对技术社会美国人的需要作出反应的主要人物①。牧口常三郎和杜威是同时代的人。牧口常三郎生于1871年，杜威生于1859年。两人不仅面临着同样的社会问题，而且有着共同的思想来源。两人都深受夸美纽斯、卢梭、裴斯泰洛齐、赫尔巴特等欧洲教育改革家的影响②。两人都像同时代的人一样对社会所面临科学进化及其对人类生活的影响给予了高度关注，这种共同的文化继承对两人的思想产生了重大影响。同时，他们两人都认识到必须在改革传统教育的基础上建立新的教育体系，而且认为技术、科技的变革，城市化的推进必须遵循一定的秩序、规则和价值观念③。这可以说为牧口常三郎认同和接受杜威的教育思想进行了良好的铺垫。

二是杜威在日本的演讲很快被翻译。作为一位长期从事校长工作，而且善于学习、思想敏锐的牧口常三郎在杜威的思想登上日本岛后，与其他的日本学者一样给予了极大的关注并进行学习。其实，牧口常三郎与杜威“结缘”已久。早在1896年，26岁的牧口常三郎在《观念类化作用》这篇最初公开发表的论文中，第一次论及杜威。他在引用美国教育学家Charles De Garmo(1849—1934)④的《新式教授术》中，对杜威《心理学》的一段话引

---

① MAKIGUCHI：THE VALUE CREATOR by Dayle M. Bethel，Published by Weatherhill，Inc.，of New York and Tokey，First edition，1973，p. 19.

② MAKIGUCHI：THE VALUE CREATOR by Dayle M. Bethel，Published by Weatherhill，Inc.，of New York and Tokey，First edition，1973，p. 19.

③ MAKIGUCHI：THE VALUE CREATOR by Dayle M. Bethel，Published by Weatherhill，Inc.，of New York and Tokey，First edition，1973，p. 20.

④ Charles De Garmo：美国教育学家，曾担任美国大学教师协会会长之职。

起共鸣，进行引用，并称杜威是赫尔巴特主义心理学家①。牧口常三郎对杜威的教育理论有着很高的认同度，他在《创价教育学体系》第一卷第二篇"教育目的论"第二章"作为教育目的的幸福"的开场白中，就教育目的与生活的关系进行了透彻的阐述，并明确指出："教育的目的在于圆满达成文化生活。能够适当表达此含义的语汇，除了'幸福'之外无他。根据数十年的经验和思索，我深信'幸福'是最切实、坦率地表达人们所渴望的人生目的之语汇。换言之，教育是要使受教者获得幸福的生活。教育不是教育人员或父母为了自己的生活欲望而把受教者当做手段，应以受教者本身的生活为教育活动的对象，谋求其幸福。也就是说，受教者的成长发展，必须始终都包含在幸福生活中。"他认为，杜威所说的"'以生活为目的，在生活的情境里，透过生活去达成'这句话，的确是值得我们教育人员深省"②。对此，他自己直至晚年还初衷不改，在 1942 年举行的创价教育学会大会上的发言中依然认为"生活法不去生活的话是很难理解的。美国实用主义哲学家杜威的生活法就是在生活中通过生活才能理解的。这是铁的真理，不容被怀疑的"③。

牧口常三郎对杜威的《学校与社会》和《民主主义与教育》等译著多有研读，而且体会颇深。牧口常三郎在《创价教育学体系》中对杜威所提出的教师要高度关注自身的教育方法和态度这一看法进行了充分的肯定"'改革教育方法更重要的是必须改革态度'……只把教育材料的知识传授，教育自然就能成功的话，这样的时代已经过去了。而且从那样的教育中也承认教育的本质就是指导儿童们获取知识。……可是，我们可以进一步想一想，被委托去指导儿童们获取知识的教育工作者，在他教个别人方法之前，首先自己必须作为考虑教育方法的榜样人。因此，这种研究方法的根本就取决于教师的态度了。这就必须当做省察的问题来对待了。这也是美国教育家杜威在他的著作中所强调的一点"④。此外，牧口常三郎对社会、学

---

① ［日］伊藤贵雄：《和谐社会与和谐世界——池田大作思想国际学术研讨会论文集·牧口常三郎与杜威》，华中师范大学、创价大学编，2006 年 10 月。

② ［日］牧口常三郎：《創価教育學體系》Ⅰ，聖教新聞社 1972 年版，第 149—150 页。

③ ［日］伊藤贵雄：《和谐社会与和谐世界——池田大作思想国际学术研讨会论文集·牧口常三郎与杜威》，华中师范大学、创价大学编，2006 年 10 月。

④ ［日］伊藤贵雄：《和谐社会与和谐世界——池田大作思想国际学术研讨会论文集·牧口常三郎与杜威》，华中师范大学、创价大学编，2006 年 10 月。

校与社会的关系以及民主等诸多方面的看法与杜威的观点是相近的。如在他 30 岁时发表的文章《Parker 所说的学校里应有社会的趣味意义是指什么》中，高度评价了帕克①，并认同其“学校是家庭和社会关系延长线上的场所，让儿童们学习掌握作为民主主义社会中的一员应具有的一种姿态”②的观念。帕克是美国进步主义教育运动最早的提倡者，针对只注重知识传授的传统教育，提出了学校或学校生活应该是民主主义的实践场所的教育理论。这一点也正是杜威所认同的。

第三节　宗教文化的影响

一、宗教文化对陶行知的影响

从陶行知的研究历史和研究现状来看，由于种种原因，人们很少涉及陶行知与基督教的关系。特别是在新中国成立后的一段时期，这个话题似乎很是令人忌讳，好像陶行知这样的伟人是不应该与基督教联系在一起的。但必须指出的是，这种想法是没有尊重历史事实的。至于陶行知与佛教的关系研究，目前还没有零的突破。其实，在某种程度上，基督教和佛教的思想对陶行知的人生观和世界观起到了重要的精神支撑作用。基于此，这一过去被人们淡视的领域应该引起我们足够的关注。另外，日本以佛教为主流的宗教文化源远流长。佛教对研究日本国民有着重要的意义，在一定程度上，佛教可以视作走进日本国民心灵之门的一把钥匙，同样也是我们理解牧口常三郎的一把钥匙。

研究陶行知与基督教的关系只不过是 20 世纪 90 年代以来的事。国内研究陶行知与基督教关系的开山之作是周洪宇教授在《安徽史学》1991 年第 4 期发表的《陶行知与基督教》一文。文章从陶行知既往的人生经历、1913 年陶行知的处境、基督教义本身的内容特质和陶行知当时的现实需要等方面，对陶行知如何皈信基督教的原因进行了鞭辟入里的分析，并就陶行知如何对待基督教和基督教信仰对于陶行知的影响等方面进行了深

---

① 帕克(Parker，1837—1902)，美国教育家，美国进步主义教育运动最早提倡者。

② [日]伊藤贵雄：《和谐社会与和谐世界——池田大作思想国际学术研讨会论文集·牧口常三郎与杜威》，华中师范大学、创价大学编，2006 年 10 月。

入浅出的论述。1999年余子侠教授在《山乡社会走出的人民教育家：陶行知》一书中对陶行知与基督教的关系也进行了介绍。境外从基督教的视角系统地研究陶行知的，只有毕业于香港中文大学的何荣汉博士一人。2004年何荣汉撰写的博士论文《陶行知——一位基督徒教育家的再发现》不仅在陶行知的研究上进一步突破了过去那种“讳莫如深，避而不论”的态度，更是提出一个重要的研究路径，对于陶行知这位“典型人物”所代表的一类较受基督教影响的中国知识分子与基督教的关系及其如何受基督教的影响，做了新的发现和评估的研究。当然这一做法不仅得到了国内有关专家的高度赞赏，而且就其本身而言，意义也是很深远的。正如历史学家章开沅教授所说：“我赞赏作者这种不固陈说、追寻真知的执着，同时也希望有更多类似这一路向的学术佳作问世，因为这不仅可以增进与深化我们对于陶行知的理解，而且也可以丰富近代中国基督教史的研究内容。”①不过，笔者不能苟同把陶行知定为一位基督徒教育家这样狭窄的框架之中，而且完全赞同章开沅教授的提法“陶行知就是陶行知，卓然不群，自有特色，称之为人民教育家或平民教育家即可，不必给他戴上这种尺寸或那种尺寸、这种颜色或那种颜色的特定的帽子”，“把陶行知称之为‘较受基督教影响的中国知识分子’或‘富有传教精神的教育家’，都是比较符合实际的”②。

陶行知13岁时与基督教结了缘。那年，做了两年册书的父亲陶位朝被解除了职务，回家务农心里很是苦闷，且偏偏此时女儿宝珠患病夭折，由于家境穷困，陶行知不得不辍学务农。陶父在求助于抽大烟无效后，为除心中郁闷，入了基督教。基督教究竟有没有消除他的精神苦痛不得而知，但有一点可以肯定，在当时，宗教确是解决了一点他家庭的生活实际问题。经陶父在歙县旧友基督教内地会教堂通事（翻译）章觉甫介绍，陶母曹翠仂到歙县崇一中学堂做帮佣。虽然佣金收入不至于使家庭摆脱贫困，但对于家用却不无小补。更出陶行知意外的是，自己常随父亲挑瓜挑柴进城出售完东西后总是去教堂帮助母亲做些洗菜、挑水等杂活的勤劳懂事之举，深得教堂牧师兼教会所办歙县崇一中学堂校长唐进贤的厚爱并免费让他进

---

① 何荣汉：《陶行知——一位基督徒教育家的再发现·章序》，基督教文艺出版社2004年版，第10页。

② 何荣汉：《陶行知——一位基督徒教育家的再发现·章序》，基督教文艺出版社2004年版，第11页。

校就学。虽然两年后因唐进贤要回英国省亲及处理事务学校停办，但富有爱心的唐校长对陶行知很是关爱，并根据陶行知求学时的志愿建议他投考减免学费的教会大学。尽管在唐校长离开中国的一段时间里陶行知遇到了诸多波折，但后来（1909 年秋），还是受益于唐进贤介绍，陶行知考入美国基督教会开办的南京汇文书院，以后又升入由汇文书院和宏育书院合并而成的金陵大学堂。

如果说困苦家境的改善、恩师的栽培和恩师笃信博爱精神让直接受惠的陶行知对基督教产生了认同基础，那么金陵大学的培育则是陶行知信奉基督的直接动因。金陵大学是由美国基督教会开办的，作为教会大学，金陵大学早期的办学宗旨是培养学生的“基督化人格”，即把学生培养成具有“基督牺牲与服务精神”的社会精英[①]，其着眼点实际上就在于推行基督化教育。因此，宗教气氛格外浓厚，宗教仪式十分严格，宗教课为必修课，宗教活动相当频繁。每逢礼拜，师生必须参加[②]。在这里，陶行知不仅修学了必学的宗教课程，而且聆听了当时宗教界领袖穆德、艾迪、丁立美、诚敬一、都春圃、史比耳、布克曼、甘露得、司徒雷登、马相伯、余日章等人以及若干教会中主教与牧师所发表的宗教演讲。其中陶行知对艾迪关于道德、宗教问题的演讲颇有共鸣，不仅前往聆听，而且还在事后亲自将其演讲词翻译发表。也就是在此期间，他把基督教义作为完善个人人格的利器，“暇时辄取《新约》展阅之，冀得半言片语以益于身心而涤其伪习”[③]。

当然，陶行知对基督教的认同不能仅仅归因于以上所说的几个方面，更重要的还是来自基督教教义所包容的“我们应当像爱自己一样爱世人”的朴素的人道主义因素，而这种思想因素对于下层社会出身且正在寻求救国真理的陶行知来说，无疑具有某种亲切感和吸引力。正如他自己所言：我信仰耶稣很大程度上由一本书促成，它是康奈尔大学的詹克斯教授写的，名为《耶稣的处世原则》。我不能仔细回想起耶稣的哪一部分教诲是重要的了，但是我必须说，使我追随他的是他那“我们应当像爱自己一样爱世

① 王运来：《诚真勤仁　光裕金陵——金陵大学校长陈裕光》，山东教育出版社 2004 年版，第 229 页。

② 陈学恂主编：《中国近代教育史教学参考资料》（下），人民教育出版社 1987 年版，第 151 页。

③ 陶行知：《陶行知全集》第 1 卷，四川教育出版社 2005 年版，第 163 页。

人”的教义。此外，深爱自己的国家和自己的同胞的耶稣基督的忠实信徒美国总统林肯、中国孙文（孙中山）博士等的奉献精神强烈地感召着他，岭南大学、圣约翰大学、金陵大学、文华大学、天津大学、燕京大学、北京清华学堂等高等学府所展示的来自耶稣基督精神和教会的直接成果打动着他，还有那不远千里离开自己家乡和祖国来华教导他的教师的传教精神感动着他，加上包文博士和亨克博士的指导以及深受詹克斯教授讲授的《耶稣教义之社会意义》课程的影响等，最终让他在1912年圣诞节的前四天从心底里向金陵大学的同学们发出了“我衷心地呼唤你们投向耶稣基督”①的呐喊。当然也是基于此，他成了耶稣的追随者，并于1913年皈信基督教成为一名基督徒。

不过，陶行知虽然一度皈依基督教，但他绝对不是一个狂热偏执的基督徒。正如周洪宇教授所言那样，“他对基督教有自己的认识，而且从一开始就是按照自己的理解和需要接受基督教义的，从未盲目信仰过。他对基督教义既有接纳，又有排拒，而且，接纳中有排拒，排拒中又有接纳，具有一种鲜明的主体意识和清醒的理性精神”②。而且，即使是对基督教的接纳也“是多方面的，是自觉主动的，是从自己的需要出发，对之有所选择、改造和发展的”。他没有“‘被基督化’，而是‘化基督’，使基督教为改造中国社会和教育的实践服务”③。然而，我们必须正视，信仰基督教是陶行知在面对民国初期政治权威一度出现的“真空”状态以及“文化失范”现象感到困惑不解，亟欲在乱世中完善个人人格以保持人格节操和寻求救国之道的双重需要的背景下所作出的重要选择。而且这一选择，极大地影响到陶行知人格风范的形成以及他日后事业的发展。尤其是，我们必须认识到基督的博爱思想和献身精神，在陶行知的心灵中毫无疑问已扎下了根。这就是说，基督的“牺牲与服务精神”使他受到极大的感染并终身奉为圭臬④。

相比较而言，尽管陶行知与佛教之间的相关度远远不及他与基督教之间那样高，但翻阅陶行知的人生，我们也会发现二者之间的缘分不浅。

---

① 陶行知：《陶行知全集》第12卷，四川教育出版社2005年版，第5页。

② 周洪宇：《陶行知与基督教》，《安徽史学》1991年第4期，第66页。

③ 周洪宇：《陶行知与基督教》，《安徽史学》1991年第4期，第68页。

④ 余子侠：《山乡社会走出的人民教育家：陶行知》，湖北教育出版社1999年版，第43页。

中国是一个佛教文化浓厚而且历史久远的国家。佛教自东汉末年传入后，便开始走上了中国化的发展道路。隋朝以前主要是佛经的翻译和介绍，至隋朝，经过隋文帝和隋炀帝的大力提倡，佛教的地位一度超过了儒学。在此基础上，佛教在唐朝独创门户获得了长足的发展，并与儒、道互相兼容，鼎足争辉，在中国的思想发展史上形成了一道靓丽的风景，对社会政治经济教育等各个层面都产生了深刻而久远的影响。就教育而言，由于唐朝以来统治者大都兼重儒、佛、道，所以教育思想也呈现出杂糅融合的特点，许多教育家虽都归结于儒家，但打有佛道的烙印。陶行知也不例外。

按常理说，宗教中存在着排他性。也就是说，人们往往只会信仰一种宗教，或者说，信仰了一种宗教，就很难接受另一种宗教，有的甚至感到“唯我独尊”。然而，研究陶行知与宗教的关系，我们会发现，结论并非与以上的推理相吻合。陶行知信仰基督教，但他不仅不排斥佛教，反而对佛教的理念很是推崇，而且也接纳、研究并常常借用佛教的一些理念来为自己的事业服务。

陶行知一出生就与佛结了缘。母亲生有二男二女，陶行知排行老三。陶行知出生时，哥哥、姐姐均已夭折。行知虽然一生下来就有了正式的名字文濬，可为了使孩子好养易活，免受尘世的劫难，陶父干脆给孩子起个出家的法名“和尚”，寄名在观世音菩萨的座前以托其保佑。多年以后，父母仍喊他的乳名“和尚”。尽管陶行知没有成为一名佛教徒，但查阅陶行知的言行，可以看到他潜心研究佛学的印记。无论是在北京还是在重庆、杭州，只要有闲，他一定会去当地的寺庙里体会一番。尤其值得一提的是，1938年8月13日，利用在印度出访的机会专门腾出时间前往印度安德拉邦贡土尔县市镇阿默拉沃蒂[①]参观了阿默拉沃蒂佛塔[②]和本生经雕刻，并把参观中看到的有关释迦牟尼在世事迹的通俗故事用英文略记于《衙备忘》上。此外，他还先后来到佛陀的诞生地兰毗尼[③]、佛陀曾经说法和居住的地方

---

① 阿默拉沃蒂(Amaravati)，古代为佛教中心，以阿默拉沃蒂博物馆收藏的浮雕著称。详见陶行知著《陶行知全集》第12卷，四川教育出版社2005年版，第1064页。

② 阿默拉沃蒂大塔，约建于公元前2世纪，是印度佛教地区最大的一个塔，直径50米，高约30米。大部分已毁坏，残存的叙事体浮雕和饰板名曰 Hill of lights，保存在马德拉斯政府博物馆和不列颠博物馆。

③ 兰毗尼(Lambini)，今尼泊尔南部边境，即佛陀的诞生地。

拉杰吉尔[①]、释迦牟尼第一次布教处萨尔纳特[②]以及5—12世纪著名的佛寺遗址那烂陀[③]等地进行考察。8月16日，他又专程来到马德拉斯博物馆详细了解阿默拉沃蒂石刻中关于乔达摩·悉达多王子离家、领悟、布道和圆寂的内容[④]。8月19日途经锡兰中部城市康提[⑤]并参加了那里一年一度举行的佛教出会活动。

值得特别说明的是，曾是基督徒的陶行知，自1936年4月23日奉命出使港、粤、桂离开上海到1938年9月26日从海外回到香港期间，先后访问了英、美、法和巴勒斯坦等26个国家和地区，参观过若干风景名胜。应该说，他非常有理由去考察耶稣基督的诞生地巴勒斯坦约旦河西岸城市伯利恒，可是在陶行知备忘录中没有发现这方面的记载。

此外，从陶行知的教育思想中，我们不难找到他对佛教理念的兼收和接纳。一是可以强烈地感受到菩萨身上所体现出来的那种慈悲情怀，那种为体恤和拯救"下层社会的不幸"而甘愿受苦受难的济世精神。为推行平民教育，他号召人们学习杭州灵隐寺笑嘻嘻的五百阿罗汉，大发慈悲，救苦救难，超度众生，为平民教育尽一点力，以实现渐渐使学校周围的人、北京全城的人，乃至于全中国的人都能识字这一莫大的希望。想到中国二万万女子中绝大多数没有受过教育的女性，他强烈呼吁受过教育的女子出来万众一心像释迦一样投入这超度众生的事业中，把她们都化为读书明理之人。二是饱含着佛教教义中"不杀生"一类朴素的人道主义情感。看到晓庄小学生为进行生物教学，捉了一串一串挂珠似的虾蟆子，养在一个六尺长、三尺宽、一尺深的铁池里，过不了几天，池中便是一片漆黑，虾蟆子都变成蝌蚪，由于未能及时为这些小虫找到生路，致使它们大难临头，死得精光时，他是痛惜万分，并告诫师生们"宇宙是学校，我们没有权利可以牺牲虾

---

① 拉杰吉尔(Rajgir)，佛陀曾经说法和居住的地方。公元前543年在当地七叶窟举行佛教第一次结集，将佛教教义记录于此。

② 萨尔纳特(Sarnath)，建有威海尔佛塔(Mal Ganaha Kati Vihar)，相传公元前528年，乔达摩·悉达多35岁成道后数周，在这里首次宣讲他成道时领悟的法，特别是最重要的缘起法。

③ 中国唐朝的求法僧玄奘曾在此寺留学5年。

④ 陶行知：《陶行知全集》第12卷，四川教育出版社2005年版，第1066页。

⑤ 康提(Kandy)，锡兰第二大城市，是古康提王朝所在地，有王宫和佛牙寺、神庙，为著名的佛教圣地，每年8月11日—19日举行佛教出会活动，出会时有170尊佛像游行。

蟆的生命来给我们玩把戏，今后上类似的生物课要到大自然里去观察，对动物要如抱着我们自己初生的孩子一样小心细心呵护”。三是翻阅陶行知的文章，我们会发现他对《圣经》有研究，而且《圣经》和佛经的典故、词汇和深层思维对他的作品影响极深。“如来法掌”①、“现三十二法身，掉广长圣舌”②、“阿罗汉”③、“弥陀佛”④、“梨花散尽天女别”⑤、“功德无量”⑥和“恒河沙”⑦等许多来自佛教经典《法华经》和《楞严经》中的典故和人物，无论是在他文章写作还是在公开演讲中常常是了然于胸、信手拈来，且用得恰到好处。《圣经》的词汇在其作品中使用之多，更是难以胜数。不唯如此，圣经文化中的某些深层思维，也为他有意或无意借取。

当然，陶行知对佛教的接纳如同他对基督教义的吸取一样也是多方面的，是自觉主动的，是从自己的需要出发，对之有所选择、改造和发展的。就像他没有“被基督化”，而是“化基督”，使基督教为之改造中国社会和教育的实践服务一样，他不是佛教徒，而是推崇佛教理念，并吸取其精华，为我所用。

二、宗教文化对牧口常三郎的影响

与陶行知相比，从信教的种类来看，牧口常三郎信仰的是佛教；从信教的时间来看，牧口常三郎的起步晚得多（从 57 岁开始）；从信教的深度来看，牧口常三郎更为执着，自从信教后，他便全身心地投入到了宗教事业中。

1928 年对牧口常三郎来说，是人生的一个转折点。这年 6 月，年过 57、担任白金小学校长的牧口常三郎邂逅了日莲正宗的在家信徒、时任目白学校校长的三谷素启。三谷素启对《法华经》⑧和日莲的佛学思想很有研究，1929 年秋，曾出版过《立正安国论》。二人一见如故，通过三谷素启

① 陶行知：《陶行知全集》第 1 卷，四川教育出版社 2005 年版，第 3 页。

② 陶行知：《陶行知全集》第 1 卷，四川教育出版社 2005 年版，第 230 页。

③ 陶行知：《陶行知全集》第 1 卷，四川教育出版社 2005 年版，第 487 页。

④ 陶行知：《陶行知全集》第 2 卷，四川教育出版社 2005 年版，第 346 页。

⑤ 陶行知：《陶行知全集》第 7 卷，四川教育出版社 2005 年版，第 221 页。

⑥ 陶行知：《陶行知全集》第 8 卷，四川教育出版社 2005 年版，第 668 页。

⑦ 陶行知：《陶行知全集》第 12 卷，四川教育出版社 2005 年版，第 108 页。

⑧ 《法华经》：全名为《妙法莲华经》，是释迦牟尼佛晚年在王舍城灵鹫山所授，为大乘佛教初期经典之一。

的讲解，牧口常三郎很快同心仪已久的宗教——日莲佛法产生了共鸣，并成为日莲佛法坚定的信徒。从此，牧口常三郎开始了充满艰难险阻的宗教实践。

步入垂暮之年的牧口常三郎选择日莲正宗的原因与日本佛教文化的久远密不可分。公元 6 世纪初，百济圣明王派使者到日本献金铜佛像等，自此佛教从中国经由百济正式传入日本。经过传入之初朝廷内部大连物部氏（主管军事、刑狱）、中臣氏（主管祭祀）为首的豪族反对派和大臣苏我氏（当时主管财政）信奉派之争得以立足后，很快便成为日本最大、最有影响的宗教。而且在其移植和发展过程中，由于受到日本社会政治、经济和文化习俗的制约和影响，形成了自己鲜明的民族特色。主要表现在以下几个方面：一是强烈的佛法护国的观念。自从佛教传入日本，以天皇、贵族为代表的统治阶级认为佛教可以“镇护国家”、“护持国土”，特别重视佛教的祈祷现实功德利益的功能，希望通过造寺、塑像、写经、育经等，向佛、菩萨祈祷皇室康宁、国泰民安和五谷丰登。经过奈良、平安时期，直到镰仓时期以后，各宗教主和广大僧俗佛教信徒，都认为佛教可以“镇护国家”、“积福灭灾”，主张佛教与国家密切结合，谓“佛法王法互守互助”①。二是神佛同体和一致论。日本原始神道是对自然精灵、天神地祇和祖先神灵崇拜与祭祀的一种朴素的宗教信仰形态，在佛教传入前，还没有固定的神社、神像，也无成文教义。佛教传入后，因受佛教的影响，才在各地建立起神宫、神社，后来甚至有了神像，神的观念也有了发展。总体上说，神道在古代是一直依附于佛教的。7 世纪佛教流行以后，兴起“神佛会通”思想。开始是认为神愿意皈依佛法，保护佛法，并在神社内或其附近建立神宫寺。此后把神奉为菩萨、大菩萨；再后是提出了“本地垂迹”理论，即说佛、菩萨是本体、本地，神是佛、菩萨的化身，称为“垂迹”。佛教通过这种理论把神道纳入佛教体系之中。在 14 世纪后虽形成一些主张神为主、佛为从的神道学派，但在进入近代以前，并未根本动摇神佛同体论的统治地位。三是鲜明的宗派意识。日本佛教各宗之间壁垒森严，宗派意识十分强烈。各宗派不仅有自己的判教理论，而且都有严格的宗祖传承世系、传法中心和组织系统、土地财产。从平安后期到江户时期以前，一些大的宗派还拥有僧兵武装。江户

---

① 杨曾文主编：《日本近现代佛教史》，浙江人民出版社 1996 年版，第 31—32 页。

时期以后，各宗派形成严格的本末制度和寺檀制度，更强化了宗派意识。四是盛行念佛和唱题。在日本所有宗派中，净土宗、真宗、日莲宗发展迅速，影响也大。它们强调主观信仰，或提倡口称念佛，或提倡对他力奉愿的信心，或提倡口念“南无妙法莲华经”题目。因修行方法简单，容易得到广大农民和其他民众的信奉。五是世俗化倾向。从平安后期开始，随着中央集权的削弱和律令制的破坏，佛教界戒律松弛，律学已经失传。镰仓新佛教宗派都不强调固守传统戒律。净土宗宣称善人恶人皆可通过念佛而灭罪往生。真宗主张“信心为本”，僧侣过着非僧非俗的生活。日莲自称“无戒比丘”，说恶人通过诵念题目也能成佛。江户时期，很多寺僧从事世俗事务，并且有不少学僧主张吸收世俗儒家伦理道德，宣传三教一致论，更推进了佛教世俗化的进程①。总之，在佛教传入的一千二百余年的历史长河中，虽然它在各个时代有不同的盛衰变化，然而它在移植和演化过程中，形成了日本特色，而且正是这种特色导致其对日本国民内心的感化和国家的进步具有巨大的力量。正如日本佛教学者村上专精所言，佛教不仅“直接地影响到建筑、绘画、雕刻、医术、历算等方面，并且间接地影响到政治，从推古朝的制度设施直到‘大化革新’，无一不是佛教影响的结果”②。事实上，历史早已证明，佛教在日本的历史、文化和国民心理的形成和发展中有着举足轻重的地位。作为一名日本国民，牧口常三郎自然饱受佛教文化的陶冶，而且在对待佛教上，与其他日本人一样，也自然有着更多的亲近感和认同感。

此外，牧口常三郎所处的时代背景及其个人遭遇也是他信奉佛教的重要原因。

第一次世界大战以后，日本地主、资产阶级虽然大发横财，但人民生活水平却日趋下降，失业人数增多，社会极度不安。1917 年至 1918 年因物价猛涨爆发了波及全国的“米骚动”(抢米风潮)；1919 年朝鲜掀起了争取民族独立的“三一大起义”；1918 年至 1920 年日本出现两次经济危机，特别是第二次经济危机导致了日本经济历时十年的长期萧条；1921 年安田财阀的安田善次郎和首相原敬被暗杀；1922 年日本共产党成立；1923 年

---

① 杨曾文主编:《日本近现代佛教史》，浙江人民出版社 1996 年版，第 33 页。

② [日]村上专精:《日本佛教史纲·总论》，杨曾文译，商务印书馆 1981 年版，第 3 页。

9月突然发生了以东京为中心的关东大地震，约三百四十万人受灾；日本的工人运动和农民运动一潮高过一潮，罢工斗争此起彼伏；自1920年之后，鼓吹“国粹主义”、“大亚细亚主义”、“国家社会主义”，要求实行赤裸裸的军事专制的形形色色法西斯团体相继组成；1927年3月，日本出现了大规模的金融危机（史称“昭和金融危机”），东京、横滨等地区的银行也纷纷被迫歇业，有的银行甚至因遭到挤兑而濒于破产，等等。为应付危机，日本统治者对内加强军事法西斯统治，对外扩大侵略，白色恐怖笼罩全国。在牧口常三郎看来，如此混乱反动的时代正是日莲描绘的“末法浊世”。为挽救镰仓时期日本所面临的内忧外患，日莲不仅身体力行，而且写下了大量开启人们智慧、拯救人们心灵的著作，其中，最富有救世思想的是镰仓时期所著的《立正安国论》。在一战以来日本所处的黑暗世道里，牧口常三郎和户田城圣同所有进步的日本人士一样苦苦寻求民族的出路，而《立正安国论》就如同一盏黑夜中的明灯，为师徒二人指明了方向。

牧口常三郎“一生不同流合污、直言不讳、坚持信念道德”[①]，是一位刚直不阿、积极进取的教育工作者，在他历任校长的学校里，教学工作成绩突出，“被称为一个有天赋并有献身精神的教育家。尤其是白金小学在他领导下一度成为东京首屈一指的明星学校。许多住在该校所属地区以外的家长明确表示希望将自己的孩子转到该校并愿意为此支付额外的费用”[②]。可是他的耿直以及对学生的一视同仁时常开罪于一些当地的权贵，以致经常被排挤和左迁。经济上，牧口常三郎皈依日莲正宗前后已是八个孩子的父亲[③]，一家生活十分拮据。而且，在1924—1929年短短的五年间，次子善治、四子长志和长子民城相继因病去世。第四个女儿1932年去世，死时才14岁。长期以来工作中的种种波折和生活上的种种不幸无疑也是牧口常三郎寻求宗教寄托的又一原因。与牧口常三郎同命相怜的户田城圣，此时也与牧口常三郎一样正经历着一生中最不幸的时期。关东

---

① DVD：Tsunesaburo Makiguchi — For the Happiness of Children，Kinokuniya Company Ltd.，Tokyo，Japan，2006.

② Ethical Visions of Education：Philosophies in Practice，Edited by David T. Hansen，Teachers College Press，Columbia University，New York and London，2007. p. 70.

③ MAKIGUCHI：THE VALUE CREATOR by Dayle M. Bethel. Published by Weatherhill，Inc.，of New York and Tokey，First edition，1973，p. 27.

大地震之后，户田城圣生了一个女儿，不久便夭折，据说他整整一个晚上抱着爱女的尸体痛哭不已。接着妻子又死于当时最可怕的结核病。户田城圣自己也是重病缠身，终日咯血不止。在这段绝望的日子里，他打算过移民，曾加入过由岛贯兵太夫负责的基督教移民团体力行会，也曾求助过佛祖的保佑①。可以说，志同道合的牧口常三郎和户田城圣信行日莲教义其初衷便是为了改造这个“恶浊末世”，使之净化为人间佛国。

牧口常三郎于1930年撰写的《创价教育学体系》第一卷正式出版前夕，为使创价教育从教育改革的理论真正转化成为教育改革的实践，牧口常三郎和户田城圣两人组织了“创价教育学会”，牧口常三郎任学会会长，户田任理事长，学会的事务局设在户田城圣创办的时习学馆。从早期学会的《纲领》来看，创价教育学会基本上是一个名副其实的教育方面的学会，提倡从教育制度、教育方法、教育者的选拔等角度改造帝国的教育。随着时间的推移和对日莲佛法信度的加深，牧口常三郎将教育和宗教融为一体，并将宗教定位为他践行创价教育的核心和灵魂。1935年，牧口常三郎在创价教育学会的会员守则中明确提出了学会的目的，即“研究教育学，培养德才兼备的教育者，改造国家教育”。1939年，随着许多家庭主妇和普通职业者的加入，以教育改造为目的的创价教育学会掀起了以宗教革命为基础的生活革新运动。为适应形势发展需要，牧口常三郎提出：《法华经》是一切生活方式革新的指针，教育改革只不过是这场运动的一部分而已。

1932年，牧口常三郎因所任职的麻布新崛寻常小学宣告停校而退职，永远地离开了他心爱的小学校长的岗位。此后他便全力投入普及创价教育学理论和创价教育学会的宗教革命实践之中。为推动教育改革，牧口常三郎在各地作巡回演讲，同时，还积极编辑、宣传学会的机关刊物。从牧口常三郎晚年推行的宗教教育的实践中可以看到，牧口常三郎是虔诚的信仰主义者。自他信仰日莲教义那天起，便自觉地利用日莲的佛教思想指导自己的生活和研究。他确信，教育的指导原理、方法，包括社会改革的方针都必须以佛法为基础。为了更好地以宗祖日莲的法华精神解救现实社会中的各种问题，牧口常三郎刻苦钻研日莲教义。当时东京中野昭伦寺（欢乐察）每月第二个星期日的下午举办日莲教义讲座，牧口常三郎每场必到。

---

① 何劲松：《创价学会的理论与实践》，中国社会科学出版社1995年版，第76页。

在学习与实践中，他将自己的学说同宗祖日莲的教义结合起来，使日莲正宗在新的时代、新的历史条件下重新找到了出路。伴随着蛰伏活动的步步深入，创价教育学会的性质逐渐从教育研究团体转变为宗教团体。会员除教员外，还有中小工商业者、工薪阶层[①]。可以看出，随着时间的推移，学会活动内容已经超越教育改革逐渐向生活改革、社会改革方面发展[②]，其活动中心也由初期"教育改造"逐步转变为"宗教革命"。就是说，它的世俗教育色彩在渐渐减少，而宗教色彩在与日俱增。特别值得一提而且感人肺腑的是，牧口常三郎晚年为了人类的和平与正义，殉身佛法。此举不仅折射了牧口常三郎感天动地的正气，也反映了他受宗教文化浸染的深度。

1941 年 3 月，日本政府为了全面备战，禁锢进步思想，颁布了新的《治安维持法》，规定：政府可以以大不敬罪取缔合法的宗教团体、组织。同年 12 月，日本偷袭珍珠港，向美国宣战。为统一思想，政府强迫全体国民祭祀皇大神宫的大麻[③]，信仰其神道。牧口常三郎坚持自己的宗教信仰，对此表示公开对抗，并组织大家烧掉了皇大神宫的大麻，也禁止创价教育学会会员去参拜神社。日本政府为了占领意识形态领域，强行对整个宗教界的各门各派进行整顿。当时软弱的宗教联合会因为害怕政府的镇压与反动当局同流合污、沆瀣一气，向全体檀林信徒颁布了"原地遥拜皇宫，遥拜伊势神宫"的通告。与日本政府格格不入的是，牧口常三郎将"大善"（和平）作为学会前进的目标。在 1941 年 11 月 2 日召开的创价教育学会第三次大会上作了题为"大善生活的实践"演讲。他呼吁人们，特别是学者和知识分子应当深入到社会实践中去，注意学问和生活的结合，避免那种生活与宗教相隔绝、学问与实践相脱节的现象。由于对军国主义做法的激烈反对，牧口常三郎及创价教育学会被反动当局视为眼中钉、肉中刺。1942 年 5 月创价学会刊物《创造价值》在创办十个月后被迫停刊。1943 年，宗教联合会召集牧口常三郎和户田城圣，向创价教育学会下达"接受神符令"，遭到他们斩钉截铁地拒绝。之后，牧口常三郎同军国主义政府和宗教联合会进行了针锋相对的斗争。即使在日本的整个宗教和学术机构，包括与他在

---

① 何劲松：《创价学会的理论与实践》，中国社会科学出版社 1995 年版，第 79 页。

② DVD: Tsunesaburo Makiguchi — For the Happiness of Children, Kinokuniya Company Ltd., Tokyo, Japan, 2006.

③ 大麻指神符。

名义上同属于日莲正宗寺庙的神职人员，都已屈服于政府的压力时，他仍然反对这些官方政策和信仰。就在 1941 年 12 月 7 日日本袭击珍珠港后的几天，牧口常三郎在创价教育学会的一个名为《创造价值》的月刊上发表了一段近似公开煽动的文字：我们绝不能遵从来源不明、没有经过事实检验的思想——即使它们是历史最悠久的传统观念——不能因此而以他人和我们自己的宝贵生命来作陪葬。因此，当务之急是重新审视对国家神殿的强制性崇拜①。1943 年 7 月 6 日清晨，72 岁的牧口常三郎在伊豆下田朋友家被逮捕，原因是违反《治安维持法》，罪名是“大不敬”。在监狱中，牧口常三郎始终洋溢着乐观向上的情绪，铮铮铁骨，雄睨反动当局，坚持日莲佛法提倡的永远和平的精神，为人类和平的美好愿景同当时的法西斯政府进行了无畏不屈的斗争。直至 1944 年 11 月 18 日零点，牧口常三郎因衰老和极度营养失调在狱中病逝，时年 73 岁②。

第四节　亲身实践的结晶

一、陶行知的教育实践活动

尽管陶行知饱受中国传统文化的影响，尽管他经受欧风美雨的沐浴，也尽管他久经宗教文化的洗礼，然而陶行知始终抱着科学的态度来审度、观照一切，在批判的基础上进行内化吸取，为我所用，与此同时，大胆实践，与时俱进，开拓创造。陶行知虽然是中西文化的“混血儿”，不过陶行知始终姓“中”、姓“陶”，这也是我们理解陶行知的基点。正如日本学者牧野笃所指出的那样，陶行知教育思想有着鲜明的主体性，陶在接受杜威理论之前以及在他青少年时期的生活和教育经历中，中国传统文化对他有着潜在制约和影响。中国固有的优良传统道德和人生信仰，在他身上可以说是根深蒂固，他对此也颇为自豪，以至自称是“最中国化”的留学生。陶行知的心目中自始至终一直操持着中国性和平民性，他始终没有离开中国这块

---

① Ethical Visions of Education: Philosophies in Practice, Edited by David T. Hansen, Teachers College Press, Columbia University, New York and London, 2007. p. 72.

② DVD: Tsunesaburo Makiguchi — For the Happiness of Children, Kinokuniya Company Ltd., Tokyo, Japan, 2006.

"民族土壤",或者说"民族土壤"始终在陶行知内部。就像他自己说的那样:"我本来是一个中国的平民。无奈十几年的学校生活,渐渐的把我向外国的贵族的方向转移。学校生活对于我的修养固有不可磨灭的益处,但是这种外国的贵族的风尚,却是很大的缺点。好在我的中国性、平民性是很丰富的,我的同事都说我是一个'最中国化'留学生。经过一番觉悟,我就像黄河决了堤,向那中国的平民的路上奔流回来了。"[①]客观地说,陶行知思想是他对中西文化进行了研究、吸取的产物。尤其值得注意的是,中国固有的价值观是陶行知教育思想形成和发展的根基,这也是陶行知能与杜威思想进行决裂并创造出具有中国特色的生活教育理论的缘由。

不管是对待中国传统国粹还是对待西方文化,注重消化是陶行知的一大特点。考察陶行知的思想,我们可看到陶行知在学习和实践过程中不做"复印机",也不当"照相机",不唯权威,不唯书本,而是一切根据时代和国情的需要进行有意识地改造和重建。这一点,可从陶行知吸取和扬弃王阳明的哲学理论构建自己的知行观上找到佐证。进入金陵大学不久,陶行知在该校亨克博士的悉心指导下,开始研究起明代大哲学家、教育家王阳明的学说。王阳明的学说,作为理学内部与朱熹学说相对立的异军,在明清时期具有重要影响。进入近代,王学更成为新一代思想家们反对传统理学的借资材料。从戊戌到辛亥,思想政治界的一部分先行者,无论是较为温和或较为激进者,都极其推崇王学。康有为以王学为"直捷明诚,活泼有用",汲引来作为构筑自己思想体系之用。宋教仁、陈天华等革命党人则相信日本明治维新得力于王学的说法,因而把王学视为道德修持的利器,改造中国的精神力量所在[②]。

人所共知,王阳明以"致良知"与"知行合一"为核心的哲学思想,主要包括三大理论:心即理论、知行合一论和万物一体论。王学体系可以用"致良知"三字来概括。王阳明认为,天理存在于人们的心中。心中的天理就是良知,这种良知乃先天具有的是非之心、恻隐之心;格物就是正心,是一种去恶为善的修心功夫;致知是致心中固有的良知。王阳明还把心中的良知推及各种事物上,使各种事物各得其理。与这种主观唯心主义的认识方

① 陶行知:《陶行知全集》第8卷,四川教育出版社2005年版,第33页。

② 章开沅、[美]林蔚主编:《中西文化与教会大学·金陵大学:青年陶行知人生奠基所在》,湖北教育出版社1991年版,第352页。

法相适应，王阳明在知行关系上提出了“知行合一”论。他主张知是致心中固有之知，行是行心中固有之知，知与行在心学的基础上合而为一。王阳明指出“知是行的主意，行是知的工夫，知是行之始，行是知之成”。“知行工夫本不可离，只为后世学者分作两截用功，失却知行本体，故有合一并进之说。”知行合一论的实质在于把知、行结合起来，不离行以求知。王阳明希望通过倡导知行合一，注重道德践履，纠正只知不行或只行不知两种知行脱节的弊端，力促人们实现真正的道德完成，以拯救明代中叶日益衰败的封建社会危机。

王阳明的学说，注重知行统一，重视道德践履，颂扬百折不回、进取奋击的坚强意志，强调“心力”，实现自我，具有反教条、反权威的积极意义。它适应了社会转折时期人们高扬主体意识、实现自我解放、蔑视正统权威、砥砺战斗意志、完善个体人格、统一理论实践的需要，自然成为后世人们冲破思想束缚、解放思想、发展个性的有力武器，也被金陵大学求学时期的青年陶行知视为个人道德修持的工具和改造中国社会的利器。他从完善个体人格与寻求救国之道的双重需要出发，认真学习和研究王阳明的学说，并为之倾倒，信仰知行合一的理论。为此，1911 年，他将自己的原名文濬改名为“知行”。中国人有着生不更名、死不改姓的说法，而深谙中国传统文化的陶行知偏偏自作主张更改了大名，不能不说是他不迷信传统，不屈服于权威，崇尚自我、个性张扬的充分体现。

也正是因为这一点，陶行知自 1919 年开始对王阳明的思维方法和知行理论进行反思并提出了大胆的质疑和批评：“吾国数千年来相传不绝之方法，惟有致知在格物一语。然格物之法何在……阳明固尝使用即物穷理者也……其格物之功，只在身心上做。”①他还一针见血道出了格心的不足，指出：王阳明“不怪他自己格得不对，反而说天下之物本无可格，所能格的，只有自己的身心。他于是从格物跳到格心，中国的科学兴趣的嫩芽便因此枯萎了。假使他老先生起初不是迷信朱子呆板的即物穷理，而是运用心思指挥力量以求物之变化，那便不至于堕入迷途”②。到了 20 年代，陶行知直接对王阳明的知行观进行了否定，认为阳明先生说的“知是行之始，

① 陶行知：《陶行知全集》第 1 卷，四川教育出版社 2005 年版，第 7 页。
② 陶行知：《陶行知全集》第 1 卷，四川教育出版社 2005 年版，第 109 页。

行是知之成”不对。就像小孩子烫了手才知道火是热的，冰了手才知道雪是冷的，吃过糖才知道糖是甜的，碰过石头才知道石头是硬的；就像太阳地里晒过几回，厨房里烧饭时去过几回，夏天的生活尝过几回，才知道抽象的热；雪菩萨做过几次，霜风吹过几次，冰激淋吃过几杯，才知道抽象的冷；白糖、红糖、芝麻糖、甘蔗、甘草吃过几回，才知道抽象的甜；碰着铁、碰着铜、碰着木头，经过好几回，才知道抽象的硬。凡此种种，都可以证明“行是知之始，知是行之成”。在他看来，阳明先生虽倡知行合一，但是不知不觉中仍旧脱不了传统的知识论的影响，又误于良知之说，所以一再发表“知是行之始，行是知之成”的言论。事实上，古今中外所发现第一流的真知灼见，无一不是从做中得来。不入虎穴，焉得虎子。知识是要自己像开矿一样去取来的。而中国学子长期以来被先知后行的学说所麻醉，习惯成了自然，平日不肯行，不敢行，终于不能行，也就一无所知。如果有所知，也不过是知人之所知，不是我之所谓知。他进而很诚恳地敬告全国的同志：“有行的勇气，才有知的收获。先知后行学说的土壤里，长不出科学的树，开不出科学的花，结不出科学的果。王阳明的‘知是行之始’得翻半个筋斗——180度的筋斗，应该是‘行是知之始，知是行之成’。”①在此基础上，他进而提出了“行动是老子，知识是儿子，创造是孙子”的论断。为求名实相符，尽管难免有些恋恋不舍，1934 年他还是把名字翻了半个筋斗改名为“行知”。

我们还可以从陶行知对杜威教育理论的翻新上看出他博取兼收、融合中西、充满理性的鲜明特点。

众所周知，陶行知教育思想离不开对杜威实用主义教育学说的继承，更离不开对杜威教育理论的改造。他的教育思想的核心内容——“生活即教育”、“社会即学校”、“教学做合一”三大主张，明显是从杜威“教育即生活”、“学校即社会”、“从做中学”的教育信条借鉴而来。杜威的教育思想是根据 19 世纪末 20 世纪初美国急剧变化的社会现实的迫切需要而提出来的，对于改革美国当时形式主义占统治地位的旧教育和建立更加充满活力的现代民主、科学的新教育，曾经起过积极作用。但是，它毕竟是 19 世纪末 20 世纪初美国那个特定时代和社会的产物，是在美国文化土壤上形成和发展的。陶行知所置身的时代和社会，所面临和亟待解决的问题都与之

---

① 陶行知：《陶行知全集》第 2 卷，四川教育出版社 2005 年版，第 451 页。

截然不同。20世纪30年代，经过一次次现实生活中的碰壁，陶行知愈来愈看出杜威实用主义学说的致命弱点，他郑重指出，杜威的“思想五步法”有五步：第一个步骤是感觉困难；第二是要审问困难在什么地方；第三是要设法解决这个困难；第四是选择一种方法来试试看；第五是屡试屡验才下断语。可是他这里少了一个重要的步骤，就是行动[①]。他所叙述的过程“好比是一个单极的电路，通不出电流。他没有提及那思想的母亲。这位母亲便是行动”。他认为，行动才能产生困难，不行动，这困难是靠不住的。行动是知识的老子，是创造的爷爷。只有行动才是知识的源泉、力量的发电机，所以他要在感觉困难之前加一个行动的步骤，并给第六个步骤取了一个新名字叫作反省的行动。从此，他就在哲学的根本问题上与杜威产生了分歧。陶行知还根据中国的国情，将“教育即生活”、“学校即社会”和“从做中学”进行理性的批判后翻了半个筋斗改造成“生活即教育”、“社会即学校”和“教学做合一”。可见，他对杜威的教育理论有一个从学习接受到改造扬弃的过程。他选择了杜威，从杜威那里接受了启迪，又根据中国的实际和自己的实践改造了杜威。从“教育即生活”到“生活即教育”，并不只是文字上的翻新，这里面包含了陶行知整个政治思想、哲学思想的根本性转变，这是他随着对中国社会了解的加深，是他人生观、世界观产生跃进在教育观上的反映[②]。正如同他早年对待其他西方文化(如达尔文的进化论、林肯的民主共和思想和基督教的宗教学说)一样，都不是盲从盲信，照搬照抄，而是按照自己的理解和需要来接受、来传播，进而根据中国的具体国情，在充分总结自己长期教育实践宝贵经验的基础上，加以扬弃和发展，形成一种与之有本质区别、为中国人民反帝反封建斗争服务的新型教育理论。在他的教育理论和实践中，充分体现了“吾爱吾师，但吾更爱真理”的品质。正是基于这一点，我们说，“陶行知就是陶行知”。

考察陶行知生活教育理论的形成可以得出如下结论：陶行知的生活教育理论的形成，深受中国传统教育思想影响。中国传统文化、徽州文化，是陶氏理论生长的肥沃土壤，与此同时，也有西方近代进步教育思想的影响，如瑞士民主主义教育家裴斯泰洛齐(Johann Heinuch pestalozzi，1746—

---

① 陶行知：《陶行知全集》第11卷，四川教育出版社2005年版，第463页。

② 周洪宇：《陶行知与中国现代文化》，华中师范大学1992年博士学位论文。

1827)晚年在《天鹅之歌》中提出的生活教育思想、美国大教育家杜威的生活教育思想,还有来自异国的宗教文化的烙印。不过,所有这些只是为陶行知提供了丰富的思想原料,陶行知之所以是陶行知,关键还是他拥有海纳百川、跟小孩子学、跟老百姓学、跟大自然学、跟大社会学、"向一切人学习"、包括"向敌人学习"①的学习精神,而且在学习中融通古今中外,结合中国实际加以批判和改造。就像他自己比方所言:生活教育理论"从头到脚也只是我们家园所出的土产","骨子里也是徽州的土产","我的生活教育的思想,大半都是从资产阶级、大地主以及老百姓中的启发而来的,自然,我的思想,不是抄他们的,他们有的只启发我想到某一面,有的我把它反过来,就变成了真理"②。总之,凡是为外国教育制度拉东洋车的文字他一概删除不留,凡是为本国教育制度拉八股车的文字他也一概删除不留,所留的都是他所体验出来的,所写的是他所信的,也是他所行的。

二、牧口常三郎的教育实践活动

与陶行知一样,牧口常三郎"在一生中的理论与实践中从来就不崇洋媚外,不被他人的言行所束缚,且在许多方面扎根于东方的世界观"③。他总是小心翼翼地选择自己要接受的思想,并有条件地接受,同时用自己的"脑袋"指挥自己的言行,一切只讲"好不好"、"适不适",始终着眼于实用,立足于实际,内化后实践,表现了极强的主体性。这一点早在从牧口常三郎初执教鞭之时所独创的作文指导法中就得到了充分的体现。1893 年 6 月,那是他进入北海道师范学校的第四年。当时该校规定四年级学生必须在附属小学进行四个月的教学实习,牧口常三郎作为一名"教生",第一次给高等一年级的学生上课。在实习中,牧口常三郎注意到原先教学特别是作文教学上的不足之处,于是大胆改革创新,发明了"文型应用主义"作文指导法。实践证明,这种着眼点放在让完全理解文章的基本结构、掌握文章的类型之后师生一起创作,然后再逐步培养学生的独自写作能力的方

---

① 陶行知:《陶行知全集》第 4 卷,四川教育出版社 2005 年版,第 682 页。

② 陶行知:《陶行知全集》第 4 卷,四川教育出版社 2005 年版,第 682 页。

③ Ethical Visions of Education: Philosophies in Practice, Edited by David T. Hansen, Teachers College Press, Columbia University, New York and London, 2007. p. 73.

法深受学生青睐。1913年牧口常三郎就任东京下谷区(现台东区)的东盛寻常小学校长,兼下谷第一夜校校长。三年后,又被新建的大正寻常小学聘请为第一任校长。在教学实践中他积极推行在北海道师范学校发明的“文型应用主义”教学方法,同时又在学生的习字课上提倡“骨书应用主义”①。牧口常三郎在教学方法上的创新为全校教师作了楷模,得到了当时日本教育教授研究会的赞赏。

牧口常三郎的主体意识还在他的处女作《人生地理学》中得到了充分印证。牧口常三郎所处的时代正值日本文化与外来文化相互碰撞被迫而又自觉地走上“文明开化”道路的时期。当时,展现在日本人眼前的、新的、未知的世界越来越大,研究、了解这个世界便成了这个时代的迫切需要。过去,日本主要通过荷兰为媒介接受欧洲文明,自1853年6月3日美国的培理舰队惊破了日本人的“太平之梦”始,锁国体制由此崩溃。随后,日本被迫与美、英、俄、荷诸国缔结了所谓的“亲善条约”。在危机意识的驱使下,牧口常三郎等日本有识之士很快自醒并觉察到吸取洋学、研究地理学以达到富国强兵的必要性。可是,让牧口常三郎痛心的是,他那个时代地理学的发展仍然不尽如人意,长期受到冷落。他特别对当时一成不变的、仍停留在对山川物产死记硬背上的教学方法深表不满。可以说,这些感触便是他最初锐意地理研究并撰写《人生地理学》的原因所在。

当然,吸引牧口常三郎从事地理学研究的直接动因,是同时代的两位学者内村鉴三和志贺重昂以及他们撰写的著作《地理学考》和《日本风景论》②。内村鉴三在《地理学考》中主张日本应当成为东西方之间的桥梁。同内村鉴三的国际主义相比,强烈的民族主义构成了志贺重昂的鲜明特色。他积极地把目光投向日本以外的世界,认为日本尚处在创业时期,确立立国的根本是当务之急,而首当其冲的是必须培养人们“热爱日本国土的观念”。不难看出,这种思想实际上是当时“日本主义”和“国家主义”意识在地理学界的体现。牧口常三郎对内村鉴三和志贺重昂向来极为敬仰,对他们的新作更是敬佩有加。然而,他对二人思想并不是完全的“照单全收”,尤其是对志贺重昂那种将日本绝对化的民族主义作风进行了大胆的

---

① 学生在习字时,将字帖放在纸的下面,用铅笔先勾出文字中心部的轮廓,然后再书写。

② 《地理学考》,内村鉴三著,后更名《地人论》;《日本风景论》,志贺重昂著。

扬弃，对内村鉴三的国际主义精神进行了更多的吸纳。他强调日本人是整个人类中的一员，日本国只是整个世界当中的一个国家。在家乡、国家、世界三者的关系上，他认为，家乡好比就是一个人出生时的产床，日本国就像是自己住的家，世界上其他国家如同是邻居①。这种批判性的学习精神充分体现了牧口常三郎人格中强烈的个性化特征，而且就当时“日本主义”势力日渐抬头、日俄战争激烈的状况来说，极为宝贵。

我们还可以从20世纪初他曾经对日本教育界长期存在的经验派与理论派互不关联的“两张皮”的现象进行的精辟分析和建言中看到其过人的智慧和主见。牧口常三郎指出，全国多数教育实践者大部分属于经验派，介绍欧美新学说为己任的学者及其共鸣者则属于理论派。从事教育工作的全国教育实践者至少拥有自明治维新以来六十多年的经验累积，在实际教育上有很大的势力，倘若能真正加以整合，应该可以成为厚实的教育宝库。可是，令人遗憾的是，它尚未达到以其经验成果所建立的原理去批判、指导教育事业和建立新经验的地步。因此，多数实践者虽然有珍贵的经验，却对于输入欧美学说的理论派无能为力而陷于焦虑、不安。在教育思想方面，理论派的新学说傲然地向经验实践者摆出领导者的独占权威姿态。然而，理论派所着眼的根本，往往是叙述欧美新学说或只停留在介绍而已。乍看之下，他们是用非常深邃的学理去解决实际问题，让只靠经验的实践者倍觉既困难又崇高，引起其注意与困惑。因为只听到理论说明让人觉得很有兴趣，及至要实施其原理时，却脆弱不堪，就如同从三楼滴下的眼药水一样无济于事。虽然说明崭新奇特，却与想要排斥的旧有思想并无二致，没有任何胜过传统教育学说的实践措施，反而有画虎类犬之嫌。他认为，“远水救不了近火”一词，用来形容理论派研究影响当代教育界效果之脆弱最为恰当。也正是这种原因，尽管过去八十多年来日本的教育学说不断改变，而且是转变迅速，然而这些理论并没有达到足以批判或修正多数经验产物的地步。在牧口常三郎看来，要彻底改变这种现状，必须促使研究着眼点与态度的大转变，换言之，教育实践者不要像过去那样太拘泥于遥远的学者理论，应该从自己每天的经验着手研究，根据经验的归纳所确立的原理去更新下一个经验，摆脱过去盲目焦虑的生活，迈向意识的、目

---

① 何劲松：《创价学会的理论与实践》，中国社会科学出版社1995年版，第65页。

的明确的教育生活领域。他呼吁教育实践者要改变过去望着天上星星前进的危险态度，放弃一直以来依赖海外的态度，而“先注意看脚下”，回到独创之路，去接近独特的境界。他相信，只要反省日常经验，确认成功或失败的迹象，分析其过程，就可能发现珍贵的真理。总之，“不要只依赖学者们在书房中的研究，要综合珍贵的经验去确立原则，在日常工作中验证，把这些原理、原则留给下一代，这是现代教育实践者的重大使命。教育成长，方能由此可期。除非有这种态度，否则真正的教育发展是无法期待的”①。

牧口常三郎并没有停顿在对经验派与理论派的劝告和批评上，而是本着务实开拓的精神，在长期实践的基础上对教育理论进行了构建，进而提出了以“得”、“善”、“美”为价值观体系基本内容的创价教育理论。正如池田大作在《创价教育学体系》第一卷的序文所言“创价教育学是牧口常三郎先生多年在学校教育实践中所构思，具有实证的教育方法。和以往观念哲学论所建构、缺乏实证性的教育学迥然不同，是独创性的教育学说。一言以蔽之，它是‘养成创造人生目的的价值之人才’的教育学说”②。不难发现，与以往的价值论相区别而且非常具有创意的是，“牧口常三郎的价值论的最大特点是将‘真’——‘真理’从他的价值体系中排除掉，用‘利’来取而代之，并严格地区别了真理和价值的界限”③。他认为过去人们在研究价值问题时，之所以不能从根本上解决问题，最主要的原因就是没有能够弄清楚价值和真理的关系问题，以至于混淆了两者的性质界限。众所周知，哲学上的价值论一般是以“真”、“善”、“美”、“圣”为其基本的价值内容，而牧口常三郎则排除了其中的“真”，并代之以“得”这样一个独特的价值标准。他还将“得”看作是一切价值的基础，把“得”解释为“对个人整个生命的直接影响的关系力”，即作为评价主体的人的生命延长所依附的关系力。同时，又把“圣”纳入宗教的范畴，并认为“圣”可以为“得”所包容。这本身

① ［日］牧口常三郎：《创价教育学体系》第一卷，刘焜辉译，正因文化事业有限公司 2004 年版，第 38—39 页。

② ［日］牧口常三郎：《创价教育学体系》第一卷，刘焜辉译，正因文化事业有限公司 2004 年版，第 9 页。

③ 孙穗平、孙耀珠：《价值与创造价值——牧口常三郎〈价值论〉的核心理论》，《河北大学成人教育学院学报》2002 年第 4 期，第 19—22 页。

就是他对“价值论”所作出的富有创造性的价值。在《创价教育体系》一书中，牧口常三郎提出了“从经验出发，以价值为目标，以经济为原理”而建立新教育学的口号，反复论述了创价教育学的基本观点，即“人生就是价值的追求”。人生价值的获得和实现就是幸福。牧口常三郎认为“教育学是以创价指导为对象，教师创造人格价值为目的之科学，与应用心理学或社会学的研究所得的原则去创造价值是迥然不同的，换言之，以教师的创价作用去研究对象，获得原则，让教育实务者从事创造价值的运作之知识系统”[①]。“创价教育学是在教师所发挥的创价作用的指导下使教育者发挥价值创造的作用”的知识系统。教育的作用就是对人生幸福进行指导，就在于“价值创造能力”的丰富。教育意味着指导学习者如何使其行为创造更大的价值。教育的原点就是生活，教育所做的一切就在于指导把无意识的、没有价值的和非合理的生活变成有意识的、有价值的生活和合理的生活。在这个过程中，教育无论如何也必须引导那些实施教育者超越个体、超越时间和空间，去探求普遍性法则的认识。总之，牧口常三郎的价值论以“得”代替了“真”，其主要目的是强调价值的创造性，即通过人为的努力改善对象与主体的关系，从而密切对象与主体间的关系，达到价值创造的目的。显然，牧口常三郎的价值论已不仅仅停留在只做理论上的说明，而是积极地将人们引入社会实践的领域。这个领域就是创价教育的实践领域[②]。牧口常三郎的这些见地不仅在当时有着极强的独创性和前瞻性，而且至今仍具有鲜明的时代意义。

需要指出的是，无论是陶行知还是牧口常三郎，其教育思想的形成主要是本土文化的浸染、外国文化的洗礼、宗教文化的影响和亲身实践的结晶四个方面共同作用的结果。四者之间互相依存，密切相关，就像“源”和“流”的关系一样，没有无“源”之“流”，同样，无“流”之“源”，其“源”也就会枯竭。如果说前三个方面是陶行知和牧口常三郎教育思想形成之“流”，那么第四个方面则是其“源”。

---

① [日]牧口常三郎：《创价教育学体系·译者序》第一卷，刘焜辉译，正因文化事业有限公司 2001 年版，第 16 页。

② 孙穗平、孙耀珠：《价值与创造价值——牧口常三郎〈价值论〉的核心理论》，《河北大学成人教育学院学报》2002 年第 4 期，第 19—22 页。

第二章　陶行知和牧口常三郎教育思想的三大基石——哲学、宗教和政治思想比较

任何思想观念的成型、任何理论体系的构建，都有一个发生、发展和迁变演进的过程，都有其特定的历史背景。历史唯物主义告诉人们，对于历史人物思想变化发展的分析和研究，离不开对研究对象所处时代和社会的认识和了解。

社会存在是指社会物质生活条件的总和，其本质是社会生活的生产和再生产，即社会物质生活资料的生产方式。社会意识是社会生活的精神方面，是社会存在的反映，它包括人们的政治、法律、哲学、艺术、宗教等意识形式和人们的风俗习惯、社会心理等。辩证唯物主义告诉我们，社会存在决定社会意识。通俗地说，就是有什么样的社会存在就会有什么样的社会意识。社会存在决定社会意识的原理为我们探究和理解陶行知和牧口常三郎教育思想的三大基石——哲学、宗教和政治思想提供了科学的方法指南。换句话说，陶行知和牧口常三郎哲学、宗教和政治思想正是前文所论及的本土文化、外国文化、宗教文化、当时所处的时代背景以及自我内化实践的综合产物。也就是说，他们的哲学、宗教和政治思想本身就是对社会存在在社会意识领域所作的应答。陶行知和牧口常三郎正是在他们所处的风云变幻的历史背景下，在东西文化的巨大冲撞中，以宽广的视角、敏锐的洞察力，对当时社会存在的突出问题主要从哲学、宗教和政治三个方面进行了思考，并形成了他们教育思想的三大基石。而且，三个方面彼此交融，贯穿于他们整个教育思想理论体系之中。

比较陶行知和牧口常三郎所处的时代背景，可以发现许多相同或相似之处。其中，最为相似的是，在西方兵轮的冲击和西方“文明榜样”的示范下，中日两国的教育开始脱离原有的轨道，迈开了教育近代化的艰难步伐。这一时期，两国政府都希望通过兴学和改革抢占人才高地，都处在从闭关

自守走向开放、从被动应对走向主动变革的过程中，而且固有的传统保守的教育模式显然不能适应社会发展的需要，尤其是脱离实际而导致就业困难的教育困境发人深省。与此同时，由于自然、历史以及人们思维方法的不同，也使两国的发展表现出自身的个性特征。最突出的是，中国所面临的主要任务是推翻三座大山、救亡图存，而日本所需要的是满足资本主义的扩张需求和追逐资本的垄断发展；中国教育呈现出从闭关自守走向主动应对、从封闭僵化走向开放创新、从病态可危走向制度规范、从狭隘的城市中心走向整个平民社会和从模仿式的“拿来主义”走向理性的融通中西五大特征，而日本教育中国家主义意识日趋浓烈，尤其是《教育敕语》的颁布，确立了统一日本国民思想的国家主义、皇国主义思想，影响着整个国民道德，统治着人们的意识形态，也标志着国家主义教育思想的最终形成。此外，日本教育中军国主义氛围日渐浓厚。19 世纪 70 年代到该世纪末，日本同其他发达的资本主义国家一样陆续完成了资本的兼并和集中，过渡到帝国主义时期，并开始积极地参与世界帝国主义争夺殖民地的战争。特别是在进入 20 世纪后的近半个世纪里，整个日本似乎成了战争的机器，所有的一切，包括教育在内，都在围绕战争这个轴心转动。总之，两国的社会状况既有共性，又有个性。当然，就两国当时的国情来说，更多的是个性上的差异。

正是这种共性和个性，导致了陶行知和牧口常三郎在哲学、宗教和政治观点上的异同。如在哲学上，二者都强调“善和美”，不同的是陶行知求“真”，而牧口常三郎主张“得”；在宗教上，虽然信仰上有所不同，动机也有所差别，但二者都注意吸取宗教中的慈悲、仁爱、平等等理念，并利用这些思想为政治和教育服务；在政治上，陶行知高呼共和、民主，牧口常三郎提倡人道主义竞争，但二人在反对战争和建设和平、和谐世界上多有共识。总之，他们的哲学、宗教和政治思想无一不是针对自身所处的社会背景及其存在的种种矛盾所作出的思考，这些在下文的论述中不难看到。

第一节　从唯心到唯物与从唯物到唯心——哲学思想比较

一、陶行知：从唯心到唯物

哲学是关于世界观的学问，是系统化、理论化的世界观，是自然、社会知识和思维知识的概括和总结。它既是世界观的理论,又是方法论的学说,是二者的统一。

从本书第一章可以看到,陶行知早年深受基督教影响,进入金陵大学不久就迷上了王阳明哲学,并于1911年改名为“知行”,1913年成为基督徒。“五四”后开始接触并研究马克思主义并向国人介绍社会主义。20世纪20年代后,开始否定王阳明的知行观,1934年将名字由“知行”改为“行知”,确立了辩证唯物主义哲学思想。考察其哲学思想的演变过程,可以观照到其由唯心走向唯物的运行轨迹。陶行知的哲学思想博大精深,内容丰富,这里主要从本体论、真理观和以创造为切入口的人生观三个维度来进行考察。

思维和存在的关系是哲学的基本问题。在这方面,陶行知吸取了我国传统的唯物主义思想营养,尤其是比较突出地继承和发展了我国清代徽州杰出的唯物主义思想家戴东原(戴震,字东原,1724—1777)的唯物主义哲学思想。

我国唯物主义的认识论有着悠久的历史。古代的许多精彩论述都认为,只有经过人的实践、实验,才能明白事物,掌握知识。从《礼记·大学》中所谓的“致知在格物,物格然后知至”,到《左传》所谓的“非知之实难,将在行之”的说法;从孔子的“学而知之”、“我非生而知之者”强调“每事问”、“多闻,择其善者而从之,多见而识之,知之次也”,到墨子提出的“天下之所以察知有与无之道者,必以众之耳目之实,知有与亡为仪者也。请惑闻之见之,则必以为有,莫闻莫见,则必以为无”,无不蕴藏着原始的朴素的“实践出真知”的内涵。

清代乾隆间,戴东原生于程朱之故乡,虽然自幼熟习程朱理学,但他广泛涉猎天文、地理、数学、医学等自然科学领域,并进行理性的思考,使自己从程朱理学中挣脱出来,成为与朱熹、王阳明等迥然不同的唯物主义思想家。

在哲学本体论方面,戴东原坚持世界唯物说。他断言物质性的气是世界的本原,世间万物和人都是由气变化而来的,气即阴阳、五行,即是道。戴东原认为,世界不仅是物质的,而且是在运动变化的,“天地之气化,流行不已,生生不息”。在认识论方面,他认为,“知”来自人对客观外界事物的感觉和思想,生而知之是荒谬的。人的认识能力是天地所化的产物,“人之血气心知,原于天地之化”,“有血气,夫然后有心知”。在物质世界面前,人的“耳目鼻口之官接于物，而心通其则”，“凡有生则有精爽”，人通过五官接触外部世界能得到一些感性认识，即所谓“精爽”。当“精爽”达到“聪明睿圣”的时候，学就可以“进于神明”，达到理性认识的层次。

对于“致知在格物”的著名论题，戴东原的解释也与王阳明等人迥然不同，得出实践出真知的结论。戴东原认为，在客观事物面前，如果未能认真地研究，即使是圣人，也不可能知道它的实质，判断它的特性。格物，就是要对客观事物作全面的分析研究，并且加以思考贯通，这样才能把握事物的本质，达到于己“不惑”，于人“无憾”的境地。他借用《中庸》中的“君子戒慎乎其所不睹，恐惧乎其所不闻”对之作了进一步的阐释，认为对于事物，不去接触，不去“睹”、“闻”、“审察”，断不能得物之“情”；没有“格物”这一实践，就无法得到正确的认识。

考察陶行知哲学思想，可以看到中国古代自孔子、墨子到戴东原以来唯物主义认识论的继承印记，他的生活教育理论中“实践第一”观点，归因于他在长期教育实践摸索中形成的唯物认识论。他一向认为，“‘武断’、‘以为’靠不住，存在由来定意识”①。坚持“实践第一”的观念，使他对认识与实践的关系有了科学的把握。与“实践第一”相呼应的是他对王阳明知行观颠覆性的先行后知的理论。陶行知早年崇拜王阳明（与此同时，成为基督徒），倾倒于王阳明的“知行合一”、“知行并进”、“知是行之始”的哲学思想。但是，在回国后的生活教育运动的实践中，他愈来愈发现王阳明的认识论有错误，并提出了截然相反的看法。他说，大量事实都说明“行是知之始，知是行之成。行动产生理论，行动发展理论。行动所产生的理论还是为着要指导行动，理论要通过行动才能发生它的力量，丰富它的内容”。陶行知指出，王氏认识论和中国传统教育观的“先知后行”说是一脉相承的。他在批判王氏“致良知”唯心主义结论“知是行之始”基础上，翻了半个跟斗，确立了“实践第一”的生活教育理论基础。1934 年 7 月 16 日，他改名为“陶行知”标志着他唯物认识论的确立。陶行知尤其钟情敬仰戴东原这位了不起的乡贤，在坚持戴东原“人的认识和知识来自于实践、来自于客观事物”的论述基础上，还对人的社会实践作了进一步探究，使自己唯物主义哲学思想有了更充分的发展。基于“生活即教育”的理论，陶行知提出社

① 陶行知：《陶行知全集》第 4 卷，四川教育出版社 2005 年版，第 8 页。

会即学校，力图把传统教育从鸟笼式的学校、从僵死的书本中解放出来，使之和社会现实斗争结合起来。在教育中，陶行知一贯主张“教学做合一”，在实践中学习知识，在学习中形成理论，力求理论与实践的联姻。在他看来，中国的教育就是犯了理论与实践脱离大忌。中国现代的中学教育，犯了这学理、经验分离的毛病。一般办中学的人，或是依旧惯，或是抄袭颁布的规程，或是仪型别国的制度，终日里只管照样画葫芦。至于对教学设施是否符合社会与个人的需要、学生在学校里是否学当其才以及出学校后是否用当其学等问题则一概漠不关心。那自命为教育理论家的，或与中学从无见面的因缘，或只偶尔参观，只管闭起眼睛来胡思乱想，拿起笔、开起口来高谈阔论，有时或亦言之成理，其实多为隔靴搔痒。就像俗语所言：种瓜得瓜，种豆得豆。下了理想与经验分离的种子，就只能毕业出来理想与经验分离的学生①。他的目的，归根结底，无非就是要通过实践以求理想与实际的联络，使所做的学问可以深造。正如他对学校道德教育的看法那样“修身伦理一类的学问，最应注意的，在于实行；但是现今学校中所通行的修身伦理，很少实行的机会；即或有之，亦不过练习仪式而已。所以嘴里讲道德，耳朵听道德，而所行所为却不能合乎道德的标准，无形无影当中，把道德与行为分而为二”②。他认为，要除去这种弊端，非给学生种种机会，练习道德的行为不可，而且一定要提倡实践的修身，实践的伦理，要把学校办成修身伦理的实验室。照这样办，才算是真正达到修身伦理之功效。

陶行知在倡导和践行教育理论和实践相结合的过程中，不仅为中国教育理论得以脱胎换骨步入一个崭新的天地作出了历史性的贡献，同时也渐渐把自己打造成了毫无保留的党外布尔什维克。得益于辩证唯物主义认识论基础之上形成的实践观和知行观，陶行知对真理的本质、直接经验与间接经验的关系、人生等一系列问题有着科学的理解，达到了一定的高度。现主要就此作些赘述。

实用主义是现代资产阶级主观唯心主义哲学思想，于19世纪末产生于美国。20世纪初开始在资本主义国家流行。其主要代表有美国詹姆士(1842—1910)和杜威(1859—1952)等人。他们把主观臆想的“纯粹经验”

---

① 陶行知：《陶行知全集》第1卷，四川教育出版社2005年版，第323页。

② 陶行知：《陶行知全集》第1卷，四川教育出版社2005年版，第25页。

当作世界上最根本的东西，认为物质和意识只是“纯粹经验”内部的区别。他们强调的实践只是个人被动地应付环境的活动。鼓吹“实践”的标准是所谓“效用”，并以此作为真理的标准，认为真理不是观念对客观世界及其规律的正确反映，凡事“有效应、能满足我的需要的就是真理”[①]。

与前者相比，陶行知对真理的看法恰恰相反。陶行知认为，真理是符合事实的。他以知识为例对真理进行了阐释。他认为“真知识是思想与行为结合而产生的知识，真知识是安根在经验里的。从经验里发芽长叶、开花结实的是真知灼见”[②]。相反，伪知识是根本上错误的，是不符事实的。明辨真理与谬误亦即明辨是非，真理与谬误和是非一样是判断行为的一种符号。这种判断的能力是在实际生活里学得的本领，不是与生俱来的良知良能。孟子所说的“是非之心，人皆有之”是不科学的。生理心理学家把人的头脑解剖实验了几千百次，至今没有找到这样一个专管是非的“心”[③]。真理和是非一样，大都含有时代性、地域性和阶级性。一时代有一时代之“是非”，一地域有一地域之“是非”，一阶级有一阶级之“是非”。尽管如此，把握真理与“是非”，必以事实为根据，必以“大多数人民之利益”为立场。依据于个人之感情而判断和依据于个人或少数人之利害而判断都是立不住的。“何以言之？事实为最有力之雄辩，亦即不可更移之铁证。”[④]以依据之事实，基于大多数人民利益之立场上分析事实之性质所作的判断，乃为大众之判断、公正之判断。靠强权、靠武力打不出真理，也打不出是非。如何明辨真理与谬误，陶行知借用明辨是非的标准进行了界定。陶行知提出的是非标准有三：一是公者是；不公者非。增进大众福利者是；损害大众福利者非。大众福利与小集团福利冲突时，拥护大众福利者是；拥护小集团福利者非[⑤]。合于“天下为公”者是；不合于“天下为公”者非[⑥]。二是真者是；不真者非。三是推动时代前进者是；阻碍时代前进者非[⑦]。使中华民族进一步者是；使中华民族退一步者非。使中华民族富强者是；使中华

---

① 何国华：《陶行知教育学》，广东高等教育出版社 2002 年版，第 17 页。
② 陶行知：《陶行知全集》第 1 卷，四川教育出版社 2005 年版，第 15 页。
③ 陶行知：《陶行知全集》第 1 卷，四川教育出版社 2005 年版，第 172 页。
④ 陶行知：《陶行知全集》第 11 卷，四川教育出版社 2005 年版，第 388 页。
⑤ 陶行知：《陶行知全集》第 2 卷，四川教育出版社 2005 年版，第 173 页。
⑥ 陶行知：《陶行知全集》第 7 卷，四川教育出版社 2005 年版，第 999 页。
⑦ 陶行知：《陶行知全集》第 1 卷，四川教育出版社 2005 年版，第 173 页。

民族贫弱者非。使中华民族聪明者是；使中华民族愚昧者非。努力和平协商者是；硬要武力解决者非①。

陶行知把实践当作检验真理的手段，把真理看作是前进的路标。认为真理必须在行动中体现出来，在实践中接受检验。他说："我们所要追求的是行动的真理，真理的行动。这种真理不是坐在沙发上衔着雪茄烟所能喷得出来的。行动的真理必须在真理的行动中才能追求得到。你不钻进老虎洞，怎能捉得小老虎。"②他希望人们在行动之中追求一切真理，并用真理来指导提高一切的行为。陶行知特别告诫人们："单单行动两个字不限定是前进。开倒车也是行动，反动也是行动。因此，我们是需要修改一下，有真理指导的行动才是前进。"③

陶行知一生痴迷真理，追求真理。正如他对真理所赞美和信守的那样："你都是对的；你没有不对的。你是船的舵！你是指南针！你是光！我跟着你走！你对我也对；你不对我也不对。你都是对的；我也都是对的。你没有不对的；我也没有不对的。"④"愿将真理化大利，润泽苍生乃仁义"⑤是他的所爱。"千教万教教人求真，千学万学学做真人"是他一生的座右铭。他痴情真理，就连自己儿子的名字也要挂上"真"字，还勉励儿子"宁为真白丁，不作假秀才"。他认为追求真理，抱着真理为民族人类服务，没有丝毫疑惑，所以他无论处境如何困难，心里都泰然自在。他坚信，追求真理，爱护真理，抱着真理为小孩、为国家、为人类服务，社会必有了解之一日。相反，背离真理，只能死路一条。为此，起个取真去伪的念头，是走向生路的第一步。

酷爱教育的陶行知不仅自己追求真理，坚持真理，还鼓励教师宣讲、信守真理。他认为，教师必须是追求真理的人。因为大众长进得很快，教师必须不断地长进，才能教大众。一个不长进的人不配教人，不能教人。他认为"后生可畏"不是一句客气话，而是一位教师受了大众蓬蓬勃勃的长进的压迫之后，对于自己及一切教师所提出来的警告。只有不断地追求真理

① 陶行知：《陶行知全集》第7卷，四川教育出版社2005年版，第999—1000页。
② 陶行知：《陶行知全集》第3卷，四川教育出版社2005年版，第382页。
③ 陶行知：《陶行知全集》第3卷，四川教育出版社2005年版，第389页。
④ 陶行知：《陶行知全集》第1卷，四川教育出版社2005年版，第149页。
⑤ 陶行知：《陶行知全集》第4卷，四川教育出版社2005年版，第9页。

才能免掉这样的恐怖，也只有免掉这种恐怖才能教大众，否则便要因为怕大众而摧残大众。陶行知认为追求真理就得在“诚”字上下功夫。所以，他治校以“诚”为训育之本，亦以“诚”为智育之本，依据“诚训”以养成学生思想及应用能力，让诸生能思想以探知识之本源，能应用以求知识之归宿。在他看来，追求真理还必须要有科学的精神和务实的心态。他经常告诫同仁，教师的一部分生活也是学生，教师要以学生自勉，要负学问的责任。做学问最忌的是玄想、武断、尽信书、以差不多自足、以一家言自封。要极力地锻炼学生，使他们得到观察，知疑，假设，试验，实证，推想，会通，分析，正确，种种能力和态度，去探求真理的泉源①。追求真理还要先讲真理。要让真理赤裸裸地出来和大众见面。不要给它穿上天使的衣服，也不要给它戴上魔鬼的假面具。教师不可以为着饭碗、为着美人、为着小命，而把“真理”监禁起来或者把它枪毙掉。教师只能说真话。说假话便是骗子，就不能做教师②。教师不仅要讲真话，还要有勇气站起来驳假话。真理是太阳，歪曲的理论是黑云。教师要有勇气把这些黑云吹掉，让那真理的太阳普照大地。教师不仅自己要讲真理，还要教自己的学生做讲真理的先生，否则要弄到师生合做守知奴的地步，那样于大众是毫无意义的。教师必须进一步教学生去教别人，必须教学生把真理公开给大众，必须教学生拿着真理的火把指点大众前进。此外，真理在大众手里，如果先生的行动目标与大众所希望的不符，将为时代所不容。因此，做教师的人必须和大众站在一条战线上才能与真理走到一起，才能为真理作战，才算是前进的教育。

在对待直接经验和间接经验关系上陶行知也有辩证的把握。许多时候，人们常常认为陶行知过分地强调“在做中学”，过分地强调直接经验而对间接经验有所忽视，这种看法有着很大的片面性。其实，陶行知对于直接经验与间接经验的看法是很辩证的。他所说的“做”有着特别的定义，这定义，就是“在劳力上劳心”。单纯的劳力，只是蛮干，不能算“做”；单纯的劳心，只是空想，也不能算“做”。真正的“做”，只是“在劳力上劳心”。可见，他尽管一方面强调自己的亲身体验和直接经验的重要性，正如他所说，摸着冰便觉得冷，从摸着冰而得到“冰是冷的”的知识是真知识，小孩儿单

① 陶行知：《陶行知全集》第1卷，四川教育出版社2005年版，第37页。

② 陶行知：《陶行知全集》第3卷，四川教育出版社2005年版，第384页。

用耳听见妈妈说冰是冷的而得到"冰是冷的"的知识是伪知识。另一方面,他对间接经验也给予了充分的肯定。他一贯认为,"教学做合一"的理论不是不要书,而且书本是人生的一个重要的工具,识字读书是人生教育的一部分,谁也不能否认。如果样样知识都要从自己经验里得来,那也麻烦得很。倘使一个人停留在自我或少数同伴的生活上,而拒绝广大人类的历史教训,那便是懒惰不长进,那样顶多也不过是跌在狭义的经验论的泥沟里的一只小泥鳅。人生经验有限,从经验范围得到的所谓知识也一定是很有限的。没有到过热带的人,也能了解热带是热的;没有到过北冰洋的人,也能了解北冰洋是冷的。这里有一个理解真知识与伪知识的区别问题。对此他进行了深入浅出的说明:"我只说真知识的根是要安在经验里,没有说样样知识都要从自己的经验上得来。假使我们抹煞别人经验里所发生的知识而不去运用,那真可算是世界第一个大呆子。我们的问题是要如何运用别人经验里所发生的知识使他成为我们的真知识,而不要成为我们的伪知识。比如接树种树枝可以接到别一种树枝上去使他格外发荣滋长,开更美丽之花,结更好吃之果。如果把别人从经验发生之知识接到我们从自己经验发生之知识上去,那么,我们的知识必可格外扩充,生活必可格外丰富。我们要有自己的经验做根,以这经验所发生的知识做枝,然后别人的知识方才可以接得上去,别人的知识方才成为我们知识的一个有机体部分。这样一来,别人的知识在我们的经验里活着,我们的经验也就生长到别人知识里去开花结果。至此,别人的知识便成了我们的真知识。其实,他已经不是别人的知识而是自己的知识了。倘若对于某种知识,自己的经验上无根可找,那么无论如何勉强,也是接不活的。比如在厨房里烧过火的人,或是在火炉边烤过火的人,或是把手给火烫过的人,便可以懂得热带是热的;在冰房里呆过的人,或是在冰窑里呆过的人,或是做过雪罗汉的人,便可以懂得北冰洋是冷的。对于这些人,'热带是热的,北冰洋是冷的'虽从书本上看来,或别人演讲时听来,也是真知识。"①倘自己对于冷热的经验丝毫没有,那么,这些知识虽是学而时习之,背得熟透了,也是与他无关的伪知识。这里我们足可以看到,陶行知不仅没有否认间接经验在人生中的作用,而且告诉人们要充分借鉴别人的经验,充分认识书本的作用,充

① 陶行知:《陶行知全集》第1卷,四川教育出版社2005年版,第120页。

分运用别人的经验，将间接经验与自己的经验有机结合，将间接经验安在自己的“根”里让它“枝繁叶茂”。

如何看待人生，是每一个人必须回答的共同课题，也是每一位思想家孜孜不倦地探求的问题，古今中外，概莫能外。陶行知，作为一名终身致力于培养人的教育家，对这一问题从“创造”的角度给予了科学的解读。

“创造”二字是陶行知和牧口常三郎的共同语言，是他们一生的精神支柱，折射出了他们的人生观，也是理解其价值观的“杠杆”。他们对“创造”二字所做的精妙注解，充分揭示了人生的真谛，发人深省。

何谓“创造”？虽然陶行知没有从字面上直接进行定义，但我们从他的思想中可以领略其中的含义：创造是新价值的产生。“行动是老子，思想是儿子，创造是孙子”，是他的口头禅。他用了一个浅显的比喻道出了行动、思想、创造三者的关系：“鲁滨孙漂流到荒岛上去，口渴了，白天他走到海边用手去捧水喝，到黑夜里就没有办法了。他偶尔在灶的旁边，看见经火烧过的泥土，硬得如石子一样。他想到软的土经火烧了，就成坚固且硬的东西，于是他把土做成三个瓶子，放入火中去烧，烧碎了一个，其余的两个可以满满地盛着水。于是他口渴的问题完全解决了。”这里，“他把手捧水喝，到黑夜发生了困难，是他的行动；发现泥土经过火烧变成坚固且硬的东西，也是他的行动；把泥土塑成了瓶，希望同烧过的土一样的坚固，是他的思想”，“他瓶子盛水的计划成功了，是新价值的产生”。由行动而发生思想，由思想产生新价值，这就是创造，是物质的创造。创造除了物质层面外，还有精神上的。如《红楼梦》中宝玉同姊妹们划船受破荷叶所阻，黛玉吟出李义山的诗句“留得残荷听闷声”后，宝玉心中厌恶的破荷叶，一变而为可爱的天然乐器。这种新观念的成立，就是“心理的创造”，是精神层面的创造①。

创造就是“做”。“做”是在劳力上劳心。“做”的意义博大精深，它是行动、思想和新价值之“三合一”，是发明，是实验，是建设，是生产，是破坏，是奋斗，是探寻出路。在他看来，是活人必定创造。活一天，就要创造一天；活到老，就要创造到老。

人禽之别在于创造。人之所以为人，之所以比禽兽厉害，就因为他有

---

① 陶行知：《陶行知全集》第3卷，四川教育出版社2005年版，第447页。

手，而且“手能打仗、能生产、能建设，也能创造”[①]。人和鸟兽的大分别，就是人会想，鸟兽不会想。人不仅会想，还能根据自己的思想去进行创造。“要做个真正的人，第一就要有思想。要做个真正的国民，第一就要有国家的思想。”因为“没有思想的行动，叫做盲动；没有思想只管闷起头来跟人跑，叫做盲从”[②]。只有充分利用“双手与大脑”两个宝，才算是开天辟地的大好佬[③]。“为一大事来，做一大事去”是陶行知的根本人生观，他的一切言行都建筑在这一句简短而有力的信条上。他还告诫人们，“如果我们对于这句信条起了疑问，我们的生活便无意义，我们的勇气便会消沉，我们的人生便恐惧彷徨，无所适从，而陷于悲惨忧抑的环境里”[④]。可悲的是，当时的中国人已经成了没有创造力的民族，他们的手都牢牢被缚住了，就像陶行知所说“穿马褂子的人的一双手都缩拢在袖管里；穿西装的人的双手都插在裤袋里；老先生的一双手指甲留得长长，成一种曲线美，双手镶在袖管里；女学生的一双手都用手套子套了起来”。总之，“本是一双可以创造的手，套起来了，而且连同中华民国一起都套进去了，不能出头”[⑤]。更可恨的是，千年来的传统教育，成了斩杀小孩子创造力的刽子手。所以他强烈呼吁，教育者要向他们的头脑灌输科学，去培植他们的创造力，要把他们的一双手解放开来去做、去创造。他说：“教而不学，学而不做，叫做‘忘三’。”[⑥]我们的教育非但要教，并且要学要做，做的最高境界就是创造。“不做无学；不做无教；不能引导人做之教育，是假教育；不能引导人做之学校，是假学校；不能引导人做之书本，是假书本。在假教育、假学校、假书本里自骗骗人的人，是假人——先生是假先生，学生是假学生。假先生和假学生所造成的国是假国，所造成的世界是假世界。”[⑦]

陶行知认为，创造是不受时空限制的，而且创造面前人人平等。“处处是创造之地，天天是创造之时，人人是创造之人”[⑧]便是他对这一问题的诠

① 陶行知：《陶行知全集》第 3 卷，四川教育出版社 2005 年版，第 429 页。
② 陶行知：《陶行知全集》第 2 卷，四川教育出版社 2005 年版，第 185 页。
③ 陶行知：《陶行知全集》第 4 卷，四川教育出版社 2005 年版，第 24 页。
④ 陶行知：《陶行知全集》第 2 卷，四川教育出版社 2005 年版，第 593 页。
⑤ 陶行知：《陶行知全集》第 3 卷，四川教育出版社 2005 年版，第 442 页。
⑥ 陶行知：《陶行知全集》第 3 卷，四川教育出版社 2005 年版，第 454 页。
⑦ 陶行知：《陶行知全集》第 2 卷，四川教育出版社 2005 年版，第 529 页。
⑧ 陶行知：《陶行知全集》第 4 卷，四川教育出版社 2005 年版，第 5 页。

注。针对一些人以"平凡"、"单调"、"无能"等为不能创造的借口进行了驳斥，他认为"平凡无过于一张白纸，八大山人①挥毫画他几笔，便成为一幅名贵的杰作。平凡也无过于一块石头，到了飞帝亚斯、米开朗基(琪)罗的手里可以成为不朽的塑像；单调无过于坐监牢，但是就在监牢中，产生了《易经》之卦辞，产生了苏联的国歌，产生了《尼赫鲁自传》；单调无过于沙漠，而雷塞布竟能在沙漠中造成苏彝(伊)士运河，把地中海与红海贯通起来"。可见，生活单调同样能创造。而且，无能也不是不能创造的理由，"鲁钝的曾参，传了孔子的道统，不识字的惠能，传了黄梅的教义"。他还以"遭遇八十一难之玄奘，毕竟取得佛经；粮水断绝，众叛亲离之哥伦布，毕竟发现了美洲；冻饿病三重压迫下之莫扎特，毕竟写出了《安魂曲》"②为例，对"山穷水尽，走投无路，陷入绝境，等死而已，不能创造"的思想进行了指责。总之，在他看来，僵了，死了，死人才无意于创造；平凡、单调、年幼，只是懒惰者的遁词；无能、绝望也只是懦夫的幻想。只要有一滴汗，一滴血，一滴热情，便是创造之神所爱住的行宫，就能开创造之花，结创造之果，繁殖创造之森林。

为大众、为人类、为社会创造是快乐人生、幸福人生和价值人生的源泉。这既是陶行知人生的最高境界，也是他深受世人敬仰的原因所在。陶行知认为，我们不但是一个人，并且是一个人中人，是一个社会人，人与社会互相依赖，共荣共存。国家由社会组织而成；社会由个人组织而成。所谓"组织"就是人与人互助，社会与社会能互助；推而至于国与国互助，而组织成一个大结合的世界。如同一间屋子里的柱子，虽然竖立，不能衔接，也是无用，人能互助就是柱子能彼此衔接。国家既有了这种互助性、组织力，国家也就自然趋于强固③。个人、家庭、社会的进步是连在一体的，如果一个人把创造的财富贡献出来，他就会与社会、家庭共同长进。奉献没有止境，他的进步，他的家庭的进步，社会的进步，也就随之没有止境。作为一个社会人，来也赤裸裸，去也赤裸裸，生不带钱来，死不带钱去。我们一定要把自己的生命，放在大众的生命里，个人的生命才有意义。也唯有把自

---

① 八大山人，清初画家朱耷(约 1626—1705)的别号。擅长画水墨花卉禽鸟，亦画山水，笔墨简括，形象夸张。

② 陶行知：《陶行知全集》第 4 卷，四川教育出版社 2005 年版，第 4 页。

③ 陶行知：《陶行知全集》第 1 卷，四川教育出版社 2005 年版，第 520 页。

己的生命放在大众的生命里，个人才不会死①！所以，只要我们的鼻子还在水面上，我们一定要毫不吝惜地用我们的小小力量向社会贡献。我们生在此时，有一定的使命。这使命就是运用我们全副精神，来挽回国家厄运，并创造一个可以安居乐业的社会交与后代，这是我们对于千万年来祖宗先烈的责任，也是我们对于亿万年后子子孙孙的责任②。在陶行知看来，创造不是为个人，创造不是为自己。资本主义的国家的教育，只是做了创造富翁的工具，以致贫富阶级因教育而愈隔愈远。我们只要创造富的社会。社会既富，则在社会里的个人自然而然地富了③。可是，令人担忧的是，一般办学校的是抱着书本而忘了人生，一般办工厂的是抱着黄金而忘了人生，一般社会运动者是抱着标语而忘了人生，从这样改到那样，从那样改到这样，仍是茫然不定。所以在人心目中，人生应是超过一切。如果学校、工厂及其他一切组织忽略了要培养合理的人生的大前提，即使是花样百出，也不过是“赶了一群狼，来了一群虎”④。

二、牧口常三郎：从唯物到唯心

与陶行知相比，牧口常三郎的哲学思想主要涉及人生、真理、认知与评价以及价值观体系等方面，而且是紧紧围绕“价值”二字来进行阐释的。虽然“创造”是贯穿其哲学思想的“主题词”，但他并没有像陶行知那样对之专门进行深入透彻的分析，而是更多地阐述了价值含义与创造价值的重要性和必要性。

牧口常三郎的哲学思想主要体现在《创价教育学体系》第二卷中。在牧口常三郎逝世十周年之际，其门徒、创价学会的第二任会长户田城圣对此卷进行了修订再版，并命名为《价值哲学》，以兹纪念。

价值范畴是牧口常三郎创价哲学思想的核心所在，也是牧口常三郎教育思想的重要基石之一。牧口常三郎把正确认识价值当做理解其创价哲学的切入口，认为没有对价值的正确认识，就一点也理解不了创价哲学，而要弄清这一问题又必须从理解人生活的目的开始。也就是说，脱离了实实在在的生活是没有价值可言的。纵观牧口常三郎一生的教育理论与实践，

① 陶行知：《陶行知全集》第 4 卷，四川教育出版社 2005 年版，第 127 页。
② 陶行知：《陶行知全集》第 8 卷，四川教育出版社 2005 年版，第 34 页。
③ 陶行知：《陶行知全集》第 2 卷，四川教育出版社 2005 年版，第 510 页。
④ 陶行知：《陶行知全集》第 3 卷，四川教育出版社 2005 年版，第 83 页。

尽管晚年皈依了佛门，但他与陶行知一样，抱着一切着眼于活生生的人的现实生活的出发点始终没有变更。正如他的门徒池田大作所说，牧口常三郎的价值哲学，是“他研究实际生活，分析和综合其中的规律的结果，换句话说，它是一种理论体系，这个体系阐明了在生活中创造价值的诸种方法”①。从这一点上看，牧口常三郎哲学思想是以唯物论为主导的，或者我们至少可以说，在他信奉日莲佛法之前是唯物的。

牧口常三郎认为价值与人类生活紧密相联，人的生活的目的就在于追求价值，生活的最高和最终的目的是幸福，生活的目标就是获得和创造那本身就是幸福的价值。不管一个人是否意识到这一点，幸福始终是人生活的一种状态——一种人人都渴望的理想的状态。以不幸为相对极，幸福有无数的层级，但是人活着总想获得最高级的幸福。而创价哲学的目的在于能使每个个人和社会获得绝对的幸福，其手段就是创造那作为幸福的要素的价值。牧口常三郎的教育思想就是建立在这种创价哲学基础上的创价教育思想。牧口常三郎的《价值哲学》主要阐述了以下几个方面的内容：

(一)关于真理与价值

牧口常三郎首先将真理与价值作了区别。牧口常三郎认为，真理是如实而确切地表述现实的东西，它绝不能同好恶这样的感情纠缠在一起。“假定有一个瀑布，在这种情况下，说‘这是个瀑布’，就是真的；而说‘这是一条河’，则是假的。”②在这里，“瀑布”就是“瀑布”，无论表述如何，瀑布的现实不会改变。问题只在于对“瀑布”的表述是真还是假。因此，在瀑布确切地被认定为瀑布时，不管瀑布与人的生活的关系如何，这表述都是真的。在牧口常三郎看来，真理是客体以及客体之间相互关系的概念，它意味着客体性质的相同。比如，我们说，“这是一匹马”，当对象既不是牛也不是羊而正好是被社会公认的马的那种东西时，即事物正好如其所是的那样被陈述出来时，我们叫它是真理。再如，$(a+b)^2=a^2+2ab+b^2$ 这个等式，因为这个等式不管时间、空间和人的不同，都被公认为是真的，我们才说它是真理，

---

① [日]牧口常三郎：《价值哲学·英文版序言》，马俊峰、江畅译，中国人民大学出版社 1989 年版，第 2 页。

② [日]牧口常三郎：《价值哲学》，马俊峰、江畅译，中国人民大学出版社 1989 年版，第 10 页。

否则它就要被称为谬误[①]。不管它与人类生活有着什么样的关系，真理总是真理。真理是性质相同的概念，这些性质是从实体和与之相关的现象中客观地抽取出来的，是对从客体的变动的偶然的因素中抽象出来的不变属性的准确描述。真理的本质是"就是对一客体的准确陈述，别无他意"[②]。真理不能被创造[③]。同苏格拉底一样，牧口常三郎认为无论人、时代和环境有什么不同，真理都是不变的，"一旦它成了可变的，我们就不叫它真理了"。真理的判断只依纯粹的客观事实的存在或不存在而定，不允许夹有丝毫主观性或情感因素。这就是说，如果根据正确认识而获得的真理依一个人的好恶为转移，我们就不能承认存在着普遍有效的真理。牧口常三郎还提醒人们，在"价值可变"的事实被明确地给以陈述并被证明时，真理在这个陈述所涉及的范围内仍然也是永远不变的。在这种情况下，我们绝不可以把变化的客体同对它的确切描述相混淆。在把变化的客体规定为它是变化的之后而得到的概念，在其如实描述了对象的范围内，它仍然也是真理。

与真理相比，价值则是主体和客体的这种关系的陈述，是一个人和一个客体相互吸引或排斥的一种关系状态，是客体与人生活之间的感情关系，它意味着在客体和评价它的主体之间产生的量的合宜。价值是关系概念而不是实体概念。价值，作为主客体关系的标示，没有相同的性质，因为它只意味着主客体的合宜或不合宜。价值是变化无穷的东西，如果主客体的任何一方发生变化，价值也相应地发生变化。像我们所看到的，不同时代和国家的伦理规范的不同和变化就展现了价值变迁的历史。价值不仅根据客体和通过情感来评价这个客体的主体的关系而变化，而且随着时代和环境的变化而变化。比如："有 10 袋木炭，在一个冬天烧掉了 5 袋，其余的 5 袋没用。在这个冬天开始时，它们每一袋肯定都具有相对的有用性，因为木炭的所有者不能准确地知道需要多少袋木炭。可是到了夏天，剩下的 5 袋木炭对于评价主体的生活就没价值了。这 5 袋木炭尽管都可以盼

① ［日］牧口常三郎：《价值哲学》，马俊峰、江畅译，中国人民大学出版社 1989 年版，第 6—7 页。

② ［日］牧口常三郎：《創価教育學體系》Ⅱ，聖教新聞社 1972 年版，第 19 页。

③ MAKIGUCHI: THE VALUE CREATOR by Dayle M. Bethel, Published by Weatherhill, Inc., of New York and Tokey, First edition, 1973, p. 50.

望在下一个冬天重新有价值，但至少在夏天期间，对于取暖的目的来说它们是无价值了。而在下一个冬天来临时，出于取暖的目的它们又重新获得价值，创造了与在上一个冬天它们所具有的同样的价值。这样，我们就能认识到，在夏天对于取暖的目的这木炭的存在是无价值的，正像我们承认留下来的这5袋与评价主体无关系的木炭是存在着的一样。"①另外，从日常经验我们也知道，"某一客体对'A'是必需的，而对于'B'就几乎无用。就是同一客体对同一个人的价值，由于时间不同而发生很大的变化，这也是众所周知的。更不用说价值依地点和环境的不同而发生的变化了"②。正因为价值具有多变的属性，所以价值能被创造③。价值的要素就是美、丑，得、失和善、恶。牧口常三郎认为，创价教育之意就在于培养人那种创造得、善、美的能力。这可以说是牧口常三郎以"得"代"真"，提倡"得、善、美"为核心的价值观体系的理论原点。

牧口常三郎在区分真理与价值的基础的同时，还从实体的绝对性和相对性、主体与实体的关系的角度将真理划分为绝对真理与相对真理。牧口常三郎认为，实体可分为绝对的实体和相对的实体。"所谓绝对的实体，意味着一个事物，不管存不存在同目(coordinal)概念，在客观上人们都不能否认它的存在。所谓相对的实体，最初是由于同目概念——诸如父—子、兄—弟、姐—妹、君—臣、夫—妻——的存在而形成的。只要另一方不存在了，这一方也就归于消失。"④这表现了认识一个事物的存在还要依靠相对的概念。所以，对这种认识应分两种来考察：一是当一个人能够作为一个第三者时，即不带有对生活的焦虑或欣慰的意识去冷静地观察与认识主体无关的实体时，他的态度——存在或非存在，同意或拒绝，赞成或不赞成，可用真理或谬误代表。与此相反，如果一个实体与主体有相当的关系，对主体生活的升降有一定的影响，从而引起他的注意，那么，此时的他就不会像一个第三者那样客观地而是带有强烈的主观感情去考察对象。"最后的

① [日]牧口常三郎：《价值哲学》，马俊峰、江畅译，中国人民大学出版社1989年版，第65页。

② [日]牧口常三郎：《价值哲学》，马俊峰、江畅译，中国人民大学出版社1989年版，第19—20页。

③ MAKIGUCHI: THE VALUE CREATOR by Dayle M. Bethel, Published by Weatherhill, Inc., of New York and Tokey, First edition, 1973, p. 50.

④ [日]牧口常三郎：《創価教育學體系》Ⅱ，聖教新聞社1972年版，第89页。

结果表现为一种价值的决定，如兴趣和爱好。对于这种情况，我们认为，说真理中有绝对的（真理）和相对的（真理）这种区别是适当的。换句话说，与价值相关的真理随着主体的变化而变化，而与价值无关的绝对真理则是永恒的和不变的。”[①]由此可见，牧口常三郎充分看到了真理与价值的依存关系。牧口常三郎并没有排斥真理的主观性，而且对真理的认识渐渐上升到绝对性和相对性统一的高度。不过，他也似乎过多地强调了价值主体的主观意志，这样也就难免犯下实用主义真理观的大忌。

值得肯定的是，牧口常三郎把实验作为检验真理的标准。他说：“对一个事物的认识是不是可靠的真理的问题，只有在做了谨慎的实验后才能知道。”[②]

（二）关于认知与评价

与区分真理和价值相适应，牧口常三郎也将认知与评价作了区别。他说，认知是主体获得客体复映在主体中的印象，这个活动被称为认知。从这个意义上讲，认知是主体对客体的直观复映。主体在一定程度上意识到客体的影响时，主体就相应而动，这个活动就叫作评价。换句话说，评价是主体对客体的能动反映。认知意味着注意客体，感知它的性质，在精神中获得对它的概念。也就是说，认知表示对实在的性质以及它与主体关系的了解，而评价则是对客体和主体之间的相关力的衡量。所以，认知是客观的。认知的客体是与主体存在的涨缩变化没有直接关系或只有少许关系的现象，认知的主体在对待客体时遵循的是冷静的客观观察的原则，或者说，将主观因素减少到最小程度。评价则是主观的，评价主体不能对客体持冷静的或漠不关心的态度。牧口常三郎认为真理是由认知获得的概念，是认知的结果；价值则是客体与人之间的相关力的量值概念，是根据评价或作为评价的结果而被接受的。

牧口常三郎认为，认知和评价相当于经验活动和交接活动。“经验活动意味着认知客体，主体冷静而客观地尽可能精确地观察外在的和内在的现象。在这种情况下，主体忽略客体与他的生活的关系。”[③]主体以第三者

① [日]牧口常三郎：《創価教育學體系》Ⅱ，聖教新聞社 1972 年版，第 90 页。

② [日]牧口常三郎：《价值哲学》，马俊峰、江畅译，中国人民大学出版社 1989 年版，第 52 页。

③ [日]牧口常三郎：《价值哲学》，马俊峰、江畅译，中国人民大学出版社 1989 年版，第 27 页。

的身份冷静而客观地观察事物，因为他把外在世界看做是相似于人类的存在状态，它对人类存在没有什么直接影响，所以就认为这外部存在对他的日常生活没有影响。事实上，人们如果要想真正地认识这种客体就得排除情感的和主观的因素，保持其客观的面目。相反，在交接的情况下，主体探讨客体，不把它看做是与自身无关的存在，而是把它作为与他的生活有密切关系的人格存在，即作为他的对手，或作为他好恶的对象。因此，在这种场合，他对它就不能采取冷静和漠不关心的态度，而是“把它们作为与人有关系的东西去观察，考虑到它对人的生活的影响。于是主体产生了情感反应，享受客体对他的影响同时也付出相应的力量”①。在牧口常三郎看来，一个人对对象的态度不同，其接触外部世界的方式也随着不同。在前一种情况下，他对对象始终持有一种纯粹理智的态度而冷静地观察它。在后一种情况下，人与对象则基本上是情感交接。基于此，要理解外部世界，就得依靠认知和评价共同作用，如果缺乏其中的一个，人就不能熟悉他的对象，也不能对他的对象有全面而准确的把握；如果人们想要发现精神界或自然界事物的真理，就必须使经验和交接两方面的活动得到充分而和谐的发展，否则，他就会陷入偏见。总之，在两方面的协同作用下，与主客体之间的相关力有了进一步的交流后，我们才能认识事物的真理。为此，牧口常三郎认为，教育必须做到主观与客观、理论与实践的统一，而要想达此境界，除了使经验和交接共同发挥作用外，我们还必须正确地将认知与评价区分开来。

牧口常三郎认为，值得引以重视的是，混淆认知与评价的现象到处可见，甚至在相当高级知识分子每天的谈话中也能发现这种认知和评价相混淆的现象。而且这些人并没有觉察到这一点，他们在讨论事情时，不知道它们的原因就根据自己的好恶来随意下判断。牧口常三郎认为，这些人在思想和行为方式方面都误入了歧途。

在牧口常三郎看来，当今世界上，没有什么比混淆认知与评价更为糟糕。因为混淆了评价和认知，往往容易导致人对他的选择和决定难持一种确定的态度。尤其是在青少年的教育过程中，如果混淆了评价和认知，将

① ［日］牧口常三郎：《价值哲学》，马俊峰、江畅译，中国人民大学出版社 1989 年版，第 27 页。

会直接产生不良的后果。比如说，假定一个学生问他的老师说："这是什么？"老师却严厉地申斥他："像这样的事你都不懂！"显然，这位先生把认知同评价混淆，因为问者并非是让老师评价他的能力，而仅仅是因为他不明白某事，希望寻求指导而已。在这种指导下，落后的学生将会变得更加迟钝。这样的老师只会让差生更差[①]。同样，在指导孩子们准备功课时，如果父母、兄长或姐姐们因孩子理解力差而烦躁恼怒，想当然地认为责备能达到促进孩子的目的，那么其教育效果只会是徒劳无益。

（三）关于价值观体系

牧口常三郎主要从价值的本质、关系和相关力、价值的分类三个方面对价值观体系进行了构建。牧口常三郎认为，要弄清价值概念，首先应该持真正客观的观点公正地审查社会通用的"价值"的含义，而且必须探求它的本质。

牧口常三郎首先肯定价值的存在。他说，即使它的存在形式不同，但毕竟也是存在。正因为它的存在，它才会影响我们的生活，我们才能评价和认识它。价值是客体满足主体需要而形成的关系。"价值"或"有价值的"意味着被指称的一些事物是能充分满足我们需要的客体。比如，一套特别脏的衣服，对一个富人是没用的，因为这样的衣服不能满足他的需要。但是这脏衣服对一个有许多孩子需要供养的穷人来说，可能就是有很大价值的东西。牧口常三郎认为，价值具有相对性，价值的大小根据客体与评价者生活的关系的水平而不同。同一个客体既能表述为"得"、"好"，也能表述为"失"、"坏"。

牧口常三郎从关系与相关力的角度对价值进行了进一步的阐述。他认为，价值是一个客体与人之间关系的概念，在主体与客体发生关系时，我们可以发现存在着一种客体对主体有利的吸引力，或是对他有害的排斥力，我们就叫这种力为价值。也就是说，"价值就意味着在客体与人的相互联系中正在起作用的'力'或'功能'的状态"[②]。

牧口常三郎根据关系的强度和相关力的大小，将价值划分为"有价值"

---

① MAKIGUCHI: THE VALUE CREATOR by Dayle M. Bethel, Published by Weatherhill, Inc., of New York and Tokey, First edition, 1973, p. 53.

② ［日］牧口常三郎：《价值哲学》，马俊峰、江畅译，中国人民大学出版社1989年版，第61页。

和“无价值”、“正价值”和“负价值”①。“有价值”和“无价值”体现了客体与人之间一种关系或相关力的存在或不存在。它们代表了客体与人的关系的存在与否。而“正价值”和“负价值”则体现了客体与人之间一种关系或相关力对于人的存在或者说对于维持生命的有益性和有害性，意味着存在一种有益或损害评价主体生活的关系。“益”被称为“善、得和美”，反之则被叫作“恶、失和丑”。

与此同时，牧口常三郎又根据评价的主体将价值区分为主观价值和客观价值。他认为，当价值存在于一个人在一定时刻与客体发生联系时所体验的感受中，此时的价值都是主观的，即主观价值。而被社会所评价和认为是得或失的价值就叫“客观价值”。由于评价的主体不同，同一个客体的价值也会有差别，它既能表述为“得”、“好”，也能表述为“失”、“坏”。牧口常三郎主张，因为个人行为不过是社会的一个部分，个人行为应该服从社会行为。当个人利益与国家利益发生冲突的时候，个人就应该从大局出发，牺牲自己的利益。同样，当国家的利益与世界的利益发生矛盾的时候，国家的利益就应该服从世界的利益。这种牺牲和服从对于前者来说是失，而对后者来说则是善。可见，一个客体被评价主体即社会评判时，对个人来说是得和失的东西就变成每个人都必须客观地同意的善和恶，每个个人的主观价值则变成了客观的和公众都必须承认的交换价值。所以人们必须认识到，善恶、美丑、得失，既有客观价值也有主观价值。一般而言，同一客体被看做是得失或善恶，这依赖于评价主体。主体是个人时，用得失来表述价值；主体是社会时，则用善和恶来表示。评价词“善”和“恶”是社会评价作为该社会之一分子的个人行为时所使用的词。尽管在个人之间善恶这些词也常常被使用，但是，它们只能限于有限的范围内，不能被看做是具有被一般公众认可的普遍有效性。

牧口常三郎认为，由于评价主体、时间和地点等因素的不同，价值会呈现不同的层级，表现出相对性的特征。如“得”可以从小的直接的到大的长远的进行划分，“失”也可从小到大排列，善恶也是如此。“根据时间和空间条件，依照它们的程度，人们作出关于善恶、得失的决定。一个在此时是善

① MAKIGUCHI: THE VALUE CREATOR by Dayle M. Bethel, Published by Weatherhill, Inc., of New York and Tokey, First edition, 1973, p. 52.

的行为，随时间的推移可能被评价为恶的。在这种情况下，这种善的价值就叫作较小的善。一个在几十年或几百年以后都被认为是善的行为可称为较大的善。一个被社会的一小部分人认为是善的行为在被大多数人认为是恶时，它也是较小的善。相反，一个为所有人都公认为是善的行为可被称为较大的善。如果较小的善反对较大的善，它就被评价为恶；较小的得与较大的得相比，它也是失。比如，一个行为在东京被认为是善的，但它伤害了日本，所以也就被认为是恶。即使被一个民族认作是善的行为，如果它伤害了全世界，它也被称为恶。另外，各种善，包括最小的和较小的善，相比于较大的善都是恶。渴望照明时，一根蜡烛或一盏油灯作为光源都是有用的，但一旦电灯出现，所有其他的灯都变得无用了，而且还会被当做讨厌的东西处理掉。这就是说，被信奉为较大的善的东西，如果出现了更大的善，它自然也会遭到同样的命运。如果较小的或最小的善的行为反对较大的善的行为，表现出妒嫉，它也就成了较大的恶。”①尤其值得我们肯定的是，牧口常三郎一生向善，一生不断追求大善。在他看来，不做善事就是作恶，即使人并没有做出不道德的行动，也不能就把他看作是有道德的，而这只能使他免受作为恶人的羞耻而已。牧口常三郎这种“力行大善”的思想完全可以与我国古人所提出的“莫以恶小而为之，莫以善小而不为”的修德境界相媲美。

从陶行知和牧口常三郎哲学思想的主要内容比较来看，二者在许多方面存在着共同之处。如在本体论上，都主张物质第一。这也正是二人都将创造贯穿于教育思想之中的缘由。需要提出的是，尽管牧口常三郎晚年信奉日莲佛法，但他从来也不曾将意识置于物质之上，更没有用意识来代替物质，而且始终着眼于利用宗教来改变人，让人们有一个正确的心态，帮助人们树立正确的世界观和人生观，从而正确地对待自然，对待名利、生命、自我、他人和社会。他希望通过改变人的思想，使人幸福地生活并为构建和谐自我、和谐社会乃至和谐世界服务。当然，如果非要贴上“唯物”或“唯心”的标签的话，那么二者的区别：前者由“唯心”走向“唯物”，后者则从“唯物”走向了“唯心”。在实践论上，二人都注重把实践作为检验真理的标准，

① ［日］牧口常三郎：《价值哲学》，马俊峰、江畅译，中国人民大学出版社 1989 年版，第 70 页。

都主张主观与客观相符、理论与实践统一。在人生观上，都提倡部分服从整体、个人服从社会，都把创造和奉献作为实现人生价值来源、作为度量人生价值大小的标尺等。当然，二者的哲学思想由于诸多原因也存在不少差异，如在来源上，陶行知的哲学思想来源更为复杂一些，有中国古代许多先哲大家哲学思想中的唯物成分，也有王阳明的知行观和杜威实用主义的继承和扬弃，还有马克思辩证唯物主义哲学思想的吸纳。牧口常三郎的哲学思想来源显得单一一些，主要表现在对康德哲学思想的吸取（第一章中已作介绍）。在关注点上，陶行知的知行观更为鲜明，其理论成分也更为厚实，而牧口常三郎对价值的论述更为全面、深刻。在对“真”的理解上，由于陶行知更多地强调“对不对”的问题（即所谓“认识论”或“逻辑学”问题）和“好不好”的问题（即所谓“价值论”或“伦理学”问题）。牧口常三郎则更多强调“有没有”的问题，即所谓“存在论”或“本体论”问题，而将“对不对”和“好不好”纳入“善”和“美”中，所以陶行知主张“真、善、美”，而牧口常三郎将“真”排除在价值观体系之外，代之以“得”，提倡“得、善、美”。其实，“‘真’的概念是一个多义性的概念，‘真’的问题是一个复杂的问题。从哲学上看，‘真’的问题当然主要是‘对不对’的问题，也就是人的认识（表象和思想）是否‘正确地’把握到对象的存在（现象和本质）的问题，因此人们通常主要是从‘认识论’或‘逻辑学’去看待和研究‘真’的问题。但是，从‘真’的概念的多义性去看待‘真’的问题，就需要把‘有没有’、‘对不对’、‘好不好’这三个方面的问题联系起来，从存在论、认识论和价值论的统一中去理解‘真’，也就是从人与世界、思维与存在之间的整体关系中去理解‘真’”①。需要指出的是，“真”与“真理”这两个概念，既具有密切的相关性，又具有重要的差异性。“真”是存在论、认识论和价值论三者的统一，“真理”则只是“认识论”问题。它是人们对“关于事物的规律性的正确认识”②。从这个意义上看，在对“真”与“真理”的理解上，陶行知和牧口常三郎都没有进行很好的区分。在创造方面，陶行知更强调人的创造性培养，牧口常三郎更侧重于人生价值的创造，而且从价值的相对性出发，他更多的是强调“至善”的创造等。

---

① 孙正聿：《哲学通论》，辽宁人民出版社 1998 年版，第 244 页。
② 孙正聿：《哲学通论》，辽宁人民出版社 1998 年版，第 246 页。

第二节　信仰基督、推崇佛教与笃信佛教——宗教思想比较

一、陶行知：信仰基督、推崇佛教

翻阅陶行知的一生，我们很容易就会发现，宗教思想尤其是基督的奉献精神对于陶行知的影响极为深远。早在金陵大学求学期间，在去伪立真的自我道德修持过程中，他就真诚地向《圣经》借取过精神力量。在亲朋心目中，他也是一位有着宗教般牺牲精神的人。据他儿子陶宏回忆，20年代陶家客房的墙上就挂有一张耶稣像，“表示我们大家对于耶稣舍己为人的自我牺牲精神的景仰”①。在他朋友的口碑中，他被称为“很有传教的精神”②。在他去世后，美国驻华大使司徒雷登在接受记者采访时，对这位昔日高足印象最深的即是其基督教精神。就像他所言：“在学生时代，坚信基督教。陶氏一生从事教育，坚信博爱，后主张小先生制，均为基督教精神之最大发挥。”③可以说，陶行知在日后的事业中，热心任事，勇毅不屈，无私无我。“为一大事来，做一大事去”、“捧着一颗心来，不带半根草去”，这种感人至深的道德风范和人生信仰不仅熔铸了中外古今的优良素质，而且再现了耶稣基督的博爱。他所信奉的基督的理念已融入他的血液，成为他人生旅途中的精神支柱和教育思想的重要基石。

正如周洪宇教授所言：“信仰基督教是陶行知在自己人生信仰方面所作出的重要选择。这一选择，极大地影响到陶行知人格风范的塑制以及他日后事业的发展。尽管他后来放弃了基督教信仰，不再是基督徒了，但这种影响的痕迹始终或隐或显地体现在他的身上。”④需要特别注意的是，佛教救世的精神、慈悲的情怀对陶行知的影响又何尝不是如此，这一点我们从第一章的有关论述中可以看到。

陶行知信仰基督教的目的不在于为了使个人灵魂获得解脱，而是要学习基督人格，像他那样勇敢地为那些受苦受难的同胞，乃至为了全人类背

---

① 江苏陶研会编：《纪念陶行知·我和我的父亲》，湖南教育出版社1981年版，第210页。

② 陶行知：《陶行知全集》第8卷，四川教育出版社2005年版，第38页。

③ 《美大使痛悼陶行知逝世》，《联合晚报》1946年7月29日。

④ 周洪宇：《陶行知与基督教》，《安徽史学》1991年第4期，第68页。

起十字架。他信仰佛教也不是为了寻求佛祖对他个人的“保佑”，而是期望像释迦、菩萨、阿罗汉那样大发慈悲，救苦救难，超度众生，同登极乐。他把耶稣的“舍己为人”的自我牺牲精神和释迦、菩萨、阿罗汉的无我济世精神与中国文化传统中“富贵不能淫、贫贱不能移、威武不能屈”的大丈夫气概结合起来，发扬光大成为一种为了中国社会的民主、解放、进步和人民教育的发展而不惜献出个人生命的伟大情操。为了实现美好的理想，他舍肉体劳苦于不顾，置生死存亡于度外，艰苦办学，培育人才，摩顶放踵以利天下，其人格闪烁着崇高夺目的光彩。从某个角度来看，陶行知之所以被人民所长久崇敬，一个很重要的原因就是因为他具有高尚的人格风范，而这一人格风范的塑制显然是离不开基督教信仰所起的作用①。这里必须指出的是，尽管基督教在陶行知的宗教思想中始终居于轴心和统领的位置，但佛教精神的牵引作用同样是不可低估的。

陶行知在信仰方面充满了理性与智慧。从陶行知的信仰自述中我们可以得知，他从初入金陵大学闲暇时辄取《新约》展阅到 1913 年成为基督徒，经过了长达四年的思想搏斗。就像他所说：“约有四年了，我的心灵一直是个战场。耶稣基督和撒旦为占有它而战。耶稣最终赢得胜利。自这一刻起，我成为他的追随者。”②分析其中的缘由，不外乎有五个方面：一是耶稣的博爱。耶稣那“我们应当像爱自己一样爱世人”的教义与陶行知向来对那种终日把“我能得到什么好处”挂在嘴边的人不屑的性情非常投合，而且这种牺牲精神成为他信仰的主要动因。耶稣基督的热心救世、到处传教、“爱人如爱己”的博爱精神，“为人服务”是人生最重要的责任意识，愿替他的门徒洗脚的服务诚意，无论男女老少、富贵贫贱都是平等的理念以及不可杀人、不可淫乱、不可偷盗、不可妄作见证的戒律，无不让陶行知顶礼膜拜。二是对历史中的许多伟人都与耶稣基督有着千丝万缕的联系感触颇深。学习历史时，他已经注意到伟人和他们与耶稣基督的关系，而且很大比例的哲学家和科学家都是耶稣基督的坚定信仰者和追随者。三是为华盛顿、林肯以及孙中山的爱国心所感动。陶行知认为，华盛顿、林肯这两个人把一切，包括他们自己，都以耶稣的名义献给了国家。孙中山之所以

---

① 周洪宇:《陶行知与基督教》,《安徽史学》1991 年第 4 期,第 68 页。

② 陶行知:《陶行知全集》第 12 卷,四川教育出版社 2005 年版,第 4 页。

秉承耶稣的自由平等观念为中华民国奔走操劳，得益于自己是耶稣的信徒，而且他们的行为对耶稣怎样来拯救世界给世人进行了最好的诠注。四是在华教会和类似的在华机构，尤其是岭南大学、圣约翰大学、金陵大学、文华大学、天津大学、燕京大学、北京清华学堂等教会大学的办学给中国教育的发展带来的实惠。在陶行知看来，“今日中国之教育倘非起源于耶稣基督，中国将处于何种境地？想必是在极度的愚昧之中”①。五是为时在金陵大学授课的外籍教师的敬业奉献精神所感化。

也就是在成为基督徒后，陶行知毅然决然地为国为民、为人类背起了十字架。十字架系犹太国刑具之一，耶稣殉道其上。其门徒出外传道，皆背十字架，效基督以身殉道之义，故十字架渐成牺牲之代表物。在陶行知的心中，世界的和平，人类的自由，中华民族的解放，中华民族最多数而最不幸的工农大众的生存，都为教育所系。这也是他崇拜耶稣殉道精神，而且把这种精神倾注到自己的人生和教育事业中的关键所在。可以说，没有对人类、对民族、对三万万的村农的爱，就没有晓庄，就没有重庆的育才学校和社会大学；没有爱，就没有“小先生制”，就没有“艺友制”，就没有“连环教学法”，就没有工学团。为了爱，为了教育的前途，为了国家的生存，为了人类的和平事业，他不仅自己背起十字架，而且倡导广大教师和学生背起十字架。正如他所言：“为破坏牺牲，为建设牺牲，中华国民应背两个十字架。”②“爱国的心与利己的心互为消长：利己的心长，那爱国的心消；要爱国的心长，非除去利己心不行，非具真切的牺牲心不能去。吾国人如能加倍地牺牲报国，然后我们对于祖宗所遗传、烈士流血所造的民国，可以无负。中国既贫且弱，吾辈要救中国的贫，当负一十字架；要救中国的弱，又须负一十字架。背了两个十字架，须有一身为国死两次的精神。以学校里讲，先生应在教课上牺牲，诲人不倦，一见不勤学的人，即是吾不教之罪，终身从事于教育界，鞠躬尽瘁，死而后已；学生亦当有牺牲精神，按才而学，勉为后生可畏。”③他相信，如果教员负一双十字架，学生负一双十字架，教育和国家的前途，必定有蒸蒸日上的希望。也唯有这样，我中华民国才能度过生死关头。他认为要达此目的，必须对教育进行彻底改造，而实现真正

---

① 陶行知：《陶行知全集》第 12 卷，四川教育出版社 2005 年版，第 5 页。

② 陶行知：《陶行知全集》第 1 卷，四川教育出版社 2005 年版，第 78 页。

③ 陶行知：《陶行知全集》第 1 卷，四川教育出版社 2005 年版，第 201 页。

的改造又完全寄希望于人们整个的心捧出来献给小孩子的行动。他深信如果全国教师对于儿童教育都有“鞠躬尽瘁，死而后已”的决心，必能为我们民族创造一个伟大的新生命。

从陶行知在对待教会办学的态度上也可以看到他在信仰方面过人的睿智。五四运动后，教会教育在中国受到了国家主义教育思想和民族主义运动的强力冲击，20 年代中期，一场轰轰烈烈的向在华基督教机构收回教育权的运动由点到面，席卷而至。

1922 年 3 月蔡元培在《新教育杂志》第四卷第三期上发表《教育独立议》，极力主张教育脱离政党与宗教而独立，率先举起反基督教教育的大旗，他说：“各学校中均不得有宣传教义的课程，不得举行祈祷式，以传教为业的人，不必参与教育事业。”①次年 9 月，余家菊在《少年中国》月刊上发表《教会教育问题》一文，指出于“中华民族之前途有至大的危险的，当首推教会教育。教会在中国取得了传教权与教育权，实为中国历史上之千古痛心事”，并率先提出了“收回教育权”的口号，要求对教会学校“施行学校注册法”。此语一出，很快引起了社会各界特别是教师和学生的共鸣。

1924 年 4 月，英国圣公会所办的广州圣三一学校校方阻挠学生的爱国行动激起全校学生的公愤，许多学生退学以示抗议。这一行动得到了广州其他教会学校爱国师生的普遍响应。6 月，“广州学生收回教育权运动委员会”宣告成立。广州学生界的收回教育权运动迅速波及全国，一时间，许多社会名流、民间团体、学生组织、报纸杂志等纷纷发表通电和宣言，表明收回教育权的立场。1924 年 7 月，中华教育改进社在南京开会，讨论外人在华设学和收回教育权问题，会上余家菊等提议《请求力谋收回教育权》，吴士崇提议《请取缔外人在中国设立学校》。10 月通过了《教育实行与宗教分离》和《请取缔外人在国内办理教育事业》两个议案②。

1925 年 5 月 15 日，日本资本家雇佣巡捕枪杀上海的工人代表、共产党员顾正红，打伤工人十多名。日本帝国主义的暴行，激起上海工人、学生和广大民众的极大愤怒。5 月 30 日，上海工人和学生在租界的繁华马路进行宣传讲演和举行反对帝国主义的游行示威，租界的英国巡捕在南京路

① 舒新城：《收回教育权运动》，中华书局 1927 年版，第 58—61 页。

② 舒新城：《收回教育权运动》，中华书局 1927 年版，第 58—61 页。

上先后逮捕 100 多人，并突然向密集的游行群众开枪射击，当场打死 13 人，伤数十人，制造了震惊全国的“五卅”惨案。

帝国主义的屠杀，点燃了中国人民郁积已久的对帝国主义侵略的仇恨怒火。受到镇压使中国人清醒地认识到，西方讲的自由平等博爱是虚伪的，只是对西方人而言的，对中国人没有自由平等博爱可讲。由于自由平等博爱最初来自基督教，所以导致人们认为基督教也是虚伪的。从 6 月 1 日起，上海全市开始了声势浩大的反对帝国主义的总罢工、总罢课、总罢市。与此同时，收回教育权运动也达到高潮，全国各地的学生们不约而同地举行了声势浩大的游行示威，教会学校的学生纷纷退学，以实际行动投入到反对教会教育的斗争中去。一些知名学者也振臂呐喊，声援学生运动，捍卫中国的教育主权。政府迫于压力，也采取了一些实际行动，谋求教育权之收回。将教会学校归入中国国民教育体系，并在教育部进行注册，否则视为非法，过去教会学校由外国人任校长，应改由中国人担任且同工同薪，教会学校中国人的待遇要同外国人的一样，教会学校中的必修课《圣经》改为选修课，不能强迫教会学校的中国人读《圣经》等呼声一浪高过一浪。

实事求是地说，陶行知接受基督，主要是因为他推崇自由、平等、博爱的理念和希望加强自身修养的内趋力所致。五卅运动后，他的思想也发生了一些改变，因看到西方讲的自由、平等、博爱的虚伪而对西方人对基督精神的理解、宣传的动机以及诚意产生了怀疑。更准确地说，五卅运动为陶行知对教会和基督的理性化认识提供了一个很好的契机。在中国社会思潮发生了巨大转变，收回西方在中国教育权运动如火如荼之际，陶行知始终保持着清醒的头脑，并未随流从众，对教会教育全盘否定①，体现了他独有的慧根。陶行知认为基督的自由、平等、博爱的理念并没有错，而且认为一定要充分看到基督教在中国所起的进步作用。当时社会上出现两种不同的代表性观点：一种是余家菊为代表的国家主义派，强烈要求取缔教会办学。主要理由有：教会学校完全操纵在外国人手里，即使是有资格的中国基督教徒，也很难有机会担任负责的职务；教会教育向尚未成熟、不能自

---

① 章开沅、[美]林蔚：《中西文化与教会大学·金陵大学：青年陶行知人生奠基所在》，湖北教育出版社 1991 年版，第 343 页。

己作出明智抉择的年幼儿童灌输宗教；传教机构正在组织一个基督教教育系统，来同政府的教育系统平起平坐，有朝一日很可能成为大群体内部的一个不能相容的小群体。另一种是陶行知为代表的理性派，认为对教会在华办学的评价要依情况而定，强调教会大学为政府举办的教育之补充形式，可为学生提供较为广泛的受教育机会，并为学校纪律树立一个较好的榜样，从而作出特殊的贡献。他们也深信，教会教育应更社会化、自由化、中国化。他们还感到，如果传教机构将它们的力量和资源集中于几个高等学校，而不是耗费在创立质量较差的中小学，那么它们将能够作出更大的贡献。他们相信，传教机构以及其他私立机构也许可以开办实验性质的中小学，但大量发展这类学校并由此建立一种系统的任何企图，是迟早要同政府的系统发生冲突的①。由于中小学生年龄小，更重要的是要树立国民思想，所以最好不办。总之，在中国学校不是普及的情况下，教会办学填补了空白，但中国自办学校多起来后，教会学校应渐渐退出舞台。对此，陶行知曾有过明确的态度：凡外人借学校实行侵略，经调查确实，应由政府勒令停办。凡幼稚园小学及中学有宣传宗教课程，或举行宗教仪式者，不予甲种注册②。正式学校教育为国家之公器，应超然于宗教、党纲之上③。不希望教会办国民教育，至多可办试验学校④等，可见，陶行知对教会教育并没有赶尽杀绝，而且他始终认为自己"亦出身教会学校，然自问对国家无愧"⑤。总之，陶行知的态度是富于理性的，不是简单的抹杀，也不是完全肯定。也因为此，他后来起草的关于教会办学的意见终被教育界采纳。

值得注意的是，陶行知无论是对基督教还是对佛教都有着自己的理性认识，一切从自己的理解和需要出发，既不狂热，也非盲从。比如他拒斥了基督教义中上帝、救世主、原罪和基督中的禁欲等观念意识，反对狂热的宗教情绪，抵制了舍弃或轻视现实人生的悲观主义和出世观念。相反，他高扬人的至尊地位和人的主体性，赞颂个人的价值、个体的尊严和个性的解

① 陶行知：《陶行知全集》第6卷，四川教育出版社2005年版，第219页。
② 陶行知：《陶行知全集》第1卷，四川教育出版社2005年版，第541页。
③ 陶行知：《陶行知全集》第2卷，四川教育出版社2005年版，第212页。
④ 陶行知：《陶行知全集》第1卷，四川教育出版社2005年版，第540页。
⑤ 陶行知：《陶行知全集》第1卷，四川教育出版社2005年版，第540页。

放,肯定日常世俗生活的合理性和身心需求的正当性。“不是用某种神秘的热狂而是用冷静的、现实的、合理的态度来解说和对待事物和传统;不是禁欲或纵欲式地扼杀或放任情感欲望,而是用理智来引导、满足、节制情欲;不是对人对己的虚无主义或利己主义,而是在人道和人格的追求中取得某种均衡。……不需要外在的上帝的命令,不盲目服从非理性的权威。”[①]他还在拒斥基督中忍受、顺从、安分、等待的观念意识的同时,极力宣扬基督中的平等、博爱及和平等世人认同的主张,号召人民起来为自己的生存与自由、为民族的解放以及人类的和平进行反抗斗争。不难看到,陶行知信仰基督、推崇佛教,其出发点和落脚点是为了追求国家的强盛和人民的幸福,这也是他最终走向革命道路并成为“党外布尔什维克”的思想基础。人们还可以清楚地看到:他提倡的爱,既不同于墨子的非攻式兼爱,也不同于耶稣的泛爱,也不同于佛教的忍爱。他赞成宽容,但不同意给人打了左脸还送上右脸再给人打。他爱憎分明,既教人爱人,去爱那些劳苦民众;也教人憎人,去憎那些与人民为敌的丑类。他号召并支持人民进行反帝反封建的斗争,且始终站在斗争的最前线,直至生命的最后一刻[②]。他曾在一篇文章中介绍使徒保罗与雅各两人对待忍受的不同看法,并借耶稣基督和他母亲玛利亚的评判,间接表明自己对此问题的基本倾向。他写道:“《罗马书》第十三章一至十三节说,在上有权柄的,人人当顺服他。因为没有权柄不是出于上帝的。凡掌权的都是上帝所命的。所以抗拒掌权的,就是抗拒上帝的命。抗拒的必自取刑罚。……”到如今,此为基督教的一派人的看法。若按照保罗这样说法,那么,纵使我们的头像萝卜似的被砍,也不应当响一声。再瞧基督教另一派人的看法。《雅各书》第五章第四节说:“工人给你们收割庄稼,你们亏欠他们的工钱。这工钱有声音呼叫。并且那收割之人的冤声,已经入了万军之主的耳了。”另外,参看第二章一至四节,雅各告诉我们说,有钱的人的钱,躲在铁柜子里很着急地喊,为什么不让我们出来,去养活许多没衣穿没饭吃的人?保罗是右派,是有产阶级的绅士派;雅各是左派,是无产阶级派。现在请耶稣基督出来,看看他怎样说。《路加福音》第十八章二十二节说:“要变卖你一切所有的,分给穷

---

① 周洪宇:《陶行知与基督教》,《安徽史学》1991 年第 4 期,第 66 页。

② 周洪宇:《陶行知与基督教》,《安徽史学》1991 年第 4 期,第 66 页。

人。”在《路加福音》第一章五十一至五十三节，耶稣的母亲玛利亚说：“他用膀臂施展大能。那狂傲的人，正心里妄想，就被他赶散了。他叫有权柄的失位，叫卑贱的升高，叫饥饿的得饱美食，叫富足的空手回去。”这样看来，耶稣是赞成雅各的，就是耶稣的母亲玛利亚也是赞成雅各的①。其实，此处陶行知无非是借耶稣和他母亲之口表达自己的观点罢了。由此可以发现一个有趣的现象：陶行知按照自己的理解和需要，对耶稣和他母亲的形象进行了一番重新塑造，使他们成为下层民众的代表人。他尽量发掘《圣经》中有利于下层民众利益的言论，并以改造了的耶稣和他母亲来否定那些“有产阶级的绅士派”的主张。这充分表明：陶行知在接受基督教义时，不但已“民族化”、“中国化”，而且也“世俗化”、“大众化”了②。此外，他对僵化烦琐得令人生厌的教规教仪从来(至迟在 1917 年留美返国后)没有什么兴趣。据其次子陶晓光回忆：“我们亲属自幼从未见陶先生参加过基督教礼拜和其他基督教徒的活动。家里也没有任何信基督教的仪式。”可见，以完善个人人格和寻求救国真理为信教旨意的陶行知，所关注的，不在于宗教的那些外在的形式，而是宗教中的某些实质性内容，如“人皆兄弟”、“爱人如己”这些与近代西方资产阶级“自由、平等、博爱”原则有某种相通之处的观念意识和在耶稣身上所体现出来的那种勇于为自己的信仰和主义殉道(即“基督人格”)的精神③。他推崇佛教“真诚、清静、平等、正觉、慈悲”的理念，也不外乎勉励自己，同时希望世人都成为观音菩萨，大慈大悲，多创造，多奉献。九九归一，也就是一切为了真理，一切为了百姓，一切为了把众生普度上彼岸，就像他所说“布施化缘无二意，愿将松柏到处栽”④。

综上可见，陶行知推崇“十字架”和慈悲济世精神直到逝世，为世人，为世界，提倡“爱满天下”。陶行知的爱内涵博大，有基督的爱，还有佛家的爱。从陶行知可以看出，近现代中国人接受基督主要是着眼于救国救民，出于民主平等，出于本土需要倡导十字架的牺牲精神。陶行知出于民族的主体性，不是无条件地接受基督教和佛教的，而且他拒绝了基督教佛教中的忍耐和不反抗的说教，力主自由；摒弃了基督教佛教中的消极因素，斗争

① 陶行知：《陶行知全集》第 3 卷，四川教育出版社 2005 年版，第 469—470 页。

② 周洪宇：《陶行知与基督教》，《安徽史学》1991 年第 4 期，第 67 页。

③ 周洪宇：《陶行知与基督教》，《安徽史学》1991 年第 4 期，第 67 页。

④ 陶行知：《陶行知全集》第 7 卷，四川教育出版社 2005 年版，第 744 页。

性越来越强。陶行知对基督教、佛教的接纳与排斥完全是基于民族主体性和中国当时现实的需要。

二、牧口常三郎：笃信佛教

宗教对牧口常三郎一生的影响如同其对陶行知的影响一样深远。他的教育力作《创价教育学体系》得以出版，创建以研究教育学、培养德才兼备的教育者、改造国家教育为目的的创价教育学会以及后来他表现出来的与日本法西斯政府进行不屈不挠斗争的勇气和毅力无不得益于宗教的力量。

从时间上看，牧口常三郎的教育学研究和宗教信仰是同时起步的，基本上都是在白金小学任教期间。牧口常三郎将教育学和宗教信仰有机地联系在一起。宗教信仰在他的教育学说中占据着重要位置，被视为教育的核心和灵魂。在牧口常三郎看来，对于教育来说，政治、经济和宗教都有着重大的影响，其中，宗教的位置更为重要。牧口常三郎指出，尽管政治和经济是确立彻底改善国民生活之国策的重要因素，必须认真加以考虑，但是，它们毕竟只是一些枝叶末节，如果离开了教育改造这项基本国策的话，所起的作用不外乎是对世间生活做些枝叶上的修剪而已。而且，教育改造如果仅仅停留在传统的“注入式”的教育制度和教育内容上，不触及教育的核心问题即宗教上的革命，将是徒劳无益的。仅从这一点来看，与陶行知相比，牧口常三郎的宗教性更为凸显。

牧口常三郎指出，宗教是调节个人生活的基本教义。“宗教指的是这样的事实，人相信他们崇拜的对象有美、得和善的价值，尽管他们不能在他们的知识结构范围内作出恰当的判断，只能实践教给他们的教义。”[①]从某种程度上讲，宗教不是认识的对象或研究的对象，而是即刻被相信和在生活中被实践的评价对象。对宗教应根据价值概念来评判。总体上看，没有宗教，讨论“价值”和“幸福”就是不可思议。基于此，对于那些对宗教无知或者只了解其整体的一部分的人，应取消他们争论幸福问题的资格。过去，学者和一般人因为不知道美、丑、得、失、善、恶的价值标准可以对宗教作出价值评判，所以，他们都被异教引入歧途，错过了获得幸福的机会，堕

---

① ［日］牧口常三郎：《价值哲学》，马俊峰、江畅译，中国人民大学出版社 1989 年版，第 126 页。

入烦恼和迷惑的深渊。由此可见，宗教是生活的基本法则和生活标准。所以，宗教价值的判断是最重要的问题，必须尽可能早地解决。

牧口常三郎认为，宗教应该是起基本原则作用、给我们带来本来意义的幸福和建立和平幸福世界所必不可少的标准的作用的那种东西。他认为宗教和科学不是绝对不相容的，并对人们认为宗教和科学绝对不相容、科学世界和宗教没有任何关系、科学研究的结果和对事物的科学态度都与宗教世界无关以及科学家不可能去追求获得通往上帝和佛的世界之路等说法持否定态度。就当时的日本来说，寻求一种同科学文化相一致，并同日本国体完全契合的"真实的宗教"应该成为国民的头等大事。为达到这一目的，牧口常三郎认为，教育与宗教应该有机联系，相得益彰，有必要改变过去那种教育家不懂宗教、宗教家不懂教育的状况。这也是他遇日莲佛法之后，很快成为坚定的佛教徒的思想根源。

同陶行知一样，牧口常三郎在信仰上是富有理性的。应该说，牧口常三郎在研究地理学和乡土学的过程中曾同内村鉴三、新渡户稻造等具有现代思想的人物交往甚密，而且早已有机会接触到其他宗教，可是他却偏偏皈依了日莲正宗。他认为自己应该信奉真正的宗教。在他看来，真正的宗教的研究态度是科学的而非唯心的，它的结果在逻辑上必须能被系统化，在科学上能被证明，而且它的所谓原则和准则必须具有普遍的有效性；它的系统化原理必须明确它将回答什么论题，它的研究对象是什么，而且它建立的原则不应该受时间或空间的影响；它不应该只是在日本发生影响，而在印度则是不重要的宗教，或者是在一百年前有效而在今天没有效的宗教。据此，他认为他信奉的以《法华经》为根本教旨的日莲佛法是科学的。因为生活、人类、所有事物、社会、国家，甚至大千宇宙的生命都包括在这种研究对象之中。既然这种宗教把重点放在人类生活的研究上，就其追求幸福生活而言，它是和科学相似的。科学追求发现真正的真理，通过科学研究获得的公式应用于人类活动是为了给人类建立幸福的生活。同样地，这种宗教也建立生活的至高无上的哲学和最高的、最有价值的公式，在人类活动中实行这种宗教，是为了带来生活的幸福。这种宗教的最高的、最重要原则也不是纯粹的理论，而是被物质化为"大御本尊"，其目的就是建立个人和社会的幸福。牧口常三郎对日莲佛法物化的刻有"大御本尊"四字的牌子尤其是对《法华经》极为信奉，在他看来，"大御本尊"四字的牌子体现了佛教的精髓,二者的关系就像墓碑与墓主的关系一样。如果一个人相信这种“大御本尊”并面对它唱“南无妙法莲华经”,他的祈祷就会得到回答,他就能获得充满活力的生活力量。这样,一个和平的社会就会被建立起来,正如日莲所说的那样:“风将不再围攻枝桠和大树枝,雨猛烈地灌下也不足以打破泥土。世界将变得像中国古代的伏羲时代和神农时代那样安宁和平静。灾难将从这个世界上驱走,人的生命将延长。”①。

牧口常三郎认为:宗教哲学的研究在释迦牟尼的时代就已开始,释迦牟尼详述的最高经典是《法华经》,而经名又是整部《法华经》的精髓。因此,诵读经名就等于通读了整部《法华经》,同时也就能够获得通读所有经典的功德。非但如此,世界存在的一切事物也都包含在这一题目当中,题目这个小小的世界中包括了整个大千世界,浓缩了整个宇宙的精华,诵读此经的人就能得到无穷的力量。他认为在《法华经》出现后,所有其他经典都已被详述,而且那些现在被教的经典和将来可能出现的经典将自然会被抛弃。就如同太阳一旦升起星星就隐而不见,当聪明显示出来平庸就显而易见一样。天台大师对《法华经》做了进一步的研究,并在他的《摩诃止观》中完成了佛教理论中的“一念三千世间”②原理。所谓“一念三千世间”,即说只要对《法华经》一念随喜、一念信解即可同佛成为一体。这是佛教的有意义的哲学,是远远超过一切科学研究的最深刻的哲学原则,而且,它第一次在佛教中阐明了生活的真正本性,超越了西方哲学的认识论。根据这个原则,每一个存在都由十法界③构成,这每一法界又有十法界。同理,我们人类无例外地都具有所有这十法界,即使某人出生时手或腿畸形,或者身

① [日]牧口常三郎:《价值哲学》,马俊峰、江畅译,中国人民大学出版社 1989 年版,第 141 页。

② “一念三千”,“一念”(亦称“一心”)之间就具有地狱、饿鬼、畜生、人法、天法、阿修罗等“六凡”以及声闻、缘觉、菩萨、佛等四圣。六凡和四圣合称为“十法界”。在十法界中,“六凡”可以上达“佛”的境界,而“佛”也可以示现于“六凡”之中。这样,十界互具便构成“百法界”。百界之中又各具十如是(《法华经·方便品》云:“如是相、如是性、如是体、如是力、如是作、如是因、如是缘、如是界、如是报、如是本末究竟。”),由此构成“千法界”即所谓“百界千如”。再者,每一法界所依之体又有色、受、想、行、识等五蕴构成的“五蕴世间”、有情众生构成的“有情世间”以及所居住的“国土世间”这样三个世间,因此百界千如则得出三百界三千如之数。

③ 十法界,即地狱法界、饿鬼法界、畜生法界、阿修罗法界、人法界、天法界、声司法界、缘觉法界、菩萨法界、佛法界。

体有残疾，也是如此。释迦牟尼和天台大师(538—597)[①]完成的佛教理论体系，一般人难以领悟，只能为那些极其理智的人所理解，为那些在过去生活中做过有功的行为的人所理解。然而，“无论是释迦牟尼的《法华经》，还是天台大师的‘一念三千世间’都不会在释迦牟尼死后两千年仍然有效，因为在末法时代[②]，人是原始的、未教化的人，他们与释迦牟尼和其他的佛没有任何联系。所以，末法时代的真佛大圣人日莲以普通凡人的形象再临，深思所有经典中的哲学原则，认识到他是真佛和常行菩萨[③]的再现。他为了拯救全人类雕刻了‘大御本尊’并作为崇拜的对象”[④]。牧口常三郎认为，这个“大御本尊”与释迦牟尼的《法华经》和给《法华经》作过详细解释的天台大师的“一念三千世间”理论一脉相承。“‘大御本尊’可以称作大圣人日莲的《法华经》和‘实践的一念三千世间’”[⑤]。

牧口常三郎指出，日莲佛法是给人的生活带来幸福的宗教，是个体和社会的利益中的得、善、美价值标准的基础。从这个意义上说，日莲佛法是真正的宗教。可惜的是，释迦牟尼对生活的本质和真正本性所作的解释以及大圣人日莲确立的把他的不朽生活原则付诸实践的公式，由于虚假宗教的错误引导，人们很少有机会接触他的深奥哲学，很少有机会去实践它，因而也就难以过上幸福的生活。

针对当时日本政府为统一思想实行天皇制，强迫全体国民祭祀皇大神宫的大麻的做法，牧口常三郎指出，盲信“不可理解的”、称之为上帝或佛的东西是一个重大的错误，没有任何理由像太平洋战争期间军国主义者和民族主义者大肆声张提倡的那样使在某地作为先驱的恩人或一个民族的祖先成为崇拜的对象，那样的祈祷和相信只会引起思想混乱。总之，我们今

---

① 天台大师：智者大师之别称，中国天台宗开宗祖师。荆州华容(湖南华容)人，俗姓陈，字德安，名智顗。

② 末法时代：佛教认为释迦牟尼逝后佛法日益衰微，分为正、像、末三法时代。正法谓正确无误的佛法，像法谓相似正法的佛法，末法谓佛法将灭。其时限为，正法时代一千年、像法时代一千年、末法时代一万年。

③ 常行菩萨，意思是指在肉体外表中的菩萨或选中的佛。

④ [日]牧口常三郎：《价值哲学》，马俊峰、江畅译，中国人民大学出版社 1989 年版，第 103 页。

⑤ [日]牧口常三郎：《价值哲学》，马俊峰、江畅译，中国人民大学出版社 1989 年版，第 103 页。

天首先必须探究伟人和圣人的“教义”，如果是不合理的或忽视因果律的，它们就完全没有宗教价值。

牧口常三郎坚信，现在这个时代是佛教所预言的末法时代，出生在末法时代的人是蠢人、说谎者、贪婪和性情暴躁的人，这些人生活中充满焦虑和烦恼。所以，在这个时代，佛法指导原则和方法不仅必须在学校中确立，而且必须在社会教育中确立。如果有知道怎样达到至高无上的最大幸福状况的手段和方法那样的人，他们就应该在方法上劝告其他人并指导他们走上正确道路。他呼吁人们，特别是学者和知识分子应当深入社会实践中去，注意学问和生活的结合，避免那种生活与宗教相隔绝、学问与实践相脱节的现象。

从上文可以发现，陶行知和牧口常三郎在信教方面存在着种种差异，如在时间上，陶行知起步于少年时期，牧口常三郎则已近晚年；在类别上，前者信仰基督，同时推崇佛教理念，后者只信奉日莲佛法等。但二者的共性似乎更多一些，如在信教的动机上，都希望通过宗教唤起人们的慈悲、仁爱之心和责任感，以共同构建和平社会、和谐世界；在信教的态度上，都充满了理性；在宗教的作用方面，都给予了充分肯定，而且至今有着重要的启迪意义；在受其影响上，一样深远等。需要指出的是，尽管陶行知后来，尤其是 20 年代中期收回教育权运动以后，对基督教的热情不如当初，但实际上，基督的精髓早已入心入脑，并溶于血液之中。

第三节　共和、民主、和平与和平共存、人道竞争——政治思想比较

一、陶行知：共和、民主、和平

政治是人的意识形态中的一个重要组成部分。政治问题也是每一个关爱人生、关爱自然、关爱社会的人都会面临而且必须进行回答的课题。目睹政治腐败、社会动荡、争夺不息、物欲横流，富有博爱之心、高度社会责任感和强烈人生使命感的陶行知和牧口常三郎都满怀忧患意识，思索着教育和社会的出路。在他们的头脑中构建了一幅稳定、和谐的蓝图。

鉴于陶行知的政治思想体系内容庞大，这里仅从体现其核心的“共和”、“民主”、“和平”三大板块进行阐述。

(一)共和政治

身处专制时代的陶行知,面对外来侵略和封建思想禁锢给百姓所带来的灾难,苦中思变,并把造福社会、造福于民的理想寄托在共和政治之上。共和是陶行知心中所理想的一种治国理念和政治模式。同其他仁人志士一样,陶行知认为,共和乃一国之本,关系国家的安宁。“国本不固,国情不宁”的根本原因就在于“共猜、共忌、共争而不能共和”①。然而“共和”两字,来之不易,英雄豪杰不知道费了许多的心血,义士健儿不知抛了许多的头颅,我们百姓不知道耗了许多的身家财产。陶行知不仅认识到共和的巨大代价,而且对共和的实质、优越性、险象以及出路等都有着精辟的见解:

1. 共和的实质

陶行知认为,共和有三大信条:自由、平等、民胞。三大信条是共和之精神实质所在,也是共和之根本所在。

“不自由毋宁死。”共和讲自由,但是这种自由必须以遵守法律为前提,以恪守道德为基础。“逾越法律,侵犯道德,此自由之贼”②,所以真正的自由贵在自克,贵在自制,贵在“个人鞠躬尽瘁,以谋社会之进化”。

共和讲平等,但平等不是一刀切。“平等主义亦不截长补短,以强其齐。”③人天生就存在智愚、贤能不肖不齐,这是无可讳言的事实。平等所追求的是在政治上、生计上、教育上的机会均等,以保证各人能以“自然发展其能力而为群用”④。平等要讲责任,不可为了平等而争平等,“为自由平等而争自由平等,则大谬也。自由平等所在即责任所在,天下无无责任之自由平等也”⑤。

共和讲民胞,因为民胞是自由平等的条件。只有心生博爱,“国人以兄弟相视,始能得其实际”。耶教“天父以下皆兄弟”,孔教“四海之内皆兄弟”之义,不仅深印人心,而且凡是奉其教义者,抑且不惜披发缨冠,以趋人之急难,所以“民胞主义愈膨胀,则专制荼毒愈衰微”⑥。从这个意义上说,民

① 陶行知:《陶行知全集》第1卷,四川教育出版社2005年版,第182页。
② 陶行知:《陶行知全集》第1卷,四川教育出版社2005年版,第182页。
③ 陶行知:《陶行知全集》第1卷,四川教育出版社2005年版,第183页。
④ 陶行知:《陶行知全集》第1卷,四川教育出版社2005年版,第182页。
⑤ 陶行知:《陶行知全集》第1卷,四川教育出版社2005年版,第182页。
⑥ 陶行知:《陶行知全集》第1卷,四川教育出版社2005年版,第190页。

胞是共和的根本。“民胞之义昌，而后有共同目的、共同责任、共同义务；而后贵贱可除，平等可现；而后苛暴可蠲，自由可出。”①如果没有民胞主义作为共和的基础，那么共和的希望就如同水中捞月。

2. 共和的优越性

陶行知认为，实行共和政治的优越性主要有三：

一是可以为全体国民营造自由环境。“共和政治，观察施行舆论之政治也。舆论代表各界意志需求。共和政治予人民以言论、著述、集会之自由，俾各界意志需求，得以发为舆论，民隐得以上达，政府乃从而折衷之，开导之，择良而要者施行之。”②

二是共和政治重视共和目的、共同责任，有利于集中民智，有利于发挥民力，有利于社会福利。有理想而无实习理想的机会，理想是不得实现的。在专制政体之下，贤智者对于社会改良，虽有伟谋硕画，也苦于不得实施，何况有责任心的人少，所以很少有人能达其目的的。然而在共和国，苟有良策，人民为了一个共同的目的，共同负起责任，“朝发理想，夕生事实，阻碍既少，功效自富，稗政易除，善政易兴。国人见其然也，则其伟谋硕望之心亦愈切。故共和政治不特有透达既往目的之能力，且有发生将来目的为进步之母。故苟采取共和政治，则进化无穷期”③。

三是共和政治能产生最好的领袖。治国不能没有首领，治共和国更不能没有首领。共和主义承认人民的主权，不仅主张要有首领，而且主张要有好的首领。这是过去君主统治所不可同日而语的。“君主专制统治，只问血胤，鲜问才德。共和首领由民众推举，其人必能亲民，新民，恤民，反过来，民众也推戴之。即有大奸巨滑，以媚民手段，占窃神器，然朝违民意夕可弹劾也。”④

3. 共和的险象

一是贤能国民不足难有共和。共和国政府由人民治理，人民能力之厚薄，决定其政府之良莠。然而一个优秀的国民，不只是取决于识字读书的

---

① 陶行知:《陶行知全集》第 1 卷，四川教育出版社 2005 年版，第 183 页。
② 陶行知:《陶行知全集》第 1 卷，四川教育出版社 2005 年版，第 186 页。
③ 陶行知:《陶行知全集》第 1 卷，四川教育出版社 2005 年版，第 186 页。
④ 陶行知:《陶行知全集》第 1 卷，四川教育出版社 2005 年版，第 186 页。

多少,“有读万卷书,卒业大学校,而不能为一圆满之国民者”[①]。问题的关键在于是否具有公共责任心和能力的贤能之人。可惜现实中有政治知识、社会阅历,足当国民之名而无愧的人为数太少。而且人们往往“阻于人事之纷扰,或夺于来生之修证,或视官司为藏污之所而引身自洁,或憚案牍为劳神之魔而躲闲避事。有此诸因,于是良国民愈如凤毛麟角而不可多见”[②]。所以贤能不出,则共同责任就无人担负,共同目的就无从实现。

二是伪领袖当政难有共和。动物不能无脑腑,人群不能无领袖。人民之性,能导于正,亦能导于邪。领袖愚劣,决定政治愚劣;政治仁智取决于领袖是否仁智。“尧舜率天下以仁,而民从之;桀纣率天下以暴,而民从之”,所以“为政重领袖,为共和政尤重领袖”[③]。君子不出,就会小人当道,就会有居其位而不忠于其职守的人,就会有贪禄不止者,就会有害怕责重而不肯负荷者,就会有“居高明之位而有以流俗自况者矣”。共和政治的伪领袖有二:一是媚民政客。这种人不问国情,不顾进化,“只施其和顺温柔之手段,取媚选举机关,以窃权势”[④]。二是选举理事。这种人“乘国民无暇问政之隙,运其机械,约束选举,与媚民政客暗结,左右政局,以图安富”[⑤]。一旦这两种伪领袖主政,则稗政难除,善政难兴;公共福利不能谋,公共进化不可期。

三是党祸不除难有共和。在共和政体之下,政党是非常必要的团体。然而政党也会有可能为祸于共和政体,不可不加以高度重视。因为政党只是国家之一部分,而不是国家的全体。党人往往以一党自居,而忘记全体的福利。由于存在把政党当做国家的全体的党见,并且认为忠于一党,就是忠于全国。这种忠实际是“偏忠”,而且“愈忠愈不忠”,“偏忠”就会出现一党专制,既而会产生妒嫉倾轧之事。此外,党之意志一旦被视同神圣,党人就会有违无赦,个人就会失去自主的精神。个人如果失去自主,就会违背共和的初衷。

---

① 陶行知:《陶行知全集》第1卷,四川教育出版社2005年版,第187页。
② 陶行知:《陶行知全集》第1卷,四川教育出版社2005年版,第187页。
③ 陶行知:《陶行知全集》第1卷,四川教育出版社2005年版,第187页。
④ 陶行知:《陶行知全集》第1卷,四川教育出版社2005年版,第187页。
⑤ 陶行知:《陶行知全集》第1卷,四川教育出版社2005年版,第187页。

4. 共和的出路

针对共和的种种险象，陶行知就如何戒防进行了诸多思考。其要点如下：

首先是必须将教育放在首位。他认为，共和的种种险象都是因为教育不到位所致，而出路也就全赖于教育。就像他所说："人民贫，非教育莫与富之；人民愚，非教育莫与智之；党见，非教育不除；精忠，非教育不出。教育良，则伪领袖不期消而消，真领袖不期出而出。而多数之横暴，亦消于无形。况自由平等，恃民胞而立，恃正名而明。同心同德，必养成于教育；真义微言，必昌大于教育。"[①]他非常赞成爱尔吴（通译爱尔威）"共和之要素有二：一曰教育；二曰生计"的说法，不过，他又在此基础上进行了深化，认为："教育苟良，则人民生计必能渐臻满意。可见教育实建设共和最要之手续，舍教育则共和之险不可避，共和之国不可建，即建亦必终归于劣败。"[②]

其次是必须妥善处理好个人价值与个人责任的关系。共和既讲个人价值，也讲个人责任。而且，共和首先重视个人之价值。"众人意志结合，以成社会邦国。共和主义曰个人者，社会邦国之主人翁也。夫人皆可以为圣贤，则人安可不勉为圣贤乎？天生烝民，有智愚强弱之不同；其见诸事也，复有成败利钝之不同：共和主义亦不能否认之。然分金，金也；两金，金也；即至亿金、万金，亦金也。轻重不同，其为金则一。人虽贵贱贫富不同，其柔能强愚能明之价值则一。共和主义则重视个人此种可能之主义也。"其次，共和要唤醒个人之责任。正所谓"天下兴亡，匹夫有责"。共和的目的就是要将"天下兴亡"之责任付给各分子。个人之所以有价值，关键在于他对于社会能尽其应尽之天职。而在帝制之下，这种责任仅由君主与诸臣负担。共和主义则不同，它立足于让全体国民各尽其责，群策群力，群运群智，群负群责，以求群之进化福利。不仅如此，共和还可以"削阶级，铲强暴"，予个人以自由发展智仁勇的机会，使其各尽其能，各尽天职以担负进化大任，为全群谋福利进化。

此外，必须处理好个人与社会的关系。陶行知认为，个人与社会互相依赖，共荣共存。"个人为社会而生，社会为个人而立，实共和主义之两元

---

① 陶行知：《陶行知全集》第 1 卷，四川教育出版社 2005 年版，第 189 页。

② 陶行知：《陶行知全集》第 1 卷，四川教育出版社 2005 年版，第 189 页。

也。”共和主义，视人民为社会之主权。“群之良窳，惟民是视。民苟愚劣，社会绝对不能兴盛。社会欲求兴盛，必负改良个人之责。强忽弱，则强者亦弱；强扶弱，则强者愈强。因社会集众人而成，多一分病子，即病一分。其健者苟不思所以治之，则蔓延之祸，可立而待，强者亦不能高枕卧矣！故共和主义以博爱为社会组织之大本，而以兄弟视其分子。”“在共和主义之下，社会之大任即为济弱扶倾，而教其愚不肖。”而且，“灾害相恤，疾病相扶持，爱敬相交待，以日趋于进化，系社会唯一之天职，绝不容稍有放弃”①。

（二）民主第一

民主或民主社会，可以说是陶行知这一代知识分子终身向往且孜孜追求的社会理想和政治抱负。民主教育或教育民主化，可说是陶行知平生奋斗且不懈努力的教育理想和事业终极②。

陶行知生活的时代，中华民族水深火热，内忧外患互相交织。为寻求出路，一批批志士仁人进行过苦苦探求，他们中的大多数把民主当做救国救民的特效药而呕心沥血，甚至不惜牺牲自己宝贵的生命。陶行知就是其中的一位典型代表。他身体力行，将民主的追求贯穿于全部的人生实践。在陶行知看来，民主无异如“治疗中国疾病的盘尼西林”③。早在“五四”时期，陶行知就把民主当做共和政治的皓的。林肯所主张的“民有、民治、民享”深得陶行知的赞赏，他认为只有民主才是“实共和政治之圭臬”。他一生提倡民主教育，自觉主动地使教育工作服务并服从于中华民族争取独立、自主、解放的伟大任务。特别是在他生命的最后100天里，为民主日理万机直至献完最后一滴血。陶行知去世后，社会各界和人民群众为他举行了盛大的送葬仪式。在送葬队伍前列，高举着两面大旗，其中的一面旗上就写有“民主之魂”四个大字。这是社会各界和人民群众对他的最准确的高度评价，对此陶行知可以说是当之无愧的。

陶行知把民主作为中华民族最能发挥创造力的必不可少的条件，“认为只有民主的目的、民主的方法才能大量开发我们民族的巨大创造能力。他的民主观是同他的人民高于一切的观点紧密相连的。他明确提出人民

---

① 陶行知：《陶行知全集》第1卷，四川教育出版社2005年版，第185页。

② 余子侠：《山乡社会走出的人民教育家：陶行知》，湖北教育出版社1999年版，第377页。

③ 陶行知：《陶行知全集》第6卷，四川教育出版社2005年版，第316页。

是主人翁，议员、官吏是仆人。人民应当出主意，议员、官吏应当行人民的主意。人民应当出题目，议员、官吏应当根据题目做文章。”他把“民为贵”、“人民第一，一切为人民”和“天下为公”、“文化为公”等作为民主作风的重要内容。他的这些看法同我们党关于人民民主的论述是息息相通的①。

更加难能可贵的是，陶行知早在半个多世纪前，在大力提倡人民民主的时候，就坚决同资产阶级民主划清了界限。他坚决反对庸俗的民主，认为“庸俗的民主是形式主义、平均主义，只是在形式上做到，如投票等等”，那仅仅是“少数资产阶级作主，为少数人服务”的“旧民主”，而我们提倡的是“人民大众作主，为人民大众服务”的“新民主”。他也坚决反对绝对的民主，告诫青年民主生活并非杂乱得没有纪律，民主也不是绝对自由，不是无政府主义，他曾对中国私人过分自由的行为进行了深度的批评：“我们民族最大的病根，是数千年传下来的无政府脾气！那凿井而饮、耕田而食的农民，连团体里都充满了这种脾气。”②他认为：“中国之所以弄到这地步，就是因为大家私人的自由太过，不注重国家的自由。私人自由既然太过，则各人有各人的主张。所以中国人大多数是无政府党。我们中国人骨髓里都含有无政府主义。这种无政府主义的倾向，往往在不知不觉中流露出来。”③而要想铲除这个病根，非有严明的纪律不可，否则中华民族断难幸存。他指出，民主必须建立在纪律基础上才是合理的，才有生命力。民主的纪律是自觉的集体的纪律。他还认为，民主不会一劳永逸，必须进行再教育，做到警钟长鸣。他说：“中华民国成立了三十五年，我们只上很少的民主功课，为民国初年的几个月，推翻袁世凯的几个月，五四运动后的一两年，推翻复辟后的几个月，五卅惨案以及北伐前后的一二年，抗战开始后一年，算是断断续续地上了几课，但是一曝十寒，胜不过二千年传下来的专制毒，和这十余年来的系统的、反民主的、变相的法西斯的训政。”为此，他主张进行民主再教育，肃清一切不民主、直至反民主的习惯和态度，并且积极地树立真正的民主作风④。这些见解直到现在对于帮

---

① 中国陶行知研究会、上海市陶行知研究协会：《民主之魂——陶行知的最后100天·序》，上海教育出版社2003年版，第2页。

② 陶行知：《陶行知全集》第8卷，四川教育出版社2005年版，第160页。

③ 陶行知：《陶行知全集》第1卷，四川教育出版社2005年版，第103页。

④ 中国陶行知研究会、上海市陶行知研究协会：《民主之魂——陶行知的最后100天·序》，上海教育出版社2003年版，第117页。

助青少年正确理解和处理民主、自由、纪律之间的关系仍然具有很强的针对性，对于我们今天进一步发展和完善社会主义民主政治仍具有很强的参考价值。

特别要指出的是，陶行知在人民正在争取民主权利的时候，就预见到人民取得民主权利以后应有的行动。他说："民主未得到之前，联合起来以争取民主为己任；人民基本自由得到之后，依据民主原则共同创造，创造新自己，创造新家庭、新学校、新中国、新世界。"[①]陶行知的这些想法与我们今天正在进行的依据民主原则，坚持改革开放，保持稳定，团结一切可以团结的力量，创造新的自我、新的中国、新的世界在本质上完全一样。

还应该看到的是，陶行知所倡导的民主，绝不是狭隘的民族主义民主，而是世界的民主，是人类的大民主。他不仅希望中国的每个人都能得到民主生活，也希望朝鲜、日本、美国乃至全世界的人民，不论哪个阶级、不论哪个种族的人民都能看、能写，并且能过民主的生活。

民主教育思想是陶行知民主政治主张的直接产物，是他全部教育思想中最光辉的方面。人们在今天之所以会怀念他，重要的原因之一也正是因为他从一个改良主义的"教育救国"论者，而逐渐转变为人民民主主义的爱国主义者、"国难教育"论者、"民主教育"论者，且提出了教育要为抗日救国服务的思想。他不顾反动派屡次的迫害，喊出了人民要民主、要民主教育、要抗日救国教育的呼声，对当时反动政府提出的"救国不忘读书"、"尊孔读经"的封建教育和不准许师生宣传与参加抗日救国的亡国教育，给予了有力的反击；对当时的爱国青年的确是起到了鼓舞和号召作用，并且深受广大爱国师生的敬佩，这在当时民主主义革命的时代里，确实是进步的。

(三)和平是人类最高利益

陶行知一生慈悲为怀，痛恨杀戮，为中华民族的和平事业鞠躬尽瘁，死而后已，不愧为人类和平的忠诚卫士。

陶行知非常珍爱生命，深感生难杀易。他说："人生之前有父母，父母之前有祖宗。自从八千万年前地壳上发现生物以来，经过七千六百万年而

---

① 中国陶行知研究会、上海市陶行知研究协会：《民主之魂——陶行知的最后100天·序》，上海教育出版社2003年版，第3页。

后哺乳，再经过三百五十万年，到五十万年前，不知遇着几万万难，才成人形。成了人形，又不知道经过猛兽、疾病、水旱、刀兵几万万难，才一代一代的死里逃生而传到我。与我同时投胎的兄弟姐妹不啻以百万计，而侥幸得进生命之门的只有我一个。若遇私生母，可以把我打下胎来，或在生后抛到河里淹死，或送给育婴堂里，弄得一个活的进去，一个死的出来；若生在贫穷之家，挨饿、忍冻、多病自不必说，倘遇天灾人祸，易子而食；若生在富贵之家，则温饱思淫，死于安乐；若生而失母，或遇晚娘，则朝鞭暮挞，如何可活？若遇拐子，女的卖入娼门，男的切作肉包饺子卖；若生在没有保护幼工之国里，则机器便是吃孩子的老虎。”可见，生是如何的难！杀是如何的易！所以，“天下之德，莫大于生生”①。

他曾在《新年三问三答》一文中对草菅人命的杀戮进行了痛斥。认为，杀不可以止杀。“杀以止杀”与帝国主义者之“战以止战”之口头禅无异，实际是战以召战，杀以召杀。这无异于扬汤止沸；杀人者不智、不仁、不勇；杀人是疯子的行为。天地之正气便是好生之德。古今之完人，没有一个不是善体天地好生之德，也没有一个是赞成杀人的。国外古代之完人如释迦牟尼、耶稣基督，莫不戒杀。鉴于此，他大声疾呼，政府必须从废除死刑做起。他在《血染的诺贝尔奖金》一文中再三强调：科学该做养人保人的工具，不该做害人杀人的凶器②。科学家要“用科学养人不用科学杀人”，教师要“教学生用科学渡人”。他说：“在科学家的手里实掌握着人类之生杀权。用科学养人不用科学杀人，才是科学家之天职。若存着一个杀人的心去学科学，那便是世界上最大的恶人。”③教师必须拿着科学的火把引导儿童过渡。不懂科学的人，不能做教师。针对科学已经被屠户用作杀人的利器的现状，他呼吁教师从屠户的手里把科学夺过来，教学生用科学度人，不用科学阻人过渡，教学生拿科学来抑强扶弱，去创造富的社会。他甚至恻隐到人类不应该用牺牲动物的性命做成的佳肴来庆祝劳动的丰收。在他看来，“劳动是个人对人类的贡献，于畜类有何关系？一定要拿牛、羊、猪、鸡、鸭、鱼的生命来报答他们的功劳，也不见得公平”。

如果说抗战以前陶行知主要是致力于中国的普及教育事业并试图走

① 陶行知：《陶行知全集》第1卷，四川教育出版社2005年版，第167页。
② 陶行知：《陶行知全集》第2卷，四川教育出版社2005年版，第93页。
③ 陶行知：《陶行知全集》第2卷，四川教育出版社2005年版，第60页。

出一条中国特色教育之路的话，那么抗战后陶行知的心血则更多地倾注于民族的解放、国家乃至人类的和平事业上。

陶行知对战争和侵略行为深恶痛绝，认为战争只会滋生战争，侵略只会推动侵略。当然，尽管陶行知渴望和平，但他认为和平不是无原则的妥协，而是自由的、正义的，同时也是建立在平等基础上的。真正的和平，定要建筑在民族完全平等的基础上面，侵略和压迫决产生不出和平。就像他拆字那样，和字从禾从口，要大家有饭吃，而又平等相待，才是和平之道。所以有必要制订相互平等的国际条约，因为一切不平等条约只是侵略和战争的祸根。国际条约也应当为一切弱小民族保留其修改或废止不平等条约的权利。他还告诫人们："和平不会像雨一样从天而降，也不会像雪茄烟雾喷出来。我们为追求和平就一定要付出代价。"①和平是生与死的搏斗，也是自由与奴役的搏斗。和平必须求索，和平应当通过合作去追求，它有赖于世界民主力量的沟通与联合，有赖于被侵略者的联合抵抗。蹂躏国际公法，危害世界和平的侵略者是人类的公敌。基于此种认识，陶行知从来也没有将中国的救亡与世界的和平割裂开来，而且始终把国际主义精神当作世界和平的基础，念念不忘国际主义精神。正如他所说，虽然我们通过"大众教育运动进行民族解放的教育，但决不可理解为它提倡狭隘的民族主义。强调民族解放，并不意味着狭隘的民族主义。尽管我们面临着民族危机，我们仍然没有忘记培植国际主义精神"②。陶行知认为，反对日本侵略并不是反对日本人民，而是反对日本军国主义，中国人不仅不反对日本人民，相反还要团结日本人民一道反对日本法西斯。中国的敌人不是日本人，是日本帝国主义、日本的军阀③。对此，中国人必须有清醒认识。他说："在日本，固亦尽有同情我国反对彼政府暴行之国民；其主张侵略我国者，则为少数之野心军阀与政客。侵我者为我敌，而同情我者则为我友。故吾人今日之所认为必须打倒者，为日本帝国主义。换言之，即日本之野心军阀与政客，而非整个之日本人。"④"危害中华民族生存的最大敌人是

---

① 陶行知：《陶行知全集》第 6 卷，四川教育出版社 2005 年版，第 275 页。
② 陶行知：《陶行知全集》第 6 卷，四川教育出版社 2005 年版，第 267 页。
③ 陶行知：《陶行知全集》第 4 卷，四川教育出版社 2005 年版，第 116 页。
④ 陶行知：《陶行知全集》第 11 卷，四川教育出版社 2005 年版，第 324 页。

日本帝国主义。”[①]我们应当把我们的战线缩短，反抗日本帝国主义才是最前进的口号。要团结一切可以团结的力量，把我们的人数加到最多。就民族解放运动来说，不但是整个中国的人民，除了极少的汉奸，都可以加入我们的队伍，就是日本劳苦大众也可以做我们顶有力量的友军。他指出，日本人民也是爱好和平的，“日本的老百姓是和我们一样受苦的，日本军阀对于老百姓压迫很凶……我们中国人要卖孩子，日本的老百姓也是在那里卖孩子”[②]，所以我们应该清楚，凡尊重民族平等的日本人，也应该与之联合起来。他还以生动的事例进行了论证：“在美国有七百六十多人代表中国宣传：内中有中国人，有美国人，有高丽人，还有日本人。日本有一个女子，名叫松林春小姐，她是侵略中国的松井大将的侄女，但是她同情中国。她说：‘我爱日本，所以我爱日本的近邻的中国。因为我爱日本，所以我反对侵略中国。我们的军阀害中国，便是害日本。侵略中国，就是日本的自杀。’[③]她还说：‘中国没有出路，日本便没有出路。’”[④]为帮助人们将法西斯政府与法西斯统治下的人民区分开来，他还以与一位德国农人的对话告诉世人，法西斯统治下的人民是友好的，是爱好和平的。他说“德国法西斯政府的态度，和民众的态度是不一致的。有一天，我到柏林乡下去玩，我要去看看他们乡村民众的生活状况。在路上，遇到了一个农人，我走上去招呼他，说了几句应酬话，就谈起话来。先从他们的生活谈起，慢慢谈到中国的抗战。谈了一会，他忽然问我：‘你是中国人，还是日本人？’我说：‘我是中国人。’他立刻就举起大拇指来说：‘我赞成中国人，我佩服中国人。’他又立刻对我说：‘但是，请你不要把我这个话讲出去，如果你把我这个话讲出去，给我们的政府知道了，我就不得了。’”[⑤]为此，告诫中国人不仅要团结日本人民，而且还要团结全世界爱好和平的人，凡是不主张侵略的人，都要同他们联合起来。唯有这样，我们才能实现建立自由平等的中华民国的美好愿望。他呼吁全世界的和平志士，都应该抛开一切政治主张的差异，一致联合起来，完成保障和平与巩固国际联盟的任务。

---

① 陶行知：《陶行知全集》第3卷，四川教育出版社2005年版，第389页。
② 陶行知：《陶行知全集》第3卷，四川教育出版社2005年版，第621页。
③ 陶行知：《陶行知全集》第4卷，四川教育出版社2005年版，第273页。
④ 陶行知：《陶行知全集》第4卷，四川教育出版社2005年版，第137页。
⑤ 陶行知：《陶行知全集》第4卷，四川教育出版社2005年版，第223页。

陶行知指出，和平始终是人类的共同价值取向，而且世界和平是不可分割的。就像他在世界和平大会上所主张的那样：东亚的和平和欧洲的和平有非常密切的联系。远东侵略者的侵夺中国主权和破坏远东和平，无疑地已经影响全世界。世界的和平离不开中国，一个自由、独立的中国将有助于世界和平①。中国的和平本身就是人类和平事业的一个重要组成部分。中国丝毫也没有采取帝国主义政策的意思。中国力图达到的是在中国青年身上培植中国的民族解放精神和整个世界的国际谅解的精神。中国进行的民族解放运动，应当看做世界和平运动中最重要的一环，不单是为了中国民族自身的独立和解放，而且是为了解除远东的危局，为了四万万五千万人口安全，为了全世界的和平。

二、牧口常三郎：和平共存、人道竞争

与陶行知相比，牧口常三郎的政治思想主要体现在世界同体、和平共存上，具体表现在提倡个人、国家和社会幸福一体化，倡导世界和平和呼吁构建人道主义竞争的社会三个方面：

（一）提倡个人、国家和社会幸福一体化

同陶行知一样，牧口常三郎认为，个人、国家和社会三者是一个利益共同体，互相联系、相互依存，而且一损俱损、一荣俱荣。牧口常三郎的创价教育思想始终主张三者利益同时兼顾。牧口常三郎指出，并不是有了国家才有人民，而是有了人民才有国家，先有个人才有社会。“国家由人民组成，社会亦由个体组成。当个人感到成长和满足，社会就会繁荣、丰盛、健康起来；相反，当人受到压抑，社会也会衰败。”②

在日本当时那种强调“国权第一”的年代，牧口常三郎认为，国家虽很重要，但人类共同的人道却是更为重要的，而且无所畏惧地坚决主张“个人的权力和自由神圣不可侵犯”。他的人权意识可谓极其强烈。然而，牧口常三郎谴责利己主义③，在处理个人和集体、个人和社会的利益矛盾时，站

① 陶行知：《陶行知全集》第 6 卷，四川教育出版社 2005 年版，第 273 页。

② 香港国际创价学会、黎明圣报编辑部：《新世纪》第 74 期，香港国际创价学会 2000 年版。

③ Education for Creative Living, Ideas and Proposals of Tsunesaburo Makiguchi, Translated by Alfred Birnbaum, Edited by Dayle M. Bethel, First edition, 1989, p. 209.

在“小”善服从于“大”善的立场上主张个人必须服从于集体、服从于社会。他认为这也是判别善与恶的标准之一。更难能可贵的是，牧口常三郎一生都在追求至善，他指出，各种善，包括最小的和较小的善，相比于较大的善都是恶。显然，牧口常三郎追求的是善的最大化。这充分体现了他的大局意识、整体意识和地球市民意识，同时也给人们提出了个人修持的准则和方法。其境界可谓至真、至善、至美、至圣。为了说明“个人行为不过是集体、社会的一个部分”这个问题，他给人们打了个比方“如果国家准备修一条铁路而占用土地，一个农民不得不把他的土地捐献给国家，在这种情况下，修铁路对国家是有利的，但是对被迫献出土地的个人来说却有害。因此捐献一块土地的行为这个事实对个人来说是失，而它对国家则是善。这件事也就被国家认为是善而给予赞扬”①。因此，一个人损害他所属的社会的行为，即使这个行为对他个人有利也不能称为“善”。而一个社会所认可的“善”的行为有时也会被与它相对立的社会认作是“恶”。总之，在他看来，“如果较小的善反对较大的善，它就被评价为恶；较小的得与较大的得相比，它也是失。比如，一个行为在东京被认为是善的，但它伤害了日本，所以也就被认为是恶。即使被一个民族认作是善的行为，如果它伤害了全世界，它也被称为恶”②。这正是他主张建立利于全人类的大善世界的理论基石。

当然，上文所说的服从并不是绝对强调问题的一个方面而忽视问题的另一方面。而且，牧口常三郎主张在集体、国家和社会面前应该充分考虑个人利益、充分尊重和保障个人的利益，否则人们也就无法实现后者的利益。他曾引用“仓廪实而知礼节，衣食足而知荣辱”(管子)的古训告诉世人关于“人必须先求得自然生存，然后才去完成社会生存”的道理。私人生活无法充分满足，却要奔走于公共生活，这种情形只有已经能满足人生最低限欲望的伟人才能做到③。其实，当把国家目标的发展特性与人的愿望发展进行比较时，我们会发现二者之间具有显著的相似性，因为国家不能脱

---

① [日]牧口常三郎:《价值哲学》，马俊峰、江畅译，中国人民大学出版社 1989 年版，第 55—56 页。

② [日]牧口常三郎:《价值哲学》，马俊峰、江畅译，中国人民大学出版社 1989 年版，第 70 页。

③ [日]牧口常三郎:《创价教育学体系》第一卷，刘焜辉译，正因文化事业有限公司 2004 年版，第 130—131 页。

离个体存在，个体构成国家，国家的目标包含了反映每个个体自我实现的共同愿望。这就解释了个体愿望的发展和国家目标过程中的一致性①。为此，要求对国家或社会作贡献而完全不考虑个人的得和失（即个人的生活权利）的善和恶，是不现实的善和恶，可以这么说，这种善和恶只会是空中楼阁。一个人只是在特殊时期才应该冒着生命危险为公共利益服务。迫使人们在自己的一般日常生活中遵循这种超常的道德是困难的。"'高于自我的服务'这个在太平洋战争期间日本提出的口号，在日常生活中是行不通的，因为要一个人在每一天的生活中都通过消灭他的自私欲望来破坏他的生活是不可能的。只有当至高无上的目的观在人类生活中树立起来时，上面所说的口号才应该作为要求。否则，我不得不说，这个口号是没有意义的，这个法令就可能可耻地死去。"②总之，我们应该牢记在心的是，如果人的欲望被忽视，无论什么东西都只能被看做是没有价值的。如果人类生活主旨被忽视，关于价值的讨论都不过是空幻的唯心主义。国家和社会的幸福与个人的幸福应该是同一的，如果忽视个人幸福，就不会有社会幸福。所以，如果说有一种给社会带来幸福的可靠手段，个人首先必须利用那种手段。同样，"每个社会，家庭、商号和国家借以能获得幸福的方法，可以说是唯一最高的法律"③。

（二）倡导世界和平

牧口常三郎总是把自己看成是世界的一员，当作一名世界公民，而且强烈地渴望和平、热爱和平，最终为和平而殉难，同陶行知一样，不愧为人类和平的坚强卫士。

牧口常三郎的世界和平观是同他的人生幸福观紧密联系的。他继承了日莲的"若要祈求自己的幸福，首先要祈祷周围的和平"的思想。他认为，如果没有世界的和平及稳定，也就不可能有个人的幸福，创价教育就是要培养致力人类和平的"大善"之人。

---

① ［日］牧口常三郎：《人生地理学》，陈莉等译，复旦大学出版社 2004 年版，第 218—219 页。

② ［日］牧口常三郎：《价值哲学》，马俊峰、江畅译，中国人民大学出版社 1989 年版，第 117 页。

③ ［日］牧口常三郎：《价值哲学》，马俊峰、江畅译，中国人民大学出版社 1989 年版，第 117 页。

早在1903年，即日俄战争爆发的前一年，报纸上就连篇累牍地歌颂战争，美化侵略。即使在这种疯狂的年代里，牧口常三郎也始终保持清醒的头脑，坚决地反对战争，呼吁和平。牧口常三郎对帝国主义的侵略行为进行了大胆的谴责，指出，“现代文明使人类竞争的战场扩大到世界的各个角落。蒸汽机和发动机的发明，使过去分离的两个世界缩短了距离，减少了运行时间。小范围的如原来各部落间的竞争，扩大到大范围的国际竞争。为此，世界上任何地方，无论是民族、国家之间的竞争，还是种族之间的竞争，每一方都渴望伺机去攻击另一方。今天，许多国家总是高度警惕，试图寻找机会去控制和制服邻国。为了满足他们的野心，他们毫不犹豫地实施侵略和暴行。他们甚至认为帝国主义模式是自然而可行的”。具有讽刺意义的是，我们处于一个这样的时代：“当一个人偷了某一个人的东西，他会被当做盗贼受到逮捕和惩罚；而当一个人掠夺整个国家的文化及其百姓时，却会受到英雄般的欢迎。”①牧口常三郎认为：“现代世界充满着邪恶的人。以个人为例，他有时充满了恶意，有时又抱有善良的意图生活。但是，充满恶意的人在数量上比善人多得多。因而我们遭受着在当代日本能见到的那样的社会混乱。更糟糕的是，现代日本的社会道德已经堕落。所以，说在日本的今天没有什么东西比良心更不可靠，一点也不过分。”②牧口常三郎非常希望人们能超越狭隘的国家意识，自觉地、普遍地进行个人联合，共同创造一个美好的世界。

牧口常三郎还从国家的职能入手，在《人生地理学》中对未来社会进行了勾勒。他认为，国家是一个享有主权的社会，具有完全管理自己事务的能力，是人类生活的公共体。国家职能主要是四项：“保护自身不受内部干扰，保护自身的存在，反对内部分裂的力量，同时，积极推动内部统一”；“保护自身的独立，反对外来干涉和进攻”；“确保个人自由和保护人权”；“促进国民幸福安康”③。

牧口常三郎对美国社会学家约翰·W.伯吉斯关于国家目标的发展阶

---

① ［日］牧口常三郎：《人生地理学·绪论》，陈莉等译，复旦大学出版社2004年版，第4页。

② ［日］牧口常三郎：《价值哲学》，马俊峰、江畅译，中国人民大学出版社1989年版，第127页。

③ ［日］牧口常三郎：《人生地理学》，陈莉等译，复旦大学出版社2004年版，第211页。

段论进行了充分肯定。认为国家发展目标分三个阶段：第一阶段，国家最迫切的目标是建立秩序和制定法令，这是国家发展自己的民族文化，最后为世界文明的发展作出贡献的基础。第二阶段的目标是完成民族性，或者一定民族文化特有思想意识的充分发展。第三阶段的目标或者说国家的最终目标，则是全球人类的教养，这是世界文明发展到人性尽善尽美的阶段，也是人的理性充分发展和主要由理性支配的发展阶段。在某种意义上，还可以把这一阶段看成是人类成为上帝的阶段。牧口常三郎认为，国家目标的发展是一个渐进过程，即当完成一个阶段的目标，它就成为下一个阶段目标实现的平台。

牧口常三郎对美好社会的分析是理智和冷静的，他认为当时的社会正处于帝国主义阶段，国家为打造他们的民族个性进行相互竞争，而且欧洲列强总是认为，其帝国主义的开拓和伟大崇高的目标是一致的，甚至在滥用职权如水晶般清晰可见的时候，还提供似乎可信的证据来支持上述观点。因此，我们不可以相信帝国主义是符合高度发达的开明的阶层的理想。牧口常三郎提醒欧洲列强"如果欧洲国家继续独自致力于扩大他们的民族势力，装备军事武器，进行军事侵略，不顾其侵略行为会扰乱其他国家的和平与稳定局势，而且造成他们本国国内的危机，那么最终可能以目击本国的崩溃和灭亡而告终"①。

在牧口常三郎看来，帝国主义至多只能被认为是一定阶段暂时的客观特征，这一阶段强调民族权力和民族实体的发展。他对德国哲学家黑格尔(Hegel，1770—1831)关于"国家目标本质是道德的"②的说法极为赞赏。他认为，国家、社会和个人的最终目标，只有一个而且应该是相同的，那就是实现人类最美好的生活。面对当时国家为打造他们的民族个性进行相互竞争、列强利用一切机会扩张他们的势力的现实，牧口常三郎警示人们，在达到理想社会前，人们还要走很长的路程。

尤其让人值得敬仰的是，他对和平的倡导不只是止于呐喊，而是信而行之。为了坚守日莲佛法，牧口常三郎领导创价教育学会同政府的法西斯

① [日]牧口常三郎：《人生地理学》，陈莉等译，复旦大学出版社2004年版，第219页。

② Tsunesaburo Makiguchi, A Geography of Human Life, Edited by Dayle M. Bethel, Published by Caddo Gap Press 3145 Geary Boulevard PMB 275 San Francisco, California 94118 U. S. A. 2002, p. 209.

统治进行了针锋相对的抗争。1938年，日本政府制定了“国家总动员法”，翌年制定了“宗教团体法”，将法西斯统治的魔爪伸向宗教领域内。根据此法，所有教派都要被尽可能地进行合并且被纳入国家神道的支配之下。当时文部省宗务局据此要求日莲正宗和日莲宗①两家合而为一，同时还要接受当局的“神本佛迹论”，即把神道教中的“神”当做本地根本，而将“佛”当做是“神”的垂迹和变化。宣传“神本佛迹论”，目的就是要将以天皇为代表的诸神放在至尊无上的地位，使之成为日本政府推行法西斯战争的主要精神支柱。这种论调同日莲的思想②背道而驰，日莲认为只有《法华经》和久远实成的释尊才代表着宇宙的最高真理，而日本的诸神只是为了守护《法华经》及法华行者的缘故才来到日本的。为了维持自宗的尊严，1941年3月10日，日莲正宗的僧俗信徒们在总本山大石寺召开护法会议。以牧口常三郎为首的创价教育学会从维护日莲正宗思想的纯粹性立场出发，对“神本佛迹论”给予了坚决批判。牧口常三郎的主张得到了与会的绝大部分代表的支持。日莲正宗上下一致努力，通过各种渠道来维护本门的独立

① 公元1263年(镰仓幕府时代)，日本僧人日莲以《法华经》为依据创立日莲宗，日莲临死时指定日昭、日朗、日兴、日向、日顶、日持六个门生来继承日莲宗。1283年日莲入寂后，六老僧相约至身延山为日莲轮流守墓。但是除日兴以外的其他五老僧都不愿去交通不方便的身延山，只有日兴一人在身延山单独支撑着局面。日莲去世一周年之际，唯有日兴率弟子日目、日华、日秀等在身延山为先师举行纪念活动。此后日兴又长期住在该山久远寺，管理寺庙和墓地。更为甚者，日莲去世后，以日昭为代表的关东教团迫于政治上和宗教上的压力，开始向天台宗倾斜，他们自称“天台沙门”，失去了昔日那种以日莲思想为中心的战斗性和反权威性，基本上沦为半独立的教团。相反，日兴则严格坚持日莲的教义，对其他新旧佛教宗派一概否定，决不同法敌妥协。1288年(正应元年)12月，日兴离开身延山，在南条氏的援助下于富士山大石之原建成了大石寺，并自认是日莲系教团中的“正宗”。“日莲正宗”的名称于1912年确定。

② 日莲的佛学思想的主要内容包括：《法华经》是释迦牟尼一代佛法的精髓，而经名又是整部《法华经》的精髓；《法华经》的精髓——南无妙法莲华经，是能令一切众生成佛的根源之法；导致日本镰仓时代天灾人祸的原因主要有两点：一是善神舍国，即此国背离正法《法华经》而崇信邪法，并根据邪法来治理这个国家，所以原先担任守护之职的善神们便纷纷弃之而去，以致恶魔充斥，各种灾难兴起。二是因为《法华经》行者受到迫害，这样的国度理应受到惩罚，试图寻找一条佛教与政治完美结合的道路，重塑佛教的人间性，建立一个以佛法精神(法华精神)为基调的“立正安国”的理想社会；其判教方法有二：一是五纲、三证。“五纲”又称“五义”、“五知”，分“教”、“机”、“时”、“国”、“序”五个部分。“文证”、“理证”、“现证”，合称为“三证”。二是五重相对论，即内外相对、大小相对、权实相对、本迹相对、教观相对。

性，最后终于拒绝了合并的要求，取得了护法的彻底胜利[①]。然而此时的日本帝国主义者在对外侵略的道路上越滑越远，公然与全世界人民为敌。1938年11月3日，他们发表了所谓的“建设东亚新秩序”的声明(即“第二次近卫声明”)。1940年8月1日，松冈洋右外相第一次公开提出建立“大东亚共荣圈”，并以此作为侵略战争的“护身”。同年9月27日，《德意日三国同盟条约》在柏林签署。1941年12月8日，日本的“机动部队”突然袭击美国的海军基地珍珠港，与此同时陆军向马来西亚、菲律宾、中国香港及泰缅地区分四路进攻，全面挑起了太平洋战争。即使在1943年日本法西斯受到重创，在对外侵略战争上节节败退之际，日本帝国主义者仍然鼓吹为“玉碎”作战，而且在国内更加强化法西斯统治。此外，政府为了加强思想统一，命令日莲正宗和创价学会一律参拜祭祀天照大神的伊势“大神宫”，并接受其神符，信仰其神道。面对日本侵略战争的硝烟，以牧口常三郎为首的创价教育学会会员们旗帜鲜明地进行了对抗。战争刚开始一周，牧口常三郎便在机关杂志《价值创造》第五号上发表论文，对帝国主义在思想上维持战争的精神支柱——神道给予了猛烈批判。牧口常三郎指出：(神道)尽管有古来的传统，但其出处模糊不清。在牧口常三郎看来，神道来自何时何地都不清楚，其思想只是观念论，不能被实证，将这种宗教绝对化并强加给人民是对《法华经》和法华信仰者的诬蔑。没有《法华经》，神的事业就落不到实处。甚至可以说，不守护《法华经》的神便是恶神，必定会受到惩罚。他还告诫人们：我们绝不能遵从来源不明、没有经过事实检验的思想，即使它们是历史最悠久的传统观念，我们也不能因此而以他人和我们自己的宝贵生命来作陪葬。因此，当务之急是重新审视对国教神殿的强制性崇拜[②]。战争开始后，学会仍组织信徒们继续从事信仰活动，牧口常三郎本人除著述外，还到各地出席会员们的座谈会，指导宗教活动的展开。然而随着战火的不断蔓延，言论自由受到严格限制，学会的活动也越来越陷入困境。1942年机关杂志《价值创造》被勒令停刊，这使牧口常三郎痛心疾首，但他没有被吓倒，而是积极宣传建立在“义”基础上的“大善生

---

① 何劲松：《创价学会的理论与实践》，中国社会科学出版社1995年版，第83页。

② Ethical Visions of Education: Philosophies in Practice, Edited by David T. Hansen, Teachers College Press, Columbia University, New York and London, 2007, p. 72.

活”，同时带领会员们拒绝参拜祭祀天照大神的伊势“大神宫”，拒绝接受伊势神宫的神符。牧口常三郎和创价教育学会的严正立场在法西斯政府看来无疑是“大逆不道”。1943 年 7 月，以牧口常三郎和户田城圣为首的 21 名学会主要领导终于被当局以“违反治安维持法”和对神社的“不敬罪”的名义逮捕。在狱中，牧口常三郎以笔为剑，对威胁人生命最大的“大恶”——战争的发动者进行了大义凛然的进谏。不幸的是，他的这种期望与当时军部政府全面推行战争、强调国家至上的想法水火不容。

（三）呼吁构建人道主义竞争的社会

牧口常三郎对创造价值的思考并没有停留于一般水平，而是将其外延扩展到整个地球和整个人类社会，与那些狭隘的个人本位、民族本位乃至国家主义形成了鲜明的对照。这也是牧口常三郎创价思想中的“价值”所在，也是他毕生用智慧浓缩的人生之精华。

在牧口常三郎的价值观中，“善”是一个核心概念，处于中心位置。没有“善”，“得”和“美”就无从谈起。牧口常三郎还把“善”分为“小善”、“中善”和“大善”。与“大善”相对的“小善”和“中善”都可以说是“恶”。牧口常三郎所说的“大善”，是“惠泽全人类的善行”，而且只有大善行动才能创造出最高价值的人生。因为只有当一个人心向“大善”，才会赢得创造的良好环境，才能不断地创造出新的价值，使自己迈向幸福生活，才能构筑全人类的和平与繁荣。也正是因为此，牧口常三郎认为战争的发动者是威胁人生命最大的“大恶”。牧口常三郎认为，坚持“大善”行动的关键之一在于，即便是在遥远的国度里发生的事也要当成是自己的事。“大善”是最高的价值，是我们把握事物本质的关键。

牧口常三郎认为，要行“大善”，必须胸怀“人类”和“地球”。牧口常三郎始终以“人类”和“地球”的视点来审视自然环境和社会环境，这也是他提出构建人道主义竞争的社会的思想支撑。牧口常三郎对“世界”、“国家”和“故乡”充满了感恩情结。他以“我身上穿的一件绒衣，原产于南美或者澳大利亚，然后在英国由英国工人通过开采的铁和煤加工制作而成；我的鞋底是美国皮革做的，而鞋的其他部分是印度皮革做的；我书桌上的煤油灯一声不吭，但里面的煤油或许正在说：‘我沿着里海海岸线，从高加索山的山底涌出，走了数千英里才来到这里’，我眼镜的镜片是德国人精心制作的”的生活事实为例，向世人揭示了一个“世界普遍联系”的哲理。他提醒人们，“我们的生活依赖于世界，世界提供给我们生活的各种物品都很珍贵”，“相互依赖是我们大家需要经历和必然经历的过程。眼光只局限于我们自己的世界是愚蠢的”①。他经常说，世界给予我们很多恩惠和好处，而且这些恩惠与我们的关系如此密切并深入到我们的日常生活中，以至于我们觉察不到它们的珍贵，时常忘记感激、报答，有时甚至认为自己国家给予我们的恩惠是理所应当的。牧口常三郎认为，故乡对于人生极为重要，我们每个人都应该深深地感激故乡，因为她给予了我们生命，并在我们无能为力的婴儿时期养育了我们。牧口常三郎指出，故乡的定义随着人类观察事物的角度变化而变化。生活在父母庇护下的婴儿，能发现除了家人及每天与他交流的人之外，所有的人都是一种威胁。在婴儿时代，故乡仅仅局限于起居室和花园。对于同一所学校的学生来说，故乡的范围依据来自不同的乡村而定。在同乡会的老乡们看来，“故乡”也就成了某个县、某个地区或者某个旧的领地。对于置身于外国的人，故乡就是一个国家或一个民族。如果从宇宙的角度讲，我们可以把地球自身看作是我们的故乡。牧口常三郎总是把自己同“世界”、“国家”和“故乡”紧紧联系在一起，而且牢记着自己只是日本荒浜村几百名村民中的一员，“5000 万日本人中的一员，和世界 15 亿人口中的一分子”②。正是牧口常三郎这种“世界市民”、“地球家园”和“地球人”的理念，使他深深体味到地球所给予我们的滋养，深深体会到大自然的价值和美丽，而且深深感到，人们应该在与动植物，甚至与无生命的事物如岩石等相处过程中，把人类、动物、树木、河流和岩石等当做我们自己，并认识到我们与这一切存在很多相同之处。牧口常三郎还从人的“群”性出发，阐述了人们和谐相处的必要性和重要性。他说，群栖是人的本性。没有一个人能完全单独生存。在社会中，通过相互联系不但能提供我们的基本需要和安全保障，而且能确保我们的生活有益和完善。如果我们认识到这一点，我们就会使对某一特定的人或物产生的同情感普遍化。如果我们意识到受惠于社会，就能激发我们对社会的感激之情和对社会的责任感。如果认识到受惠于我们称为祖国的社会，就会感激它给了我

① [日]牧口常三郎:《人生地理学·绪论》,陈莉等译,复旦大学出版社 2004 年版,第 3 页。

② [日]牧口常三郎:《人生地理学·绪论》,陈莉等译,复旦大学出版社 2004 年版,第 5 页。

们丰富的物质，从而产生爱国之情。如果我们的同情和感激能由最初是从对极少数的个人开始，逐渐扩展到对广大的社会，最后乃至于扩大到对整个世界，就为人道主义世界的建立创造了良好的条件。然而，这些在物质文明和精神文明尚未达到发达的阶段，只能成为人们美好的憧憬，因为在这种理想化社会的构建过程中，人类更多面临的是生存竞争。

不过，牧口常三郎认为，尽管生存竞争是一切物种都共同具有的，而且适用于各种社会现象，但是竞争的形式则随着时间的推移而发生改变。这种变化首先是竞争单位的变化。回顾人类历史，可发现竞争单位随着时间的变化而变化：个人与个人的竞争、家庭与家庭的竞争、乡村与乡村的竞争（社区）、部落与部落的竞争（种族集团）和国家与国家的竞争（国家）①。我们现在就处于国家之间竞争的年代，每个人都处于多层竞争之中。牧口常三郎指出，随着竞争单位的变化，竞争形式也会随着时间的流逝而变化，如军事竞争、政治竞争、经济竞争或人道主义的竞争。不同的竞争形式会出现不同的特征：

在军事竞争时代，战争的范围会变得越来越广阔、深入和残酷。武器的发展就是充分的证明，从古代最有效的武器剑、枪、矛到后来居上的能更快地射中和损伤远距离目标的小火器，进而发展到有可能在一次进攻中完全摧毁由上千人组成的一个团的大炮；从个人之间面对面的战争到集团之间的战争。总之，各个国家通过不断扩充军事武器的数量与能量，进行军备竞赛来取得胜利。

在政治竞争时代，国家只有在不可避免的形势下才愿意动用武力，所以宁愿迁就谈判对手，尽可能获得有利的生存条件来进行谈判。当完全和平的谈判不可能时，他们就会试图通过表明其军事能量而不是真正动用武力来确保其自身的生存。在这期间，为了在国际关系中取得成功，国家把能干的外交家部署在战略地位重要的地方②。

在经济竞争时代，国家领导人逐渐认识到，如果没有物质收入水平的增长，领土的扩大将最终证明是毫无意义的。此外，由于领土扩大要求大

---

① Tsunesaburo Makiguchi, A Geography of Human Life, Edited by Dayle M. Bethel, Published by Caddo Gap Press 3145 Geary Boulevard PMB 275 San Francisco, California 94118 U. S. A, 2002, p. 281.

② ［日］牧口常三郎：《人生地理学》，陈莉等译，复旦大学出版社 2004 年版，第 256 页。

量的投资，确保新征服领土老百姓的同化，这些领导人发现谋求经济目标比政治目标更加有利可图，于是，竞争的形式逐渐演变成为商业和工业的“和平战争”。虽然与军事战争相比，经济战争本质上是连续的、经常性的，而且因其渐进的过程而不常被意识到，然而，从最后的结果来看，经济战争比军事战争的破坏性更大。

在人道主义竞争时代，有识之士已开始意识到，生存竞争中的最后胜利者未必是经济竞争中的优胜者。这种竞争是通过无形的道德影响，而不是依靠军事实力或者赤裸裸的经济实力，去实现个人和社会目标所作的努力。或者说，人道主义竞争取代了靠武力、恐吓和恐惧而强迫的降服，力图通过彼此尊重谋求人们的自愿合作和忠诚，而不是以自私的方式扩大领土和征服其他国家。可以推断，在这个时代，即使是最富裕的亿万富翁也不能保证生存竞争取得胜利。尽管把这样一种方法应用于当今国际关系的真实世界中似乎是不现实的，可是，这种方法的有效性已经在国际关系中得到了证实。因此，牧口常三郎认为用人道主义的方法处理国际事务并不像我们预期的那样不现实，它将最终取得胜利。牧口常三郎还告诉我们，“人道主义方法”并不是一个定义明确的具体方法，而是指无论采取什么样的战略，政治的、军事的，还是经济的，都尽力采取人道主义方式去进行处理。重要的是，考虑问题时要着眼于实现包括自身在内的所有人的人身安全和幸福的目标，而不仅仅只是关注个人利益的增加。换言之，目标是改善他人。通过这种方式，使人们的做法自利利人。因此，要创造一个更加和谐的共同生活，我们需要持续的努力，并花费相当多的时间。虽然牧口常三郎认为我们尚未达到竞争发展的最后阶段即凭借道德品质进行竞争的阶段，而且，到目前为止，人们认识到的还只是一个有限的范围，要达到作为竞争发展的最后阶段——人道主义的竞争阶段，我们还有很长的路要走，但是他仍然对美好未来充满了乐观。他指出，有一点将越来越清楚，那就是人们“对道德品质的重视将逐渐取代早期的竞争形式。血迹斑斑的军事竞争偃旗息鼓，出现了更多的和平竞争形式，这是一个值得关注的显著转变”①。

牧口常三郎提倡的人道主义竞争时代是一个人人创造“大善”的时代，也是一个充分理性和自由的时代。尽管这个时代的到来，“需要持续的努

---

① ［日］牧口常三郎：《人生地理学》，陈莉等译，复旦大学出版社 2004 年版，第 255 页。

力，并花费相当多的时间”，但牧口常三郎认为，这是人类竞争的最高阶段，而创价教育在构建这种以理性和道德品质为基础的和谐社会中将起着不可替代的作用。

综上可见，陶行知和牧口常三郎的政治思想内容丰富、精深博大，其主要不同点在于：陶行知侧重强调共和与民主，牧口常三郎更多关注个人、国家和社会利益的和谐。相同的是，面对残酷的战争，他们都站在人类共同的利益基础之上，高举和平大旗，同军国主义和法西斯主义进行了无情的反击，直至献出自己宝贵的生命。这正是他们政治思想中的出彩之处。此外，他们都寄希望于教育，通过教育培养其理想社会所需要的人才，这也是其将自己的一生命运系于教育的真正缘由。

第三章　陶行知和牧口常三郎教育思想比较(上)

无论是陶行知的生活教育思想还是牧口常三郎的创价教育思想，从其结构形式看，均是一种实践性强的流转创新的具有旺盛生命力的理论体系。说它们实践性强，是因为他们的理论既来源于实践，在实践中积累和发展，在实践中总结和升华，反过来，这些理论又指导着自己的实践，规范着他们所从事的事业方向和进程；说它们流转创新，是因为它们并非静止不变，固步守成，而是依据他们对教育实情的逐步探真而不断地提出新的观点，增加新的内容，开拓新的领地；说它们具有旺盛生命力，是因为这种教育思想体系，是一种通过不断积淀和添构而成的立足国情、紧扣现实、着眼人类、面向未来的教育理论。二者的教育思想博大精深，如果面面俱到，难免缺乏深度的解剖。同时考虑到文章整体结构的布局，笔者将其教育思想分为上、下两部分，并主要就他们对教育目的、教育功能、教育内容、教育方法、教育组织形式(学校)和教师等方面的论见进行比较。

第一节　培养"真、善、美"的人与培养创造"得、善、美"价值的人——教育目的观比较

教育目的是教育工作的指南，是教育的出发点和归宿。一切教育活动，都是直接、间接地为了达到一定的教育目的而展开的，而教育目的的制定总是以对教育、人、社会之间关系的一定认识为出发点，因为教育所面临的基本矛盾，即人(受教育者)的发展与社会(包括整个外部世界)发展的矛盾，或者说，人认识、适应和改造社会的现实力量与社会发展的现实水平和未来趋势的要求之间的矛盾，是思考和制定教育目的的逻辑起点。这同样是陶行知和牧口常三郎思考并回答教育问题的原点。

一、陶行知：培养"真、善、美"的人

陶行知生活的年代，既是我国教育处于极端落后凋零的时代，同时也

是我国历经战难，国家和民族备受列强蹂躏的时代。面对历史的沉淀和时代的呼唤，富有叛逆精神和责任感的陶行知对教育的出发点和归宿进行了有益的探求。

针对中国传统社会"劳心的专门在心上做功夫，劳力的专门在苦力上讨生活。劳力的人只管闷起头来干，劳心的人只管闭起眼来想。劳力的人便成了无所用心，受人制裁。劳心的人便成了高等游民，愚弄无知，以致弄成'劳心者治人，劳力者治于人'的现象"，陶行知提出了与统治阶级使"劳心者"学会统治"劳力者"截然不同的教育目的，即培养"真、善、美"的人。其具体内涵主要包括以下三个方面：

(一)"真、善、美"的人是心系大众之人

陶行知始终把拯救民族、振兴国家的希望寄托在"大众"身上，认为："民族之命非'小众'能救"[①]，心系大众才能称得上是"真、善、美"。他认定教育的目的就是为了大众的解放。他明确指出：教育不应该是"少数人的奢侈品"，而必须成为"每个人都能享受的阳光，呼吸的空气和饮用的甘泉"[②]。中国教育的着眼点不是培养"书呆子"、"小名士"和"人上人"不是为了升官发财，而是要争取中华民族劳苦大众过上解放的生活。而要解放大众，首先就得为大众求得受教育的机会，就得解决占中国人口85%和占文盲人口85%的农村教育问题。在他看来，农村教育是一种离农的"死教育"，"完全走错了路"，"他教人离开乡下向城里跑，他教人吃饭不种稻……他教农夫的子弟变成书呆子"。这种教育必须无情地予以清除。

陶行知认为，对于处在水深火热中的旧中国，解放大众和解放中华民族是一个问题的两个方面，二者相依相成。陶行知坚信：教育不仅可以解放大众，而且可以救国。他认为要改造中华民族命运，关键在于改革中国的教育。他把中华民族的出路视同中华民族教育的出路。他认为，民族解放与大众解放是一个不可分开的大革命。中国的教育就是要尽最大的努力寻求最简单的方法实现教育为民众所有、为民众所治、为民众所享，使我国人民愈来愈具备条件，参加使自由的中国进入世界民族之林而进行的伟大斗争。尤其是在抗日救国的历史关头，教育更应该是自由之神，必须为

① 陶行知：《陶行知全集》，湖南教育出版社1985年版，第19页。
② 陶行知：《陶行知全集》，湖南教育出版社1985年版，第287页。

中华民族的解放服务,“应该启发中华民族的抵抗力量,应该促成联合战线,并且要推动它;应认明中华民族的敌人是日本帝国主义;应培养中国的斗士”。陶行知的这些见解,不仅说明了在国难当头的情况下,教育目的中必须突出“为民族之解放”这个重点,而且讲明了“为民族之解放”和“为大众之解放”二者之间的密切关系。

(二)“真、善、美”的人亦即“真人”

“千教万教教人求真,千学万学学做真人”是陶行知的人生座右铭。“宁可真白丁,不要假秀才”是他对教育目的的最好诠注。他说:“教育者不是造神,不是造石像,不是造爱人。他们所要创造的是‘真、善、美’的活人。‘真、善、美’的活人是我们的神,是我们的石像,是我们的爱人。”①在他看来,“真、善、美”的人一定是“真人”,“真即善;真即美”②。真人就是智仁勇俱全的人;真人读书不是为了文凭,不是为了分数,而是为了学到真本领;真人不为升学而读书,不为做官而读书,不为个人发财而读书;真人以改造社会、改造农村为己任,能为中国农村,为农民的幸福鞠躬尽瘁,死而后已;真人从老百姓中来,最终又回到老百姓中去,为老百姓服务,甚至具有为民族复兴而献身的牺牲精神;真人具备五种生活力,即科学的生活力、健康的生活力、劳动的生活力、艺术的生活力、改造社会的生活力。其中,最基本的是有农夫的身子、科学的头脑和改造社会的精神;真人不是人上人,而是人中人;传统教育中培养“少爷、小姐”式的学生中产生不了真人,因为这些“少爷、小姐”手无缚鸡之力,饭来张口,衣来伸手,事事要人侍候。这种人只会分利,不会生利。一生只会死读书,读死书。更可怕的是,传统教育培养出来的“假人”到处骗人,而且处处得手,使得社会一片黑暗。

(三)“真、善、美”的人是能创造富的社会的人

如果说为了解放大众和解放民族是陶行知在特别时期,即人民革命战争、抗日救国战争时期提出的特定教育目的的话,那么,“教人创造富的社会”则是陶行知所追求的终极教育目的。他认为教育要培养与国计民生有关系的学者与领袖,不是培养避世的隐士、出世的僧尼、不知世事的书呆子。学生要认识人民,人民也要认识学生。教育要培养到民间去的学生,

---

① 陶行知:《陶行知全集》第4卷,四川教育出版社2005年版,第3页。

② 陶行知:《陶行知全集》第2卷,四川教育出版社2005年版,第26页。

不是培养到天上去的学生。这种学生必须面对现实，必须在现实中学会生存，必须在现实矛盾中去锻炼解决问题的能力。陶行知在《中华民族之出路与中国教育之出路》一文中明确提出了中国教育要“教人创造富的社会，而不创造富的个人”的主张。他指出，创造富的个人的教育是资本主义国家的教育，这种教育只是做了创造富翁的工具，以致贫富阶级因教育而愈隔愈远。

在陶行知看来，培养心系大众的人、“真人”和创造富的社会的人，这三个方面是相辅相成的一个有机整体。三者统一于为人民幸福、为新中国幸福和为新世界幸福的价值取向之中。

二、牧口常三郎：培养创造“得、善、美”价值的人

与陶行知一样，牧口常三郎对教育目的也极为重视，而且将教育目的摆在自己教育思想的首要位置。研究牧口常三郎的教育目的观，可以发现，他的逻辑脉络，即人生的主旨是为了幸福地生活——幸福生活靠的是创造价值[①]——创造价值必须培养能创造“得、善、美”的人。他认为，教育与世间任何事情一样，先有目的才能决定达致目的的方法。今天教育界所存在的盲目和病态的教学实践的直接原因就是缺乏明确的教育目的。而这一现象又主要是因为一直以来教育目的都交由学者和哲学家决定而造成的，这是教育规划上的一大错误。因为尽管学者和哲学家的贡献很大，他们的角色重要而不可缺少，可是他们在厘定教育目标时，往往注意不到世人对人生目标的看法，所定的教育的目的和受教育者的人生目标不相吻合。另一问题是，他们常常将过往的社会需要而建立的人生哲学搬到现时的社会中来，但事实证明，这样不仅不能适用于现在的社会，反而会使现代教育面临严重的问题，所以教育目的应该从日常生活现实中产生出来。同时，在厘定教育目标的过程中除了要考虑人类的各个生活层面外，更要考虑到家庭、社会和国家的特别需要。从这个综合的角度来看，“幸福，既是人类学习的要素，亦是教育的目的”。虽然大家对幸福的定义有不少争议，可是没有别的词语可以更确切地表达人们心底的共同意愿。为此，教育的首要

---

① MAKIGUCHI: THE VALUE CREATOR by Dayle M. Bethel, Published by Weatherhill, Inc., of New York and Tokey, First edition, 1973, p. 50.

目标应该是“为人带来幸福,所有教育规划和课程都应从这个基础出发”[1]。

为论证这一点,牧口常三郎从两个方面对“幸福”的内涵进行了解读。一是明确告诫世人:地位和财富不等于幸福。那些视积聚财富、谋取高位等事情为人生目标的人所持的幸福观只是以偏概全,根本难以达到完全幸福的境地。他以财富为例对那些只顾囤积财富,愚昧地虚耗人生的人进行了劝告。他指出:没有其他东西像财富那样会对个人的幸福和整个社会的利益造成如此严重的破坏。富翁不断积累财富,就好像拥有财富和地位便等于拥有真正的幸福一样,他们深信自己的财富会变成孩子的幸福,于是越积累财富就越感不足。其实,一切只是幻觉。把大笔财产留给孩子往往是适得其反,孩子习染了种种敛财的卑劣行径,只会令他们不幸。在这个冷酷无情的竞争、沉迷于实利主义的时代中,我们应当谨记“幸福是不能像财产一样继承的”[2]这个重要的训言。他奉劝世人,与其天天胆战心惊害怕别人超越自己,倒不如透过了解生命之源去寻觅心境的宁静、体验一下施予的恩德和快乐。二是从人与社会的关系角度进行了阐释。牧口常三郎认为,只要人们正确地认识和处理好个人与社会的关系,就会很容易抓住幸福的真谛。他说,如果我们把获得幸福的客观因素分为个人和社会两个层面时便会发现,两者互不排斥,而且后者更具影响力。真正的幸福不能单从个人的范畴来决定。因为人不能离群独居,人与人是息息相关的,周围的社会环境会直接或间接影响我们。若忽视这一事实便会堕入狭隘的自我主义中,而且这种自我意识跟幸福丝毫扯不上关系,更不是儿童教育的目的。事实上,生活在守卫森严的华丽大厦中,我们或许能在短期内过无忧无虑的生活,但终有一天会醒觉到自己的自私和思想狭隘。要是我们坚持只从个人利益出发,个人和社会之间的摩擦便会抵消个人的利益。因此,我们不应单单追求个人利益,而应牢记个人承担着与社会共荣共存的责任,“只有分享和承担社会的成败,我们才能获得真正的幸福”[3]。

---

① 香港国际创价学会、黎明圣报编辑部编辑:《新世纪》第74期,香港国际创价学会2000年版。

② MAKIGUCHI: THE VALUE CREATOR by Dayle M. Bethel. Published by Weatherhill, Inc., of New York and Tokey, First edition, 1973, p. 56.

③ 香港国际创价学会、黎明圣报编辑部编辑:《新世纪》第74期,香港国际创价学会2000年版。

与陶行知相比较而言，牧口常三郎考虑教育目的思路主要锁定在“创价”二字，并在此基础上提出了教育是为了“培养创造‘得、善、美’价值的人”这一论断。

“创价”是创造价值的简称，也是我们理解牧口常三郎教育思想的开山石。此词最早由来于1929年2月牧口常三郎与户田城圣的一次交谈。当时，户田城圣建议把创价教育简称为“创价”，得到牧口常三郎认同。此后，“创价”便成了牧口常三郎教育思想的核心概念。在牧口常三郎看来，幸福的基础就是价值，但价值不会从天而降，而必须经过我们的双手创造出来。人能否过得幸福就在于他能否创造价值，或者说，人生的价值也就在于能创造价值。所谓有价值的人格，意味着创造价值的能力充沛。“创价”的目标就是要实现每一个人的幸福和社会的繁荣。创价教育就是“培养创造人生目的与价值的人才”的教育。“教育的目的就是要增进人格的价值，创价教育学的旨趣，在于阐明达成此目的的适当手段。”①

牧口常三郎创价教育目的的思想前提是基于他对人的创造性的认识。他认为，创造是人区别于动物的一个根本特征。不能创造，人与动物无异。创造的目的就是为了获得价值，就是为了人的利益、促进社会的福祉。创价教育学的目的，就是最大限度地发挥人内在的特质、个性和创造力，发挥其日益增强的自立能力、价值创造能力，为人类的幸福与社会的繁荣、世界的和平做贡献②。说到底，创价教育的落脚点在于培养创造“得、善、美”价值的人。只有能创造“得、善、美”价值的人才是幸福的人，因为他们懂得只有创造价值的人生才是幸福的人生。在牧口常三郎看来，人的生活方式既不应是“受力型—依他型”，也不应是“自力型—独立型”，而应是“授力型—奉献型”③。真正的幸福的人生是“奉献性生活”，不是简单的自我享受，更不是以我为中心的对外界的索取。也就是说，真正的幸福在于本着对社会

---

① [日]牧口常三郎：《创价教育学体系》第一卷，刘焜辉译，正因文化事业有限公司2004年版，第33页。

② 冉毅、曾建平主编：《关爱人性　善待生命——池田大作思想研究》，湖南师范大学出版社2003年版，第141页。

③ 受力型—依他型，即缺乏主见，易被周围环境所左右；自力型—独立型，即虽然有自己恒常的生活方式，但却对他人漠不关心；授力型—奉献型，即在与包括大自然在内的他物交往中，不仅能意识到自我的存在，还积极地与他物相互作用，相互关怀，以实现自他双方的幸福为目的。

的责任感创造并奉献“得、善、美”价值，而且，一个人的幸福与他创造价值的能力成正比。为此，培养社会人理应成为教育改革的出发点。这一看法同陶行知的观点完全相同。他们都强调：人是社会的产物，个人的发展依赖于社会、受制于社会，人的身心发展的各个方面都靠社会提供营养，人的一切都从社会中来；人之所以为人，只因他生活于人群之中，参与社会生活；教育改革基点应该立足于社会，应该使受教者的家长所组成的社会团体感到满意，也就是说要得到社会的认同，否则就没有改革的需要。他们将人生的目的观与教育的目的观进行了观照，认为教育的终鹄与人生目的是一致的，而且教育目的应符合人类共同的生活方向，顾及父母和国家的需求。虽然教育的目的是要让儿童获得幸福的生活，然而，如果想要企求真正的幸福，只限于个人的范围是绝不可能得到的。因为在孤立的生活中，只要碰到社会环境的阻力，幸福可能完全归于零。而且，只顾自己而不管他人，此种自私自利的幸福不值得称道。以自己为核心，去意识到我们的生活与社会共存共荣，是我们得到幸福的前提。在他们看来，幸福的人也是能为社会创造价值的人。真正的幸福，唯有以身为社会成员之一，和民众苦乐与共才能获得。他们提倡的这种无我奉献的人生境界至今仍让人钦佩。

显然，陶行知和牧口常三郎的教育目的由于国情不同而存在着差异，如陶行知更多考虑着民族、国家的解放，牧口常三郎则更多思考的是如何培养出能够满足走向垄断的资本主义国家需要的创造价值的人。但从中我们也会发现其包含着诸多共性，如对传统教育目的的不满、对人生价值的追求和对社会责任的思考等。其中，一个明显的特点就是社会本位，即主张教育目的应当根据社会的要求来确定，教育的根本目的在于使受教育者掌握社会的知识和规范，教育就是要使受教育者成为社会所需要的、维护社会稳定和促进社会进步的人才。如牧口常三郎对法国社会学者、教育家涂尔干等人的社会学观点倍加推崇且多有吸纳。涂尔干是教育社会学的创始者，在他的学说中，始终把教育与社会联系起来分析，他的教育学说实际上是其社会学的一个重要组成部分。在涂尔干看来，教育是一个社会事物，学校是社会的缩影，教育的目的在于使儿童的身体、智力和道德状况都得到某些激励与发展，以适应整个社会在总体上对儿童的要求，并适应儿童将来所处的特定环境的要求。

综上可见，尽管陶行知和牧口常三郎都着眼于生活并将教育目的与受教育者的生活紧密联系在一起，或者认为教育要为未来的生活做准备，或者认为生活即教育本身；他们都关注受教育者的本性、本能得到自然发展，注重个人的价值、身心的和谐发展以及人如何幸福生活等现实课题，但无论就其理论还是就其在实践中的体现而言，都是以社会取向为重点的。就其理论而言，他们讲的人不是单个的人，而是作为社会公民的个人，是具有“类”、“群”性的人，就像康德说的“没有一个单独的个人”[①]那样，因此他们所讲的价值，是对公众和大家的价值，而不是对个人私欲的满足。在教育实践中，尽管他们也相当重视个人的自由、主动以及个人的自我发展与自我表现，但他们更重视学生的社会合作精神以及社会责任感的培养，因此他们所讲的个人与社会的统一，不是统一于纯粹的个人自我之上，而是统一于社会的个人之上或个人的社会之上的，其最终目的还是为了大众、为了民族、为了国家乃至整个人类社会的健康发展。虽然他们的教育目的观丝毫也没有脱离个人，但他们都强调：教育无论从哪一个角度来看，都不外是要正确引导未成年人的社会化。基于以上分析，笔者认为，在教育目的观上，他们都属于“社会本位论”者。

第二节 “三创一改”与对生活加以干涉、指导[②]——教育功能观比较

教育目的主要是要解决教育“为什么”的问题，教育功能主要是要解决教育“能做什么”的问题。教育的功能观同教育目的一样，都是人们站在历史的角度，联系当时所在的社会实际所作出的回应。而且，教育功能往往是人们对教育在解决面对社会所面临的矛盾中所应该发挥的作用的理解。考察陶行知和牧口常三郎的教育功能观，会发现，二者都将教育的作用提升到关系个人、国家、社会命运的高度来进行认识，而且将“创造”功能贯穿其中，也是二者教育思想中的精髓和创新之处。

---

① [德]伊曼努尔·康德：《论教育学》，赵鹏、何兆武译，上海人民出版社 2005 年版，第 7 页。

② [日]牧口常三郎：《创价教育学体系》第一卷，刘焜辉译，正因文化事业有限公司 2004 年版，第 63 页。

一、陶行知“三创一改”

面对19世纪中叶以来人们先后在军事、政治、经济上探索救亡图存所作努力的失败,陶行知把教育当作大众、民族、国家解放的武器,试图以教育救国、教育造国对教育功能进行新的发掘。陶行知认为,要救国先得改造国家和改造社会,改造国家和改造社会就先得普及文化,提高人民素质。教育的功能主要是“三创一改”,即创造文化、创造人、创造国家和改造社会。这也是他的“教育是救国的硬道理”的逻辑起点。

(一)创造文化

一是“教育能传播非遗传之文化”。就像他所说“人之语言,非生而知之者,必由渐习而后能。推而言之,世界文化无论千万,皆父母所未能遗传者,而教育能一一灌输之”,故“鄙人谓教育能造文化”。需要说明的是,陶行知所说的“传播”不是一种简单复制式的传播,而是在理解基础上、在结合时代需要和自身特点的基础上进行的一种创造性、发展性的传播。二是教育不仅能传播非遗传之文化,更重要的还在于能“探真知识的泉源”。亦即能把“生而知之”的遗传文化上升为智慧,把“由渐习而后能”的非遗传文化上升为知识,从而区分知识的真伪,进而去伪并引导人们“共同努力去探真知识的泉源”。这便是他创建生活教育理论的重要思想基础。在一定程度上可以说,他把杜威“教育即生活”、“学校即社会”、“从做中学”的理论翻半个筋斗,创立起“生活即教育”、“社会即学校”、“教学做合一”的生活教育理论,就是他利用教育探索真理所取得的重大成果。舍此,很难说他会摆脱杜威实用主义教育思想的束缚,达到“吾爱吾师,吾更爱真理”的认识境界。陶行知之所以与众不同的一点,恐怕就在于他能认识到教育能探索真知识的泉源①。三是教育能改造社会经验。这是他针对当时人们流行的“教育是传递社会的经验”的说法提出的批判性的认识。他认为,“教育是传递社会的经验”这句话不能概括一切教育。因为教育上的经验有个人的,也有人类全体的,我们“要想获得人类全体的经验,必须教学做合一方为最有效力”,因此与其说“教育是社会经验之传递”,不如说是“教育是社

① 李庚靖:《论陶行知的教育功能观》,载《广西师范学院学报(哲学社会科学版)》1999年第2期,第81—86页。

会经验之改造”。这一论断是陶行知对教育能造文化观的新发展①。

(二)创造人

陶行知认为,首先,教育是教人化人。化人者也为人所化,教育总是互相感化的。互相感化,便是互相改造②。教育还能在改造中创造善人,“个人性情中亦有善分子与恶分子,且善分子中亦含有恶,恶分子中亦含有善。教育乃取恶性中之善分子,去善性中之恶分子”。这就是说,教育作用不仅体现在能创造文化,而且表现在能通过创造的文化去改良个人之天性、人之性情,使恶人变善,善者益善。也正是基于此,陶行知对学校的作用进行了高度的肯定,认为学校的势力不小,他能教坏的变好,也能教好的变坏。他能叫人做龙,也能叫人做蛇。因为在那里人们天天能得到改造,天天能取得进步。我们受了周围的影响,常常有变化,或是变好,或是变坏。教育的作用,是使人天天改造,天天进步,天天往好的路上走。

其次,教育能培养生利之人。近代中国民族资本主义的迅速发展,迫切需要大量实用人才,但“老八股”与“洋八股”教育合流,却使大批毕业生成为社会负担,成为无“生利”技能的社会“高等游民”。为了解决这一矛盾,陶行知从经济的角度对教育的功能进行了审度。他把教育分成“消费”与“生利”两种,认为前者是不好的教育,它教人分利不生利,使中国读书的人不去生利,后者才是好的教育,它能使国无游民,民无废才;能教人为自己生利,为社会生利,为国家生利,为民族生利。因此,他认为,真正的教育必须有助于造就能思索、能建设的人,真正的教育是“生利”的教育,是教人发明工具、制造工具、运用工具的教育,甚至是把教民造富、均富、用富、知富视为使命的教育。

此外,教育能养成健全之公民。造就健全公民是陶行知教育功能观在政治上的反映。陶行知从稳固国家的政治高度就教育的功能进行了阐述。他认为,一个共和国的基础稳固不稳固关键要看国民有知识没有。国民如果受过相当教育,能够和衷共济,努力为国家负责,国基一定稳固。要打造共和国家,就必须培养“自主”、“自立”和“自动”的“健全之公民”。这种公民应当具有能做天然界和群界之主、能够自衣自食和能晓得共和国也讲服从三种能力,而这三种能力的养成当以教育为根本。

---

① 李庚靖:《论陶行知的教育功能观》,载《广西师范学院学报(哲学社会科学版)》1999年第2期,第81—86页。

② 陶行知:《陶行知全集》第2卷,四川教育出版社2005年版,第352页。

(三)创造国家

在国家构建模式中,陶行知首推“共和”;在建立共和国的途径中,他力举教育。他认为:“教育之功能,就具大者而言,为立国之大本”①,“教育是共和国的保障”②,“教育能养成共和之要素”,所以“教育能巩固共和之基础”,而且,教育是建设共和最要的手续,舍教育则共和之国不可建。早在1914年,陶行知就萌发了教育造国的思想。他认为当时普遍流行的教育救国思想还不足以真正解决国家所面临的危机,与其这样,不如将救国改为造国来得干脆、明快和彻底。于是,他抓住时代脉搏,及时把教育救国观念转到教育造国上来。尤其是1921年以后,陶行知的教育造国观又上升到一个新的高度,他的教育造国目标开始得到进一步拓展,从一个抽象的共和国定位到五族统一的中华民国。他认为,教育在建造统一的中华民国中,可以而且应该发挥其支撑和保障作用。他深信统一的教育、四通八达的教育可以沟通精神上的贡献和缺乏,可以促成统一的国家,也只有依靠统一的教育、四通八达的教育,才能达到各界合作、南北合作、人同此心、心同此理的局面,才能充分到达五族共和的目的。

陶行知认为,教育不仅能在建造共和国家中发挥独有的作用,而且教育能“把一个穷的中国变成一个富的中国”。不单就教育论教育,而是从教育与经济、政治等多角度去思考教育的功能,始终是陶行知教育思想的闪光之处。比如,从经济的层面看,教育可以富国富民的思想,就是陶行知把教育同社会实际生活、人民大众生活结合起来并在对教育经济功能进行思考的基础上形成的心得。在将中日的经济发展进行一番比较后得出的一个结论就是:日本之所以强,强在其科学发达。而中国几十年来工业为什么不能发达?一因外国之经济侵略;二因人口太多,把储蓄的财富都吃光了;三因科学教育重讲不重做。因此,他把“过去教育政策的失败”看作中国贫穷落后的主因,深信“教育是国家万年根本大计”,主张运用教育力量来把一个穷的中国变成一个富的中国,认为中华民族之最根本之出路,即中国教育之最根本之出路。由于陶行知把教育同中国的富强联系起来,所以他的教育造国观便被赋予了崭新的内容。

---

① 陶行知:《陶行知全集》第11卷,四川教育出版社2005年版,第294页。

② 陶行知:《陶行知全集》第8卷,四川教育出版社2005年版,第8页。

又比如：从政治的层面思考，陶行知认为，教育能“造一个自由平等的新中国”。特别是在“一二·九”运动后，他从血的教训中看清了国民党政府的反动本质，认识到“文化脱离了政治经济便不可思议”，“文化是政治经济斗争的武器”，因此，他把“争取中华民族之自由平等”看做教育不可推卸的天职，将普及教育改为国难教育。全面抗战爆发后，陶行知更进一步认识到教育同政治的密切关系，又及时把国难教育调整为战时教育，并且指出，教育是民族大众人类解放之工具。教育必定能够发出伟大的力量，帮助创造一个自由平等的新中国。

（四）改造社会

陶行知坚信，教育是实现理想社会的工具，它能“创造一个四通八达的社会”。培养社会人，办为社会服务的教育一直是陶行知教育思想的落脚点。早在“五四”时期，陶行知就对教育具有改造社会的功能进行过论述。他认为，教育是制造社会需要事业，教育为改造社会而设，为教育社会人才而设。看到当时风云四起的平民教育运动所带来的社会巨变，陶行知激情如潮、满怀信心地表示“要用四通八达的教育，来创造一个四通八达的社会”，决心运用教育的全副精神，“创造一个可以安居乐业的社会交与后代”。陶行知认为，“人不仅可以认识世界，而且可以通过自己的智慧适应环境，改造环境。教育为社会的一种组织，教育能把环境的阻力化为助力”，并能应用自然界和社会界的助力、阻力去培植幼年人的生活力，使他可以做个健全分子去征服自然，改造社会。在他看来，教育就是教人发明工具、制造工具、运用工具。“生活教育教人发明生活工具，制造生活工具，运用生活工具。空谈生活教育是没有用的。真正的生活教育必以生活工具为出发点。中国教育已到绝境，千万不要空谈教育，千万不要空谈生活；只有发明工具，制造工具，运用工具是真教育，是真生活。”①教育者就是要尽职尽责，教学生掌握一种主宰环境的能力，并使学生在物质环境中做好人。教育者就是要教人生利，让荒山成林，让瘠地长五谷，让人自立、自治、自卫。他在《地方教育与乡村改造》一文中明确指出“教育就是社会改造”，“办学和改造是一件事，不是两件事。改造社会而不从办学入手，便不能改造人的内心；不能改造人的内心，便不是彻骨的改造社会。反过来说，办学

---

① 陶行知：《陶行知全集》第1卷，四川教育出版社2005年版，第98页。

而不包含社会改造的使命,便是没有目的,没有意义,没有生气”。“改造了个人便改造了社会,改造了社会便也改造了个人。”①

值得一提的是,陶行知主张在社会改造的过程中,教育一定要教人同时打破“造富的心理上的最大障碍”,即“贫而乐”、“不劳而获”、“劳而不获”三种人生观,“重订人生价值标准”。既要教人民做机器的主人,不做机器的奴隶;也要教人少生小孩子,培养“创造富的社会的精神”。要通过教育,让人懂得用知识去造财富、用财富去求知识的道理。他反复告诫人们不当守财奴,不做“大头鬼”(守知奴),不要教人创造富的个人,而是要教人创造富的社会。当然,教育的终极功能还是教育人们面向人类共息共存的世界去创造一个和平互助的新世界。在他看来,在劳力上劳心的教育,才能造就在劳力上劳心的人类;也唯独在劳力上劳心的人类,才能征服自然势力,创造大同社会。到1931年,随着世界交往与联系的日益加强,平等互助成为世界全人类的共同愿望。陶行知注意到“平等的互助”不但是我们民族的出路,也是世界人类的出路。“九一八”事变使他对教育在国难中的作用达到一个更高的境界,对教育的内涵和外延有了一个全新的认识。他认为教育就是力的表现、力的变化,实则整个宇宙,也就是一个力的表现、力的变化的过程。教育不仅是中华民族解放之工具,而且是世界人民解放的工具。只有全人类都变成反侵略的真力量,一个和平互助的新世界才能到来。由此看来,陶行知教育改造社会的观点不仅仅是局限于一个国家、一个民族,而是着眼于整个世界、整个人类的变革。

显然,陶行知对教育与政治的关系没有进行正确的定位,从而导致对教育的功能的过高估计。

二、牧口常三郎:对生活加以干涉、指导

牧口常三郎的教育功能观与他的教育目的观自成一体,准确地说,他的教育功能观是他在对教育目的进行定位的基础上对教育作用的认识。同陶行知一样,牧口常三郎将人生和自己处所的社会背景作为思考问题的落脚点,不仅看到了教育的传递、改造和创造作用,认识到了教育在改变和完善人自身、妥善处理人与人以及人与社会的关系方面的重大意义,而且对教育

---

① 陶行知:《陶行知全集》第1卷,四川教育出版社2005年版,第352页。

在培养人的创造力、指导人创造、帮助实现人生价值方面的作用给予了更多的关注。在他看来，尽管教育的作用很多，涉及方方面面，但归根到底，还是在于“对受教者本身所进行的生活加以干涉、指导”。其主要体现在以下几点：

（一）使受教者获得幸福的生活①

牧口常三郎指出，过去的教育哲学几乎与现实生活脱节，企求的是现实生活以外的某些存在，这可以说是教育难以走出困境的真正原因。牧口常三郎认为，生存是每个人的第一需要，生存是人的命运，是人人所渴望的。如果不想生存就不需要顺从“不许不”、“当为”的法则；既然命运注定人要生存，就有“不许不”或“当为”的法则，要达成生存的目的，就要了解和适应环境，就必然要遵守“不许不”或“当为”的法则。舍此别无选择，这是人类共同的命运。自古以来，人类会尽量收集口碑、传说、文献或遗迹，了解自古以来人类是如何适应自然现象的因果法则，其目的就是为了避免不幸、重蹈覆辙，以增进幸福的生活。在此目的之下，把自然现象之因果法则加上人类意志的人为因果关系作为研究对象，去比较观察，从不断变化的外观去发现恒常不变人为因果的法则，予以抽象化，以此作为新生活的标准或原则。这便是人类与动物的区别所在。他说，各种动物所接受的教育是灌输。也就是，各种动物都是被它们的双亲积极地灌输。这种灌输，可以让潜在于动物中的某种本能发展，然而并不能使动物进入崭新的生活。动物主要是凭借其与生俱有的各种本能机制而生存。至于人类，“虽然个人和团体不断产生、消亡，但是社会本身，不仅在规模上而且在智力生活上继续存在、发展。社会历史中某个特定时期取得的成就，没有随着人们的死亡而消亡，而是以口头的传说或记载的文献保存下来传给后代。随着一代又一代人将新发现的财富补充到社会发展的智力生活中，社会变得越来越丰富、越来越广博”②。而且，因为社会生活所需的各种技能非常复杂，而这些复杂的各种技能不可能存在于我们的身体组织中，或者说，这些技能不可能从这一代遗传到下一代，要完成传递这些技能的任务只有靠教育。所以说，教育的首要职能就是有效地传授人类一代代积累的知识和经验，使人类有创造性地、更好地生活。

---

① ［日］牧口常三郎：《创价教育学体系》第一卷，刘焜辉译，正因文化事业有限公司2004年版，第153页。

② ［日］牧口常三郎：《人生地理学》，陈莉等译，复旦大学出版社2004年版，第159页。

牧口常三郎认为,教育目的决定教育功能的定位和发挥,教育的终鹄与人生目的是一致的,教育不能脱离或忽视受教者的生存这一直接目的。教育的作用首先在于意识到受教者应该达成的目的,有意识、有计划地探索并确立“当为”的法则,并把既有的生存法则应用到人生的目的上,即让人生顺应存在法则,遵守法则并通过活动来达成目的,完成生活。简单地说,教育的使命就是对受教者本身所进行的生活加以干涉、指导。或者说,教育的作用就是要“使无目的的生活变为有目的生活,无意义的生活成为有意义的生活,无价值的生活成为有价值的生活,反价值的生活成为正价值的生活。低价值的生活成为高价值的生活,无意义的行为成为有意义的行为,有害的行为改成有利的行为,不良的行为改为善良的行为”[①]。为此,教育目的不应该由教育学者独断决定,而应该是观察生活现象,综观人类共同的生活方向,顾及父母和国家的需求,从而找出人生的终鹄,彻底改变过去确定教育目的乃是基于对前辈人格的信任与崇拜而无批评、无条件地信仰、盲从的局面,并着眼于人的生存。

(二)增进个人社会化[②]

牧口常三郎从人的社会属性出发对合作的重要性进行了充分的强调。他认为,教育的终鹄就是要让人幸福地生活,而要幸福地生活,首先得了解个人与社会相互依存的关系,特别是对社会的作用要有足够的认识,进而在每一个人生命中形成“社会部分”。

他说,人的概念不仅是指有感觉有形的身体,还包括以身体为基础的精神一面。然而社会则远远超出人们生活的具体环境,它是人们共同生活构成的一个无形的关系体。社会不单是人的简单组合,而是精神和灵魂的联合体,就像放着一支笔、一瓶墨水、一些铅笔、纸和上面放着书的桌子之间的关系。社会是“具有共同目的和相当恒久的精神关系,集合在一定土地上,生活在一起的众人的团体”[③]。社会这个名词所代表的内容,并不是

---

① [日]牧口常三郎:《创价教育学体系》第一卷,刘焜辉译,正因文化事业有限公司2004年版,第18页。

② [日]牧口常三郎:《创价教育学体系》第一卷,刘焜辉译,正因文化事业有限公司2004年版,第172页。

③ [日]牧口常三郎:《创价教育学体系》第一卷,刘焜辉译,正因文化事业有限公司2004年版,第180页。

一个可以感觉得到的有形存在，乃是以此实体为基础的无形结合体。就如同“人”的概念内容一样，不只可以感觉得到它是有形的身体，而且也包括以身体为基础的精神层面。社会不只是人的群集，也是精神的结合体。然而，因为此结合并不是有形的，所以很难出现在人类的意识上。许多人虽然过着社会生活，置身于结合体之中而未曾去意识它，其原因即在于此。事实上，人不能独立生存，我们不能隔离我们自己与社会的关系。如果我们进一步对个人和社会所需要的幸福进行分析，会发现二者并不相排斥，而且，后者特别重要。他指出，我们的生活总是与其他人的生活紧密相联的。忽视这一点，就是一种狭窄的自我主义，那样的人终究会成为吝啬和心胸狭窄的人。因为真实的幸福不完全是个人的，真实的幸福来自与他人和社会共同实践和分享成功。为此，我们必须牢记住“如果个人的幸福要得以长久的话，就需要进行社会合作和奉献”[①]的道理。教育的作用就在于培训有价值的人，统整出一个社会人该有的共同性的人格，这不仅符合社会需要，也最符合父母心理。

牧口常三郎指出，教育是个体社会化的一个重要方面，教育的作用就在于帮助个体社会化。无论何人都不可能离群索居，人只有在受到社会整体的影响下才能生存。社会为我们提供了衣、食和住，还保障了我们的财产和生命。社会是我们生活的一个组织，没有它，我们就无法生存。人不能仅仅考虑自身的基本需要和安全，还要考虑构成幸福的各个方面。许多人并没有意识到他们从社会中得到的利益，而只是关注自己私人利益。他们“只意识到私生活，把公共生活的恩惠置诸脑后，因此，只知主张权利而忽略自己应尽的义务”[②]，这种人就是一点不方便也难以忍受。他们只呼吁权利，而不关心与权利相伴的责任。教育的失误就在于让人们只意识到社会为每个人提供的幸福，而没有让他们认识到必须与他人和谐相处、遵守道德，以及除了参与社会的有效创造获得幸福而别无他途的道理。没有这种交换，也就没有公正和人性的社会。教育必须改变冷漠的态度、自我中心意识而形成社会责任意识，必须让人们认识到自己应该对自己生活的

---

① ［日］牧口常三郎：《创价教育学体系》第一卷，刘焜辉译，正因文化事业有限公司2004年版，第25页。

② ［日］牧口常三郎：《创价教育学体系》第一卷，刘焜辉译，正因文化事业有限公司2004年版，第173页。

社会和国家的责任。教育就是要培养社会所需要的个人品质，让人们了解自己应有的权利和应该对社会承担的义务，使他们成为社会的价值创造者，使他们懂得如何适应社会并为社会尽其所能地作出贡献。或者说，教育的作用就是要让那些本来就是社会成员之一、仰赖各方面的恩惠生存却毫无意识的人去意识到社会生活。要让他们了解并认识社会是有机组合团体，社会力量远大于个人力量的总和，也保证与维护每一个人的生活的道理。同时，要使其感受到自己贵重的生命和安乐幸福的生活完全得益于社会广大无际的力量，从而唤起其社会意识，并且促使他们去研究使自己和他人都能过着幸福的生活的办法和途径，使其领悟到唯有尊重与顺应共存共荣的社会生存法则，别无选择的公理，从而顺应社会生活，达到人己共荣的和谐。如果可能，“还要使其率先进入感恩报答的贡献生活，努力去创造可以营造幸福安乐的共同生活之社会”①。总的说来，美好的生活是由个人的奋斗得来的，而幸福的目标只有通过个人生活所依赖的团体才能够实现。因此，教育应该在帮助个人理解如何实现美好的生活的方式上提供专门指导。此外，还应培养个人为社会做积极贡献的能力。牧口常三郎认为，目前教育体系的严重缺陷就是没有根据这些更高的目标向人们灌输社会意识。

(三)使受教育者创造人类价值②

牧口常三郎认为，人类要生存，就要去创造。依赖物质生活是每个人必须迈出的第一步。只有具备了最基本的物质条件，才能谈得上精神生活。而不管是物质生活还是精神生活，都必须依赖人的创造。创造是人的本质特征，每个人除非其创造潜能被窒息或毁灭，一定会表现出他的创造性。人类不能增减自然物质，但他有创造价值的能力。或者说，我们有能力根据生活需要改变物质形式。

在他看来，创造价值就是人性，当我们赞扬人的力量时，实际上就是承认他们创造价值的能力。不过，这种能力能否得到培养和发展，关键只能通过教育获取，不能通过遗传获得。而且，创造价值方向的定位，即为谁创

---

① [日]牧口常三郎:《创价教育学体系》第一卷，刘焜辉译，正因文化事业有限公司2004年版，第172页。

② [日]牧口常三郎:《创价教育学体系》第一卷，刘焜辉译，正因文化事业有限公司2004年版，第122页。

造价值导向的形成,关键也在于教育。他认为,创造是人的教育中的独有特性。尽管其他动物也可以从父母那里学到一些生活的必要技能,但那只是一种能动反应。然而,“个人的能量经常浪费在无目的的生活、冷漠或没有积极的意义的活动上。人的行为习惯一旦形成,则很难改变。所以,对于青少年要用价值创造的观念来正确引导。这就是教育存在的理由”①。教育的根本问题是应该引导人去创造什么样的价值。教育应使每个人按照社会的需要去创造生活,人应该运用其创造能力去最大限度地提高自己的生活并为社会创造利益,这就是他所说“创造价值”的真意。

在牧口常三郎看来,人一出生即被注定要参与团体、维持社会生活,就得顺应环境,担任分配给自己的最适当的工作,也就是承担一部分工作来贡献社会,其他部分的缺陷,则在他人帮助之下保证自己的生活,以安心生活过日子,这就是这个世界的常态。共同生活是每一个人所面临的现实,而共同生活的重要前提就是进行创造。“只依赖利用他人的长处,而自己没有相对的长处者,终究只能寄生于他人的生活,将被他人蔑视,而无永久的共同生活可言。即使亲戚故旧之间有共同生活,也无法维持长久。”②为此,完整的、幸福的、成功的人应该是既能为自己的生活又能为与他人的生活相互联系的整个社会进行创造的人。牧口常三郎特别强调价值与人生幸福的一致性。他指出,人的尊严在于创造价值,人的价值依他所创造的价值而定。人不应该只关心自己得到了什么,更应该关心自己为他人、为社会创造了什么和创造了多少。幸福的程度取决于创造价值的大小。教育的作用就是要让人懂得幸福的含义,以及幸福同每个人为社会所创造价值的大小成正比这一道理。

表面上看,陶行知和牧口常三郎对教育功能的看法有所不同,但细究起来会发现,其实质大体一致,那就是教育对价值人生的形成与和平世界的构建起着决定作用。他们从人的生存生活、人的社会化以及创造人生价值出发,就教育对人类生活经验的传承作用进行了充分肯定,并认为人类是顺应自然现象的因果法则生活的。教育在指导人们积极地顺应新的生

---

① Education for Creative Living: Ideas and Proposals of Tsunesaburo Makiguchi, Translated by Alfred Birnbaum, Edited by Dayle M. Bethel, First edition, 1989, p. 28.

② [日]牧口常三郎:《创价教育学体系》第一卷,刘焜辉译,正因文化事业有限公司2004年版,第215页。

活环境，在人类收集口碑、传说、文献或遗迹，了解自古以来人类是如何适应自然现象的因果法则，充分吸收前人的智慧，在创造人生、社会和国家等方面发挥着重要作用。尤其是，教育在人的社会化进程中，帮助人们正确地认识自我，处理好人与自然、与他人、与社会的关系，唤起其社会意识，促使人们去研究如何才能使自己和他人都能过上幸福的生活，使其领悟到尊重与顺应共存共荣的社会生存法则，特别在增进人的创造力、实现人生价值等方面也起着不可替代的作用。

特别需要指出的是，虽然他们没有对人的本质进行专门的阐述，但他们在人与社会的关系方面的看法，在某种程度上说，与马克思所提出的"人是一切社会关系的总和"的观点是一致的。他们透彻地告诉人们：每个人的生活既是自己的，同时也必须是属于他人或社会的。在社会中，贡献的生活尤其重要，因为身为生活在这个社会的一分子，就没有绝对不交换、孤立或单独的生活。这就是说，在社会中人们必须参与物质与物质、物质与精神和精神与精神之间的交换。交换就必须进行价值创造，而培养受教育者创造的能力正是教育的题中之义。这也是陶行知生活教育思想和牧口常三郎创价教育思想的真谛。

第三节　"生活即教育"与走向生活、走近自然和社会——教育内容观比较

教育内容是实施教育的重要载体，直接关系到教育目的能否实现，关系到教育功能是否能得到有效的发挥。对此，陶行知与牧口常三郎根据自身对教育目的和教育功能的认识，强调以生活为核心，并提出了自己的见解。

一、陶行知：生活即教育

教育内容是陶行知生活教育思想的理论体系的主要板块之一。"生活即教育"是陶行知对教育本质的诠解，也是他整个教育思想的主轴。也可以说，陶行知的教育思想就是围绕这一主线展开的。在陶行知看来，生活是教育的全部，生活的内容就是教育的内容。从这一点上看，陶行知的教育内容远比我们通常所指的教学课程外延要广得多，而且是广得无所不包、无时不有、无处不及。就像他所说，"全部的课程包括了全部的生活：一

切课程都是生活，一切生活都是课程”①。

缕析陶行知对教育内容的种种表述，可以看到其中的多层含义：

(一)教育内容必须以生活内容为中心来进行组织

以生活内容为中心不是要求教育与生活联络。因为，“一提到联络，便含有彼此相外的意思。倘使我们主张教育与生活联络，便不啻承认教育与生活是两个个体，好像一个是张三，一个是李四，平日不相识，现在要互递名片结为朋友。联络的本意原想使教育与生活发生更密切的关系，不知道一把它们看做两个个体，便使它们格外疏远了。生活与教育是一个东西，不是两个东西。在生活教育的观点看来，它们是一个现象的两个名称，好比一个人的小名与学名。先生用学名喊他，妈妈用小名喊他，毕竟他是他，不是她。生活即教育，是生活便是教育；不是生活便不是教育。分开来说，过什么生活便是受什么教育：过康健的生活便是受康健的教育；过科学的生活便是受科学的教育；过劳动的生活便是受劳动的教育；过艺术的生活便是受艺术的教育；过社会革命的生活便是受社会革命的教育……反过来说，平日过的是少爷小姐的生活，便念尽了汗牛充栋的劳动书，也不算是劳动教育；平日过的是奴隶牛马的生活，便把《民权初步》念得透熟，熟得倒过来背，也算不了民权教育。没有生活做中心的教育是死教育。没有生活做中心的学校是死学校。没有生活做中心的书本是死书本。在死教育、死学校、死书本里鬼混的人是死人。先生是先死，学生是学死！先死与学死所造成的国是死国，所造成的世界是死世界”②。

(二)生活与教育共存亡

陶行知认为：“教育与生俱来，与生同去。出世便是破蒙，进棺材才算毕业。在社会的伟大学校里，人人可以做我们的先生，人人可以做我们的同学，人人可以做我们的学生。随手抓来都是活书，都是学问，都是本领。”③而且，有什么样的生活就有什么样的教育，生活的质量决定着教育的质量。就像他所说：好生活是好教育，坏生活是坏教育，高尚的生活是高尚的教育，下流的生活是下流的教育，合理的生活是合理的教育，不合理的生活是不合理的教育，有目的的生活是有目的的教育，无目的的生活是无

---

① 陶行知：《陶行知全集》第2卷，四川教育出版社2005年版，第297页。

② 陶行知：《陶行知全集》第2卷，四川教育出版社2005年版，第527—528页。

③ 陶行知：《陶行知全集》第3卷，四川教育出版社2005年版，第206页。

目的的教育。所以，一天之内，从早到晚莫非生活，即莫非教育之所在。一人之身，从心到手莫非生活，即莫非教育之所在。一校之内，从厨房到厕所莫非生活，即莫非教育之所在。总之，教育无处不在，无时不有。从这个意义上看，人生便是活到老、做到老、学到老。

(三)教育内容必须“鲜活”

要达此目的，首先得要用活的人去教活的人。教员和学生两下都要是活的，两下要都能发生密切的关系。教员的一切，要影响到学生身上去；学生的一切，要影响到教员身上去①。活的教员与活的学生，好像汽车一样，学生比如是车，教员比如是车上开机器的。机器不开，车自然不动。教员对学生，若不以活的教材去教他，他自然也就不能进步。学生向前进，教员也要向前进，都要一同并进。若只是学生前进，而教员不动，或者学生要前进而教员反加以阻碍，这只能说是死的人教活的人，不能说是活的人教活的人。其次是要拿活的东西去教活的学生、拿活的环境去教活的学生。比如拿一件花草来教授儿童，将这花草解剖开，研究其中的奥妙，看他是如何构造的。又比如沙漠本是干燥的，我们可以设法使他出水。当然，文化进步是没有止境的；世界环境和物质的变化，也是没有一定的。活的教育，就是要与时俱进，要把所教授的东西，都能使学生领会得到，能连贯得起来，使学生的脑筋有个系统，不致混乱。活的教育，就要随时随地地拿些活的东西去教那活的学生，将学生养成活的人才。此外，要拿活的书籍去教小孩子。书籍所记载的，无非是人的思想和经验。个人的思想、经验要是很高尚，与人生很有关系，那就可算是活的书籍。若是那著书人的思想、经验都没有什么价值，与人生没有关系，那就是死的书籍。我们教授小孩子，对于书籍的死活，就不能不慎重②。年年爬起来卖旧货的教员害人害己，“是教育中的败类”③。办教育的传文化的人，必须运用环境里的活势力，去发展学生的活本领——征服自然改造社会的活本领④。

(四)教育内容必须为生活服务

陶行知认为，为教育而办教育，或是空嘴说白话，都不能算是真正的教

---

① 陶行知：《陶行知全集》第1卷，四川教育出版社2005年版，第344页。

② 陶行知：《陶行知全集》第1卷，四川教育出版社2005年版，第345页。

③ 陶行知：《陶行知全集》第1卷，四川教育出版社2005年版，第346页。

④ 陶行知：《陶行知全集》第1卷，四川教育出版社2005年版，第85页。

育，教育必须是有所指向的，必须服务生活。以抗战救国为例，一切课程都以抗日救国做中心。凡与抗日救国无关的都不教或是缓教。办战时教育就是要为民众战时的生活服务，处处以抗战为对象，使各个民众一切生活动作，悉含有抗战之意味。抗战建国的教育，就是要力求长进，把自己的集团变成抗战建国的真力量；就是要影响整个教育界共同求进，帮助整个教育界都变成抗战建国的真力量；就是要参加在普及抗战建国的生活教育的大运动里面帮助全民族都变成抗战建国的真力量；就是要参加在普及反侵略的生活教育的大运动里面帮助全人类都变成反侵略的真力量①。要通过教育，让人们认识到教育只是民族大众人类解放的工具；认识到"生活之变化才是教育之变化，便自然而然地要求真正的抗战教育，必须通过抗战生活"；认识到"社会即学校，便不会专在后方流连"；认识到"人民集中的地方便是教育应到的地方"；认识到"集团的生活的力量大于个人的生活的力量，即认识集团的教育力量大于个人的教育力量"；认识到"'生活影响生活'以及人人都能即知即传，故不但顾到成人青年而且顾到老年人与小孩子，整个民族不分男女老少都必然的要他们在炮火中发出力量来"②，否则教育就没有达到我们的目的。

二、牧口常三郎：走向生活、走近自然和社会

与陶行知相比，牧口常三郎的教育内容观主要有二：

（一）教育内容应该紧紧围绕生活来设计

在教育内容方面，牧口常三郎虽然没有像陶行知那样提出"生活即教育"的口号，但他从人生快乐幸福生活的目的出发，与陶行知一样反对脱离实际，反对毫无顾忌地无视环境、追逐眼前利益而抛弃优良传统；反对把孩子和青年人整日关在学校，切断他们和自然环境、家人以及社会的联系，并强迫他们学习等违反教育规律和人的身心发展规律的做法，主张教育内容应该紧贴生活，而且应该围绕生活设计课程。并且认为，如果学问和生活、教育和生活之间是隔离分开的话，那么孩子们的健康成长是不会成立的；学问来源于生活又归宿于生活，没有学问的生活只能暗中摸索，脱离生活

① 陶行知：《陶行知全集》第 4 卷，四川教育出版社 2005 年版，第 228 页。
② 陶行知：《陶行知全集》第 4 卷，四川教育出版社 2005 年版，第 229 页。

的学问是空虚的;学问来源于生活所以又必须回归到生活中去。学问能引导我们的生活,又能提高我们的生活[①]。而且,我们不能将学习看做是为谋生作准备,而应该是在生活中学习,在学习中生活。不应将学习与实际生活看作是两条不相交的平行线,在人的一生中,它们彼此联系,彼此促进,在生活中学习,在学习中生活[②]。只有以生活为学习内容时,学习对学生们来说才是真实的。也只有这样,才能在学习上真正有所造诣。

(二)课程应该由周围的自然和社会环境组成

在他的处女作《人生地理学》一书中,牧口常三郎从人与自然、社会的关系和生命的价值角度对教育内容生活化进行了阐述。他认为,自然从来都不是与人相隔离的,人的生存从来就没有离开过自然,自然也总是在与人的交往中展示出其丰富的规律和韵致的,所以自然是与人生相关的存在,也正是与人的这种关联性使得自然界也蕴涵着非常丰富的生命意义。

牧口常三郎指出,人的生活成为串联自然环境的核心元素,自然也因此成为人的生活世界的组成部分。而且,二者是一种你中有我、我中有你的关系。一方面,人要始终受到所处的自然环境的塑造。人不仅在肉体上依赖于自然,而且在精神上也依赖于自然,彼此之间进行着广泛的精神上的交往。自然一旦与人发生关系,它就不再是静谧冷峻的独立的客观王国。周围的各种自然现象,会持续地以各种不同的现象来启发我们,启导智慧的形成,陶冶情感的产生。牧口常三郎还把人在精神层面与自然的交往划分为八个方面:知觉的交往,利用的交往,科学的交往,审美的交往,道德的交往,同情的交往,公共的交往,宗教的交往。而这些交往本身就是生活。另一方面,人又可以或应该很好地利用自然。要做到这一点,人就必须了解自然、明白自然与自身之间的共生共存的关系。这就是教育必须从生活开始的理由。此外,由于人们与自然的交往首先是与自己生于斯长于斯的乡土之间的交往开始的,所以乡土知识的学习应为日本学习一切知识

---

① [日]创价学会教育本部:《蓬勃发展的儿童和人性教育——“为了教育而存在的社会”》,ASOKA CORPORATION CO,LTD 制作(非卖品)2006 年版,第 51 页。

② Ethical Visions of Education: Philosophies in Practice, Edited by David T. Hansen, Teachers College Press, Columbia University, New York and London, 2007. p. 76.

的核心[1]。教育内容应该从乡土生活开始。当然，人们还生活在一个开放的世界中，所以教育还应该让人们超越乡土情感或狭隘的国粹意识。

牧口常三郎认为，教育就是要向人们提示人与自然的关系、让人们了解自然对于人的生命的意义所在。教育学应该从观察日常教育生活着手，加以组织[2]。可惜的是，传统的地理学教科书只是僵化的知识拼凑，仅仅是简单罗列山川、湖海、人口、都邑而已。牧口常三郎并不否认作为一本地理学的教科书给人们讲述山脉海洋、矿藏物产、大气运动、动植物分布等知识的必要性，他所反对的是传统教育中单纯从知识到知识的死板做法。他认为，知识的陈述和呈现都应该是从人的生活的视角或从人与自然交往的视角来进行。我们从《人生地理学》一书中的一些章节的标题就可以看出，他把所有的知识与人生联为一个不可分割的整体来看待，如"月亮、星辰与人生"、"地球的运动与人生"、"岛的种类与人生"、"半岛与文明"、"山与人的开化"、"平原与人生"、"河流与人的物质生活"、"人的精神生活与湖泊的关系"、"海洋与心情"、"海峡与人生"……这样就十分自然地拉近了人与自然的距离，同时大自然被视为人的生命和精神的源泉，也赋予了自然灵性和生命。

透过人与社会的关系，牧口常三郎还对教育内容生活化的必要性进行了探讨。他始终认为，人虽然是依赖于自然而生存，但是人又生活在社会中。人在社会中会形成相应的社会意识，产生对社会的归属感。社会是一个活着的有机体，它由活生生的人组成，人有生死存亡，而由人所构成的社会也必然存在着新陈代谢。社会的发展变化从来都不是抽象的，它与人和人共同生活的质量密切相关。因此，认识社会、了解社会进而形成良好的社会关系理应成为每一个人的重要任务。牧口常三郎指出，教育肩负着使单个人向社会人转变的重任。教育是决定个人和良好社会双方都健康快乐发展的关键因素。教育的至关重要就在于它在培养具有良好道德品质的人方面有着不可替代的作用。按牧口常三郎的主张，这种品质的形成又依赖于人们是否认识到了与周围的自然和社会现象的相互依赖和相互联

---

① DVD：Tsunesaburo Makiguchi — For the Happiness of Children，Kinokuniya Company Ltd.，Tokyo，Japan，2006.

② ［日］牧口常三郎：《创价教育学体系》第一卷，刘焜辉译，正因文化事业有限公司2004年版，第98页。

系。换句话说,在人的生活中,只有通过人的某个部位对现象的直接亲身体验才能发展这种认识和意识。牧口常三郎指出,课程应由周围的自然和社会制度组成。书和其他第二手材料是学习者为自己个人经验所作的后备材料,无法替代直接经验。孩子们只有与他身边的自然环境、社会环境进行直接、主动的交往,他们身上所具有的充满人性的全部潜能才能得以发展。在他看来,如果没有类似身边环境一样的第一手的直接经验,人类品性就不可能朝着有益于人类的社会发展的方向发展。牧口常三郎深信人们良好道德的发展,取决于人们是否认识到在人类环境中自然与社会现象的相互依存与相互联结的关系。他相信,这只有通过个人与现象进行个别的直接联系才能实现。教育真正的任务是让被教育者了解自己所处的自然社会环境的意义,让他们的生活融化于自然和社会中,指导他们通过享受所有人创造的价值而去追逐实现幸福生活的思想①。

牧口常三郎始终认为,在学习者生活的社会的自然系统中进行直接学习非常重要,因为道德品质的发展、感激的态度、支撑人生命的对自然和社会系统的好奇心,以及对这些系统的责任感,对于个人的幸福和社会的健康而言是不可缺少的,而这些品格除了身临其境走进自然、走入社会外是不可能通过其他途径来培养的。他断言,间接式、依靠媒介来进行的“二手”学习,在日本已发展到了愚蠢的地步。首先,作为从西方文化背景下移植的产品,这种间接式的教育系统将学习者局限于教室之内,强迫他们去完成毫无意义的课程,正如前面提及:记忆然后忘记,再记忆,再忘记,周而复始。此外,这种教育限制了学习者与其生活社会的自然系统的联系。牧口常三郎强调,如果长期保持这样一种肤浅的学习系统,将会导致个体的不愉快和严重的社会问题,并且对环境造成破坏②。这也恰恰是促使他出版《人生地理学》一书的直接动因。

牧口常三郎还从天才的培养的视角对教育内容生活化的必要性进行了论证。在他看来,历史上的天才与“一般人”的差异不是遗传的问题,那些天才并不是生来就是天才,而是这些天才所拥有巨大的潜能得到了充分

① [日]创价学会教育本部:《蓬勃发展的儿童和人性教育——“为了教育而存在的社会”》,ASOKA CORPORATION CO,LTD 制作(非卖品),2006 年版,第 48 页。

② [日]牧口常三郎:《人生地理学·英文版编者导言》,陈莉等译,复旦大学出版社 2004 年版,第 32—33 页。

开发。尽管他充分肯定书本知识和第二手材料在学习上的地位和重要性，但是他坚持认为孩子们只有通过直接、主动与自然界进行亲自接触，才能发掘出全部潜能。由自然环境、家庭环境和邻居或部落环境组成的、离孩子最近的地理群落，不但应该成为孩子们学习的环境，而且也应该成为孩子们学习的全部课程。因为全世界和整个地球自身的任何方面，都能在孩子们身边的小世界里得到反映，无论它位于何处①。

比较陶行知与牧口常三郎的教育内容观，我们发现他们对赫尔巴特学派的教育思想是持异议的。陶行知的教育思想脱胎于与赫尔巴特传统教育理论相对立的杜威的现代教育理论。牧口常三郎将曾风靡天下并在日本盛行一时的赫尔巴特学派教育学，“如今在教育实践者间，却很少留下痕迹”的现象归因于该教育学说所提出的“学术讨论只停留在肤浅的论调”②。同陶行知一样，在诸多方面牧口常三郎接受了杜威的教育理念。他们反对教材中心、教师中心和课堂中心，重视学生的生活经验，主张教育必须建立在儿童自己的经验的基础上，必须从儿童的生活经验出发。在他们看来，儿童除了就自己的经验范围得以建构具体观念的抽象概念外，都不能称为了解。超出这个范围的理论，不管论者如何加以说明，想要使对方了解，终究是徒劳无功。也就是说，如果超出其经验的范围，儿童将无法了解。如果强迫让他了解，毕竟不是了解事情本身或问题本身，只不过是信任论者而间接认为那就是真理才信任。没有直接经验的参与，要传递相关知识，几乎不可能。所不同的是，牧口常三郎并没有对杜威所提出的“教育即生活”进行“翻跟斗”式的改造，而是一直颇为认同。正如他所说：“杜威说：‘以生活为目的，在生活的情境里，透过生活去达成’这句话，的确值得我们教育人员深省。”③

总的看来，在教育内容方面，陶行知和牧口常三郎都主张走向生活，以生活为核心课程，把教学建立在儿童亲身实践所探取经验的基础上，这与

---

① [日]牧口常三郎:《人生地理学·绪论》，陈莉等译，复旦大学出版社 2004 年版，第 11—12 页。

② [日]牧口常三郎:《创价教育学体系》第一卷，刘焜辉译，正因文化事业有限公司 2004 年版，第 44 页。

③ [日]牧口常三郎:《创价教育学体系》第一卷，刘焜辉译，正因文化事业有限公司 2004 年版，第 153 页。

赫尔巴特把教学理解为在教师传授下学生接受知识的过程根本不同。而且,注重引导学生通过个人的活动进行学习,紧密联系生活实际,有助于增强学生的学习兴趣,有助于发挥学生的主动性、创造性,能在获取和运用知识过程中提高个人的能力。尤其要肯定的是,他们关注生活,强调生活课程,不仅看到了人生活中的动物性生存的意义,而且透过生活发现了人的主体地位,也肯定和彰显了人与动物相区别的人的创造性,而且能够从社会关系的角度来分析人的本质。应该说,他们这些教育思想,符合本国社会发展的需要,也顺应了近代以来世界教育改革的大潮流。

第四章　陶行知和牧口常三郎教育思想比较(下)

第一节　“教学做合一”与讲求“方便”、讲究自然——教育方法观比较

教是为了不教,抚育孩子的目的就在结束抚育①。没有良好的教育方法,再美好的教育目的,再科学的教育内容,都只能是一句空话。这也是陶行知和牧口常三郎在教育方法上的共识。他们认为,教育不是灌输知识,而是要将开发文化宝库的钥匙交给学生,就是要授之以“渔”。

一、“教学做合一”——陶行知的“点金术”

“教学做合一”是陶行知的“点金术”,也是他授给学生的捕“渔”术。

“教学做合一”最早来源于陶行知从美国学成归来后对国内学校里先生只管教、学生只管受教的情形的反省。在他看来,这种教授法的情形以大学为最坏。导师叫做教授,好像是拿知识来赈济人的。这种方法显然谈不上创造,只会泯灭个性,与社会发展的需求背道而驰,必须进行彻底的改革。于是,在南京高等师范学校校务会议上他主张以教学法来代替教授法,并以不接受教育专修科主任名义为抗争砝码。虽然由于传统观念根深蒂固未能得到通过,但在当时无疑成了打破传统教法坚冰的先兆。1919 年,他在《时报·教育新思潮》中发表了《教学合一》一文,向整个教育界喊出了“教的方法要根据学的方法”的心声,并得到了苏州师范学校的首肯。“五四”事起,陶行知乘南京高等师范同事无暇坚持之机,把全部课程中的教授法一律改为教学法,这便成为实现教学合一的发端。1922 年新学制颁布后,陶行知进一步主张:事怎样做就怎样学,怎样学就怎样教;教的法子要

---

① 费孝通:《乡土中国》,北京大学出版社 1998 年版,第 38 页。

根据学的法子，学的法子要根据做的法子，使教学合一发展到“教学做合一”，形成了“教学做合一”理论的雏形。

陶行知对“教学做合一”极为推崇，认为“教学做合一是全人类教育历程之真相，无论男女老幼，丝毫没有例外。只有飘流到荒岛的鲁滨孙可以跳出教学做合一的法掌”[①]。他把“教学做合一”当作中国教育死而复生的唯一良方。他认为，整个中国教育尤其是中国乡村教育走错了路，他教人离开乡下向城里跑；他教人吃饭不种稻，穿衣不种棉，做房子不造林；他教人羡慕奢华，看不起务农；他教人分利不生利；他教农夫子弟变成书呆子；他教富的变穷，穷的变得格外穷；他教强的变弱，弱的变得格外弱。如果不悬崖勒马，将会跌入万丈深渊。为此，必须建设适合乡村实际生活的活教育。他立意要从乡村实际生活中产生活的中心学校；从活的中心学校中产生活的乡村师范；从活的乡村师范中产生活的教师；从活的教师中产生活的学生、活的国民。陶行知反复强调“活的乡村教育要有活的乡村教师。活的乡村教师要有农夫的身子，科学的头脑，改造社会的精神。活的乡村教育要有活的方法，活的方法就是教学做合一”[②]。

“教学做合一”被陶行知喻为“一条鞭”法。其含义主要包括以下几个方面：

(一)“教学做”互相依存

教的法子根据学的法子，学的法子根据做的法子。事怎样做就怎样学，怎样学就怎样教[③]。一方面，“教学做合一”以生活为中心。它的实验室是大自然和大社会，不像“道尔顿制”那样专在书本上做工夫[④]。另一方面，它是生活的说明：在做上教的是先生，在做上学的是学生。从先生对学生的关系说，做便是教；从学生对先生的关系说，做便是学。先生拿做来教，乃是真教；学生拿做来学，乃是实学。不在做上用工夫，教不成教，学也不成学。一个活动对事说是做，对己说是学，对人说是教[⑤]。

---

① 陶行知：《陶行知全集》第1卷，四川教育出版社2005年版，第113页。
② 陶行知：《陶行知全集》第1卷，四川教育出版社2005年版，第85页。
③ 陶行知：《陶行知全集》第1卷，四川教育出版社2005年版，第89页。
④ 陶行知：《陶行知全集》第2卷，四川教育出版社2005年版，第10页。
⑤ 陶行知：《陶行知全集》第2卷，四川教育出版社2005年版，第11页。

（二）"教学做合一"必须着眼于实际

"教学做"，有死的，也有活的。陶行知认为"从前用嘴舌为教，用耳目为学，用手为做，那便是机械了，把教学做三个字都看死了"①。我们的耳、目、口、舌、四肢百体，统统是脑筋发号施令的器官。做一事，用得着什么器官，便用什么器官，这才是活做。"教学做合一"有有意义的做与无意义的做。人家怎样做，我也怎样做，而不求其所以然，便是无意义的做。在劳力上劳心，手到心到才是有意义的做。为此，"教学做合一"要围绕战胜实际的困难、解决实际的问题、生实际的利、格实际的物、爱实际的人、求实际的衣食住行、回溯实际的既往、改造实际的现在和探测实际的未来等日常生活进行。只有在做这些事上去学、去教，这样教成的与学得的才一定是真本领。实行这种"教学做合一"的学校或社会，绝对会脚踏实地地帮助人类向前运行。

（三）"教学做"是一件事而不是三件事

"教学做合一"要求在做上教，在做上学。"做"字既是"教学做合一"的中心，也是"教学做合一"的落脚点。"教学做合一"中，做的意义决定着学有意义和教有意义。做什么事，便看什么书，问什么人，用什么工具，那么才做得好，学得好，教得好②。"教学做合一"的理论的落脚点集中在"做"字上。"做"含有行动、思想和新价值的产生三大特征。做是发明，是创造，是实验，是建设，是生产，是破坏，是奋斗，是探寻出路③。不做无学；不做无教；不能引导人做的教育，是假教育；不能引导人做的学校，是假学校；不能引导人做的书本，是假书本。在假教育、假学校、假书本里自骗骗人的人，是假人——先生是假先生，学生是假学生。假先生和假学生所造成的国是假国，所造成的世界是假世界。判别真假的标准就是"做"。特别值得注意的是，陶行知对"做"所赋予的新内涵，就是"在劳力上劳心"。陶行知认为，单纯的劳力，只是蛮干，不能算做；单纯的劳心，只是空想，也不能算做；真正的做只是在劳力上劳心。为此，做一件事便要想如何可以把这件事做好，如何运用书本，如何运用别人的经验，如何改造用得着的一切工具，使这件事做得最好。做的时候还要想到这事和别事的关系，想到这事和别事的相互影响。我们要从具体想到抽象，从我相想到共相，从片段想到系统。这都是在劳力

---

① 陶行知：《陶行知全集》第 2 卷，四川教育出版社 2005 年版，第 11 页。
② 陶行知：《陶行知全集》第 12 卷，四川教育出版社 2005 年版，第 2 页。
③ 陶行知：《陶行知全集》第 2 卷，四川教育出版社 2005 年版，第 529 页。

上劳心的工夫。如果不能如此，便不是在劳力上劳心，便不是做。

(四)落实“教学做合一”必须具体问题具体分析

陶行知认为，做什么事便用什么器官。耳、目、口、鼻、四肢百体都是要活用的。所以有的事要用耳做；有的事要用眼做；有的事要用嘴做；有的事要用脚做；有的事要用手做；有的事用它们合起来做。教学做是一件事的三方面：对事说是做，对自己之进步说是学，对别人的影响说是教。做要用手，即学要用手、教要用手；做要用耳，即学要用耳、教要用耳；做要用眼，即学要用眼、教要用眼。做要用什么器官，即学要用什么器官，教要用什么器官。做不但要用身上的器官，并且要用身外的工具。陶行知指出，“一提到教育就联想到笔杆和书本，以为教育便是读书、写字，除了读书、写字之外，便不是教育”的看法是错误的。而且，中国现在的教育，普遍犯了错用工具的毛病。中国的教员、学生，实在太迷信书本了。他们以为书本可以耕田、织布、治国、平天下；他们以为要想耕田、织布、治国、平天下，只要读读书就会了。于是，学校专重书本，讲书便成为教，读书便成为学，而用锄头、斧头的便算为做。实际上，这是教学做分家。他们忘记了书本也是“做”事所用的工具，与锄头、斧头是一类的东西。做一件事要想做得好，须用锄头便用锄头，须用斧头便用斧头[①]，须用书本便用书本，须合用数样、数十样工具便合用数样、数十样工具。我们不排斥书本，书本是个重要的工具，但决不许书本做狄克推多[②]，更不许它与“做”脱离关系，而成为所谓“教学”之神秘物[③]。

(五)“教学做合一”必须处理好直接经验与间接经验的关系

“教学做合一”的理论，既不曾主张普通人去模仿特殊人物的特殊事业。“教学做合一”的实际，也不曾主张现代人去复演前代人物过去所做的事业。它需要我们处理好直接经验与间接经验的关系。一方面，树立“做”是“学”的一切、“教”的一切之基础的观念，在“亲知”上下功夫；另一方面，人生短暂，所以我们更要充分了解或运用人类全体的经验，并以个人的经验做基础，来吸收人类全体的经验，把“亲知”建立在“闻知”和“说知”的基础上，把间接经验安顿在自己经验里去举一反三。

---

① 陶行知：《陶行知全集》第 2 卷，四川教育出版社 2005 年版，第 19 页。

② 狄克推多(Dictator)：独裁官，罗马共和国中握有非常时期权力的官吏。执政官和其他官吏必须听从独裁官的命令。

③ 陶行知：《陶行知全集》第 2 卷，四川教育出版社 2005 年版，第 20 页。

二、讲求“方便”、讲究自然——牧口常三郎的“金钥匙”

牧口常三郎的教育方法观虽然没有陶行知提出的“教学做合一”那样理论化和系统化，但他所主张的“讲求‘方便’、讲究自然”的教法也不失其自身的特色。

（一）实施“讲求‘方便’、讲究自然”的关键在于因材施教

牧口常三郎认为，因材施教才可以为孩子打开创造之门。学习应是出自每位学习者因自身爱好和动机而滋长的好奇、多问的探究心理。也就是说，学习应是一个诱导、启发的过程。教育要重视每个孩子的情感和差异，应该“随机施教、应病与医”。“教育不单是以传授知识为目的，而是指导学习方法；不是单纯的知识的灌输和反馈，而是通过自己的努力学会掌握知识的方法，找到打开知识宝库的钥匙。”①他曾以日本地理教学的死板机械为例怒斥扼杀孩子天性的僵化的教育体制。他认为，日本的教育体系，从小学到大学都是基于唯一的标准，即通过考试来量化实际知识的掌握水平，并借此判断学生的某个科目是否及格。尽管我们周围充满了丰富的事例和信息，但令人震惊的是，如此多的人特别是教师，忽略了这种意义深远的观察法，而只坚持死记书本知识。他们阅读，然后忘记，再读再忘，读过又忘，忘了又读……如此循环②。而且，在日本的学校，没有一个学科的教育像地理学那样可悲和荒谬，不但在小学而且在初中也是如此，学生们死记硬背山脉、江河、湖泊以及城市名称和人口数字，学生们不可能长久地记住这些杂乱无章的事实，所以在他们考完试离开后，剩下的全是无用的支离破碎的知识。难怪学生们一般认为地理学是最没有兴趣，也是他们最不喜欢的学科③。这种悲惨的现实状态使他深深意识到，那些被看作是天才的人，是因为发展了“观察”的方法，才使他们能用敏锐的洞察力和理解力去把握身边真实的自然界，而大多数人只是满足于掌握第二手的信息，而从不会发展与自然界直接面对面联系的能力。由此，他们的生命受阻了，

---

① ［日］牧口常三郎：《創価教育學體系》Ⅳ，聖教新聞社 1980 年版，第 68 页。

② ［日］牧口常三郎：《人生地理学・绪论》，陈莉等译，复旦大学出版社 2004 年版，第 9 页。

③ ［日］牧口常三郎：《人生地理学・英文版序言》，陈莉等译，复旦大学出版社 2004 年版，第 12—13 页。

他们巨大的潜能没有得到挑战也没有变成现实，这对他们、对世界来说都是一个巨大的损失①。牧口常三郎始终坚持的一个主张是，每个人生下来都拥有崇高和仁慈的品质。但是，由于教育方法与自然背道而驰，致使多数人天生的潜能停滞和未得到充分发展。大多数人只是从表面现象去“看见”事物，他们从来没有发展那种起初直接与自然现象打交道的能力，他们宁愿变成书的奴隶。遗憾的是，带着这种肤浅的理解，他们即使是读过上千册书后，依然对那些真正重要的观点和理解一无所知。更可悲的是，他们认识不到自己人生发展受阻、潜藏的巨大能量沉寂的真正原因。

（二）“讲求‘方便’、讲究自然”必须关注受教育者的兴趣

牧口常三郎虽然不赞同传统教育所提出的“三中心”论，但非常赞赏赫尔巴特趣味性的教学方法，他认为：教育绝对不是机械的灌输，应该根据个性与志趣不同，分门别类地施以适当的教育。教学就像饮食一样，如果有父母认为总有一天会成为营养，现在无论如何都应该吃下去，于是把儿童不喜欢的、无法消化的食物强迫他们吃，其效果会适得其反。要么肠胃不能吸收，只会通过消化器官就被排泄出来。要么不能消化而停留在腹中，阻碍以后进来的食物通过，更可怕的是，它会腐化酿成毒素。单纯机械的灌输主义，或者无策略的“人格主义(感化主义)”都是不可取的，传授信息更重要的目的是激发兴趣。教育不应止于传授知识，启发孩子对学习的喜悦与兴奋才是正途②。可惜的是，赫尔巴特学派在兴起二十年后，教育界对赫尔巴特渐渐陌生了，虽然教育政策经历了无数次的更变，人们的思维仍然局限在强行灌输的模式上。牧口常三郎指出，如果说教育的合理作用在于老师向学生一点一点地传输知识，那么就没有必要去考虑教学方法，因为所有老师的任务只是向学生提供教科书。但是，教育的目的恰恰在于激发学生的兴趣，老师的作用主要是在学习过程中引导学生，而且，教师必须面对如何树立并激发学生的学习兴趣这样的技术问题。当然，尽管牧口常三郎充分肯定赫尔巴特强调教学的趣味性，但从总体上看，他更倾向于杜威的教学方法。当然，他没有照搬杜威的“做中学”，而是吸收了杜威注

① ［日］牧口常三郎：《人生地理学·绪论》，陈莉等译，复旦大学出版社 2004 年版，第 11 页。

② DVD：Tsunesaburo Makiguchi — For the Happiness of Children，Kinokuniya Company Ltd.，Tokyo，Japan，2006.

重学生的主体性的思想，并与自身的创造性思想有机地融为一体。

(三)“讲求‘方便’、讲究自然”的教法与命令式的教育格格不入

牧口常三郎认为，纵使学者用命令或权威提出主张，父母或儿童未必会服从。如果不顾儿童现在的幸福，认为现在如此教育，将来可能会有幸福，以这种不确定的目的作为依归的观点，将被人们所摒弃。教育的目的不是传输知识，而是在学习过程中引导学生，将学习的责任放在学生自己的手中，将激发人们产生自我学习的兴趣作为最终目标。教育不是推销信息，而是向人们提供打开知识宝库的钥匙。教师决不可忘记自己只是一个学习过程的配角，不可以代替学生学。学生必须学会学习，而且，除非学生亲身体验所学，不管教师如何努力，都是白费力气①。教师应该放弃只是传授书本知识而去扮演引导学生自我学习的角色，要激发学习的自我意识，培养学生对学习的兴趣和好奇心。这种崇尚自然的教育呼声，从夸美纽斯和裴斯泰洛齐时代起就一直在我们和教育家的耳边响起，但至今没有得到实施。尽管如此，我们仍然应该懂得，随着人类的进步和文化的发展，需要传授的知识量加速增长，无论怎样努力，我们都难以跟上知识更新的步伐。我们唯一能做的事情就是循序渐进地激发学生的兴趣、启发他们的意识和开发他们的能力，通过他们自我启发和自身能力的提高满足未来的需要。牧口常三郎提醒人们，教育在于指导自己学习的观念并非新异，这只是夸美纽斯、裴斯泰洛齐和其他年代教育家的观点的再现。在牧口常三郎看来，日本教育从来没有贯彻人类学习的基本原则。相反，采取的方法是机械、非人性化的。这种方法很不经济，且极为古老和原始。学生只是机械模仿教师，就像钓鱼的人只知道用鱼竿钓鱼而不知道用鱼网捕鱼，农民只知道用传统的铲和锄头耕地而不去思考改变耕作方式一样。“正是因为长期以来拘泥于以往的旧习，而且在此基础上追求日常生活，所以就缺少了关注孩子生活的意识，也正是因为如此，生活中充满着烦恼。但是，当人们多少开始意识到改革的必要性的时候，也自然会因为过去方法的不切实际和不经济而感到悔恨。”②实践证明，现在的老年人中，有很多人虽然在少年时代学过《论语》和《孟子》，但是不用说，他们在长大以后一定都不

① Education for Creative Living: Ideas and Proposals of Tsunesaburo Makiguchi, Translated by Alfred Birnbaum, Edited by Dayle M. Bethel, First edition, 1989, p. 104.

② ［日］牧口常三郎:《創価教育學體系》Ⅲ，聖教新聞社 1979 年版，第 37 页。

知道这些讲的都是些什么意思。因为他们知其然而不知其所以然，所学的没有与自己的自然生活相联系，没有切身体验，更谈不上消化。所幸的是，历史上曾经涌现了“像卢梭等教育改革家的前辈们，他们想要努力改变这种不切实际和不经济的教育方法，也正是多亏了他们，全世界的青少年才能逃离牢狱般的学习生活，而走进现在快乐的学校”①。

(四)“讲求‘方便’、讲究自然”还必须重视学生的亲身参与和体验

牧口常三郎指出，要重视学生生活能力，尤其是创造能力的培养，要让学校成为学生创造的摇篮而不是约束他们的囚笼。为此，他提倡教育要走向自然，走入社会。他甚至鼓励人们通过旅游进行学习。在他看来，通过与外界发生各种关系，我们不仅可以增长见识，延伸视野，会观察到在复杂多样又令人敬畏的大自然中，存在着和谐、对称以及普遍规律。当我们探究人类的历史，企图了解人类的命运时，我们会意识到在这个多变的世界有一种潜在的秩序，存在一种超越于我们控制之外的东西。我们自己只是宇宙中由更高等的东西创造和养育的众多事物中的一员。当认识到这个更高等的、不可思议的东西超出了我们的理解和想象范围时，我们会感到自己非常渺小，能力有限，不知不觉之中，我们的心里就会充满了尊敬和敬畏。此外，自然界确实是我们的教育者、启蒙者、领导者和安慰者，与外界的联系，会使我们的健康、平衡和个性得以成长，而且，我们生活的快乐、所取得的成就与自然界有很多密切的联系，并取决于与自然界亲密的程度。在一定程度上可以说，牧口常三郎创价教育思想的创意得益于他对自然、生活的热爱、亲近以及他从中得到的感悟。

面对当时本国从小学到大学偏重填充、盛行记忆的填鸭主义教育现象，牧口常三郎同陶行知一样，不是无动于衷，袖手旁观，而是以高度的历史责任感和社会责任心，从人的创造性出发，强调教育要以人为本、重视亲身经验与实践，呼吁讲求“方便”、讲究自然的教学方法，注重随时随地关注开发每一个人的创造价值的可能性。不同的是，陶行知将“教学做”三者紧紧捆在一起，且以“做”为核心，并在此基础上，形成了富有自身特色的理论性很强的教育方法论体系。这也正反映了旧中国人们久受封建压抑、迫切需要得到解放的心理诉求。牧口常三郎只是就教育的具体方法进行了探

① [日]牧口常三郎:《創価教育學體系》Ⅲ，聖教新聞社 1979 年版，第 37 页。

讨,更多地停留在启发、自然、体验等具体方法的层面上,而没有形成自身的方法论体系。

第二节 “社会即学校”与半日学校制度——学校观比较

一、“社会即学校”——陶行知为教育设计的康庄大路

“社会即学校”是陶行知的学校观的精辟论述,也是他为教育解困设计的一条康庄大道。在陶行知生活教育理论的“生活即教育”、“社会即学校”和“教学做合一”三大基石中,“社会即学校”观念形成在最后。根据陶行知的论见,“社会即学校”,至少包括以下几重含义:

(一)从教育精神层面看,实现“社会即学校”,可使“死”的教育变为“活”的教育

早在生活教育理论处于萌芽状态时,陶行知就对现时仅仅在意“读书”的学校表示怀疑和不满,指责这种“除书之外,便没有别的事教”的学校所施行的教育,是一种“死的教育”或“不死不活的教育”。他主张要用“活的人”拿“活的东西”来教“活的学生”,养成“活的人才”。及至生活教育理论形成,陶行知进而指出,没有生活做中心的教育是死教育,没有生活做中心的学校是死学校,没有生活做中心的书本是死书本,在死教育、死学校、死书本里鬼混的人是死人——先生是先死,学生是学死!先死与学死所造成的国是死国,所造成的世界是死世界。要使这种以“死书本”来施行“死教育”的“死学校”得到根本的改造,就必须闯开校门,“开笼放雀”,将学校与社会打成一片,这就需要彻底地拆除学校与社会之间的那道高墙——“各人心中的心墙”。必须指出的是,“社会即学校”并非“学校社会化”。他对那种主张“学校社会化”的改良做法是持否定态度的。他认为,学校即社会,就好像把一只活泼的小鸟从天空里捉来关在笼里一样,而且容易弄假。这种把社会里的东西拣选几样缩小一下搬进学校里去的做法,形式上使一只小鸟笼扩大为一只大鸟笼,但它总归是一只鸟笼,不是鸟的世界。社会即学校则不然,它是要把笼中的小鸟放到天空中去,使它能任意翱翔,是要把学校的一切伸张到大自然界里去。生活教育者主张把墙拆去,以青天为顶,大地为底,二十八宿为围墙,人人都是先生,都是学生,都是同学,这样

一来,凡是生活的场所,都成了教育自己的场所。这样的学校才是学校,这样的教育才是教育①。

(二)从教育内容层面看,实现"社会即学校",可使生活与教育联通、"读书"的教育变为"行动"的教育

陶行知认为,一天之内,从早到晚莫非生活,即莫非教育之所在。一人之身,从心到手莫非生活,即莫非教育之所在。一校之内,从厨房到厕所莫非生活,即莫非教育之所在②。生活的变化就是教育的变化。源于人们生活间的接触的教育才是真正的教育。在"生活即教育"和"教学做合一"理论形成过程中,陶行知联系这两个方面认识阐述了"社会即学校"的必要:一方面,"生活即教育"的理论揭明,教育的任务在于"教人化人"并由此而"改造社会",但"寻常人"误认读书为教育,只要提到教育,便联想到读书识字。他们以为一切教育都从读书认字出发。他们只管劝人家识字读书,不顾到别的生活需要,这样"对于改造社会的影响,便是很有限了"。另一方面,"教学做合一"理论判明,因为教学做分家的缘故,所以用一般学校的形式训练人才,绝不会发生很大的效力,也决不能彻底地采用"教学做合一"的办法。即是说,"一面要实现教学做合一,一面又要顾到一般学校的形式,实属绝对不可能"。而且,在这样意义的教育运动的实践中,感到学校教育的狭隘性是当然的,因此真正地教育必须做到"社会即学校"这一点。由此不难看出,实现"社会即学校",也就实现了对传统以读书为教育的学校教育的彻底改造,这样"整个的社会活动,就是我们的教育范围,不消谈什么联络,而他的血脉是自然相通的",而且学校与社会互相促进、共同进步。这种学校、社会的共同进步就是行动——"自然而然地去运用社会的需求",所以生活教育与传统教育的不同之处,即在于"老教育坐而听,不能起而行,新教育却是有行动的"③。

(三)从教育对象看,实现"社会即学校",可使"小众"的教育变成"大众"的教育

在陶行知看来,现时一般意义的学校,只是那些少爷、小姐、政客、书呆

---

① 陶行知:《陶行知全集》第2卷,四川教育出版社2005年版,第399页。

② 陶行知:《陶行知全集》第2卷,四川教育出版社2005年版,第251页。

③ 余子侠:《双子座的光能——黄炎培陶行知教育思想比较研究》,华中师范大学1997年博士学位论文。

子的特殊学校。这种学校教育只是那些有钱、有闲、有面子的人才能接受的教育，这种让特殊阶级接受特殊教育的特殊学校，既不许生活进去，也收不下广大的劳苦大众，所以这种"为读书而读书"的学校教育，只是"小众教育"。对于人民大众来说，"只好承认社会是我们唯一的学校了"。而且，从大众的立场上看，社会是大众唯一的学校，生活是大众唯一的教育，大众必须正式承认它，并且运用它来增加自己的智识，增加自己力量，增加自己的信仰。这样的学校，文的从院长、部长到科员，武的从军长、师长到排长、士兵，又文又武的从警察到学生军……从七十岁、八十岁的老头子到七岁、八岁的小孩子，从博士、硕士到秀才、童生……人才济济，一网打尽。这里，"先生在做上教，学生在做上学。大家都是先生，都是同学，都是学生"①。

（四）从办学路径上看，实现"社会即学校"，才能将教育办出实效

从陶行知给乡村教育的建言中，我们不难发现他主张开门办学的思想。他认为，一方面，学校生活是社会生活的起点。所以，改造社会环境要从改造学校环境做起。在他看来，办学和改造社会是一件事，不是两件事。改造社会如果不从办学入手，便不能改造人的内心；不能改造人的内心，便不是彻底地改造社会。反过来说，办学而不包含社会改造的使命，便是没有目的，没有意义，没有生气。另一方面，学校生活只是社会生活的一部分。学校不是道士观、和尚庙，必须与社会生活息息相通②。而且，只有在社会的监督中、在光天化日之下，学校生活才能敏捷圆满。他主张学校要给人看，"做父母的、管学务的，以及纳教育税的人，都要看学校。要学校改良，做校长的、做教员的，都要欢迎人参观批评，以补自己之不足。学校放在太阳光里必能生长，必能继续不断地生长"③。封闭办学只能是死路一条，一方面，必须实行校务公开，提高办学的透明度。另一方面，学校还要主动地走向家庭、走向社会。在他看来，活的教育不是教育界或任何团体单独办得成功的，必须有一个大规模的联合。"联合中之最应当联合的，就是教育与农业携手。中国乡村教育之所以没有实效，是因为教育与农业都是各干各的，不相闻问。教育没有农业，便成为空洞的教育，分利的教育，消耗的教育。农业没有教育，就失了促进的媒介。倘有好的乡村学校，深知选种调

---

① 陶行知：《陶行知全集》第 3 卷，四川教育出版社 2005 年版，第 495—496 页。

② 陶行知：《陶行知全集》第 2 卷，四川教育出版社 2005 年版，第 252 页。

③ 陶行知：《陶行知全集》第 2 卷，四川教育出版社 2005 年版，第 253 页。

肥、预防虫害种种科学农业，做个中心机关，农业推广就有了根据地、大本营，一切进行，必有一日千里之势。所以第一要教育与农业携手！”与此同时，“教育更须与别的伟大势力携手。教育与银行充分联络，就可推翻重利；教育与科学机关充分联络，就可破除迷信；教育与卫生机关充分联络，就可预防疾病；教育与道路工程机关充分联络，就可改良路政”①。显然，陶行知这种联合办学的思路是切中时弊的，也是符合办学规律和时代潮流的。

需要指出的是，陶行知主张“社会即学校”，并不是主张学校消亡，就像他自己在《艺友制是补师范教育之不足》一文中所申明的那样：“艺友制不是用来代替师范教育，而是用来补师范教育之不足。现在的师范教育虽有缺点，我们的任务是改造不是取消。……这一点不辨明，有些人又可以用作借口来说我们是在企图取消学校教育了（这是带着一种挑拨性的话），而这绝非我们的本意。”②其实，从陶行知对学校作用的论见来看，陶行知不仅不主张取消学校，反而对学校的作用给予了高度的肯定：“学校的势力不小。他能教坏的变好，也能教好的变坏。他能叫人做龙，也能叫人做蛇。他能叫人多活几岁，也能叫人早死几年。”③针对当时中国农村教育落后凋零的状况，他还发过“乡村学校是今日中国改造乡村生活之唯一可能的中心，乡村教育关系三万万六千万人民之幸福，办得好能叫农夫上天堂，办得不好能叫农夫下地狱”的感慨④。

二、半日学校制度——牧口常三郎为创价教育绘制的蓝图

相比较而言，虽然牧口常三郎的学校观的外延不像陶行知那样宽泛，也没有陶行知那样将学校的围墙拆得那样彻底，但牧口常三郎针对明治、大正时代教育中偏重知识的学习、偏重智力教育的状况，提出了教育要走出困境，就必须改变现行封闭的学校运行模式，实施半日学校制度的远识。其要旨有四：

（一）实施半日学校制度可盘活办学存量，提高教育效率

牧口常三郎认为，将小学到大学的学习生活改为半日制，首先可以把

---

① 陶行知：《陶行知全集》第 2 卷，四川教育出版社 2005 年版，第 276 页。

② 陶行知：《陶行知全集》第 9 卷，四川教育出版社 2005 年版，第 14 页。

③ 陶行知：《陶行知全集》第 2 卷，四川教育出版社 2005 年版，第 251 页。

④ 陶行知：《陶行知全集》第 2 卷，四川教育出版社 2005 年版，第 277 页。

以往一天的学习内容压缩在半天，从而可以大大增进效率，达到“将效率提升到半日便习得一日之内容”[①]的效果。牧口常三郎认为，现在的教学内容只用半日已足够，存在着很大的改良空间。更何况青少年在校受教育时间随着义务教育年限的延长而延长，如果不谋求对迄今的教材进行整理，改变教课方法谋求高效的学习效率，要走出教育困境几乎是不可能的。其次，可以充分整合和利用现有的教育资源，盘活教育存量，减轻费用的负担。因为从国家经济的大环境着眼，半日学校制度可以对校舍、师资进行上午、下午甚至晚间两至三次反复利用，从而大大可以降低教育成本、减轻经济负担。

（二）实施半日学校制度的根本要点在于密切学习与生活的关系，让学习与生活同行

牧口常三郎指出，学习不是生活的前奏，而是伴随着生活进行。没有实际生活就没有学习可言。通过学习可以更好地生活，生活的实践反过来又能促成学习的进步[②]。面对日本入学困难、考试地狱、就业困难等状况，牧口常三郎“不希望一千万中小学生在恶劣竞争中受罪的现代苦恼持续到下一代”[③]。这也是“贯穿牧口常三郎教育生涯的主要动机”[④]。牧口常三郎认为，半日学校制度可以消除考试地狱，让多数拥至校门的学生能步入学校的殿堂。更为重要的是，可以使生活与学习一体化。换句话说，半日学校制度的根本要点在于，让人们懂得学习与生活应该相携而行、没有实际生活就没有学习可言的道理，从而通过学习更好地生活，同时，通过生活的实践更好地促成学习的进步。

牧口常三郎指出，现在的学生普遍偏好对书本的钻研，既错过了身体的锻炼，也难免会产生厌恶劳动的思想。青少年是学习的最佳时机，一旦错失便再也无法挽回，乃至终生遗憾。与少时乃是最佳学习时期同理，如不在这段时期养成勤劳的习惯，错过这段时期将悔之晚矣。等到人到中年，变更职业本来就不容易，而要求懒惰成性的人从事勤快的职业自然难

---

① ［日］牧口常三郎：《創価教育學體系》Ⅲ，聖教新聞社 1979 年版，第 247 页。

② ［日］牧口常三郎：《創価教育學體系》Ⅲ，聖教新聞社 1979 年版，第 250 页。

③ ［日］牧口常三郎：《創価教育學體系》Ⅲ，聖教新聞社 1979 年版，第 26 页。

④ ［美］D. M. ベセル：《価値創造者：牧口常三郎の教育思想》，中内敏夫、谷口雅子訳，小学館 1974 年版，第 56 页。

上加难。另外,从实业教育的角度来看,在人生中印象最深的、最好的教育时期,如果只是喜好学习书本的知识,会耽误进行实践的好时光。

实施半日学习制度,目的就是使学生可以将腾出的半天时间投入到实际生产活动中去。利用学校生活以外的半天时间让学生们做些事,例如给父母的工作帮帮忙,或从事一些力所能及的职业,可以通过学校和家长配合很好地培养学生勤劳的习惯,而且可以防止由于以前不合理教育制度所带来的身心发展不平衡、思维和运动神经不均衡所导致的神经衰弱的发生,也可以减少游手好闲的人的出现。

当然,实施彻底的实业教育和指导教育也是牧口常三郎提倡半日学校制度的一个理由。牧口常三郎认为,无论是社会、父兄还是本人都期望着能得到经得起今后实业社会竞争考验的专业性训练。作业教育、劳动教育的设立乍一看填补了此前教育制度的缺陷,被新的教育工作者们盲目追捧。但是仔细思量,因为以前的缺陷太深,就像口渴极了的人喝水一样,根本顾不上去选择。盲目的迎合,即使一时实行了实业教育,这样的权宜之计也是不可靠的。而半日学校制度能克服日本实业教育中存在的急功近利的现象,避免"欲速则不达"的情况出现。他认为,现代实业教育系统的缺陷在于只注意青少年生活的一个方面,而忽视了另一方面,即只注意让他们早点挣钱,却没有考虑指导他们如何处理挣到的钱。在这方面,机械工艺类学校尤其具有代表性①。而且,人们不知道这一方面的利益却一直在给另一方面的利益带来损害。也就是说,孩子早早独立成人挣取工资,不可避免带来的孩子在职业上成熟而人格上不成熟的教育结果,就是孩子容易陷入诱惑,特别是容易与不良人群为伍的原因。

(三)半日学校制度可充分发挥学校、家庭、社会三方面的教育合力

牧口常三郎指出,通过实施半日学校制度,不仅可以使学生在校期间就开始有了较好的身体准备,而且还可以很好地解决理论与实践脱节的问题,使学生更好地了解自然、了解社会,更好地学会处理人际关系,从而为将来步入社会后能更好地适应工作打好基础,进而发挥出更大的创造价值。

牧口常三郎认为,从适应实际需要的现状来看,现在盛行的学校教育制度已经过时了,这种教育制度无益于人的创造能力的培养,既不能给自

---

① [日]牧口常三郎:《創価教育學體系》Ⅲ,聖教新聞社 1979 年版,第 268 页。

己带来幸福，也不能为社会创造价值。牧口常三郎指出，人生中必不可缺、理应发展的能力之一——勤劳能力的培养，一直以来在学校生活中被我们所忽视。也就是说，没有让青少年长期进行能够承受的体能锻炼。当前青少年懒惰的原因是因为运动神经和感觉神经发育不平衡，或者说是与感觉神经发达相比运动神经萎缩的结果①。“不劳者不得食”这句话内涵揭示了劳动就是人间的真谛。可是，今天的青少年，大多数都是整天无所事事，他们的精力绝对不比以前的人差，但他们在大学毕业之前都是由父母照顾，过得无忧无虑。而且，越是这样他们就越感觉勤奋劳动卑微。少数人甚至感到勤奋劳动很丢脸。更可怕的是，他们认为，如果不是这样衣食无忧就会被人笑话。少男少女虚度时光，挥霍、炫耀之风盛行，使全国的风气每况愈下②。

实施半日学校制度可充分发挥家庭、社区在教育中的合力。他指出，学习过程中起向导作用的不只是教师。家庭和社区所发挥的积极作用，同样是培养快乐、坚强和有贡献作用的年轻人所必需的。他对于家庭和社区将如此重要的教育职责全部推诿于学校这一做法感到遗憾，其结果是“将年轻人的整个童年和青少年时期变成了自习室，得不偿失”③。针对当时日本教育尤其是初等义务教育比较普及，教育与生活相脱离、学校取代了本属于家庭和社会的那种角色和责任的现实问题，他一针见血地指出，有效的教育必须是由学校、家庭、社区三者共同作用的结果，应该让学校、家庭和社会充分履行各自应有的任务。而这一改革的关键是将学生在校时间压缩半天，以便让他们在社区和家庭从事适合自身特点的学习活动。

(四)半日学校制度乃日本教育改革之出路

牧口常三郎认为，之所以提倡半日学校制度，是因为现在正值整治日本教育制度的弊端之际。为此，所有学校以半日学校制度为标准进行改革已是当务之急④。他乐观地指出，此问题若被认真讨论并能得到一定程度的解决，其价值是不可估量的。不过，牧口常三郎对自己的大胆创见所遇

① [日]牧口常三郎:《創価教育學體系》Ⅲ，聖教新聞社 1979 年版，第 257 页。

② [日]牧口常三郎:《創価教育學體系》Ⅲ，聖教新聞社 1979 年版，第 255 页。

③ Ethical Visions of Education: Philosophies in Practice, Edited by David T. Hansen, Teachers College Press, Columbia University, New York and London, 2007, p. 76.

④ [日]牧口常三郎:《創価教育學體系》Ⅲ，聖教新聞社 1979 年版，第 269 页。

到的阻力有着充足的估计:长达半个世纪之久的旧观念已在现代人脑中根深蒂固。而且,“教育界明哲保身之风气盛行。吾等卑贱之徒即使提出如斯之大问题恐怕也只能被付之一笑而已”①。“更有甚者可能会被斥责冒犯了神圣的前辈及诸大家之领域,亦或是由于对权威不够尊重而被置之不理。十数年来我常因自己空怀一腔抱负而懊恼不已。”②不过,牧口常三郎对他所提出的半日学校制度的未来充满了自信。认为,即使会迂回曲折,从小学到大学的学习生活都应采用半日制度,这是日本学制乃至教育制度改革中最根本性之问题,舍此,学制改革将无所适从。当然,此问题若被慎重考虑并能得到有效解决,将是帝国教育机构划时代的一大改革,具有非常深远的影响。

牧口常三郎提出半日学校制度的设想,更多考虑的是让学生走出书本、走向自然、走进社会去体验生活、体验人生,而且试图改变过去学校与社会“两张皮”的局面,走出一条家校社合一的办学之路。可以说,这是对日本教育的一种大胆的革命性的颠覆。

需要指出的是,虽然陶行知没有像牧口常三郎那样明确提出并论证实施“半日学校制度”的必要性,但他早已将这一制度付诸实践。如在山海工学团里,团员上午学习文化课,下午则参加劳动工作,并将其收入作为办团经费。

教育不是凭空产生的,自从有了人类社会,也就有了教育。而学校则是有计划、有组织地进行教育的机构,是开展教育活动的主要场所,它的产生是社会生产力发展到一定阶段的产物。从原始社会后期萌芽开始,学校就紧紧依靠社会、扎根社会,并为社会培养所需要的人才。它来源于社会、根植于社会,同时也服务于社会。应该说,学校将零散的、片断的教育活动组织起来,形成一个日益完善的体系,这无疑是教育发展史上的一大进步。但是,学校的终极目的在于服务社会,这也是学校存在的理由。要达此目的,学校必须面向社会、联系社会、关注社会,也只有这样才能更好地为社会培养所需要的人才。从这个意义上说,无论是陶行知提出的“社会即学校”,还是牧口常三郎提出的实施“半日学校制度”,都是走家校社合一的办

① [日]牧口常三郎:《創価教育學體系》Ⅲ,聖教新聞社 1979 年版,第 245 页。
② [日]牧口常三郎:《創価教育學體系》Ⅲ,聖教新聞社 1979 年版,第 246 页。

学之路的大胆设想，都是对旧的办学模式的一种革命，都是对教育理论与实践相结合的诉求，也都是对教育规律和人的身心发展规律的回归性的探索。他们强调的是要扩大学校的范围，将学校、家庭和社会生活的关系打通，联为一体。他们反对的是脱离社会生活的学校，不是主张取消学校。不同的是，陶行知针对当时中国教育等级化、占85%的农民教育积贫积弱提出“社会即学校”的口号，更多考虑的是为广大民众争取教育机会。而牧口常三郎则针对当时日本教育尤其是初等义务教育比较普及，教育与生活相脱离的现实提出了“半日学校制度”的设想，更多考虑的是让学生走出书本、走向自然、走入社会去体验生活、体验人生，从而为社会创造更大的价值。

第三节　一流教育家与创价教育的表率——教师观比较

身为人师的陶行知和牧口常三郎，都对教育情深意切，他们不仅深信“教育是国家万年根本大计”而且认为教师在改造人心、改造社会和改造世界上起着关键的作用。在他们看来，教师不仅神圣，而且身负重任。也正是因为这，他们都认为教师应该追求卓越。陶行知要求教师争当一流的教育家，牧口常三郎则希望教师做创价教育的表率，他们都希望教师将价值和快乐栖身于教育事业。从两位教育家对教师素质的看法可以洞察出他们的教师观。

一、一流教育家——陶行知对教师的殷切期望

一流教育家是陶行知对教师素质的终极定位，其主要内涵体现如下：

（一）教师要有为教育事业赴汤蹈火，在所不辞，鞠躬尽瘁，死而后已的爱心

这种富有牺牲精神的爱首先得从作为准教师的师范生心中得以孕育，并成为师范生必备的品质。在陶行知看来，教育者应当知道教育是无名无利的事。教育者所得的机会，纯系服务的机会、贡献的机会，而无丝毫名利尊荣可言。所以，师范生应有与教育结为夫妻的定力；要有“吾身不成，吾子绍之；吾子不成，吾孙绍之；子子孙孙，世世代代，相续无间，海可枯而吾之志不可枯，石可烂而吾之志不可烂”[①]的决心；要有“不要名，不要利，只

---

① 陶行知：《陶行知全集》第1卷，四川教育出版社2005年版，第222页。

要教育好;不怕难,不怕死,只怕教育不好”的崇高心志;要有“先天下之忧而忧,后天下之乐而乐”,为天下之吃不饱、穿不暖、居不安的同胞奋斗的博爱胸怀。他对师范生中存在的“因赋闲无事,遂暂为之、因尚未适人,而暂为之、事既得,家既成,则远翔而不顾”和“视办教育如用雨伞,雨则取以遮盖,晴则置之高阁:视居学校如寓客栈,今日寓此,明日便去,虽有蚊蚤之为害,不过今宿,又何必大事驱除”①的现象深为忧虑,且认为这是绝对不能容忍的。为此,他呼吁师范一定要把培养师范生树立献身教育的精神放在首位,特别是乡村师范一定要千方百计引导师范生以改造社会为己任,为教育的前途、为民族、为国家背负起一双十字架。要把整个的心献给我们三万万四千万的农民,要向着农民“烧心香”,心里要充满那农民的甘苦,要常常念着农民的痛苦,常常念着他们所想得的幸福。他相信,倘使个个乡村教师的心都经过了“农民甘苦化”,他们必定能够叫中国个个乡村变做天堂,变做乐园,变做中华民国的健全的自治单位。

(二)教师必须力求长进,好学乐教

陶行知认为,追求事业能力的长进应该是教员最重要的精神。一方面,学科仿佛是机器,教员仿佛是贩卖机器的人。机器天天有发明的,学科也天天有进步的。假使贩卖机器的人,所预备的货物有限,或者非现时代的货物,不能供给人的需要,事业则不可能发达,就不能在竞争中取胜。教员在教学上也是如此。他有了进步,然后教材才丰富,教授法才生动,学生所得的科学知识才能切合于现代的趋势。另一方面,学生在学问和修养上,每每欢喜和教师赛跑。诚然,作为教师,自然极愿意学生能有一天跑在我们前头,这也是我们对于后辈应有之希望。也只有这样学术才能超越,人类才能进步。但是我们绝对不能因此而懈怠、放松,一定要鞭策自己,努力跑在学生前头引导学生,这便是师道可敬之处。所以教师要一面教,一面学;要虚心,尽量接受选择与本职本科及修养有关系的学术经验来帮助研究;要教学生向前进、向上进。所有这些都要求教师努力向前进、向上进。陶行知认为,教师力求长进的同时还必须具有好学和乐学的禀性。因为要想有好的学生,须有好的先生。换句话说,要想学生好学,必须先生好学。唯有学而不厌的先生,才能教出学而不厌的学生。他指出,有些人做

① 陶行知:《陶行知全集》第1卷,四川教育出版社2005年版,第221页。

了几年教师便有倦意，原因固然很多，但主要的还是因为不好学，天天开留声机，唱旧片子，所以难免觉得疲倦起来。唯独学而不厌的人，才可以诲人不倦。要想做教师的人把岗位站得长久，必须使他们有机会一面教、一面学，教到老、学到老。当然，一位进步的教师，一定是越教越要学，越学越快乐①。

（三）教师要争做创造和开辟的教育家

陶行知把常见的教育家概括为三种："一种是政客的教育家，他只会运动，把持，说官话；一种是书生的教育家，他只会读书，教书，做文章；一种是经验的教育家，他只会盲行，盲动，闷起头来，办……办……办"。这三种教育家都不是他所欣赏的，都不能称作第一流的人物。依他看来，今日的教育家，拥有"敢探未发明的新理"或者"敢入未开化的边疆"的素质，方才可以算为第一流的人物。"敢探未发明的新理"就是要胆量放大，将试验精神，向那未发明的新理贯射过去；不怕辛苦，不怕疲倦，不怕障碍，不怕失败，"一心要把那教育的奥妙新理，一个个地发现出来"②。"敢入未开化的边疆"就是要不怕难，不怕苦，不怕孤，甚至不怕死。要以开化土地、教育人民为己任，要"放大胆量，单身匹马，大刀阔斧，做一个边疆教育的先锋，把那边疆的门户，一扇一扇的都给它打开"③。总之，敢探未发明的新理，即是创造精神；敢入未开化的边疆，即是开辟精神。创造时，目光要深；开辟时，目光要远。创造开辟都要有胆量。在教育界有胆量创造的人即是创造的教育家，有胆量开辟的人即是开辟的教育家，都是第一流的人物。

（四）教师要有"变"的本领

陶行知认为，教育就是"教人变"。教人变好的是好教育，教人变坏的是坏教育；教人变活的是活教育，教人变死的死教育。"不教人变、教人不变的不是教育。"④师范教育是教学生变成先生。自己会变而又会教人变的是先生。师范生不是别的，是一个学变先生的学生。为此，教师在做师范生时就必须学会变，学会教人变的本领。在这方面他希望教师都要向那

---

① 陶行知：《陶行知全集》第4卷，四川教育出版社2005年版，第545页。
② 陶行知：《陶行知全集》第1卷，四川教育出版社2005年版，第21页。
③ 陶行知：《陶行知全集》第1卷，四川教育出版社2005年版，第22页。
④ 陶行知：《陶行知全集》第2卷，四川教育出版社2005年版，第479页。

保唐僧上西天取经的孙悟空学习，因为他不仅有“学一个不老长生，躲过阎君之难”的目的，有“将来年老血衰，暗中有阎王老子管着，一旦身亡，可不枉生世界之中，不得久住天人之内”[①]的远虑，而且他能抱着要让老孙、二孙、三孙、细孙、小孙——一家孙、一国孙、一窝孙，一个个长生不老，“躲过轮回，不生不灭，与天地山川齐寿”的目的去访师。与此同时，教师还要学变个小孩子。因为只有这样，才会尊重小孩子。否则，牛顿就可能被认为愚笨，瓦特就可能被认为凡庸，爱迪生就可能被认为是坏蛋，自己可能会成为糊涂的先生，学堂可能会成了害人坑，自己墨水笔下就可能会有冤魂。只有变个小孩子，才会把一个世界看得水晶样的透明，才不至于轻视到他“给您一块糖吃，是有汽车大王捐助一万万元的慷慨”、“做了一个纸鸢飞不上去，是有齐柏林飞船[②]造不成功一样的踌躇”、“失手打破了一个泥娃娃，是有一个寡妇死了独生子那么悲哀”、“没有打着他所讨厌的人，便好像是罗斯福讨不着机会带兵去打德国一般的怄气”、“受了你盛怒下的鞭挞，连在梦里也觉得有法国革命模样的恐怖”和“写字想得双圈没有得着，仿佛是候选总统落了选一样的失意”、“想您抱他一忽儿而您偏去抱了别的孩子，好一比是一个爱人被人夺了去一般的伤心”[③]那样丰富的情感。在他看来，会变小孩子，才配做小孩子的先生。未来的先生应该忘了年纪，变个十足的小孩子，加入在小孩子的队伍里去。这样才会有惊人的奇迹出现：师生立刻成为朋友，学校立刻成为乐园。

(五)教师要创造出值得自己崇拜的人

陶行知认为，先生之最大的快乐，是创造出值得自己崇拜的学生[④]。教师不仅要待学生如亲子弟，还要在教学生的同时，拜学生为师，向学生学习。因为师生本无一定的高下，教学也无十分的界限。有的时候，教师倒要从学生那里得到好多的教训。相反，如果你不肯向你的学生虚心请教，你便不知道他的环境，不知道他的能力，不知道他的需要；那么，你就有天大的本事也不能教导他。他要吃白米饭，你倒老是弄些面条给他吃，事情是会两不讨好。其实，只需你甘心情愿跟你的学生做学生，他们便能把你

---

① 陶行知：《陶行知全集》第 2 卷，四川教育出版社 2005 年版，第 479 页。

② 齐柏林飞船即德国齐柏林公司制造的硬式飞艇。

③ 陶行知：《陶行知全集》第 2 卷，四川教育出版社 2005 年版，第 485 页。

④ 陶行知：《陶行知全集》第 4 卷，四川教育出版社 2005 年版，第 3 页。

的“思想的青春”留住，他们能为你保险，使你永远不落伍。与此同时，教师必须与学生同心同德。学校是师生共同生活的处所。他们必须共甘苦。师生有了共甘苦的生活，就能渐渐地发生相亲相爱的关系。教师对学生，学生对教师，教师对教师，学生对学生的精神才会融洽，才会知无不言，言无不尽。一校之中，人与人的隔阂才能完全打通。也只有这样，才算是真正的精神交通，才算是真正的人格教育。国家大事，世界大势，亦必须师生共同关心。师生还应该共学、共事、共修养。要学生做的事，教职员躬亲共做；要学生学的知识，教职员躬亲共学；要学生守的规矩，教职员躬亲共守。这种方法，才是真正的教育。此外，师生应当相依为命，不能生隔阂，更不能分阶级。教师应该懂得人格要互相感化、习惯要互相锻炼的道理，不仅要晓得先生感化学生、锻炼学生的常识，还要了解学生彼此感化锻炼和感化锻炼先生的巨大力量。总之，教职员一定要和学生共甘苦，共生活，共造校风，共守校规，断不能有一个例外。可以说，“师生共同生活到什么程度，学校生气也发扬到什么地步，这是丝毫不可以假借的”①。

在对教师提出共性要求的同时，陶行知怀着对乡村人民的浓厚情谊对乡村教师提出了特别的条件。在他看来，乡村教育要想办出生机，办出成效，必须要有活的乡村教师。而活的乡村教师必须做到“第一有农夫的身手，都能够做农人的工作；第二有科学的头脑，能控制一般农民社会的守旧性；第三有改造社会的精神”。具备了这三大条件就可以达到“一年能使学校气象生动，二年能使社会信仰教育，三年能使科学农业著效，四年能使村自治告成，五年能使活的教育普及，十年能使荒山成林，废人生利”②的理想效果。

二、创价教育的表率——牧口常三郎对教师寄予的厚望

牧口常三郎认为，教师是世人之楷模。不管是小学教师还是大学教师，不管他们的年龄大小也不论其学术水平高低，都应该做到这一点，否则就是骗子一个③。与陶行知相比，牧口常三郎站在“教育是决定社会命运

---

① 陶行知：《陶行知全集》第2卷，四川教育出版社2005年版，第251页。

② 陶行知：《陶行知全集》第2卷，四川教育出版社2005年版，第275—276页。

③ Education for Creative Living: Ideas and Proposals of Tsunesaburo Makiguchi, Translated by Alfred Birnbaum, Edited by Dayle M. Bethel, First edition, 1989, p. 106.

的关键”[①]的高度对教师素质提出的要求更多体现在“表率”二字上。

(一)教师必须是“博爱”的表率

牧口常三郎指出，育人者必先爱人。“教育是为了孩子们的幸福而存在的。”[②]教师首先是学生的倚靠，作为一名教师，不应高高在上、坐在受人尊敬的宝座上，而应是教导走向宝座的人的公仆。只要是为了孩子，任何事都应该去做。其次是要以佛眼看人，不管是哪个孩子，同样都是学生，不应该有分别，都要给予无微不至的呵护和关怀。教师的职责是使每个学生，无论其背景或个人能力如何，都能发现和开发他们的独特能力和兴趣[③]。在这方面，他对瑞士教育家裴斯泰洛齐极为赞赏，认为在他身上具有“教育史上绽放特殊光彩的作为我们后来教育者憧憬的目标的永久不会磨灭的特质”[④]。牧口常三郎认为，即使有的学生的衣服破旧或被尘埃弄脏，但我们应该看到那脏衣服内所透射出来的、灿烂生命的光辉。任何一个儿童都能成为优等生，差等生是人们自己随便叫出来的。如果教给他们思考方法，让他们充分发挥自己的能力，差等生就能成为优等生。

在他看来，在严酷的社会歧视待遇中，唯一能够庇护他们的就是教师。牧口常三郎不仅说到，而且处处身体力行。在北海道师范学校[⑤]附属小学任教时，每到寒冷刺骨、积雪难行的冬天，牧口常三郎就亲自到学校附近去迎送孩子们上学和放学，小一点的就背着，大一些的就牵着，口里还要不断地大声提醒道“注意脚下”。很多孩子的小手因得了冻疮而通红通红的，牧口常三郎总是烧一壶又一壶开水给他们洗手。而且顶着暴风雪背着孩子跋涉十几里，送他们回家也是很经常的事。三笠小学是一所专门面向赤贫家庭孩子们的、学费全免的特别学校之一，在那里，牧口常三郎实施了惠泽寒门的教育。三笠小学的上课时间分为上午和下午两个时间段。对于没

---

① Tsunesaburo Makiguchi, A Geography of Human Life, Edited by Dayle M. Bethel, Published by Caddo Gap Press 3145 Geary Boulevard PMB 275 San Francisco, California 94118 U. S. A, 2002, p. 190.

② [日]创价学会教育本部编:《蓬勃发展的儿童和人性教育——“为了教育而存在的社会”》,ASOKA CORPORATIONCO,LTD 制作(非卖品),2006 年版,第 40 页。

③ Education for Creative Living: Ideas and Proposals of Tsunesaburo Makiguchi, Translated by Alfred Birnbaum, Edited by Dayle M. Bethel, First edition, 1989, p. 185.

④ [日]牧口常三郎:《創価教育學體系》Ⅳ,聖教新聞社 1980 年版,第 104 页。

⑤ 北海道师范学校即现在的北海道教育大学。

来上课的学生，牧口常三郎挨家挨户去家访，详细了解家庭状况，详细地掌握每个学生的情况，不厌其烦地讲述教育的重要性。冬天，他常在早晨准备好热水，供学生暖和他们冰冷的手，并在雪天护送学生回家。他还经常为那些父母无力为其准备午餐的学生准备好面包和汤，并分散放在门房，使那些饥饿的学生在取食时避免尴尬[①]。也正是因为他的慈祥和关爱，受到了家长和学生的爱戴和仰慕。

（二）教师应该是运用教学方法的表率

牧口常三郎认为，教师的任务不仅是保存和保护，而且还要激励和提高，要朝前看并导出潜在的个性价值[②]。教学贵在指导，那种认为教育者只用将教材所包含的信息强行灌输给学生，以及教育只用关注教育本身即可的年代已经成为过去。我们现在必须认识到教育的根本在于如何通过教材指导学生进行自我学习。教育者的主要作用是鼓励和激励学习者去实现他自己确定的教育目标，帮助他们排除学习障碍。老师的职责是使每个学生，无论其背景或个人能力如何，都能发现和开发他们通过遗传和个人环境所获得的独特能力和兴趣。老师应通过对自身经验或其他老师的经验进行客观、科学的审核，来了解学习的规律、熟悉和驾驭教育技巧。

牧口常三郎指出，教师的重点如果放在知识记忆上的应试教育，不仅与生活无关、乏味、误人，而且对个人和社会都是破坏性的。如果老师的举止确实需要模仿，那么最好让老师扮演教育实践与教育方法的模范。老师应该将教育作为一个过程而不是一个产品向学生展示。否则，就变成了一种傲慢的逞能和自命不凡的装腔作势，而将孩子们放在最低处。老师在学生面前必须采取谦和的态度。老师必须作为一个在同一条学习道路上行走的长者来引导和鼓励他的学生，也许他只是领先那么一点点。教育是最高层的技术或艺术。作为一个教师，最紧要的一点就是认识到自己作为学习者和引导者的身份以外，还必须了解和掌握指导学生的教育技巧。如果只对教育持有最天真最原始的想法，试图通过最艰苦的努力来开发人力资

① Ethical Visions of Education: Philosophies in Practice, Edited by David T. Hansen, Teachers College Press, Columbia University, New York and London, 2007, p. 69.

② Education for Creative Living: Ideas and Proposals of Tsunesaburo Makiguchi, Translated by Alfred Birnbaum, Edited by Dayle M. Bethel, First edition, 1989, p. 98.

源,那将无异于在不配备指南针的情况下所进行的越洋航行。

为此,对教师扮演的角色定位的理解应该为:不是兜售从别处获得的廉价信息的零售商,而是对学生的学习和日常生活进行指导的思维专家;与那些寻求从物质资源中创造物质价值、利益和美的技术人员和艺术家不同,老师更关注学生精神上的成长和人力资源的开发,进而指导学生创造人格价值。相应地,老师应该将灌输事实的任务交给书本,而在学生的自主学习过程中为其提供帮助。老师在学生面前绝对不可以将自己当做目标制定者或完美的产品;相反地,他们必须舍弃他们那自以为是、高高在上的形象。老师必须放下自己的架子来为学生服务,同时孜孜不倦地继续自我修炼,学会学习,从而引导他们的学生在学习过程中进行合理的实践。

(三)教师应该是献身教育的表率

教育者应为孩子们可塑造的心灵提供生活的理想,并帮助他们提高可以实现的必要能力。教育者必须是社会的楷模,是每个人理想的偶像①。教育者必须将自己设想成社会上第一流的人格范例展现在学生面前,无论其实际上是否成功②。

牧口常三郎联系教育方法的探究,对教师的事业心和责任感的重要性提出了自己的看法。牧口常三郎认为:教育的成效关键在于得法,而能否得法又取决于老师对待自己工作的热情。一个广为认可的观点是,只要一个人对工作足够认真,他自然而然地就会找到教学方法。在这方面,裴斯泰洛齐是一个出类拔萃的范例。裴斯泰洛齐的成功,不仅在于他的认真和对教育几十年如一日的专注,而且在整个一生中将这种专注的精神运用于刻苦钻研教育方法上。裴斯泰洛齐所追求的境界理应成为每位教育工作者的追求。

牧口常三郎依据教师对教育的态度将教师划分为四个等级,即以金钱报酬为首要动机的教师、以身份为首要动机的教师、以爱孩子为首要动机的教师和以热爱教育为首要动机的教师③。

---

① Education for Creative Living: Ideas and Proposals of Tsunesaburo Makiguchi, Translated by Alfred Birnbaum, Edited by Dayle M, Bethel, First edition, 1989, p. 98.

② Ethical Visions of Education: Philosophies in Practice, Edited by David T. Hansen, Teachers College Press, Columbia University, New York and London, 2007, p. 75.

③ Education for Creative Living: Ideas and Proposals of Tsunesaburo Makiguchi, Translated by Alfred Birnbaum, Edited by Dayle M, Bethel, First edition, 1989, p. 177.

牧口常三郎认为，第一类教师唯利是图，应该排在最低等级。因为，教学是一门复杂的具有创造性的艺术，它要求教师在工作中持续不断地进行实践和改进，而这类教师对职业本身并无兴趣，只是暂时为“钱景”这种片面利益所驱动。他们在工资出现波动时很可能会辞去自己的工作，甚至会因为某个临时的通知而放弃工作。我们不仅不能依靠这种教师根据自己的情况制订长期的计划，同时，他们那十分冷漠的态度会伤害到家长甚至整个民族。与以金钱报酬为首要动机的教师相比，被社会地位和职位提升的前景所驱动的教师所采取的态度更“正常”一些。牧口常三郎承认，在如今的资本主义社会里，完全摆脱名声这种想法几乎是不可能的。尽管如此，如果名声和地位变成了人们追求的主要目标，教育的真谛就会退居其次。因为这类人名利一旦得到或拥有，就似乎会感到“大功告成”，就会把它作为自己显耀的资本；一旦不能达到自己的愿望，就会垂头丧气，怨声载道。第三类教师将孩子视为伙伴，尽管他们以对其提供无私关怀为主要动机，但是这类教师由于缺乏对事业的坚定，其胸怀势必难以博大，爱心势必难以持久，他们会产生分别之心，不能等眼看人；他们的心情和好恶会随着自己的伙伴变化而变化。这类教师距离成为一个精通技术的教育工作者还有很长的一段路要走。换而言之，如果没有对教学实践本身的长期稳定的投入，任何选择做教师的动机都是不充分的。唯有为自己终身事业奉献的教师，才会舍身忘我不断地去追求教育的鹄的，才会为了每一个孩子的幸福而去呕心沥血地探求教育的规律和精髓，才会勇敢无畏地去面对一切困难和压力并进行开拓和创造，处处、时时为人表率，不失大师的风范。

陶行知和牧口常三郎都站在人的生命和国家前途的高度对教师提出了很高但又是客观上必备的要求。他们认为，要有好的公民，就得有好的学校，就得先拥有素质一流的教师。而素质一流的教师都是学成的、养成的，所以国家必须要重视师范、重视师范生的培养。与其将大把的钱花在挽救青少年罪犯上，还不如把更多的精力花在预防犯罪上，不如把更多的气力用在教师培养上。他们对教师素质提出的要求折射了他们的人格魅力，至今仍可作为“一流教育家”的试金石。应该说，他们的教师观基本上是一致的，或者说本质上是相同的。所不同的是，他们看问题的角度不一而已，或者说各有侧重，如陶行知更多强调开拓，更多地要求教师关注救国和民主等政治问题，牧口常三郎则主要是从教育问题本身进行更多的思考。

当然，要求别人做到的，首先自己应该做到；要求别人不做的，自己首先不做。这是做人的一条基本原则。陶行知和牧口常三郎，身为人师，在他们一生的教育理论与实践中，处处以身作则，用他们的言行树立了一个教育家的风范。而且，他们就像辉映的两支蜡烛，照亮了世人，但没有毁灭自己。他们永远是人类的教师，他们的名字理应载入历史的丰碑。

必须指出的是，陶行知和牧口常三郎的教育思想内容非常丰富，远非以上几点所能涵盖。尤其是，他们在自己一生的教育理论和实践中始终将“创造”二字贯穿其中，他们都注意到人的创造性、提出创造教育思想并积极从事创造教育实践活动。不同的是，陶行知主要把注意力放在“创造”本身的意义上，在某种程度上可以将他所说的“创造”理解为“做”和“干”。牧口常三郎则将创造与价值联系起来，更关注创造的结果，把创造价值甚至将价值最大化作为教育终极目标，并把创造价值作为其教育理论的“主轴”，提出了比较系统的创价教育理论，而且以价值哲学为基石，创立了以人与自然、人与人、人与社会和谐的世界观、人生即创造的人生观和以获得幸福人生为皓的教育目的观等基本原理构成的一个比较完整的系统的、具有特色的、富有时代和历史意义的创价教育理论。

总体上看，陶行知和牧口常三郎遭际的社会环境、文化传统互不相同，个人的生活经历也不尽一致，这就决定了他们的思想各具特色，互有长短。另外，由于二人都生活于东方文化圈，其思想中相同或相近的地方自然会更多一些，这一点将在下一章关于陶行知和牧口常三郎教育思想的性质与特点的比较中做进一步的论述。

第五章　陶行知与牧口常三郎教育思想的性质与特点比较

教育思想是指人们对教育现象及其规律的看法，是对教育的宏观的、理性的认识，主要是回答办什么样的教育与怎样办教育等方面的问题。它反映在教育著作、教育政策、教育理论与人们的教育实践中。从层次上看，教育思想大致可分为教育根本指导思想（教育发展的大政方针）、办学指导思想和教学指导思想。教育思想对每个教育工作者都有重要的指导作用，教育思想的正确与否关系到教育活动的成败。

第一节　陶行知与牧口常三郎教育思想的性质——现代教育思想

现代教育思想是相对于传统教育思想而言的。这两个概念人们耳熟能详，且曾在我国与西方教育理论界有过激烈的争论。在西方，杜威在1899年出版的《学校与社会》一书中第一次把教育作了“进步”与“保守”、“传统教育”与“进步教育”或“现代教育”的划分①，并用“传统教育”一词来称呼以赫尔巴特为代表的主知主义教育思想。杜威的教育理论由于自身的局限性受到批评后，后来者斯金纳、布鲁纳、根舍茵等人又把各自的教育理论自称为是现代教育思想。在苏联，赞可夫把凯洛夫的理论划为传统教育思想，而把自己的新教学体系划为现代教育思想。在我国，对传统教育思想内涵的看法相对而言倾向一致，一般认为传统教育思想是指以赫尔巴特为代表的强调教师、教材、课堂“三中心”的教育思想。

其实，现代与传统只是一个相对概念，区别二者的关键还在于人们所选用的参照系。此处将现代教育思想界定为相对于赫尔巴特的传统教育

---

① 黄济：《教育哲学通论》，山西教育出版社2004年版，第235页。

思想[1]而言、对教育现象及规律的认识有所创新且与时俱进的教育思想。其具体的内涵包含以下几方面：

第一，在时间上以20世纪前赫尔巴特为代表的传统教育思想为参考系。现代教育思想发端于19世纪80年代以“实验教育学”为先声的现代教育运动。与传统教育相区别的是，该运动奉行以心理学为教育学基础的路线，注重从儿童行为的实验研究角度来探索教育形式。到20世纪初，实验教育成为西方各国教育改革的主流，其主要代表人物有拉伊、梅伊曼、霍尔、比纳、克拉帕雷德、桑戴克等。其中，早期实验教育科学的实践在有效学习、智力测验和训练迁移等领域得到了重大突破，得出的许多结论一直影响到今天基础教育的训练模式。也正是乘“实验教育学”之风，20世纪初欧美掀起了教育革新运动，代表人物有德可乐利、蒙台梭利及杜威等。可以说，现代教育思想不仅包括了杜威的实用主义教育思想，还包括了斯金纳、布鲁纳、根舍茵、赞可夫等20世纪以来的教育家的教育思想。当然，杜威应该说是具有现代教育思想的开创性的代表之一。而且，相比较而言，杜威的教育思想更为典型、全面、系统且影响深远。也正是因为此，研究现代教育思想时，杜威是无法绕过的一座高山，过去是，今天仍然是。

第二，相对于传统教育思想而言对教育现象及规律的认识有所创新的教育思想。这就是说，相对于传统教育思想而言，必定有所不同、有所创新、有所突破。现代教育思想必定是“现代”的教育思想，但产生于现代的教育思想并非都是现代教育思想。只有那些能反映新时代要求，代表现代教育的主流，富有创新品质且具先进意义的教育思想才能称得上是现代教育思想。进一步说，只有符合适应现阶段社会生产力发展的需要并能有效实现现阶段教育目的、符合教育自身发展规律和教育对象身心发展规律的教育思想才能划为现代教育思想的范畴。

第三，现代教育思想脱胎于传统教育思想。现代教育思想并非从天而降，它不能与传统教育思想绝然割裂开来。事实上，包括杜威在内的教育家所提出的现代教育思想无一不重视对传统教育思想的批判、扬弃与继承。他们的进步，也是站在前人肩膀上的前进。辩证地说，传统教育思想不一定都是坏的，现代教育思想也未必都尽善尽美。

---

① 目前学术界普遍这样认为。

第四，现代教育思想既有同一性，也存在差异性。同一性是指它是一个动态的概念，具有与时俱进的品质。一方面，就整体而言，现代教育思想不管产生于哪个国家，不管是哪位教育家所提出，都具有大致相同的性质与特点，而且现代教育思想本身将随社会发展而不断丰富发展。随着社会条件的发展与变化，原来被称为“现代教育思想”的某些内容将可能不再适应社会需要，而被新的教育思想所替代。另一方面，现代教育思想也有差异性。每个社会、每个国家发展状况、性质与文化传统都不同，每位教育家的成长背景、受教育的程度不一，个人的实践经历也有差别，这样不同社会与国家就有不同的现代教育思想。于是，美国有美国的现代教育思想，日本有日本的现代教育思想，中国现代教育思想自然具有中国特色。

自从 17 世纪捷克教育家夸美纽斯创立了新的教育组织形式——班级授课制后，教育的对象得到了扩大，教育的内容得到了丰富，教育效率得到了提高，同时，教师的地位也得以确立。到了 19 世纪，德国的教育家赫尔巴特在对教育理论和实践不断深入研究的基础上，逐步形成了较为系统的教育思想体系，并首次将心理学的内容引入教育学之中，使得教育的科学性进一步完善，其主要特点基本上可以归结为“三中心”，即以教师、教材、课堂为中心。随着社会进步和科技发展，人们对教育的要求也越来越高，这种以教师、教材、课堂为中心的教育思想显然难以适应，也就必然为新的、更为科学的、适应生产力发展需求的教育思想所替代。19 世纪末，在西欧国家出现了“新教育运动”，后传到美国，形成了美国的进步教育运动。杜威成为新教育运动的主要代表，他把赫尔巴特继承和发展的西方资产阶级教育思想归入“传统教育”的范畴。而且，“在近现代教育史上，他第一次提出资产阶级的以教师、书本、课堂为三中心的‘传统教育’的概念，并给以系统的批评，而把自己的教育主张称为‘现代教育’”①。与传统教育理论相比，以杜威为代表的教育家所提出现代教育思想的特征主要体现如下：

第一，重视学生的主体地位和研究。现代教育思想非常重视受教育者在教育中的地位，与赫尔巴特的过多突显教育者地位的教育观形成鲜明的对比，特别关注对学生的研究，视学生的“乐接受性”比“可接受性”重要。强调学习者的属性首先是人，是整体的人，教育者应该按照人的全面需求

① 王天一等：《外国教育史》(下)，北京师范大学出版社 1985 年版，第 140 页。

(而不是某一方面的)去研究教学过程;认为生命是教育的根本所在,教育的本质是提升生命,要实行从"控制生命"到"激扬生命"的转变。教学过程不仅是认知信息传递加工的过程,也是情感交流、感染的过程,是师生双方在认知和情感两个方面同时交互作用的过程;要求把学生视为教学的主体,而不仅仅是塑造的客体;要尊重学生的兴趣、爱好、需要和个别差异,注重发展学生的个性,等等。加强对学生的研究,就是要研究学生身心发展,把研究的成果应用到教学实践中去。众所周知,许多著名现代教育家或者曾是心理学家,或者同时是心理学家,还有的是精神分析学家。总之,现代教育思想强调人的能动性、自主性和自为性,把受教育者当"人"看,这在实用主义、结构主义、人本主义等教育思想中表现得尤为突出。

第二,重视教育的民主化。教育民主化主要指教学组织方式方法和管理决策的民主化。具体表现是:在教学组织方式方法上,打破传统的单纯的班级授课制,增加了个别化教学形式,实行开放性教学,包括学校社会的一体化、课程的生活化和弹性化、教育方法的多元化等;在教学管理与决策上,打破权威思想的束缚,创造民主和谐的教学气氛。注重培养学生怀疑的习惯,提倡听取学生的意见,让更多的学生参与管理和决策;在师生关系上,强调民主、平等、相互支持,认为教师的角色应从叙述者转变为交往者、倾听者、鼓动者或主持人,主张消解教师的话语霸权,鼓励以师生对话代替教师的传授与灌输,要求教师要力求从教的角度去唤起学生的学,把学生推向获取知识的前台,引导鼓励学生发表不同的见解,以激发学生学习的积极性,增强改造客观环境的自信心,从小培养他们不断探索、追求的精神。与此同时,在教学过程中教师也需要学生的干扰与挑战,以便在互动的过程中发挥作用。

第三,重视差别教学和知识、智力与个性的和谐发展。在观念上不再强调统一性,认为没有差别的世界是一个孤寂的世界,没有差别的人只是一尊丧失个性的木偶。因此,教育应该遵循世界的丰富性与多样性,尊重学生的差异与个性,只有这样,教育才能真正实现其"帮助人成长"的任务,教育内部才有可能实现真正的民主与平等。相反,让不同的学生在同一时间、同一空间、按同一速度学习同一内容,并且用同样的标准考察和评价他们的做法是欠缺公平的。其结果要么将受教育者的发展单一模式化,要么就是牺牲大多数人来"拯救"少数精英,把人的完善发展过程简单化为掌握知识和发展智力的过程，实质上是限制了那些最能表现人的丰富多样性的情感、意志、动机、兴趣的发展。为此，教育要承认差异，实行因材施教。学校不应成为制造单一模式产品的工厂，而应成为塑造多种各具个性差异的人的重要基地①。在处理知识、智力与个性的关系上，提倡从“百科全书式”教学中解脱出来，走和谐发展之路。

第四，重视人的创造性培养。传统教育思想，在价值取向上注重整体、和谐、均衡、匀称，甚至是崇尚经验，反对创新；崇尚权威，反对怀疑；崇尚跟随，反对超越。教学基本上采取学生死记硬背的方法，脱离生活，脱离实践，根本谈不上创造性的发挥。相反，现代教育家们最推崇的人生是创造性的人生，最欣赏的人是从事创造的人。他们认为，人是“创造性”的存在物，创造性是人性的基本方面，每个人都体现了创造性的能量。创造意味着推陈出新，没有创造就没有发展。人类社会发展至今天，离不开人类的创造性劳动。教育肩负着传承人类文明的重要任务，伴随着人类社会发展的始终，这就要求还创造于民，挖掘人创造的天性。教师不仅要在其自身发展过程中不断地推陈出新，而且要求在教育过程中要引导并鼓励学生学会创新、学会创造，不仅要从理论上倡导创造，而且要身体力行，在自身的实践中也始终贯穿着创造精神。

当然，现代教育思想博大精深，丰富多彩，其特征远非以上几点所能概括，这里仅仅做到蜻蜓点水而已。

考察陶行知和牧口常三郎的教育思想，可以说，与传统教育思想大相径庭，但在以人为本，高扬教育的主体性、主动性、实践性和创造性等方面与现代教育思想的内涵却颇有对应，客观地说，二者都对以现代教育大师杜威为代表的教育思想多有传承和发展。也正是基于此，从性质上看，陶行知和牧口常三郎的教育思想属于现代教育思想。当然，就其形成来说，是本土文化的浸染、外国文化的洗礼、宗教文化的影响和他们亲身实践与创造的综合物，可以说是东西文化杂糅的现代教育思想。二者所不同的是，陶行知的教育思想产生于东方曾一度发展落后的或者说是发展相对落后的中国，牧口常三郎的教育思想产生于东方先发展的或者说是已步入历史发展快车道的日本。当然，这里所说的发展的时间主要是就近现代而言的。

---

① 田本娜主编：《外国教学思想史》，人民教育出版社 1994 年版，第 343—344 页。

需要再次指出的是，传统与现代只是一个相对的概念。所谓杜威的现代教育思想只是杜威自认为相对于赫尔巴特“三中心”而言，且长时间以来被学术界普遍接受的现代教育思想。其实，如果将杜威与赫尔巴特的教育思想置于人类整个教育长河来考察，那么，他们的教育思想均应划入现代范畴。从这个意义上讲，杜威用自己的教育思想去反对赫尔巴特的教育思想，只不过是用一种现代教育思想反对另一种现代教育思想罢了。

第二节　陶行知与牧口常三郎教育思想的特点比较

陶行知和牧口常三郎的教育思想，紧紧植根于对人的生命和人类和平的热爱，体现出强烈的革新精神和深沉的忧患意识。透视他们教育思想特质可以发现，虽然二人所处的国情、学术背景、家庭状况、社会阅历等诸多差异，彼此有着各自独特的个性，但我们也会发现他们之间存在着许多相通之处，突出表现在民主性、民族性、创造性和实践性等几个方面。

一、民主性

民主性是陶行知和牧口常三郎教育思想的一个显著特点。

纵览陶行知的教育思想，不难得出如下结论：陶行知的生活教育理论在本质上与中国几千年来的传统的专制教育格格不入。

他认为，旧中国教育到了山穷水尽的地步，没有民主，没有自由，整个教育为官僚主义所劫持，成为政治争斗的实习场，成为铸造高等游民的洪炉。“政府视教育为敷衍门面之工具，社会亦视教育为但种恶因之赘物。远识者但有浩叹，近视者则更漫不措意。而置身教育界之人士，亦多数为生计所迫，为政治恶势力所困；甚且有冒充教育家而争夺教育一席地，为猎取官位之梯阶。”[①]他强烈呼吁教育界同志都来一个总反省、总忏悔、总自新。他警醒世人，今日教育“再不断然予以改革，则危机既成，我民族之灭亡，殆真不必待诸十年以后矣”[②]。

陶行知一向反对没有民主的被动专制式的教育。他认为，所谓被动就

---

① 陶行知：《陶行知全集》第 11 卷，四川教育出版社 2005 年版，第 417 页。
② 陶行知：《陶行知全集》第 11 卷，四川教育出版社 2005 年版，第 418 页。

是不能自动。被动自然要受到人家的牵制，而且愈被动愈受牵制。“牵制愈多，则民族性愈弱，国势愈危。”①他说，中国的教育完全是被动的。所以产生一种坏的现象，就是有的说而不动，有的简直不敢动。整个社会就被“勿视、勿言、勿听与勿动”所钳制。“非礼勿视、非礼勿言、非礼勿听、非礼勿动”是民族自杀的口号，是大人的乱命。“小孩不视便是瞎孩子。小孩不动便是死孩子。我们要想创造新民族，只能提倡科学的看，科学的说，科学的听，科学的动！”②新教育的目的，就是要养成“自主、自立”和“自动”的共和国民。因为只有能自主的人，才能做到“富贵不淫，贫贱不移，威武不屈”；只有自立的人，在天然界群界之中，能够自衣自食，不求靠别人。但是单讲自立，不讲自动，还是没有进步，还是不配做共和国民的资格③。所以教育必须做到“自主、自立”和“自动”三者并举。

当然，“自主、自立”和“自动”的前提是“民主”和“自由”。这便是陶行知的教育思想处处折射出“不自由，毋宁死”心声的缘故。他主张教育就是要砸碎一切枷镣锁铐，把做人的自由：做自己的主人、做中国的主人、做世界的主人的自由还给人们；把创造的自由：创造新的自己、创造新的中国、创造新的世界的自由还给人们；让人们各尽所能、各学所需、各教所知、各得其所，做到要自由、自动、自强。在他看来，“今日的学生，就是将来的公民；将来所需要的公民，即今日所应当养成的学生。专制国所需的公民，是要他们有被治的习惯；共和国所需的公民，是要他们有共同自治的能力。中国既号称共和国，当然要有能够共同自治的公民。想有能够共同自治的公民，必先有能够共同自治的学生。所以从我们国体上看起来，我们学校一定要养成学生共同自治的能力，否则不应算为共和国的学校”④。面对让人窒息的传统教育，陶行知奋臂疾呼：要解放儿童的眼睛，使儿童的眼睛能看事实，让儿童在对大自然观察、对大社会进行分析中，在大自然、大社会的怀抱中陶冶性情、锻炼意志、培养分析问题和解决问题的能力；要解放儿童的头脑，让儿童的头脑从迷信成见、曲解中解放出来，要像中国女子勇敢地撕下裹脚布一样把要不得的包头布一块一块撕下来；要解放儿童的双

① 陶行知：《陶行知全集》第 11 卷，四川教育出版社 2005 年版，第 483 页。
② 陶行知：《陶行知全集》第 3 卷，四川教育出版社 2005 年版，第 123 页。
③ 陶行知：《陶行知全集》第 3 卷，四川教育出版社 2005 年版，第 267 页。
④ 陶行知：《陶行知全集》第 1 卷，四川教育出版社 2005 年版，第 24 页。

手，要坚决摒弃“不许小孩子动手，动手要打手心”的摧残儿童创造力的做法；要解放儿童的嘴，让儿童有言论自由；要解放儿童的空间，把儿童从鸟笼式的学校中放出来，去接触大自然中的一切、去感受社会中的一切；要解放儿童的时间，把小孩从劳碌中解放出来，使小孩有点空闲，有空玩玩。

需要特别注意的是，陶行知主张学生民主自治，即让自己管理自己，自己教育自己，让他们自己立法、执法、司法，并不是让他们“唯我独尊”，不是要让学生为所欲为，也不是提倡泛滥的自由主义。他认为，“学生自治，不是自由行动，乃是合治”，即共同治理；不是打消规则，乃是大家立法守法；不是放任，不是和学校宣布独立，乃是练习自治的道理。由上可见，陶行知提倡民主性教育，就是要让学生成为自己行为的主人，有权对自己的行动作出自我选择，并对自己和社会负责，其根本目的是培养学生学习、思考和行动的独立自主性，这也是适应时代及社会发展对人的要求的一种培养目标。

陶行知指出，教育必须以承认受教育者的主体地位、重视受教育者主体尊严为前提，强调对受教育者主体意识和主体能力培养。而受教育的主体地位要想充分表现出来，则必须通过民主的教育培养具有民主性的人所体现出来。

培养具有改造社会精神的活的灵魂是陶行知教育民主性的充分体现。他认为教育就是要用活的环境里的活势力，而不是用死的书本去发展学生征服自然、改造社会的活本领；教育不仅要为我们现存社会培养人才，也要为未来的社会培养人才；培养能够主动地改造现存社会，创造新社会的人才，这不仅是教育发展的趋势，也是社会发展对教育的必然要求；教育的作用在于培养民主、自主、自立、自动的国民。

强调民主性师生关系是陶行知教育思想民主性的一个重要表现。陶行知一贯主张师生之间是一种平等互助的关系。他认为，在学习中，学生是主体，教师起指导作用，师生应互教互学，以朋友之道相处，要把师生摆在平等的位置，让教师与学生共同履行教育实践的职能，这些都充分凸现了他的民主、平等思想。

培养和发展学生的民主意识，使学生成为一个全面发展的真人，是陶行知一以贯之的教育思想，也是他人本主义教育思想的体现。在陶行知看来，真人的直接含义就是具有民主精神的能动的会生活的人。陶行知培养学生民主意识的目的，就是要去除传统的“奴性”教育，就是要让他们敢想、敢干、敢于创造，牢固树立“滴自己的汗，吃自己的饭”、“自己的事自己干”的思想，懂得“靠人，靠天，靠祖先，都不算好汉”的道理。必须指出，陶行知的民主教育思想充分体现了“天下为公”、“民主第一”政治主张，他提倡“生活即教育”、“社会即学校”和“教学做合一”，中心只有一个，就是为广大的中国人民争取民主的教育权、教育的民主权、民主的生存权和发展权。

同陶行知一样，牧口常三郎的教育思想也具有强烈的民主意识。他指出，明治以来日本模仿西方教育制度，推进了教育普及，培养了一批人才。可是，这种教育的主旨精神是灌输知识，造练服从意识，其结果只能是泯灭受教育者的首创精神，像制造产品一样制就“清一色的学生”①。牧口常三郎对日本教育的缺陷深为忧虑，认为日本的整齐划一式的教育顽疾百出，这样的后果是灾难性的。这样的教育只能局限于一些智力技能的训练或是记忆一些与生活无关的材料，对未来一代来说弊大于利。而且对学生和国家来说，损失不只是正在发生在学生身上的教育，还包括没有发生的不能发展和培养孩子的巨大潜能的影响。牧口常三郎先生由感而愤，由愤而批，他痛斥日本的教育制度忽视人的幸福，是没有任何功效的原始教育。主张改革日本当时的教育制度和内容，实施创价教育，以培养创造“得、善、美”价值的人才②。尤其是在 1938 年日本政府颁布《国家总动员法》致使国家深深陷入中日战争泥沼之际，牧口常三郎忧国忧民，看到了战争的危险，并大声疾呼“当前最紧迫的是教育改造”。

早在 1903 年，牧口常三郎就在他出版的处女作《人生地理学》中对当时地理科教学进行了批评。他指出，地理学知识的传授方法无非是“无人”的知识灌输，这种把学生关在教室里、约束在学校中的做法，不仅导致了对学生身心的压抑，也导致了学生对地理学这门学科的排斥。问题的症结就在于没有给学生民主、自由和创造的空间。也就是在他对问题的研究和反思过程中，他的创造价值的思想也开始萌芽。他越来越感到日本僵化的教育只能毁灭儿童的创造力而不是释放和发展其潜能，而且，这也是当代大多数人生活的悲剧之一。牧口常三郎主张：要让孩子大胆地想，要给孩子

---

① ［日］牧口常三郎：《价值哲学》，马俊峰、江畅译，中国人民大学出版社 1989 年版，第 143 页。

② 达高一编著：《创价学会——日本新兴的宗教性政治团体》，世界知识出版社 1963 年版，第 1 页。

发表思想的话语权，只有这样才能发掘出其全部潜能。“这是我们在制订教育计划时永远不能忽略的一个基本原则，也是一把挖掘和培养孩子内在巨大潜能的钥匙。”①

与陶行知一样，牧口常三郎从人的创造性出发始终强调教育中要重视民主。他认为，只有这样才能激发人的创造兴趣，才会有不竭的创造动力，才体现了以人为本。而以人为本，重视人的欲望，就是要充分发挥人的创造性之源。“如果人的欲望被忽视，无论什么东西都只能被看是没有价值的。如果人类生活主旨被忽视，关于价值的讨论都不过是空幻的唯心主义。”②

牧口常三郎指出，没有教育的民主性，就谈不上有学生的主体地位。他将人的主体地位提升到超然一切的位置。他认为，作为万物之长灵、超越一切事物而存在的人类，与一切事物相比，都具有绝对的价值。既然如此，就应该没有比人才养成法更急需改革的高价值事物了。交通工具的发明、治疗方法的研究、电气应用的发明，确实具有很大的影响，但是如果与教育相比，不论是在质上还是在量上，其影响的程度都相去甚远。事实表明，凡事都不能离开人，如同所有江河最终都得汇聚到大海一样。社会各方面均陷入僵局的根源归根结底是人才的缺乏，人才的缺乏又归因于教育的失败，教育的失败源于人的主体性的缺失，而人的主体性缺失的主要原因是教育没有民主。

牧口常三郎认为，教育的最根本的目的并不是为国家培养打仗的工具，而应该使所有的孩子都获得人生的幸福，即发掘每个人的潜能，使他自己能够打开通向幸福的门扉，所以唤起个人创造人生价值的潜能和热情应当是每一个从事教育的人终生所要担当的使命。为此，在教育中要把学生当人看、当能创造的人看、当能创造价值的人看。牧口常三郎主张，教育应该把人当做一切工作的出发点和归宿，教育的目的就是培养创造幸福人生的人。牧口常三郎认为，任何人生在世界上都是有价值的。人既不同于动物，也不同于机器，人就是人，是能够创造价值的人。牧口常三郎极力反对当时日本教育中无“人”的现象，反对为“大东亚圣战”而“灭己奉公”、“尽忠

---

①　[日]牧口常三郎：《人生地理学·绪论》，陈莉等译，复旦大学出版社 2004 年版，第 11 页。

②　[日]牧口常三郎：《价值哲学》，马俊峰、江畅译，中国人民大学出版社 1989 年版，第 141 页。

报国”，反对把学校变成兵营和精神训练所，反对将教育利用为驱使青少年以血肉之躯充当侵略战争炮灰的工具。他一贯强调，人生来就具有创造潜能，而且每个人都希望把自己的创造潜能发挥出来。人的潜能并不神秘，它乃是人同动物足以区别开来的标志，是人之所以能培养成为人的可能性。人的潜能是人得以发展的内因，而教育是促进人的创造潜能得以挖掘和发展的外因。他曾怒斥扼杀孩子天性的僵化的教育体制，认为单纯机械的灌输主义是不可取的。牧口常三郎主张实施“启发主义和学习指导主义”，强调学习兴趣的唤起，强调人的主体地位和主体意识，强调思维的创造性。他认为教育不单是以传授知识为目的，关键是要指导学习方法，即通过自己的努力学会掌握知识的方法，找到打开知识宝库的钥匙。可以说，牧口常三郎的教育重点始终在于随时随地关注开发每个人创造价值的可能性。

牧口常三郎指责，日本过去的教育工作者往往受门外汉的专家议论影响，这些人在战争期间则被军人所左右，平时就迎合政治家及行政人员的鼻息；各科教学不是被专家学者所主导，就是盲从传统。究其原因，就是在于“眼中无人”，缺乏民主，甚至是压制民主。

与陶行知一样，牧口常三郎认为，教育意味着单个人向社会人的转变。教育，是决定个人和良好社会双方都健康快乐发展的关键因素。教育的至关重要就在于它对具有良好道德品质的人们的成长是必不可少的。反过来，这又依赖于是否激发了人的主观能动性，是否意识到了自己在与自然和社会的交接中所处的主体地位，以及人们是否认识到了与周围的自然和社会现象的相互依赖和相互联系。在人的生活中，只有通过人的某个部位对外部现象的直接亲身体验才能发展这种认识和意识。教师的重要作用就在于指导——能使每一个孩子和青年都拥有这种高质量的认识和意识。也只有这样，才能找到打开知识宝库的金钥匙。而要达此境，民主是前提，是保障。总之，学习不能强迫，教师应该充分激发和培养应是出自每位学习者因自身爱好和动机而滋长的好奇、多问和探究心理。也即是说，教育应是一个诱导、启发而不是反复灌输的过程，教育必须讲求自然，决不能忘记每个孩子都有一个无可替代的人格。在这方面，既不能说“使他们成长”，也不能说“把他们发展”，主角总是孩子自己，因而应该用“让我们共同成长”、“让我们一起发展”等这样的心态去对待才对。创价教育就是要揭示这种强行灌输式的现行教育方案的不适和危害；该教育系统旨在通过集

"得、善和美"于一体的价值观来引导人们创造美好生活。它并非专注于培养单纯的认知或感情方面的能力，而是将每个学生作为一个完整的人，通过和谐统一的教学方案为学生综合能力的开发提供指导。

需要强调的是，教育的民主性离不开主体在与对象性客体相互作用的活动过程中所表现出来的能动性、自主性、自为性和自律性。能动性侧重指主体所表现的认识和实践能力，自主性侧重强调主体所表现的权利、地位与价值追求，自为性和自律性则更多强调主体所表现的合目的性与合规律性，侧重于主体意志、情操、责任感与使命感。二者互相依存、相互渗透。没有民主，后者就失去了基础；后者是前者的表现形式，没有能动、自主、自为和自律，前者就失去了载体。只有二者兼有，才是健全的民主性。当然，无论是陶行知还是牧口常三郎，都强调民主，但不主张民主泛滥，或者说，他们既强调认识和改造自然、自身以及世界的能力，又注重人行为的正确方向，是能驾驭自己朝着正确方向前进的民主。这一点正是当今那些单纯强调工具主义或智育第一的主体性的人所应该学习和借鉴的，也是我们在素质教育的理论和实践中所应该重视的。

二、民族性

民族性也是陶行知和牧口常三郎教育思想中的主要特点之一。

陶行知诞生在中华民族危机空前严重的时代。从他记事之始，侵华弱华亡华与救国强国兴国，这相生相克相反相成的两大势力，就在神州大地不断演出惊天动地可歌可泣的种种活剧。甲午战争、戊戌维新、义和团运动、八国联军入侵、《辛丑条约》签订、在中国领土上大打出手的日俄战争、辛亥革命、五四运动和抗日战争的伟大斗争……可以说，陶行知始终生活在以民族救亡图存为中心的时代大磁场中。他的一生事业，也始终如磁针一般，百转不移地指归于爱国兴国的大目标①。

"天下兴亡，匹夫有责。"面对危亡的国势，每一个关心国事的中国人都必须做出自己的回答。于是，千千万万志士仁人围绕救国救民的主题，纷纷走上探索之途。各种答卷以各色各样的主义、口号和方法应运而生。作

① 章开沅、唐文权：《伟大的爱国主义者陶行知——纪念陶行知诞辰100周年》，华中师范大学学报(哲学社会科学版)1991年专辑。

为一名教育家，陶行知立足本职，把教育事业视为最重要的社会改良方法之一，视为拯救国家和民族的切实要途。

早在 1914 年的金陵大学毕业论文《共和精义》中，他就明确指出：中国要改变贫弱面貌，克服政治上的种种弊病，渐臻富强民主之共和佳境，都须臾不能离开教育。在 20 世纪 20 年代初期推行平民教育运动时，陶行知就立志“要用四通八达的教育，来创造一个四通八达的社会”。他代表全体从事乡村教育的同志撰成十八信条中的第一条便是“我们深信教育是国家万年根本大计”①。创办晓庄更是源于这种深沉的爱国爱民之情。就像他所言：“晓庄是从爱里产生出来的。没有爱便没有晓庄。因为他爱人类，所以他爱人类中最多数而最不幸之中华民族；因为他爱中华民族，所以，他爱中华民族中最多数而最不幸之农人。”②

在 20 世纪 30 年代前半期奔走工学团和小先生运动时，他仍一心要为国家和社会创造一种富有生命力的社会细胞和社会组织。他相信，“工以养生，学以明生，团以保生”的工学团，可以成为“中华民族的救生圈”③。30 年代中期，为发动大众解救国难，他认为，国难当头，唯有通过教育才能真正调动人民大众的力量，把少数人的力变成多数人的力，把空谈的力变成行动的力，把散漫被动的力变成有组织主动的力。他坚信大众教育运动是造成伟大的民族力量的必要途径。他组织国难教育社，力求在“教育与国难赛跑”中“叫教育追上国难，把它解决掉”④。在草拟的国难教育方案中，将“争取中华民族之自由平等”和“保卫中华民国领土与主权之完整”确定为国难教育的基本目标。创办育才学校时，他更是把为国育才的思想贯穿办学的全过程。面对办学中的重重困难，他坚持以“集体的新武训”自励励人，以“增加抗战建国之力量”作为自己的天职。抗战胜利后，他高呼民主教育运动，把教育同战后中国人民迫切需要解决的民主问题紧密联系起来。他肯定民主教育是民有、民治、民事的教育，是教人做主人、做自己的主人、做国家的主人、做世界的主人的教育。

---

① 章开沅、唐文权：《伟大的爱国主义者陶行知——纪念陶行知诞辰 100 周年》，华中师范大学学报(哲学社会科学版)1991 年专辑。

② 陶行知：《陶行知全集》第 2 卷，四川教育出版社 2005 年版，第 207 页。

③ 陶行知：《陶行知全集》第 2 卷，四川教育出版社 2005 年版，第 559 页。

④ 陶行知：《陶行知全集》第 3 卷，四川教育出版社 2005 年版，第 19 页。

陶行知一生教育事业在发展中创新，在创新中得到发展，充满了变数。但人们不难看出，变中自有不变之处，就是那颗为民族解放而献身的赤子之心。从“五四”时期主张平民教育到抗战胜利后高呼民主教育，从晓庄师范的创建到重庆社会大学的举办，他始终将国家的前途、民族的出路作为理论和行动的出发点和落脚点。可以说，对国家和民族的深厚感情，不仅使陶行知矢志献身教育事业，而且也是推动他思想不断前进的主要动力①。强烈的爱国思想和民族意识始终贯穿在他不同时期的教育活动中，对国家和民族的高度责任感，促使他不断因时而化，修正完善自己的教育思想和教育实践，这正是他的教育思想具有强烈的民族性特征的思想根源。

在一定程度上可以说，陶行知教育思想的形成过程本身就是一种教育理论的民族化、本土化过程。不可否认，陶行知深受西方教育思想的浸染，可是，他在学习、研究、“移植”西方教育学说时没有简单地照抄，也不是采用简单的嫁接或直接的“拿来主义”，而是在学习西方先进教育理念的基础上，积极地进行理论创新、升华和创造性的实践，并结合中国的民族文化特质和中国国情进行融合和改造，进而提出自己的教育思想。最明显的是，随着中国社会的变革和他本人在创办南京晓庄师范学校、育才学校等教育实践的不断探索中，陶行知逐渐对杜威的思想提出了质疑。对于杜威的“教育即生活”、“学校即社会”、“从做中学”，陶行知通过自己长期的中国化实践，把它改造成“生活即教育”、“社会即学校”、“教学做合一”，把他的“生活教育”思想与当时中国社会现状结合起来，从而获得了新的时代意义。他的生活教育理论，虽然映射出杜威实用主义教育思想的光束，但绝非杜威教育理论的简单照搬，而是植根于中国的国情民性与自觉实践基础上的理论建构。正是基于此，他的教育思想具有浓厚的民族特色。以其乡村教育思想为例：在立足点上，始终是着眼于占全国人口总数之百分之八十五的中国农民，立足于贫穷落后并关系占全世界五分之一的人民的乡村。在教育与政治的关系上，既不主张“隶属于政治”的教育，也不赞成“超政治的教育”，始终坚持和践行“教育必须为政治服务”这一指导原则。具体地讲，就是要为中华民族大众解放服务；在教育行政组织系统上，设计了由乡村

① 章开沅、唐文权：《伟大的爱国主义者陶行知——纪念陶行知诞辰100周年》，华中师范大学学报（哲学社会科学版）1991年专辑。

标准学校、小学校、私塾、各界大联合和各级行政组织组成的乡村教育网络;在内容上,提倡识字教育、生利教育、科学教育、节制生育教育和公民教育;在推行方法上,实行培养村魂、设平民读书处与平民问字处、推行寒暑假乡村教育、让“读书与经济发生关系”、强迫读书和实施小先生制、传递制(联环教学、即知即传)七措并举等。总之,陶行知根据中国的国情,独创自己的教育理论,既有民族特色,又有“行知”特色。

当然,必须指出的是,陶行知既是一位坚定的爱国主义者,又是一位具有世界眼光和广阔胸怀的国际主义者。因此,他所倡导并践行的爱国主义,绝不是那种狭隘的民族主义。他深知中国的发展和进步离不开世界各国的文明成果,他那充满创造活力的教育思想和实践活动,都建立在洞悉国际教育潮流来龙去脉的基础之上①。尤其是在抗战最艰苦阶段,他主张团结所有反对战争的日本人民,共同反对日本帝国主义。他还跳出国内时局,引人注目地提出了一个建立战后“东亚新秩序”的理想方案。在他的方案中,“新秩序”的参加者,除中国外,还有“民主的日本”、“完全自主的印度”以及“和平的苏联”。合作的途径可先由两个国家搞起来,然后推广到第三、第四国,乃至东亚所有国家。合作的方式是军事同盟和经济合作,前者目的在防止侵略,后者目的在某种程度之自给自足。当第二次世界大战厮杀正烈,胜负难分,而“大东亚共荣圈”的侵略理论甚嚣尘上之际,陶行知畅想未来的“东亚新秩序”,真可谓是一种“超前意识”②。

自1893年师范毕业后,牧口常三郎开始了几十年的教学生涯。他先后在日本多所小学任教,从普通小学教师到校长,为寻求改革日本教育良策,几乎花费了一生的全部心血。

同陶行知一样,牧口常三郎教育思想具有鲜明的民族性。这一点我们可以从他的处女作《人生地理学》中找到答案。

牧口常三郎是一个强烈的爱国主义者。这也正是他能致力于挽救日本教育、振兴日本民族的思想基础。《人生地理学》一书充分表达了他的爱国情怀,也充分体现了他对教育指导思想、教育原则、教育内容、教育方法

---

① 章开沅、唐文权:《伟大的爱国主义者陶行知——纪念陶行知诞辰100周年》,华中师范大学学报(哲学社会科学版)1991年专辑。

② 章开沅、唐文权:《伟大的爱国主义者陶行知——纪念陶行知诞辰100周年》,华中师范大学学报(哲学社会科学版)1991年专辑。

等方面的论见。他非常思念自己的故乡，就像他所说“我经常思考故乡所具有的神秘力量。一个云游四海的人最大的思念莫过于对故乡的思念”①。在他看来，故乡的定义随着人类观察事物的角度的变化而变化。在婴儿时代，故乡仅仅局限于起居室和花园；对于同一所学校的小学生来说，故乡的范围就是他们所来自的不同乡村；对于同乡会的老乡们来说，那就意味着某个县、某个地区或者某个旧的领地；如果是置身于外国人的环境里，故乡则是自己的国家或民族；如果以宇宙为参照系，地球就成了人类的故乡。显然，牧口常三郎希望通过“故乡”这一概念告诉人们家乡故里、地区、国家、民族、地球、宇宙是一个关系链，彼此互相依存、互为支撑；爱国首先就要爱自己的故乡，爱地球、爱宇宙也就是爱家乡、爱国、爱人类这样简单但又常常为人们所忽视的道理。

20 世纪初，日本迅速步入工业化国家的行列，国家势力的增强使得国家主义在国内迅速膨胀，而当时日本的教育界自然也受到这种风习的熏染。在这种社会背景下，牧口常三郎并没有被外界舆论所左右，而是以高度的民族责任感独立地思考和探索教育的目的和真谛。牧口常三郎决定出版《人生地理学》的一个主要原因就是：对日本民族所受到的破坏性教育，或者说日本国民所受到的摧残人性的教育的忧虑。他深深地意识到当时日本落后的教育状况，特别是地理学教学状况。他认为，在日本的学校，没有一个学科的教育像地理学那样的可悲和荒谬，不但在小学而且在初中也是如此，学生们死记硬背山脉、江河、湖泊以及城市名称和人口数字，学生们不可能长久地记住这些杂乱无章的事实，所以在他们考完试离开后，剩下的全是无用的支离破碎的知识。与此同时，牧口常三郎从当时的教育现状中预见到了忽视人性的日本工业社会中教育政策的危机和悲剧结果。他坚决反对那种毫无顾忌地无视环境、追逐眼前利益而抛弃优良传统；把孩子和青年人整日关在学校，切断他们和自然环境、家人以及社会的联系，强迫他们学习大量杂乱无章、毫无关联的事实的教育。他认为这种现象的最后结果将会给日本民族带来灾难性的损失。这也正是他力主教育要着眼于人的幸福的思想源头。从这里可以看到，牧口常三郎首先考虑的是身

① Tsunesaburo Makiguchi, A Geography of Human Life, Edited by Dayle M. Bethel, Published by Caddo Gap Press 3145 Geary Boulevard PMB 275 San Francisco, California 94118 U. S. A, 2002, p. 62.

边每一位日本同胞、日本民族的现在和未来。透过《人生地理学》，我们会发现，牧口常三郎希望通过教育的努力，培养人们的忧患意识和科学的可持续发展的意识。他提醒国人“岛民具有强烈的爱国心，能并肩战斗抵抗敌人的侵略。我们为此感到自豪。总的说来，岛民要处理的内部分歧和分裂比大陆国民少，更易于统一。这或许是可以理解的：岛民如果不能成功地把敌人赶走的话，他们就完蛋了，因为他们不可能像在大陆上一样逃往别的陆地。与此同时，岛国生活固有的这些优势也导致了岛民的弱点。这也是岛民明显的特性：容易狭隘、自大，满足于小成功，不太大方，喜欢单独行动；当遇到敌人的威胁时，爱国主义的表现是显而易见的，一旦危险过去，人们就又陷入彼此之间的纷争，而不会为取得长远目标的利益积极配合。这在我们日常生活中是很明显的，在一些比较小的孤立岛屿尤其如此”①。

牧口常三郎指出，国家的富强与国土面积、自然条件、人口等物质因素密切相关，但我们绝对不可以仓促认为，一个国家能否富强仅仅看是否满足这些条件。其实，这些条件不是简单意义上的相加。即使具备了所有的这些条件，目前世界上有很多国家还是贫穷落后和弱小的。如果一个国家具有上述所有因素，但是如果缺乏高度发达的精神生活，那么也只不过是诱惑其他列强的美餐而已②。牧口常三郎还试图用《人生地理学》来回应他所见到的日本的现实。在他羡慕和提倡西方工业文化的某些方面的同时，他劝告不要对西方的模式全盘吸收，并为他的国人提供了一幅独特的日本工业化社会的远景图，在这幅图里包含了日本地理环境和文化传统的优势与资产。就像戴勒・M. 贝瑟(Dayle M. Bethel)所言：“虽然，牧口常三郎也许没能预见由西方科学化的产业主义所导致的现代的两难困境的所有范围，或者导致对道德精神的崩溃的潜在忧虑，但我猜想他直觉地感受到了这种危机，并且致力于他自己生活的社会的工业化发展，因为他认为这个社会不会缺少他所钟爱的‘迷人世界’。”③我们还可以看到，尽管牧

① ［日］牧口常三郎：《人生地理学》，陈莉等译，复旦大学出版社 2004 年版，第 35 页。

② Tsunesaburo Makiguchi, A Geography of Human Life, Edited by Dayle M. Bethel, Published by Caddo Gap Press 3145 Geary Boulevard PMB 275 San Francisco, California 94118 U. S. A, 2002, p. 247.

③ ［日］牧口常三郎：《人生地理学・英文版编者导言》，陈莉等译，复旦大学出版社 2004 年版，第 33—34 页。

口常三郎不可能全面了解西方社会所选择道路而产生的灾难性后果的所有方面，但他所理解的部分足以在他内心点燃一种帮助他自己的国家避免由于采用西方模式所造成危机与痛苦的欲望。

当然，他的思想没有就此停步，而且延伸到整个自然和人类。在日本政府紧锣密鼓地筹备即将进行的日俄战争前夕，牧口常三郎决定出版《人生地理学》的另一个重要原因就是，希望通过此书告诫国人：包括日本人在内的每一个人都有幸福生活的权利；人与人、人与自然、人与社会、国家与国家都是一个联系紧密的生命共同体；人们应该将居住并与之发生关联的这个世界作为思考问题的出发点；我们应该从生来就是人、就是文化人的群体出发，真正认识到，我们的根和我们的身份来自本土文化群体即故乡①。所以，我们首先应该感激自己国家给予我们的恩惠。同时，他还指出，人们生活在一个开放的世界中，所以又应该形成超越乡土情感或狭隘的国粹意识，培养“我们生于地球，死于地球，靠地球而活，我们感激地球，地球是我们的家园”②的地球人观念等。他鲜明地反对为了自己国家的利益而试图寻找机会去控制和制服其他国家的侵略行径。牧口常三郎在书中用生动的细节描述了他称为“强权”的国家怎样有计划地征服或消灭那些比较弱小国家的文化，直到几乎瓜分整个世界的过程。显然，牧口常三郎希望他的国家能避免这种不幸。事实上，牧口常三郎还希望通过《人生地理学》传递的一个重要信息就是万物一体、唇齿相依。他提醒人们，战争是人类的“大恶”，不要做战争的牺牲品，不可为了自己民族的生存而去牺牲其他国家民族的生存，不要为了本国的发展和强盛而牺牲其他国家的利益。也正是在此基础上，他提出了构建人道主义竞争社会的美好愿景。

显然，牧口常三郎的这种良好愿望跳出了狭隘的本国视角，体现了包括所有民族在内的大民族概念，富有前瞻性和挑战性。就像池田大作所说：“在 20 世纪早期，帝国主义统治着那个时代的时候……牧口常三郎……写了题为《人生地理学》的书。……他描述了一个他命名为‘人道主义竞争’的理想，由此文明和文化能够通过相互的对话，在彼此间开展友好

① ［日］牧口常三郎：《人生地理学》，陈莉等译，复旦大学出版社 2004 年版，第 4 页。

② Tsunesaburo Makiguchi, A Geography of Human Life, Edited by Dayle M. Bethel, Published by Caddo Gap Press 3145 Geary Boulevard PMB 275 San Francisco, California 94118 U. S. A, 2002, p. 25.

和人道的竞争。他相信,以这种方式,能够为人类开创一个更加光明的未来,一个能为全体人类促进相互间的和睦与繁荣的未来。他高瞻远瞩地预见到了人类历史应当遵循的唯一恰当的发展道路,是由军事争斗竞争朝着政治竞争,再由政治竞争向经济竞争最终到纯粹的人道主义竞争稳步前进。"①牧口常三郎不仅反对狭隘的爱国主义,而且奉劝国人"需要思考怎样才能成为大度开明的人"②。他更希望日本在未来世界文明进程中"通过人道主义竞争实现获得发达文明之梦"③。

牧口常三郎的这种忧国忧民的思想不仅表现在《人生地理学》中,也表现在后来的教育力作《创价教育学体系》中,就像他在该书第一卷序文中所言:"拯救国民教育,忧虑之心与日俱增。盼望本书能早日受到社会的注意,不希望一千万中小学生在入学困难、考试地狱、就业困难等恶劣竞争中所受的现代苦恼持续到下一代。每思及此,心如刀割。"④

正是这种忧国忧民的思想,促使他在四十多年的教育生涯中,不断学习、借鉴、实践、探索和创新,用毕生心血研究教育的本土化,形成了具有自身特色的创价教育理论:教育要着眼于包括日本人在内的每一个人的幸福;要坚持实事求是,立足本国国情。他提醒人们:"教育界有两种教育流派,一是经验主义者,强调经验;另一个是理论主义者,强调理论思维。从事实践教学的属于经验主义派。200 万教师如果努力,会有出色的教学体会。实际上,理论家从欧洲引进了许多教育理论,绝对压倒和控制了经验主义者和实际工作者。理论主义者采用演绎法介绍欧洲的新理论和抽象哲学,而这些理论在实际教学中是没有价值的。"⑤他曾经直言不讳地将日本教育的失败归咎于崇洋媚外:"六十多年来,我们仅盯着欧美,结果失败了。"⑥他告诫

---

① [日]牧口常三郎:《人生地理学·英文版前言》,陈莉等译,复旦大学出版社 2004 年版,第 38—39 页。

② [日]牧口常三郎:《人生地理学》,陈莉等译,复旦大学出版社 2004 年版,第 4 页。

③ Tsunesaburo Makiguchi, A Geography of Human Life, Edited by Dayle M. Bethel, Published by Caddo Gap Press 3145 Geary Boulevard PMB 275 San Francisco, California 94118 U. S. A, 2002, p. 293.

④ [日]牧口常三郎:《創価教育學體系》Ⅰ,聖教新聞社 1972 年版,第 13 页。

⑤ MAKIGUCHI: THE VALUE CREATOR by Dayle M. Bethel, Published by Weatherhill, Inc., of New York and Tokey, First edition, 1973, p. 176.

⑥ Education for Creative Living, Ideas and Proposals of Tsunesaburo Makiguchi, Translated by Alfred Birnbaum, Edited by Dayle M. Bethel, First edition, 1989, p. 94.

教育界不切实际地照搬他人的教育经验是行不通的，而且，只有老老实实认识到错误，再从失败中探究原因，才能开始做好前途和规划。如果还像以前那样，一味地向欧美一边倒的话，是无论过多长时间都制定不出符合国情的方针政策的。也正是因为此，他总是小心翼翼地选择自己要接受的思想，并有条件地接受，他的思想始终扎根于东方的世界观①；主张乡土特色，生活气息；将半日学校制度视为日本教育的出路所在；高呼创价教育等。

需要指出的是，尽管陶行知和牧口常三郎各自的国情不同，一个是半殖民地半封建国家，一个是正处于上升发展阶段的资本主义国家，但他们两人教育思想中所具有的民族性特征颇为明显。他们忧国忧民，爱生命，爱国家，爱人类，爱和平；他们爱自己的民族，也爱别的民族。他们深爱本国人民，也深爱其他国家的人民。从这一点来看，他们的教育思想具有强烈的人民性特征。特别是，他们饱受本土文化的浸染，又都深受西方文化洗礼（本书第一章已作详述）。在对待外来文化的态度上，一方面，都坚决地反对不假思考、不切实际地照搬，认为步人后尘、拾人牙慧，民族终无崛起之日，外来文化只有与本国文化土壤相适应才可生存，若格格不入，尽管在外国生效，也必须忍痛割爱。另一方面，又认同“他山之石，可以攻玉”，且注重学习、借鉴和吸收外来先进的教育思想，并结合本国实际在实践的基础上探索形成了具有本国特色的教育理论。他们都是既善于学习借鉴外来文化，又能结合国情、敢于且善于创新的教育家。在他们的教育生涯中，一直致力于教育理论的本土化，包括教育问题的本土化、教育内容的本土化、教育方法的本土化和教育形式的本土化等。这既是他们的特色所在，也是其对人类教育的贡献所在。所不同的是，陶行知由于自己的民族正深受压迫，所以他要考虑的首先是自己民族的解放；牧口常三郎因为自己的民族正处于强势，所以更多的是表现为对本国侵略行为所进行的忧虑和劝导。当然，二者的着眼点还是在于世界上所有民族、所有人民的和平共处；他们不仅言，而且行，并用生命保卫人类和平，来证实自己的言行。在某种程度上看，牧口常三郎更为难得，其压力更大一些，因为他要反对的是当时弥漫在自己国家中的占主流地位的侵略和霸权思想，背后的支持力

① Ethical Visions of Education: Philosophies in Practice, Edited by David T. Hansen, Teachers College Press, Columbia University, New York and London, 2007, p. 73.

远不及陶行知;因为人微言轻,所以其影响力也远不及陶行知。也正是基于这种分析,笔者认为,陶行知教育思想中的民族性更为外显;牧口常三郎思考问题的着眼点更多是日本国对其他民族的侵略的担忧和愤怒,更多思考的是地球市民和大民族的概念。

三、创造性

创造性是陶行知和牧口常三郎教育思想的又一大特点。

陶行知教育思想的核心内容之一就是立意在实践的基础上通过教育培养创造型人才。可以说,创造为他一生所钟爱,创造教育思想是他整个教育思想中最经典、最引人注目的部分。

创造是陶行知的人生志趣。早在民国九年(1920 年),南京高师开办第一次暑期学校的时候,陶行知就立下了为国为民创造之大志。他和胡适之、王伯秋、任鸿隽、陈衡哲、梅光迪等人在地方公会园里彼此谈论志愿时,道出了“要用四通八达的教育,来创造一个四通八达的社会。我们生在此时,有一定的使命。这使命就是运用我们全副精神,来挽回国家厄运,并创造一个可以安居乐业的社会交与后代,这是我们对于千万年来祖宗先烈的责任,也是我们对于亿万年后子子孙孙的责任”[①]的创造宏愿。细考陶行知的教育论著,可以发现,早在 1913 年陶行知发表的《“金陵光”出版之宣言》中就已闪烁着“创造”的思想火花。至于明确提出“创造”一词,则是在 1919 年“第一流的教育家”一文中,文章写道“在教育界,有胆量创造的人,即是创造的教育家;有胆量开辟的人,即是开辟的教育家,都是第一流的人物”。这里,陶行知把创造和教育结合起来,从有“创造的教育家”出发对创造教育进行了探讨,并把它当做他创造教育思想的切入口。尔后,“创造”二字则频繁出现在他的教育理论与实践中,特别是在 1933 年《创造的教育》一文发表以后,陶行知创造教育思想越来越成熟和完善,终至形成陶行知独立的创造教育思想体系。

陶行知的创造教育思想博大精深,主要可以归纳为如下几个方面:从含义上讲,创造教育包括物质层面的创造和精神层面的创造;从内容上讲,创造教育是以生活为素材的教育,是在生活中才有的教育;从组织形式上

---

① 陶行知:《陶行知全集》第 8 卷,四川教育出版社 2005 年版,第 34 页。

说，主张社会即学校；从方法上讲，主张采用启发的、自动的、手脑并用的、教学做合一的方法，来取代主观主义的、填鸭似的、被动的教学方法；从条件上讲，可以归结为“六大解放”和“一个民主”。

陶行知之所以凸现创造的主题，原因主要有三：

第一，有感于制锢人的传统教育和鸟笼式的教育现状而发。他不仅认为，中国的传统教育谈不上有创造，只是“读死书、读书死、死读书”，而且认为“现在中国的教育组织，是不能创造的”①。因为整个社会流行着两种偏见：一种是“学校是学校，社会是社会。他们认为学校是求知的地方，社会是行动的地方；他们说读书不忘救国，救国不忘读书。日本人的炮弹已经飞到他们面前，还是子曰子曰读他的书，这种教育是亡了中国还不够的”②。另一种是“学校社会化”。他们觉得学校是离不开社会，所以想把社会的一切都请到学校里来。他们的主观愿望虽好，但现实是不可能的。因为他们所做的与社会依旧隔膜。况且学校的容量有限，不可能包罗万象。“他们的学校好像大的鸟笼，把鸟儿捉到笼里来养，又好像一只大缸，把鱼儿捉到缸里来养。结果鸟儿过不来鸟笼的生活，死了；鱼儿过不来鱼缸的生活，死了。所以这种似是而非的教育是不自然的、虚伪的和无力量的，也不是创造的教育。”③创造的教育应该是“以社会为学校”、“学校和社会打成一片”，社会含有学校的意味，学校含有社会的意味，彼此之间，很难识别。他主张把学校的围墙④拆去，让它与社会沟通。只有这样，才能把感情、态度从以前传统教育中摆脱出来，才能让教育富有创造性。陶行知认为，之所以传统教育缺乏创造性，重要的原因就是人们萎靡不振，习于因循。由于因循，所以“趑趄其行，应前不前”，“除退化无收效，除敷衍无方法”⑤。对事，放弛责任；对己，自暴自弃。究因循之因，在于畏、于惰、于自满和于自私。因为畏劳、畏苦、畏难、畏痛，则“虽知其应进而不敢进，虽知其应行而不敢行”；因为惰，所以有“今日不学，曰有明日；今年不学，曰有明

① 陶行知：《陶行知全集》第3卷，四川教育出版社2005年版，第452页。

② 陶行知：《陶行知全集》第3卷，四川教育出版社2005年版，第452页。

③ 陶行知：《陶行知全集》第3卷，四川教育出版社2005年版，第452页。

④ 陶行知认为，这种围墙是各人心中的心墙。

⑤ 陶行知：《陶行知全集》第1卷，四川教育出版社2005年版，第149页。

年"[1]之托辞；因为自满，所以目空一切，心存"凡事举不足介其意，以为即稍自暇逸，先鞭亦莫我着"之念；因为自私，则所为莫非扩张一己之利益，"有益于我，则求之唯恐不力；利益少杀，则泄沓从之。甚或今日慕其利，明日见利之更大于此者，复移其爱慕之心于故"[2]。他号召人们起来打倒传统的因循教育，大兴创造之风，大树创造教育。

第二，有感于办教育的艰难。特别是在育才办学举步维艰之时，在与贫穷和患难交上朋友之际，陶行知更是体会到了创造的价值、创造的重要。正如他在1943年撰写的《创造宣言》中对创造教育所呼唤的那样："创造之神，你回来呀！只有你回来，才能保证参天大树之长成。……只要有一滴汗一滴血，一滴热情，便是创造之神所爱住的行宫，就能开创造之花，结创造之果，繁殖创造之森林。"[3]当时的育才学校，由于经济所迫，就像风雨中随时可能倒伏的一棵树。为"和米赛跑"，陶行知像一个马拉松运动员一样，无休止地奔忙着。在困境中，他把磨难当作创造的大好机遇，就像他在《育才二周岁之前夜》中所说的那样："说到目前的磨难可算是严重，但是也给了我们空前的机会来创造。敌人的扩大封锁与加紧进攻，要更大的团结力量去克服。世界战争，自从德军开始进攻苏联，把我们的友邦都转入漩涡了。这也可使我们格外警觉，靠着更大的团结来自力更生，同时也可使我们与友邦发生更亲切之合作，并由于我们的努力使英美与苏联的关系加强，四国配合作战，以铲除人类之公敌而创造幸福之世界。"[4]他用玄奘遭遇八十一难取得佛经，哥伦布粮水断绝、众叛亲离才发现了美洲，莫扎特冻饿病三重压迫下写出了《安魂曲》等感人事例教育育才全体师生，以"友穷、迎难、创造"六个字与育才全体师生共勉。正因为他崇拜自己的创造，故能乐而忘忧；正因为他热爱创造，所以当他每处"山穷水尽，走投无路，陷入绝境"之时，总会出现"柳暗花明又一村"的奇迹。

第三，有感于人性的体悟。陶行知把能否创造看成人禽之间的一个重要区别。在他看来，"人所以比禽兽厉害，就因为他有手，手能打仗、能生

---

① 陶行知：《陶行知全集》第1卷，四川教育出版社2005年版，第149页。
② 陶行知：《陶行知全集》第1卷，四川教育出版社2005年版，第149页。
③ 陶行知：《陶行知全集》第4卷，四川教育出版社2005年版，第6页。
④ 陶行知：《陶行知全集》第4卷，四川教育出版社2005年版，第406页。

产、能建设,也能创造”①。他认为,人比动物高明,高就高在他不仅有智慧去认识世界,而且还能发明工具并利用工具去改造世界。他围绕工具的用途、发明和制造对教育创造的必要性进行了深刻的论述:“精神与物质接触必定要靠着工具。工具愈巧则精神愈能向着物质发挥。工具能达到什么地方即精神能达到什么地方。动物以四肢百体为工具,所以他的精神活动亦以四肢百体的力量所能达到的地方为限。人的特别本领就是不专靠自己的身体为工具:人能发明非身体的工具,制造非身体的工具,应用非身体的工具。文明人与野蛮人的最大分别就是文明人能把这些非身体的工具发明得格外多,制造得格外精巧,运用得格外普遍。有了望远镜,人的精神就能到火星里去游览;有了显微镜,人的精神就能认识那叫人生痨病的不是痨病鬼乃是痨病虫。教育是什么?教育是教人发明工具,制造工具,运用工具。生活教育教人发明生活工具,制造生活工具,运用生活工具。空谈生活教育是没有用的。真正的生活教育必以生活工具为出发点。没有工具则精神不能发挥,生活无由表现。观察一个国家或一个学校的教育是否合乎实际生活,只须看他有无生活工具。倘使有了,再进一步看他是否充分运用所有的生活工具。教育有无创造力,也只须看他能否发明人生新工具或新人生工具。中国教育已到绝境,千万不要空谈教育,千万不要空谈生活;只有发明工具,制造工具,运用工具是真教育,是真生活。”②可怕的是,中国人的一双手没有在发明工具、制造工具、运用工具中发挥其应有的作用。穿马褂子的人的一双手都缩拢在袖管里;穿西装的人的双手都插在裤袋里;老先生的一双手指甲留得长长,成一种曲线美,双手镶在袖管里;女学生的一双手都用手套子套了起来。正是因为一双可以创造的手被套了起来,才使得整个中华民国一起被套进去。至于中国读书的人向来不去也不会生利。鉴于此,他奋力高呼教育者一定要把人们的头脑灌输成科学化,使他们为自己创造,为社会创造,为国家创造,为民族创造。不仅如此,还要把他们的一双手解放开来,使他们为自己生利,为社会生利,为国家生利,为民族生利③。

尤其值得一提的是,陶行知不仅相信人人都具有创造性,而且强调创

① 陶行知:《陶行知全集》第3卷,四川教育出版社2005年版,第429页。

② 陶行知:《陶行知全集》第1卷,四川教育出版社2005年版,第98页。

③ 陶行知:《陶行知全集》第3卷,四川教育出版社2005年版,第433页。

造的价值。他从“实践第一”的观点出发，对行动、“做”给予了高度重视，认为“行动是中国教育的开始，创造是中国教育的完成”、“做的最高境界就是创造”。他认为只有去创造，才会产生思想，进而在思想中产生新价值，才会有物质的丰富、心理的愉悦和人类的文明与社会进步，换句话说，没有创造，就不会产生思想，也就不会有价值可言。陶行知一向重视试验教育，倡导生活教育，强调教学做合一，其共同点就是要有做、有共同的参与、有共同的创造。在他看来，无论进行什么样的教育，归根结底就是要落实到行动创造上，效果如何也关键在于看做得怎样，没有做或做得不好的教育，就是不成功的教育。

从陶行知的教育理论和实践中可以看出，他的创造教育思想源于生活教育思想，同时又让生活教育思想得到升华，增添了无穷的魅力。

牧口常三郎教育思想的创造性主要体现在他生前所写的两本主要著作《人生地理学》和《创价教育学体系》之中。透过牧口常三郎的处女作《人生地理学》，我们不难看到牧口常三郎对创造美好生活和人道主义竞争社会的向往。正如牧口常三郎所言：“对自然界产生的这种美丽和谐之感也会对我们的道德生活产生影响。当我们欣赏自然界天然的美景时，我们也会感叹人世间的善良和美德。然而，对于道德的美丽（善良），最理想的图像不是通过绘图、雕刻或文学作品这样的艺术形式来表现，而是通过人的性格、人的行为表现出来的。”①尽管在这里牧口常三郎没有用到“创造”二字，但他已经明确地告诉我们，美好的生活和善良的德行必须通过行为去体现，而行为的体现也就是我们通常所说的“做”。如果说在1903年出版的《人生地理学》中牧口常三郎的“创造”思想还处于萌发状态的话，那么在1930年出版的《创价教育学体系》中，牧口常三郎的“创造”思想已经走向成熟并形成完整的创价教育思想体系。而1930年他和户田城圣一起创立创价教育学会，则标志他的“创造”思想得到了进一步升华。

对牧口常三郎来说，之所以强调创造，主要原因基于以下几点：

第一，只有创造，才能体现人生价值。牧口常三郎是教育价值观和人生价值观的统一论者。牧口常三郎认为，“价值”是人创造的。人虽然不能直接创造出自然，也不能直接创造出金、银等物质，但却能利用它们对人产

① ［日］牧口常三郎：《人生地理学》，陈莉等译，复旦大学出版社2004年版，第15页。

生价值。所以说，人能创造价值。对此，我们必须充分认识，否则我们就无法理解人生，无法理解存在的必要。从这一观点出发，他认为康德的价值观“真、善、美”中的“真”，只不过是认识的对象而已。真是客观存在的，不能创造。所以牧口常三郎以“得”取而代之，主张“得、善、美”的价值观。牧口常三郎认为，创造价值也就是人生价值之所在。在社会生活的过程中，人与自己所属的社会有着某种关系，不是积极的就是消极的，这种关系被叫作人格价值。换言之，如果他对社会没有什么重要性，他就是一个很少具有价值的所谓普通凡人。甚至他的存在有时在某个重要场合可能碰巧是妨碍那个社会积极活动的障碍。在正常时间，我们还不能看出这样的平庸之辈和实际能力特殊的人之间的区别，但是，当所有人都需要尽力度过严重危机的时候，人格价值的高低就清楚地被彰显出来。在国家、社会、城镇、乡村中，更不必说家庭中，过着集体生活的人们，能够划分为以下三个等级：人们一般期望他出现的人、出现或不出现也没有什么影响的人和他的出现是一种严重妨碍的人。或者说，只有具备了创造能力，能为个人、他人以及社会创造价值的人才不至于成为严重障碍的人。所以，不仅必须在学校中确立，而且必须在社会教育中确立这样一条黄金规则——人生就是为了创造，人的价值在于创造，人的价值的大小也不在于其他而恰恰在于他创造价值的多少。要达此目标，必须培养一个人的创造力，培养一个人的创造性，而创造力和创造性的培养一刻也离不开教育。用牧口常三郎的话说，让人们知道“怎样达到至高无上的最大幸福状况的手段和方法，在方法上劝告其他人并指导他们走上正确道路，这本身就是教育的最实际的方法和教育的目标”①。

第二，只有创造，才能获得幸福的人生。人生何求，在于幸福。这便是牧口常三郎从另一个侧面对人生进行的注解。牧口常三郎始终认为，教育的目的是获得幸福。所谓幸福就是获得创造价值的能力。幸福并非他人所给予，而是凭自己的智慧在创造价值的过程中获得的。只有创造价值的人生才是幸福的人生。这就是牧口常三郎教育思想之本，也是其人生观、价值观的真正内核。牧口常三郎强调，幸福是人生最终的目的，教育也应

---

① ［日］牧口常三郎：《价值哲学》，马俊峰、江畅译，中国人民大学出版社 1989 年版，第 125 页。

以人生幸福为最终目的①。可是，牧口常三郎的幸福观与寻欢作乐、以自我为中心的享乐观格格不入。在他看来，幸福不是索取，而是在于奉献，而且真正的幸福出自对社会的责任感，以及对个人、社会、环境互相关联的认同。离开了奉献，无幸福可言。牧口常三郎还从人的创造性的角度对“幸福”进行了诠释。他认为，每一个人的生命都具备了所谓的“人性”。创造价值则是人性的具体表现。地球万物，唯有人类才持有创造价值的能力。人类无法制造有质物体，但却可以创造价值。所谓创造价值，就是不论身处何种环境，都要找出生存的意义，充实自己，为别人的幸福贡献力量。而培育“创造价值”这种人性是直达幸福的道路，这也是创价教育的神圣使命。

第三，只有创造，才会有全人类的和平与繁荣。牧口常三郎认为，只有创造，才有人与自然的和谐，才有人与人的、人与社会的共生共荣。牧口常三郎一生追求“大善”，即“惠泽全人类的善行”，而且认为只有大善行动才能创造出最高价值的人生。因为只有当一个人心向“大善”，才会产生百折不挠的刚毅和勇气，才会最大限度地激发出自身的智慧和创造力，从而不断地创造出新的价值，进而换来全人类的和平和繁荣。也正是因为此，牧口常三郎认为，道德败坏的公民是国家存在的一个威胁，战争的发动者是威胁人生命的“大恶”。牧口常三郎指出，无论是谁，只要能摆脱权力的诱惑，抓住事物的本质，历经磨难能持久如一地追求自己的幸福，这样他就拥有一颗“开放”而非“闭塞”之心，就成了一名世界公民。“大善”离不开个人人格的联合。牧口常三郎也一直希望人们能超越狭隘的国家意识，自觉地、普遍地进行个人联合。而这种“大善”公民的造就、超越狭隘的国家意识的培养，丝毫也离不开创价教育。这也正是以创造整体价值为前提，以人类快乐及美好生活的中心问题为目标的创价教育的职责所在。

正是本着对创造意义的深刻认识，牧口常三郎在自己一生的教育理论和实践中始终将“创造”二字贯穿其中。这也是他将自己的教育思想以创价教育命名的直接动机。

特别值得指出的是，翻开日本教育史，我们还会发现，注意到人的创造

① Education for Creative Living, Ideas and Proposals of Tsunesaburo Makiguchi, Translated by Alfred Birnbaum, Edited by Dayle M. Bethel, First edition, 1989, p. 207.

性、提出创造教育思想并积极从事创造教育实践活动的知识分子，并不止牧口常三郎一人，如江户时代的教育家荻生徂徕(1627—1705)强调人的作用，把人提高到创造道德规范的主人地位，认为“道德规范不是先天的而是后天的，不是自然的而是人造的”[①]。又如大正时代的稻毛诅风在1922年出版的《创造本位的教育观》和1924年出版的《创造教育论》等著作中明确提出他的创造教育理论。主张“人生是创造的”、“人生的目的就是创造价值”、“教育目的和方法都必须以创造作为教育的全部根本原则”、“教育的直接目的是创造卓越的人格，它的终极目的是创造优秀的文化价值”、“创造的结果是自己超越自己”等[②]。然而由于种种原因，荻生徂徕也只是注意到了人的创造性，而没有因此产生创价教育理论。牧口常三郎与稻毛诅风二人对人的本性、人生目的等方面的看法可以说基本上是一致的，而且二者的教育思想在一定程度上都受到了康德哲学的影响。但稻毛诅风并没有形成创价教育理论，而牧口常三郎的教育思想则以价值哲学为基石，且不囿于人的本性和教育自身的思考，跳出“庐山”之外。在着眼于人与自然、人与人、人与社会和谐统一，着眼于幸福人生的思考，着眼于人类社会福祉建设的基础上对人的本性和教育的功能进行了延伸思考，从而创立了以人与自然、人与人、人与社会和谐的世界观、人生即创造的人生观和以获得幸福人生为皓的教育目的观等基本原理构成的一个比较完整的、系统的、具有特色的、富有时代和历史意义的创价教育理论。从这一点上说，牧口常三郎无愧于日本创价教育先驱的称号。如果把比较的范围扩大到欧美近代以前(含近代)的教育家，我们也会发现，像牧口常三郎那样提出了较为系统的创价教育思想，突出创造价值的主旋律，将创造价值的理念贯穿于教育的始终，几十年如一日致力于创价教育实践，并产生了深远影响的，还别无他人。从这个意义上看，牧口常三郎也可以算作世界上创价教育的先行者。

同陶行知一样，牧口常三郎始终相信人的创造力，肯定人的创造性。就像康德在其著作《实用人类学》中对“人的创造性”所进行的描述那样：“人具有一种自己创造自己的特性，因为他有能力根据他自己所采取的目

① 戴本博主编：《外国教育史》(上)，人民教育出版社1989年版，第348页。
② 王桂编著：《日本教育史》，吉林教育出版社1987年版，第225页。

的来使自己完善化，因此可以作为天赋有理性能力的动物而自己把自己造成为一个理性的动物。”①当然，由于他们所处的社会环境不一样，所以他们对创造的思考的着重点也存在一定的差别。就陶行知而言，由于当时的中国人民深受“三座大山”压迫，在饥饿和贫困中挣扎，人们首先要解决的是生命的存在问题，所以陶行知的创造更多地强调器物和技术层面。与中国相比，日本已走上了发展资本主义的道路，虽然也不排除当时许多日本人民需要解决“生存”问题，但整个日本经济比中国的状况要好得多，而且日本的经济发展建立在对外侵略和对自然资源进行疯狂掠夺的基础上。对中国而言，那种发展只能说是一种侵略性发展；对自然而言，是一种破坏性和不可持续的发展；对人类而言，是一种非文明和不人道的发展。这正是牧口常三郎所坚决反对的。为此，他警醒世人去创造、去进行奉献性创造和文明性创造。这种创造讲究人与自然、人与人、人与社会的协调发展。此外，牧口常三郎教育思想中的创造性深受康德哲学的影响。他更多地将创造同人生奉献的意义、人与自然、人与人、人与社会的和谐关系以及大善即世界和平联系在一起，始终以“价值”为载体，更多地着眼于创造所形成的价值最大化，更多地着眼于道德层面，追求至善、追求人格价值。

四、实践性

实践性是陶行知和牧口常三郎教育思想的又一大鲜明特点。他们毕生从事教育实践，不同的是，陶行知一生侧重于社会运动，牧口常三郎虽然在退休前一直从事基础教育工作，晚年则全身心地投入社会传教运动之中。

陶行知早年信奉王阳明的唯心主义教育思想，深受王阳明的“知行合一”论的影响，因此改名为“知行”。但到了1927年以后，经过自己实践的磨练，知行观为之一变，提出并论证了与王阳明知先行后相左的“行是知之始，知是行之成”的命题，无异于石破天惊。

陶行知一生勇于实践，特别是从1917年留美学成归国提倡新教育开始一直到1946年7月遭受国民党迫害病逝的近三十年间，不“安于现状”，怀着满腔激情，以顽强的毅力始终一贯地以行动实践着自己的各种

① [德]伊曼努尔·康德：《实用人类学》，邓晓芒译，重庆出版社1987年版，第232页。

教育思想。早在“五四时期”,陶行知就力推试验,认为“试验之精神,近世一切发明所由来也”①。在他看来,试验有百益无一害,通过试验可以较其异同,审其消长,观其动静,察其变化,明其因果,穷其原理;可以判别事物之优劣;善试验者可以役物而不为物所役,可以制天而不为天所制;可以养成其自得之能力,进而能发明,去陈法,并达到自新的功效;可以避免一知半解、武断从事;可以进行科学借鉴,达到借石攻玉之效;可以培育百折不回之气概,再接再厉之精神等。他将试验比作发明之利器,将二百年来教育界之进步皆归因于试验。将教育命运系于试验。他认为,“配斯泰来齐(Pestalozzi,裴斯泰洛齐)试验幼子,而官觉之要以明;赫耳巴式(Herbart 赫尔巴特)设研究科,而统觉之理以阐;福禄倍尔(Froebel)创幼稚园,而游戏之效以著;杜威(J. Dewey)之集成教育哲学也,以试验;桑戴克(Thomdike)之集成教育心理也,亦以试验。“举凡今日教育界所视为金科玉律者,皆昔贤试验累积之成功。是故试验之消长,教育之盛衰系之”②。

为此,他告诫世人,在这新纪元开始的时候,要参与教育革新的运动,须具两种精神:一是开辟的精神,二是试验的精神。有开辟的精神,然后愿到那人不肯到的地方去服务,然后我们足迹所到之处,就是教育所到之处。有试验的精神,然后对于教育问题才有彻底的解决;对于教育原理才有充量的发现。若想教育日新日进,就须继续不已地去开辟,继续不已地去试验。

陶行知生活教育理论一个闪亮点就是反对空谈,讲究务实。就像他在《生活工具主义之教育》一文中所说那样“千万不要空谈教育,千万不要空谈生活”。这正是陶行知生活教育理论的一个特点,也是陶行知教育思想的生命力所在。在他那个时代,标榜教育与生活结合的不乏其人,但空谈的多,实干的少;形式结合的多,真实结合的少。这种形式结合的一个后果,就是“洋八股”取代“老八股”。陶行知生活教育理论不是学究式的,而是从中国社会教育运动发展的实际需要出发,并着眼于教育自身发展规律和儿童身心发展规律的探寻,具有鲜明的针对性和务实性。他坚信,行动强于空谈,书本上得不到什么力量,唯有从行动上得来的真知识,才是真的

---

① 陶行知:《陶行知全集》第1卷,四川教育出版社2005年版,第5页。

② 陶行知:《陶行知全集》第1卷,四川教育出版社2005年版,第8页。

力量。他曾在批斥中国传统的空虚式教育时说，中国现在的教育是关门来干的，只有思想，没有行动。“中国的一百个学校，有九十九个在造书呆子和少爷小姐，他们是‘读死书，死读书，读书死’。”①

陶行知一生先后从事了平民教育、乡村教育、普及教育、战时教育、国难教育和民主教育六大教育运动，先后参与倡导、组织成立了“中华教育改进社”、“中华平民教育促进会”、“中国普及教育助成会”、“国难教育社”四大教育组织，先后创办、兴建了四所乡村幼稚园、八所中心小学、安徽公学、晓庄师范、上海自然学园、上海山海工学团及三所民众学校、重庆育才学校、重庆社会大学等教育基地。为实践他的“生活即教育”、“社会即学校”、“教学做合一”的教育主张而呕心沥血，尤其在创办晓庄师范和育才学校期间，付出了极大的精力，用艰辛而富有成效的实践写就了他那“捧着一颗心来，不带半根草去”的光辉一生。

陶行知不仅勇于实践，而且善于实践。对于国内外的教育理论和实践，无论是对杜威，还是中国儒家教育思想以及近代蔡元培等人的思想，他都善于根据自己所进行的教育实践活动加以实事求是的评价和检验，在此基础上进行合理的吸收、借鉴和继承，并融汇于他的教育思想和实践中。可以说，生活教育理论就是他毕生实践的产儿。他曾师从杜威，杜威教他“学校即社会、教育即生活、在做中学”。但经过八年的实践，证明杜威的观点行不通。于是，他吸收了杜威强调教育与实践相结合的合理成分，从教育的客观规律和中国的具体国情出发，提出了“生活即教育”、“社会即学校”、“教学做合一”等理论，形成了其丰富而独特的生活教育理论体系。

更为宝贵的是，陶行知不仅勇于实践、善于实践，而且始终注重实践与理论的结合、实际与认识的结合、直接经验与间接经验的结合，在实践中不断反思、不断总结，并用从实践中得来的理论成果去指导实践。他主办、主编的《新教育》《新教育评论》《生活教育》等杂志在当时成为激励人们投身实践的号角；他在实践的基础上形成的丰硕理论著作，闪烁着智慧的光芒，不愧为中华民族教育理论和思想中的瑰宝。

陶行知坚决主张教育理论的现实化。他认为，理论决不可以空想，而是要从现实的综合的观察中发现事件的联系。过去的教育，正犯了两种相

---

① 陶行知：《陶行知全集》第3卷，四川教育出版社2005年版，第467页。

反的错误：一种是离开现实的空想的理论，如所谓人格教育、文化教育；另一种是根本缺乏综合理论的实验主义教育观。他们都只是枝枝节节地做些头痛医头、脚痛医脚的工作，看不见或看不清教育与现实的各方面的联系。这两种错误见解，更替地在中国教育领域内散播了不少的毒素，我们对于这些错误必须给予不客气地清算。他说，教育是一种行动，而行动需要理论的指导；没有理论的行动，那是盲动。行动能否成功，要看理论是否正确。因为不正确的或歪曲的理论，是要导致行动陷于错误泥潭的。“以国难教育为例，假使不了解什么是国难，不了解教育的本质，或不了解国难与教育的联系，则在教育的实施上，必然地要陷于错误的。我们看现在各地所实施的国难教育之不伦不类，都是由于没有正确的理论指导之故。所以，正确的教育理论是教育行动上所不可须臾或离的。”①

考阅陶行知的教育理论，可以发现，没有实践，就没有他的生活教育理论。同样，没有其生活教育理论的指导，也就没有其教育实践的拓展和提升。正如他自己所言，生活教育“是在晓庄一面试验一面建设起来的”。陶行知在痛斥中国传统教育“以书本为唯一工具”、鄙视社会实践、“摧残了儿童的创造力”的做法的同时，强烈呼吁解放儿童双手，使其能做，进而把“做”看作是“实践—探索—创造”的过程。他的教育理论明显基于“行—知—行”的认识论，符合马克思主义关于实践第一的观点。

他主张“教学做合一”，目的就是要打破教学做脱节的旧传统，培养学生动手、动脑的学习主动性，透彻研究自己的需要和问题，澄清“学习就是读书识字”的片面思想；就是要让学生明白“滴自己的汗，吃自己的饭，自己的事情自己干”的道理，进而用活书去生产、去实践、去建设、去革命，去树立一个比现在可爱可敬的社会。

陶行知一生所进行的教育活动以及所写的著作，足以证明他不是夸夸其谈的理论家，而是注重实效、锐意进取、不断创新的实干家；也足以证明实践性是陶行知生活教育理论的本质特征。

考察牧口常三郎的教育理论与实践，又何尝不是如此。

从 1893 年担任小学教师到 1934 年出版《创价教育学体系》第四卷，屈指算来，牧口常三郎前后从事教育工作长达四十一年。无论是《人生地理

① 陶行知：《陶行知全集》第 11 卷，四川教育出版社 2005 年版，第 538 页。

学》还是《创价教育学体系》都折射出它来源于亲身实践的智慧。

牧口常三郎重视实践最初源于对社区研究意义的感悟。社区是牧口常三郎早期研究中所说的社会。他认为，通过研究社区、家乡和邻居，可以直接观察土地与生活、自然与社会的复杂关系。通过该方法教育者可使学生了解家乡、学校、城市和村庄的意义，也为与国家和世界建立联系打下基础。在牧口常三郎看来，社区研究是所有研究路径的开端，也是目的地。牧口常三郎认为，传统的教学类型是零碎的、非经济的和无实效的，因为这些与孩子生活无关，所以这些科目是孤立的死知识。当社区研究成为整合孩子教育经验中心时，人们的社会实际生活就与社会的政治、经济结构相联系，这样的知识也就活灵活现，也只有这样的知识才有用。为此，孩子在早期教育的经验中就应对社会有深入的理解，然后才能对更大范围的国家和世界有进一步的了解①。同陶行知一样，牧口常三郎强调“亲知”、“亲见”和“亲闻”，强调理论和方法必须与教育实践相结合。认为，只有那些被实践证明为行之有效的观念才能被接受并融合到他的理论中来。反之，将被舍弃。为了告诫人们实践的重要性，牧口常三郎指出，学术只会对从事学术的人有吸引力。对大多数人来说，他们对生活经验之外的东西是不了解的。对既没有学习又没有那方面学术工作经验的人谈只能是徒劳。成人只能做到让小孩听，但小孩并不能理解，除非孩子有这方面的经验和知识。尽管小孩被迫接受了，但是没有实际理解它。这只是对人的权威的承认，并不是对思想本身的认可。值得重视的是，这种盲目接受权威或其他人的观点的倾向性日益扩大。而且，当我们面临不懂或难以解释的事情时，我们并不是通过我们自己去思考，而是盲目接受前人或一些权威的说法。与这类孩子般的没有自我反省或批判思考地接受观点或思想的做法相反，创价教育就是要指导孩子由最初的无目的生活走向理性和科学的生活，由自身的实践走向理智的思考。

牧口常三郎认为，教育改革的新思想往往来自教育工作者的实际经验。无论是夸美纽斯、裴斯泰洛齐还是其他任何教育改革者，他们的重要发现都不是首先得益于学术团体。实际经验可能会产生灵感的火花或影

---

① MAKIGUCHI, THE VALUE CREATOR by Dayle M. Bethel, Published by Weatherhill, lnc., of New York and Tokey, First edition, 1973, p. 62.

响整个世界的发现，可惜的是，它们很少被付诸创新实践。即使在赫尔巴特学派的鼎盛时期也几乎没有对学校教育留下什么重要标志。绝大部分教育者对赫尔巴特教育思想的精髓知之不多，他们可能只是对其宗旨进行形式主义的模仿，而且随着时间的推移，这些形式主义的模仿也会被遗忘。现在老师在学校学到的教育理论与教学实践几乎完全脱节。随意性和主观武断的评估到处可见。然而，这种随意性和主观武断的评估是不能接受的。新思想必须接受系统的检验，只有试探性地接受这些新思想，并且一丝不苟地通过试验对其进行检验，然后才能得出正确的结论。当然，在实践中如果得到证实是再好不过了，如果结果证明不合理，则随之应对失败的原因进行认真刻苦的分析并予以纠正。总之，必须尊重实践、尊重事实，不要对任何事物存在侥幸心理，仓促的判断是不可取的。可以说，牧口常三郎的教育思想的集成品《创价教育学体系》完全是牧口常三郎四十一年尊重实践并在实践中体会出来的经验结晶。

正如刘焜辉先生所言："创价教育学是牧口常三郎先生多年在学校教育实践中所构思，具有实证的教育方法。和以往观念哲学论所建构、缺乏实证性的教育学迥然不同，是独创性的教育学说。"①首先，就当时的时代背景而言，明治、大正、昭和初期日本教育思潮的一个主要特征是：赫尔巴特主义风靡教育界，赫尔巴特关于"教育目的依据伦理学、方法靠心理学"的观点为当时教育界所公认。然而牧口常三郎在自己长期教育实践的基础上提出了"不让教育学像蔓草寄生在伦理学与心理学等基础科学上，以特定的研究对象，经过实践经验建立和学校、家庭的教育生活有密切关联的独立科学"的主张。他甚至认为，德国哲学向来建立在学者空虚思辨上，很少以事实为依据，结果欠缺科学性，没有客观确实性与普遍性，无法增进实际的功效②。为此，牧口常三郎极力提倡以"从经验出发，以价值为目标，以经济为原理"为新教育学的口号。其次，牧口常三郎在他的教育思想中对当时社会现实中的热点问题"价值"进行了正面的回答，并积极倡导以"创造价值"为创价教育的目的。从大正到昭和初期，"价值"是教育学讨论

① [日]牧口常三郎：《创价教育学体系》第一卷，刘焜辉译，正因文化事业有限公司2004年版，第9页。

② [日]牧口常三郎：《创价教育学体系》第一卷，刘焜辉译，正因文化事业有限公司2004年版，第14页。

最多的主题之一。牧口常三郎在批判吸取他人思想的基础上将价值分类由“真、善、美”改为“得、善、美”，这不仅反映牧口常三郎对经济价值的高度重视，同时也表明了他对现实问题的关注。

牧口常三郎的创价教育思想并非一朝一夕所能形成，创价教育学的每一个观点无不与当时的各种教育论点有着直接或间接的关联。其中许多观点都是在对当时军国主义之下所进行的非人性化教育的批判过程中提出的。其宗旨也是为了给国人以启发，给教育实践以指导。就像他自己所说，“虽然称为‘教育学’，我并非从头就企图要形成一科之学说，只不过是日常基于职务上的需要加以省思、笔录的备忘之累积而已。守财奴爱惜一分一厘储蓄起来，同样的，生怕日常生活中的思想涓滴会遗忘，乃随时笔录下来。从事教育工作二十多年，这些笔录累积下来已成为一堆纸山。其中有些看来没有什么价值，有些却是舍不得丢掉。也许加以整理，不无价值。于是，有时候成为老鼠窝，有时候换来家人的怨言，虽然困窘，却因日常生活忙碌，无法加以整理。有时候虽着手整理，却因为它是当时的感想或抄录的累积，要将此混乱的断简残篇加以分类也需要耗费相当时日，更遑论加以综合统整、取舍补缀了”，“在埋首于日常教育生活中，经验后的反省，烦闷之后的思索，如此反复过程中，不知不觉在我精神内部逐渐形成一种教育方法的思想系统”，“虽然不够完美，对我而言，却是盘旋在脑海里的思想结晶”，“数十年的经验累积就这样糊里糊涂地抛弃，殊属可惜，同时也对不起社会。糟蹋可能成为社会共有的产品，有一种罪恶感，因此，无论是否有价值，决定公之于世”①。“创价教育学是舍弃连教育社会也不屑一顾的传统教育学，企图从实证与科学的观点去建构新教育学，期能与实际教育生活密切关联”②，其直接目的就是为了促使本国的教育早日改革。而且从他所论述的教育合乎经济，增进效率，力图使教学、学习、经费、时间等教育支出至少可以节省一半；放弃盲目的、顺其自然的教学方法，而用明确的、有计划的文化教育方法经营学校，以知行合一主义培养价值创造力；实施小学校长甄试制度；职业教育振兴对策以及实施身心平衡，专业、普通教

---

① ［日］牧口常三郎：《创价教育学体系》第一卷，刘焜辉译，正因文化事业有限公司 2004 年版，第 25—26 页。

② ［日］牧口常三郎：《创价教育学体系》第一卷，刘焜辉译，正因文化事业有限公司 2004 年版，第 23 页。

育并行为宗旨的半日学校制度等主张可以看出，牧口常三郎的创价教育思想无不是牧口常三郎对入学困难、考试地狱、就业困难等一系列教育现实问题的思考和回应。

第六章　陶行知和牧口常三郎教育思想的影响与评价比较

马克思主义哲学告诉我们：科学的世界观和方法论是我们认识事物和评价事物的法宝。而且，要对历史人物作出客观公正的评价，就必须站在历史的高度，以立足现实、面向未来的智慧，以全面、发展、普遍联系的观点而不是片面、静止、孤立的观点去正视一切；必须以历史的视角、求是的心态、全面的立场和发展的视野去研究，同时用实践的坐标去度量。也只有这样，才会着眼于他们所处的社会历史背景与条件而不致于进行无理的苛刻，才会着眼于把握他们的理论、思想和实践的精髓而不致于进行吹毛求疵般的挑剔，才会客观地对待他们的理论、思想和实践在社会变迁与教育发展中所起的历史作用而不致于作出对历史不负责的论断。之所以历史上对陶行知的评价出现大起大落，对牧口常三郎在教育史上的定位出现盲点（这已经在引论中做了介绍），在一定程度上可以说，无论是两国政府也好，还是两国学术界的人士也好，都没有从科学的方法论上去很好地把握。当然这里主要为政治的原因所左右。让人感到乐观的是，随着时代的发展与进步，对陶行知和牧口常三郎的分析与评价总体上也是客观公正的，前景也是值得欣慰的。

客观而论，陶行知的生活教育思想和牧口常三郎的创价教育思想都对20世纪以来本国的社会变迁与教育发展起到了推助作用，在许多方面都产生了广泛而深刻的影响。从广度看，不仅在国内有影响，而且在国外也有影响；不仅影响到教育界，而且影响到思想文化界（陶行知）和宗教界（牧口常三郎）。从深度看，不仅影响到了教育内容、教育方法和教育组织形式的改革，而且也影响到教育体制甚至教育观念的嬗变。从时间看，不仅在当时，而且对今天甚至对未来都有着重要的影响。

总体言之，陶行知的生活教育思想和牧口常三郎的创价教育思想是传统文化熏陶、西方文化洗礼、宗教文化影响和他们自身对人生的体味实践的产物，是对古今东西方先贤大家思想继承、发展和创新的结晶。当然，无论陶行知的生活教育思想，还是牧口常三郎的创价教育思想，都没有也不可能穷尽真理，更没有也不可能达到至臻完善的地步，这就需要我们与时俱进，历史地、辩证地、全面地、发展地进行研究和借鉴。

第一节　陶行知生活教育和牧口常三郎创价教育思想的影响比较

为了便于对陶行知生活教育思想有一个明晰的把握，这里主要从陶行知生前和逝世后两个大的阶段来进行分析。

从陶行知生前的影响来看，其生活教育理论的“受益者”首先是国民党统治区的教育界。众所周知，陶行知生活教育理论与实践对当时的国民党统治区教育界起到了不可低估的作用。在生活教育理论的大力推动下，无论是乡村教育、师范教育、普及教育、职业教育、女子教育、幼儿教育、中等教育、高等教育、成人教育，还是民主教育、科学教育、创造教育等教育事业都有了程度不同的发展；教育观念、教育思想发生了更新，“教育、学校、课程等概念得到了重新解释，‘学而优则仕’、‘劳心者治人，劳力者治于人’等陈腐观念遭到彻底批判，‘在劳力上劳心’、‘以教人者教己’、‘即知即传人’、‘手脑并用’等教育信条逐渐为人们所接受，‘教育为公’、‘全民教育’、‘全面教育’、‘社会即学校’、‘宇宙为教室’等现代教育观念日渐流行，既有的各种本土的或外来的教育理论的权威性开始从根本上发生了动摇”①；教育体制的改造得到了有力推进。在众多有识之士的共同努力下，1922年的《学校系统改革草案》（简称“新学制”）吸纳了“生活教育”许多有益成分，各类生活学校、乡村师范学校等先后成为新学制系统大家族的新成员，师生共同生活、共同管理成为20年代以后的一种新的办学模式②；教育内容的嬗变不断加速。各种生活课程逐渐为学校所重视、所采用；教育方法发生了前所未有的变革。尤其是“教学做合一”引人注目地登上历史舞台后，以讲授法、读书法为支柱的注入式教育法和以观察法、问题法、讨论法、设计法为支柱的自由式教育法受到猛烈冲击；教育组织形式得以重建。学

---

① 董宝良、周洪宇主编：《中国近现代教育思潮与流派》，人民教育出版社1997年版，第562—563页。

② 董宝良、陈桂生、熊贤君主编：《中国教育思想通史》第七卷，湖南教育出版社1994年版，第185页。

校不再被视为唯一的教育组织机构，课堂教学、班级授课制等也不再被视为最有效的教学组织形式，马路、弄堂、乡村、工厂、店铺、监牢等，都被以陶行知为主导的生活教育派作为人民接受教育的场所。陶行知独创的新型教育组织形式——工学团在国内部分地区尤其是上海一带产生了巨大的社会效应。此外，晓庄的办学实践一度深得政府及教育界人士的高度肯定。如一位大学院派往调查的专员曾在呈送给大学院的公文中称道："该校本教学做一贯之精神，树乡村教育之先声。力行'教育即生活'、'学校即社会'之至理。师生甘苦与共，农民翕然来从，实行信条，解除积习，于教育事业，独辟新径。尤能于经济竭蹶之中，奋斗牺牲，力图发展，毅力热忱，良深钦佩。"①梁漱溟在参观南京晓庄学校后在广东省立第一中学教职工大会的演讲中不由自主地感叹：晓庄学校是一所"很合我们意思"②的学校。

其次，陶行知的教育思想在当时的共产党控制区也是深受欢迎的。二十世纪三四十年代，作为一个教育家，陶行知在中国社会中的影响越来越大，他的教育成就也越来越受到人们的重视。自第二次海外之行归来后，陶行知的生活教育不仅在国民政府政权辖区内得到更为深入的实验和更加丰富的发展，而且已经突破了其时中国社会因政治原因而划定的"区界"，在中国共产党领导下的政权区域内，受到了共产党人的高度重视、热情赞扬和认真研习。从 30 年代末起，陶行知的生活教育思想由于得到毛泽东、周恩来、李维汉、陆定一、林伯渠、徐特立、吴玉章等许多共产党领袖和负责文教的高级干部的肯定、赞扬和宣传，特别是在 1939 年 8 月，毛泽东同志在陕甘宁边区小学教员暑期训练班毕业典礼上所作的《抗战教育与小学教员》讲话中给予了充分赞扬后，陶行知的生活教育思想畅通无阻，很快被引进陕甘宁边区，"理论与实践的统一"、"知行合一"、"教学做合一"也成为抗战教育的重要指针，"'教学做合一'、'小先生制'被写进边区、解放区的有关教育文件，作为教育工作的指导思想之一，并在各革命根据地的小学教育、中等教育、干部教育和社会教育中得到普遍地运用，风靡一时"③。延安的中央研究院教育研究室，为了在抗日战争中推进教育界改

---

① 陶行知：《陶行知全集》第 2 卷，四川教育出版社 2005 年版，第 603 页。

② 陶行知：《陶行知全集》第 2 卷，四川教育出版社 2005 年版，第 604 页。

③ 董宝良、周洪宇：《中国近现代教育思潮与流派》，人民教育出版社 1997 年版，第 564 页。

革，自1940年春开始，着手进行陶行知的教育理论研究和他的论文选集的编辑工作。1942年，延安新教育学会在延安召开了庆祝陶行知组织创立生活教育社十五周年大会，在给陶行知的贺信中称陶行知“献身教育事业，不辞辛苦，不畏困难，不愧是教育界的楷模”。并在同时出版的《行知教育论文选集》的序文中指出——“陶行知的教育学说含有不少唯物主义因素，在中国教育思想上起了很大的革命作用，发生了很大的力量，同时也就是对中国新教育放下了一块奠基石。”[①]对陶行知教育思想在共产党控制区的影响，陕甘宁政府主席林伯渠在1946年8月12日于延安召开的各界代表追悼陶行知的大会上的讲话中给予了高度评价，称“陶行知是在我们这个多灾多难的国家近三十年来所产生出来的一个天才——人民教育家，这是中华民族的光荣……边区人民将永久纪念着陶行知先生，虽然他没有来过这里，但他的事业在这里得到了实践，且曾为广大群众增加了福利”。

生活教育理论不仅在当时国内产生了广泛而深刻的影响，而且随着它本身的发展、成熟，以及各种媒介（如宣传生活教育的人、报刊、书籍和电台等）作用的发挥，从20世纪30年代起，它的影响逐渐扩大到日本、美国、印度、印尼、缅甸、菲律宾以及中国香港等国家和地区。日本是生活教育理论最早波及的一个国家。这固然与中日近邻在信息交流方面有得天独厚的优势有很大关系，但更为重要的是与陶行知1930年受到国民党通缉避难于日本有着密切的关系。此后，他始终和日本教育界直接或间接地保持着联系，并对日本的教育产生着一定的影响。现有的研究资料表明，早在1934年4月10日陶行知教育思想就被介绍到日本。当时一个自称是陶行知学生、名叫叶维奏（真名不详）的人同数名中国留学生一起，访问了东京池袋的一所小小的私立学校，同该校教师牧泽伊平、户塚廉等人一起座谈。在座谈会上叶维奏介绍了陶行知的教育思想、教育运动。次年，牧泽伊平、户塚廉等人就在创办的《生活学校》杂志中对陶行知的教育思想进行了介绍。牧泽伊平先生在《生活学校》的创刊号上以“岸本辰三”的笔名发表的以《中华民国的新教育——世界新教育的动向（一）》为题介绍陶行知

① ［日］斋滕秋男：《“生活教育”理论形成的过程》，见周洪宇编《陶行知研究在海外》，人民教育出版社1991年版，第300页。

在晓庄师范学校开展的新式教育和“小先生”运动的文章，成为日本教师撰写的首篇关于陶行知教育运动的论文。此后，牧泽伊平先生先后在《教育》以及《训导生活》等杂志上，发表译文《中华民国的“小先生”普及教育运动》和《中国的生活教育运动》等文章，向日本教育界推介陶行知的普及教育运动和“工学团”运动。与此同时，著名教育家海后宗臣、国分一太郎、户塚廉、留冈清男等人也对陶行知的生活教育理论及其实践作了不少评介。此外，日本的新闻界也对陶行知作了许多报道。第二次世界大战结束后，日本教育界进步人士出于重建日本新教育的需要，对陶行知的教育思想和实践更加重视。斋藤秋男、牧野笃、新岛淳良、市川博、阿部洋等一批学养丰厚、思想进步的教育学者，着手进行陶行知研究，先后出版了《新中国教师之父——陶行知》、《民族解放的教育》、《陶行知评传》、《陶行知生活教育理论的形成》等论著，对战后日本的教育改革产生了积极作用，其中研究时间最长、成果最多的，当推斋藤秋男先生。此外，由户塚廉倡导并开展的名为“日本的陶行知”的教育运动一直持续到现在①。1948 年 10 月，现名“日本生活教育联盟”的前身“中核・教育课程研究联盟”诞生，该组织主要以会刊《生活教育》(月刊)为主阵地推行生活教育理念。截至 20 世纪末，该联盟已开了 40 余次年会，成为今天日本教育界谋求教育革新的一支重要力量②。

在抗战期间，陶行知的教育思想随同他的足迹曾遍游欧美亚非 26 个国家和地区，为许多国家的人民尤其是教育界人士所知晓。“在美国，知名学者杜威、孟禄、克伯屈、费正清、朱宕潜、孔斐力等人都对陶行知的教育思想和实践给予了充分肯定。美国援华会总干事毕莱士女士 1946 年还富有洞察力地断言：‘我觉得陶博士不仅仅是属于中国的，而且是属于全世界的。’英国知名学者李约瑟、加拿大知名学者文幼章等人还高度赞扬了陶行知的伟大人格和思想作风。”③1938 年 8 月 14 日，陶行知前往印度访问了甘地，并赠送甘地《中国大众教育运动》讲稿，受到甘地的充分认可。后该

---

① ［日］中野光：《日本的生活教育历史及其现状》，祝振媛译，见周洪宇、余子侠、熊贤君主编《陶行知与中外文化教育》，人民教育出版社 1999 年版，第 35 页。

② 董宝良、周洪宇主编：《中国近现代教育思潮与流派》，人民教育出版社 1997 年版，第 566 页。

③ 董宝良、周洪宇主编：《中国近现代教育思潮与流派》，人民教育出版社 1997 年版，第 567 页。

文发表在印度《民族旗帜》杂志上时，甘地还作了以下按语："陶行知博士不久前来印度访问我时，我曾请他送一份令人注目的中国进行大众教育情况的小册子给我。如今他已送给我，我不得不认为这份具有指导意义的小册子，对我们印度是非常有用的。"①此前还有许多印度朋友，已经在本国把生活教育特别是普及教育的办法进行了传递。在印度尼西亚苏门答腊棉花埠的华侨学校苏东中学的首任校长徐松石②完全按照陶行知的生活教育思想办学，在当地颇有名气。在缅甸，20 年代初陶行知倡导的平民教育运动的热潮迅速波及缅甸华侨社会，各种平民学校应运而生③。特别是第二次世界大战结束后，陶行知"捧着一颗心来，不带半根草去"的奉献精神和"即知即传人"的"小先生制"精神为缅华教师联合会所膜拜。不少教师都把陶行知的"捧着一颗心来，不带半根草去"这一名言悬挂在自己的办公室里作为座右铭。在菲律宾，宿务省爱国华侨、洪光学校校长杨静桐，热心推行生活教育，发展"育才之友"，并给陶行知的育才学校以经济资助④。陶行知的教育思想在泰国曼谷也深受欢迎，1929 年春，泰国曼谷的华侨学校还派人专程到晓庄聘请教师前往传经送宝。此外，1938 年陶行知与吴涵真、方与严等人为动员青年抗日救国、解决失学问题在香港创办的"中华业余学校"，尽管由于种种原因只办了两期即告结束，但在当时的香港颇有影响。"陶行知去世后，为实践陶行知的生活教育理论，方与严、麦坚弥等人又创办了'中业学院'（后改名'中业专科学校'），对职员、店员等进行业务专科教育，社会反响很好，并一直坚持到 80 年代末。"⑤

尤其值得一提的是，陶行知的国际影响得益于他创办的晓庄师范。可以这样说，陶行知的晓庄乡村教育实验事业，使陶行知教育思想之光传射入国际教育界。当然也得力于克伯屈等人的传扬，使中国的乡村教育改造事业能及时为世界所知所晓，及时与世界教育改革潮流所融所接；也正是晓庄等试验事业，使中国的乡村教育改造产生世界性的影响，也使得陶行

---

① 陶行知：《陶行知全集》第 6 卷，四川教育出版社 2005 年版，第 474 页。

② 徐松石：晓庄师范的学生。

③ 陶行知：《陶行知全集》第 11 卷，四川教育出版社 2005 年版，第 261 页。

④ 董宝良、陈桂生、熊贤君主编：《中国教育思想通史》第七卷，湖南教育出版社 1994 年版，第 185 页。

⑤ 董宝良、周洪宇主编：《中国近现代教育思潮与流派》，人民教育出版社 1997 年版，第 568 页。

知等从事乡村教育改造的人物赢得了世界声誉①。

陶行知教育思想不仅没有因为他的逝世而退出历史舞台，反而因为它巨大的借鉴和继承价值为后人所称道、关注和传播。陶行知研究的历史可以充分证明这一点。鉴于本书引论中对陶行知的研究现状已进行较为详细介绍，这里不再做过多的论述，而是借用国内具有代表性的有关陶行知研究的学术成果，即金林祥主编的《二十世纪陶行知研究》一书作一点简单的说明。

该书将陶行知研究划分为"探索研讨期、纪念评价期、批判沉寂期、争鸣复兴期和发展实验期五个时期"②。从书中划分的情况可以看到，除"探索研讨期"(1917—1946)为陶行知生前的 30 年外，其余四个时期中的 60 年是在陶行知逝世之后。在纪念评价期(1946—1951)，"上海、重庆、延安、南京晓庄、香港、新加坡、纽约等地举行各种悼念活动，人们怀着崇敬的心情，纷纷撰文著书纪念他、高度评价他，形成了陶行知研究史上的一个高潮"③。尽管由于政治的原因，1951 年至 1978 年为批判沉寂期，但从某种意义上讲，也正说明了陶行知思想的影响力，证明了其"毒性"之深。当然，让人颇为欣喜的是，同一时期，"海外学者对陶行知的研究却是方兴未艾、硕果累累，其中，日本学者的陶行知研究成果尤为突出，斋滕秋男更是令人瞩目"④。争鸣复兴期(1979—1985)，陶行知研究如枯木逢春，被"左"的力量把持已久的闸门被打开。特别值得一提的是，1981 年纪念陶行知先生九十周年诞辰大会的召开，为陶行知的研究带来了勃勃生机。在发展实验期(1985—2000)，中国陶行知研究会和中国陶行知基金会的成立，在陶行知研究史上具有划时代的意义。而且，这一时期的陶行知研究，"无论从涉及的范围，研究的广度、深度，还是参与研究的人数，抑或是出版或发表的研究成果，都超过以往任何一个时期"⑤。尤其应该指出的是，这个时期，人们纷纷将陶行知的教育理论付之于实践，形成了丰富的经验，产生了重大的影响，有力地推动了我国的教育事业的改革与发展。如 20 世纪 80 年

① 余子侠:《山乡社会走出的人民教育家:陶行知》，湖北教育出版社 1999 年版，第 226 页。

② 金林祥主编:《二十世纪陶行知研究》，上海教育出版社 2005 年版，第 2 页。

③ 金林祥主编:《二十世纪陶行知研究》，上海教育出版社 2005 年版，第 2 页。

④ 金林祥主编:《二十世纪陶行知研究》，上海教育出版社 2005 年版，第 4 页。

⑤ 金林祥主编:《二十世纪陶行知研究》，上海教育出版社 2005 年版，第 6 页。

代进行的安徽省黄山市的“农科教统筹”实验、山西省吕梁地区前元庄的“村校一体”实验、四川省合川县的“整体改革”实验和90年代进行的江苏省江浦县五里行知小学的“村级大教育”实验、湖北武汉市的阳光教育等，这些教育改革实验的出现，充分表明了生活教育运动在社会主义时期所展现出的旺盛生命力。这些实验既是陶行知教育思想直接指导下的产物，又反过来发展、丰富了他的生活教育理论。虽然书中没有对国外陶行知研究进行阶段划分，但从本书引论中对陶行知的研究现状可以得知，国外的研究成果大部分也是形成于陶行知逝世之后，而且是越来越丰富。这都充分说明了陶行知教育思想的生命力、现实意义和历史意义。

牧口常三郎是近代日本教育思想家和教育实践活动家，他以严谨态度对近代日本将走向何处这一时代课题进行了努力思考，并将康德等西方哲学家中有关价值的理论加以改造引进教育学体系之中，把东西方文化和教育理论交融在一起创立了自己独具一格的创价教育理论体系。与陶行知相比，在某种程度上讲，由于牧口常三郎的教育经历、外语水平、社会地位、社会实践舞台、活动交际能力等内外因都处于相对弱势，而且创价教育思想也没有像陶行知教育思想那样及时得到宣传、研究和推广，从而导致他对当时社会影响的广度和深度受到很大的局限。然而，历史事实证明，牧口常三郎的创价教育思想是一套完整系统的理论，不仅对当时的日本教育产生了一定的影响，而且他的理论和他所创立的创价教育学会经过他的门徒的宣传和实践，得到了发展和推广，从而影响着日本乃至世界的政治、宗教和教育事业。

19世纪末至20世纪初，资本主义竞争日趋白热，日本的科学技术和社会经济得到了飞速的发展。然而，在经济繁荣的背后，却难以掩盖其日益严重的社会问题：经济危机、帝国主义大战给社会带来了深刻的灾难，失业、破产和饥馑现象比比皆是，人与人之间的对立与敌对关系日益加深，精神空虚、道德堕落、少年犯罪、吸毒、种族歧视比比皆是，失业率居高不下，其中，1930年，大学本科毕业即失业的人数占其总数41.9%，专科学校毕业即失业的人数占其总数40.6%[①]。许多人感到人就像动物和机器那样

① ［美］D. M. ベセル：《価値創造者：牧口常三郎の教育思想》，中内敏夫、谷口雅子訳，小学館1974年版，第204页。

生命意义和价值丧失殆尽，由于强烈而持久的精神压抑而造成的精神病患者的日趋增多以及由于缺乏积极、健康的价值观，许多人常常在狂乱之后陷入更深的无价值感之中，等等。从教育角度来看，当时的日本教育深受西方教育观念影响，存在着忽视人这一教育对象的弊端，如把人的自我发展置于次要的地位，把前人的知识作为灌输的唯一材料，把智慧发展的价值凌驾于完整的人性之上，把学生当成机器来进行控制等。面对严重的社会问题和教育危机，重视人的价值和创造性，培养适应时代需要的能力型、创造型人才，成为社会竞争制胜的法宝，也是每一位哲学家、思想家和教育家都非常关心的共同课题。同时，寻求解决问题的良方和对策也是时代赋予他们的使命。牧口常三郎作为重视人的创造性且具有激烈的爱国情感、民族使命感和国际主义精神的职业教育家，从教育的角度对该问题进行思考和回答也就成为理所当然的事情。创价教育理论便是他穷毕生精力寻找到的一剂良药。

牧口常三郎的影响首先来自他的处女作《人生地理学》。书中，牧口常三郎对传统教育进行了大胆的批判，同时对教育的目的和真谛、教育方法、课程设置等一系列教育问题进行了独立的思考和大胆的探索，且创造性地提出了许多有价值的见解。该书从人与自然、人与人、人与社会三个维度揭示了彼此之间的属性和共存共荣的关系。无论从所涉及的内容还是从呈现的形式来看，《人生地理学》作为一本地理学的教科书都给人一种全新的感受，这就是对生命的重视，归根结底是对人的重视和对人创造价值谋求幸福人生的重视。书中围绕“创造”，结合自身的实践对教育内容、教育方法和教育制度等方面的改革发表了许多独到的见地。毫无疑问，这些思想不仅在当时的日本思想界甚至对整个世界来说都是富有特色和挑战性的，而且有着划时代的历史意义和现实意义。正如我国学者李培超在该书的前言中所说：“特别是我们今天生活在一个并不平静的世界中，人与自然关系的紧张使得人类面临着失去生存家园的危险，生态关注和绿色情怀正成为现代人生活中难以绝缘和剥离的内容；经济全球化的浪潮不可阻挡，共同的利益和命运使得世界上不同国家和民族之间的相互依赖性增强，但是狭隘的视野又往往导致许多人为的摩擦；特别是单边主义的扩张更使得世界动荡不宁，世界上还不时燃烧起战火，恐怖主义的幽灵也时常现身……在这样的时代背景中生活的人们当可以从这本书中获得很多启示，诸如善待自然，对自然感恩，爱乡土，爱国家，超越狭隘的族类意识……”①

《人生地理学》一出版就在日本教育界尤其是在地理学界引起了一场极大的反响。该书出版的当年就再版了三次，而且因其深受欢迎，此后又多次再版。此书在当时的日本教师、学生中间广泛流传，是政府指定进行教员资格鉴定考试的必读参考书②。学术界的一些知名人士对该书给予了较高的评价，如当时著名的农业经济学家新渡户稻造阅读此书后专门从台湾写信给牧口常三郎以示激励。著名的社会学者田边寿利称《人生地理学》是现代前沿的人文地理学，为当时流行的人类地理学的第一块奇石，认为该书的出版使日本的地理学研究为之一变。地理学者小川琢治(京都大学教授)对该书研究范围之广、立论之新鲜深表佩服③。《人生地理学》问世百年后的 2002 年，类似的肯定性的评价并没有因为时间的推延而减少。时年，美国学者戴勒·M. 贝瑟(Dayle M. Bethel)的看法就是其中的代表。她指出“牧口常三郎所表述的绝大部分教育观和建议，已为越来越多的当代教育家所表述与实践”，“他关于像进入学习者社区的自然系统中旅游一样，组织各种层次的教育的建议，在‘新’地理学方法的背景下，潜在地为学生和教育工作者提供了有益的观点和洞见，或者说为他们提供了有价值的方法与模式”④。“当我们回顾 20 世纪的历史，会认识和接受这个事实：在 20 世纪初期的几十年里，日本拒绝了牧口常三郎的远景图和大部分忠告，正如美国在其工业化系统发展的起初几年里，拒绝了另一种适合他们工业化发展模式一样。仅仅以微弱的变异方式，日本追随了美国的产业主义模式，这种模式建立在对自然环境不加限制的开发以及由工业发展带来的不加限制的人口增长的基础上。我们现在不得不去正视许多由这两个工业大国在发展阶段所作的选择所导致的负面后果。这种认知及其培

---

① [日]牧口常三郎：《人生地理学·中文版前言》，陈莉等译，复旦大学出版社 2004 年版，第 9 页。

② [美]D. M. ベセル：《価値創造者：牧口常三郎の教育思想》，中内敏夫、谷口雅子訳，小学館 1974 年版，第 40 页。

③ 何劲松：《创价教育学会的理论与实践》，中国社会科学出版社 1995 年版，第 66 页。

④ [日]牧口常三郎：《人生地理学·英文版编者导言》，陈莉等译，复旦大学出版社 2004 年版，第 32 页。

养的更清晰的对历史的理解，还可以给我们带来这样的认识，那就是我们正生活在一个对新文化时代有重要影响的阶段。对于在教育业、商业以及在所有社会性公共团体中，正寻求为建设更加美好、更富于人情味的21世纪打下基础的人们，《人生地理学》中值得思考的见识以及丰富的思想和实践方式，都将有助于他们为未来所作的努力。”[①]池田大作先生对牧口常三郎的和平理念更是赞赏有加，他认为，牧口常三郎完全预见到了人类与环境的和谐相处的需要。“牧口常三郎的《人生地理学》，采用了一个有远见的生态学的视角，建议人类开展与自然的对话，这提供了一些较之其提出之初，于今天甚至更新鲜更适用的理念。”“在20世纪早期，帝国主义统治着那个时代的时候……他描述了一个他命名为‘人道主义竞争’的理想，由此文明和文化能够通过相互的对话，在彼此间开展友好和人道的竞争。他相信，以这种方式，能够为人类开创一个更加光明的未来，一个能为全体人类促进相互间的和睦与繁荣的未来。他高瞻远瞩地预见到了人类历史应当遵循的唯一恰当的发展道路，是由军事争斗、竞争朝着政治竞争，再由政治竞争向经济竞争最终到纯粹的人道主义竞争稳步前进。现在，在目睹和忍受了那个被看做‘战争与暴力的世纪’——20世纪的众多悲剧之后，我们站在人道的角度，至少能够欣赏和分享在牧口常三郎先生著作中对‘人道与和平的世纪’的热切盼望。”[②]

《人生地理学》不仅对日本，同时对当时的中国也产生了一定的影响。《人生地理学》出版后，很快被中国留日学生翻译并就部分内容在《浙江潮》第九期和第十期向国内进行了介绍。牧口常三郎先生在《人生地理学》出版后的第二年，开始在当时中国留学生较为集中的弘文学院担任地理课教师，讲授《人生地理学》[③]，直至1907年4月。据1906年的资料记载，当时有大约8000名中国留学生在日本学习。据说，在8000人中，每5人中就有1人在弘文学院上学。这所学校为中国培育了很多

① ［日］牧口常三郎：《人生地理学·英文版编者导言》，陈莉等译，复旦大学出版社2004年版，第34页。

② ［日］牧口常三郎：《人生地理学·英文版编者导言》，陈莉等译，复旦大学出版社2004年版，第39—40页。

③ DVD, Tsunesaburo Makiguchi — For the Happiness of Children, Kinokuniya Company Ltd., Tokyo, Japan, 2006.

人才①。后来，弘文学院的中国留学生回国后在编写出版的中文地理教科书《江苏师范讲义》中大量采用《人生地理学》的内容，并在序言里作了较好的评价："人生地理学的根据是非常正确的，而且，议论也很丰富。因此，以它作为教科书。"②1906 年，《人生地理学》(日文版)在中国出版。次年，《人生地理学》的全文翻译版《最新人生地理学》(世界语言文字研究会翻译)在中国面世，而且获得了好评，当年 10 月就进行了再版。2000 年出版的两本研究清末中国地理学的书籍对此书当年在中国的影响给予了充分肯定。"一本是中国人民大学郭双林教授的，他写了《西洋思潮激励下的清末地理学》一书。这本书所做的结论是，《最新人生地理学》在两个方面给予中国以非常大的影响：其一是对中国的乡土地理教育的理论和方法产生了很大的影响，另一点是对中国普及民主思想的学说作出了贡献。还有一本是复旦大学教授邹振寰先生的，他写的书名为《清末中国的西洋地理学》。"这两位教授曾在与日本创价大学国际部高桥强先生的交谈中说："即使他们写书，要在当年再版也是非常困难的。"③从这里我们也足以看到，此书在当时的中国是深受欢迎的。据高桥强先生研究发现，1909 年上海新学会发行出版了由浙江同乡会的会员、1903 年毕业于弘文学院的凌廷辉先生翻译的《人生地理学》的中文版；1942 年出版的《近代人生地理学之发达及其在我国之展望》一书的目录中记载了 1925 年出版的《人生地理学》、1930 年出版的《人生地理概要》和《人生地理学史》，从此也可以看到牧口常三郎的《人生地理学》在中国的影响。此外，牧口常三郎在《人生地理学》中提出的许多观点都被一些中国地理学者所引用。2004 年复旦大学出版社出版了由陈莉、易凌峰翻译的《人生地理学》的最新中文版。从国内学者李培超撰写的《中文版前言》中我们仍然可以看到，在《人生地理学》问世后 100 多年的今天，人们对此书的赞赏不减当年。正如李培超所说，牧口常三郎"超越了对人与自然的

---

①　贾蕙萱、张可喜主编：《池田大作研究论文集·〈人生地理学〉与中国》，香港社会科学出版社有限公司 2004 年版，第 265 页。

②　贾蕙萱、张可喜主编：《池田大作研究论文集·〈人生地理学〉与中国》，香港社会科学出版社有限公司 2004 年版，第 268 页。

③　贾蕙萱、张可喜主编：《池田大作研究论文集·〈人生地理学〉与中国》，香港社会科学出版社有限公司 2004 年版，第 269 页。

关系进行纯粹客观或价值中立性的阐释的视角，而试图渗透或贯穿于一种新的价值理念，这就是对生命的重视，而归根结底是对人的重视。”① “《人生地理学》应当算得上是名著了。在不同的历史时代和不同的文化背景中人们频繁地关注这本书，自然都会从中获得启迪。”②

《创价教育学体系》也是牧口常三郎的一部重要的教育著作。此书的出版在当时的日本教育界产生了较大的影响，很多报纸和杂志进行了热点报道。日本当时的学术权威田边寿利、柳田国男和新渡户稻造都很乐意地接受牧口常三郎之邀亲自为该书作序。田边寿利在该书序言中给予了高度肯定，称之为具有划时代意义的伟大著作，认为：“《创价教育学体系》在引导我们国家教育界沿着正确方向发展方面具有重要的作用，正如他的《人生地理学》在30年前改变了日本地理学的研究方向一样，肩负有为把当代日本的教育界导入新轨道的使命。”“以稳固的理论和长久累月的实验为基础而发轫的《创价教育学体系》是当代日本最需要的教育学。……作为一个小学校长，法布尔为昆虫研究默默奉献了自己的一生。在学问之国法兰西，以他为骄傲，教育部官员亲自移驾并以法兰西的名义向他表达诚挚的感谢。作为一名小学校长，牧口常三郎先生，一直和所有的迫害所有的苦难作斗争，耗尽毕生的精力，终于完成了这本划时代的《创价教育学体系》。文化之国日本，又该以何种方法礼遇这个国之骄傲、伟大的教育者呢?”③柳田国男在序言中称道：“……关于创价教育学及其价值，不远的将来也许自有社会的公论。唯牧口常三郎先生的大作不像某些学究气的教育学者的纸上空论，也不是欧美学者的翻译介绍，而是数十年珍贵体验的结晶，而且不是一般的教育家所有的经验，一看就知道与学校的教育毫无关系的样子，那种如前所述的非常重要的现实社会的实地考察及以此为基础的独特的研究方法等等由广博的基础知识所构成，因此我相信这种对他来说既容易又难得的独创的价值足以突破现代教育界的桎梏。”④新渡户

---

① ［日］牧口常三郎：《人生地理学·中文版前言》，陈莉等译，复旦大学出版社2004年版，第6页。

② ［日］牧口常三郎：《人生地理学·中文版前言》，陈莉等译，复旦大学出版社2004年版，第8页。

③ ［日］牧口常三郎：《創価教育學體系》Ⅲ，聖教新聞社1979年版，第278页。

④ ［日］牧口常三郎：《創価教育學體系》Ⅲ，聖教新聞社1979年版，第279页。

稻造称道："我确信这是一部名著，它是日本国孕育出的日本人的教育学说。现代人早已期盼着它的问世。"

与《人生地理学》相比，《创价教育学体系》在中国的影响似乎要"逊色"一些。最早向中国介绍的是1989年出版的《创价教育学体系》第二卷的中文翻译版《价值哲学》。《创价教育学体系》第一卷的中文版则是台湾学者刘焜辉翻译并于2004年出版的。不过，译者对牧口常三郎的教育思想很是推崇，认为该书"是从教育实践中体会出来的经验结晶"、"结构之完整令人佩服"、"内容之完整性、叙述之明确、见解之独创性，应该受到肯定"等等。

《创价教育学体系》在20世纪80年代被译成英文，并于1989年在美国爱荷华州立大学出版社出版。比《人生地理学》英文版的出版要早十三年。译者美国学者戴勒·M. 贝瑟认为《创价教育学体系》是一部划时代的著作，其中，闪光的思想、独到而新颖的见解很多，尤其是考虑到40年代这种背景，其思想的价值就更明显。从我们今天的时代和立场来看，仍然是极具启发意义的①。

目前，该书作为牧口常三郎具有深谋远虑和创新思想的一本重要的学术著作，已经被英语世界领域里一些教育家和教育哲学家所认同。该书的葡萄牙文、法文、意大利文、西班牙文和越南文等十四种翻译本也相继出版。

如同晓庄师范在陶行知教育思想的影响上起到的作用一样，牧口常三郎所创立的创价教育学会在提升牧口常三郎创价教育思想的知名度和扩大其影响上发挥了重要作用。创价教育学会在成立之初便产生了一定的影响。以政友会总裁犬养毅牵头，内阁书记官鸠山一郎、乡土会②的老朋友新渡户稻造、柳田国男等人成立了创价教育学会声援团。原日本外交官秋月左都夫，贵族院议员古岛一雄，日本大学教授田边寿利、前田多门等人在创价教育学会成立不久就成为其顾问。在牧口常三郎的领导下，经过会员的努力，创价学会发展很快，成员由第一次大会时的60名发展到1943年的3000名。由于日本法西斯政府的打压，会长牧口常三郎、理事长户田

① ［日］牧口常三郎：《价值哲学》，马俊峰、江畅译，中国人民大学出版社1989年版，第144页。

② 新渡户稻造发起组织召开的沙龙式学习会。

城圣等21名干部被捕入狱，学会被解散。

尽管牧口常三郎于1944年在狱中辞世，但他的影响并未消失。这一点从与他过去密切联系的人在战后的活动中可以证实，户田城圣就是其中的重要人物之一。监狱的生活更坚定了他的宗教信仰。自从他接受了日莲佛法之后，他深信自己找到了生命的真正意义。这种经历以及听到牧口常三郎去世的悲伤消息后，他发誓要为传播牧口常三郎的教育思想贡献余生。1945年7月3日，出狱后，户田城圣开始着手进行他的被完全摧毁的企业重建和收集整理牧口常三郎写在小纸条上的教育思想的双重任务。尽管举步维艰，为完成和发展与牧口常三郎一同开创的事业，户田城圣继承牧口常三郎的遗志，出狱后很快重建学会，并将创价教育学会更名为"创价学会"。1951年户田城圣就任学会第二任会长，与此同时，采取了一系列举措发动了全国性的传教运动。学会得到了空前的发展，当年会员就达到3000户，1956年底一跃增加了170倍达到50多万户。1957年，也就是在户田城圣逝世的前一年，会员增加到75万户。在户田城圣的领导下，学会不仅在国内取得了迅速的发展，而且欧洲、美洲、东南亚以及中国台湾、香港等地的海外支部或联络站也相继成立。更为重要的是，日莲佛法、牧口常三郎的创价教育思想与和平理念得到了弘扬。1951年户田城圣在牧口常三郎"协作与共存"的基础上提出了"地球民族主义"的主张，1957年9月，他发表了具有极其前瞻性的《禁止原子弹宣言》。

1960年，池田大作继任创价学会第三任会长，在池田会长长达40年的任期中，创价学会以佛法中的"生命尊严"思想为指针，高举创价教育与和平大旗，实现了飞跃性的、国际性的发展。1963年8月会员攀升到360万户，约占日本总户数的七分之一。1966年末达600万户，现今会员已达1000多万户。与此同时，创价学会在世界各地的影响日益广泛，尤其是1975年创价学会国际组织①成立以来，学会的活动遍及170多个国家和地区。1981年创价学会国际组织被联合国难民署和宣传局认定为NGO②组织，1983年和1989年，又先后被联合国经社理事会和教科文组织认定为NGO组织。如今，创价学会已成为国际上推广创价教育思想、维护世

① 创价学会国际组织，简称SGI，池田会长兼任该组织会长。

② NGO，即non-government organization，直译为"非政府组织"。

界和平和促进发展的一支重要力量。此外，在牧口常三郎和户田城圣的鼓舞下，池田大作于1968年创建了创价初中和创价高中，随后于1971年创建了日本创价大学。现在又增加了12所创价学校：位于日本、香港、新加坡、马来西亚和巴西的五所创价幼儿园；日本东京和关西以及巴西的三所创价小学；关西的另一所创价初中和创价高中；东京的创价女子中专和美国加利福尼亚的创价大学——该大学已于2005年通过西方院校联合会的认证①。

特别要指出的是，世界各地成千上万的教育者们正试图将创价教育的原理应用于其自身的文化背景中、应用到自身的实践中。如1995年，巴西的创价教育者启动了牧口常三郎行动项目。2005年，巴西国际创价学会的会员们（通常是退休的市民），在221所伙伴学校中充当志愿者。在每所学校为期3个月的服务期间，他们组织了手工艺品、艺术、园艺、烹饪艺术以及环境教育等学生们感兴趣的活动。他们的介入帮助打破了原有的令人失望的破坏性的师生关系模式，因为老师们开始认识到鼓励学生们的积极性格特征、创造力形成的重要意义。如今，这种活动模式已被复制到北京协立国际学校、亚太国际大学的学习中心、美国纽约复兴特许学校等私立学校中②。

事实表明，牧口常三郎的教育思想随着他所创立的创价教育学会的发展和壮大而得到了有效的宣传和推介。经过几代“创价人”的努力，目前创价学会已成为国际上维护世界和平和促进发展的一支重要力量。如今，只要提及创价学会，就不能不联系到牧口常三郎；要想研究创价学会的精神和理念，就不能不走向学会的源头——牧口常三郎的创价教育理论与实践。不可否认，牧口常三郎以创造幸福人生为教育目的，立足以人为本，要求尊重个性，提倡学校与社会的联合，主张实行半日学校制度，批斥当时日本教育的非人性化现象等不仅对当时日本教育给予了撞击，而且对二战后日本教育的个性化、科学化和现代化改革也有着一定的推动作用。牧口常

---

① Ethical Visions of Education: Philosophies in Practice, Edited by David T. Hansen, Teachers College Press, Columbia University, New York and London, 2007, p. 77.

② Ethical Visions of Education: Philosophies in Practice, Edited by David T. Hansen, Teachers College Press, Columbia University, New York and London, 2007, p. 82.

三郎把发展每个学生的潜能、半日学校制度和社区研究作为基本课程等主张现在已成为流行的教育观念，甚至也会体现在未来的教育理念中。随着世界和平步伐的加快和教育人性化改革的日益推进，牧口常三郎以人为本的创价教育思想和人道主义竞争社会的理想将会得到更为广泛的社会认同。这一点也已经为创价学会第二任会长户田城圣先生以来所继承和发展的创价教育理论与实践所充分证明。完全可以这么说，研究和挖掘其创价教育思想对于推进当今的教育改革、培养创造型人才、致力于和谐社会以及和谐世界的建设意义积极而深远。

第二节 陶行知生活教育和牧口常三郎创价教育思想的评价比较

陶行知生活教育思想产生于20世纪20年代以后，是近代以来中国社会政治经济和文化教育发展的历史产物。1840年以后，西方资本主义列强凭借其坚船利炮打开了古老中国的大门，中华民族面临着空前的危机。反帝反封、救亡图存成为时代的中心任务和历史主题。在经济上，由于西方资本主义的刺激，民族资本主义逐渐产生，第一批近代工业得以出现。与此同时，由于第一次世界大战期间各帝国主义列强忙于彼此间的战争，中国民族资本主义发展获得了有利的国际环境和国内市场，经济实力得到了明显增长。面对蓬勃发展的社会经济所提出的要求，旧有的教育却远远不能适应。于是在资产阶级革命派和维新派的推动下，出现了废科举、兴学校的教育改革运动，政府陆续颁布和建立了近代新型教育制度，学术界翻译了不少外国的教科书，引进了从赫尔巴特到杜威等教育家的教育理论和方法。这些对中国教育从传统向现代过渡都起了一定的积极作用。但从教育的总体看，学校教育仍未脱离传统模式，读书做官、书本至上、学校中心等封建传统思想观念并没有得到根本改变。“老八股教育”和“洋八股教育”合流，教育依然严重脱离社会生活实际，尤其是脱离人民大众的生活实际，无法适应近现代中国社会政治经济的飞跃发展。面对教育的困境，陶行知及其同事、学生们首先举起“生活教育”的大旗，并且组成了以陶行知为代表且起主导作用的“生活教育派”，他们不仅创办晓庄师范、山海工学团等一系列具有强劲辐射力的新型教育组织，且长期以《生活教育》、《战时教育》和《民主教育》等杂志为阵地，宣传“生活即教育”、“社会即学校”、“教学做合一”、“小先生制”等思想，提倡人们在反帝反封建的斗争生活中接受前进的、革命的教育，从而在20世纪20年代以后的中国教育界刮起了一股强劲的台风。他们提出的教育应面向社会、面向生活、面向广大民众等一系列全新主张，适应了时代和社会的需要，给当时的“老八股教育”、“洋八股教育”以巨大的冲击，在当时的中国社会尤其是教育界产生了广泛而深刻的影响。

尤其值得肯定的是，陶行知自留美回国后，经过数年的教育革新实践，发现以杜威实用主义教育学说为代表的西方现代教育思想，虽然在反对封建传统教育方面有一定积极作用，但它们毕竟不适合中国的国情，于是决心探索一条中国化、大众化的教育新路。1927年，他与赵叔愚等人在南京晓庄创办试验乡村师范，从事乡村教育运动，努力把乡村教育与乡村生活结合起来，为广大的农民及其子女服务。在总结自己长期的教育实践(特别是晓庄办学)经验和批判地继承中外教育思想精华的基础上，陶行知提出了系统的“生活教育”理论，并在不满足于理论上探讨“中华民族之出路与中国教育之出路”的同时，依据生活教育理论起而行之，在上海与宝山交界处建立“山海工学团”，把工场、学校、社会打成一片，与其同事、学生们一道开展了以普及大众教育为基本内容的生活教育运动，他把教育的对象由过去的少数统治者及其子弟转到广大的劳动人民尤其是农民及其子弟，把教育的目的由过去的培养剥削者和统治者转到培养具有生活力和创造力且为民族、为人类谋利益的新人，把教育的重心由少数的大城市转到广袤的乡村，把教育内容、方法等改造得适合人民大众实际生活的需要，把办教育的依靠者由反动统治阶级转到人民大众自身，这就改变了旧教育的性质与格局，给中国数千年的教育带来了一场根本性的变革。这不仅在中国教育史上，就是在世界教育史上，也是有重要意义的①。他的教育理论与实践给死气沉沉的旧中国的教育界带来了生机，在国内外产生了广泛的影响。之所以如此，固然得力于一大批长期追随于陶行知的有志革新的教育工作者的大力提倡和推行，得力于社会各界对生活教育思想的重视、肯定

① 邓宗琦、周洪宇:《陶行知——人民教育的伟大先驱》，见周洪宇、余子侠、熊贤君主编《陶行知与中外文化教育》，人民教育出版社1999年版，第284页。

和宣传，但主要的还是在于它本身具有适合时代要求、适宜于旧中国土壤生存的合理性和进步性，在很大程度上符合并满足了 20 年代以后中国社会政治经济和文化教育发展的迫切需要。正如马克思曾精辟地指出的那样："理论在一个国家的实现程度，决定于理论满足这个国家的需要的程度。"①生活教育思潮以其在中国和其他有关国家的经历，有力地证明了这一点。

生活教育理论的形成与发展也离不开西方近现代进步教育思想在华的传播与影响。近代以来，西方资本主义发展日趋成熟，科学的进步，近代工业生产的突飞猛进，使教育日益落在时代的后面与生活越离越远。时代要求教育与生活在新的基础上结合，改革传统教育，以适应现代社会政治经济文化的迅速发展，已成为西方许多国家的共同要求。一些先进国家中各种新教育思想如雨后春笋，如夸美纽斯、卢梭、裴斯泰洛齐、赫尔巴特、福禄培尔、欧文等人的教育思想，接踵联袂地影响着世界。19 世纪后半叶至 20 世纪初，一批新教育家又先后涌现，如美国实用主义进步教育运动的代表人物杜威，欧洲以提倡新教育而闻名的蒙台梭利、怀特海、罗素等，他们都反对传统教育，主张尊重儿童个性，以儿童活动为中心，让儿童在活动中发展个性和能力。杜威更是明确提出"教育即生活"，而不是生活的预备，提倡在实际的生活中、经验中学习。他们的说法虽然不一，基本要求却是共同的，即要使学校教育更加紧密地与社会生活联系起来，以适应资本主义工业社会的新发展。20 世纪初，特别是"五四"新文化运动之后，西方近代这些新教育思想相继被引进、介绍到中国，从而为生活教育理论提供了丰富的思想资源。生活教育理论就是陶行知在借鉴与改造西方近现代进步教育思想（特别是以杜威、克伯屈等人为代表的美国实用主义教育学说）的同时，结合自身在改造中国教育的过程中所取得的宝贵经验的基础上产生和发展起来的。从某种意义上说，生活教育理论是"五四"新文化运动以后多种中西文化教育思想融合的结晶。

生活教育理论的产生和形成，不仅是推行生活教育的陶行知及其同事、学生们（时人称之为"生活教育派"）努力实践的结果，还得力于 20 世纪

---

① [德]马克思：《〈黑格尔法哲学批判〉导言》，《马克思恩格斯全集》第 1 卷，人民出版社 1961 年版，第 402 页。

20年代以后与陶行知有着共识的众多教育工作者乃至还有与此两者理论上有所不同、政治上距离尤远的部分国民党政府官员以及理论上和实践上与他们比较接近的一般民众教育、乡村教育和社会教育者的大力倡导与推行。尽管这些倡导者与推行者旨趣不一，但其主要成员是当时教育界的一批不满现状、有志革新的进步人士。他们在政治上主张反帝反封建，团结和依靠工农大众，接近、倾向于中国共产党及其主张（其中有些人本身就是中国共产党党员，如刘季平、张劲夫、王洞若等人），在教育上反对陈腐的封建传统教育和外来的洋化教育，希望建立一个民主自由、繁荣富强的新中国；强调教育与社会生活的联系，主张教育必须为人民大众服务，必须根据社会政治、经济发展尤其是抗日救亡的战时需要，改革旧的教育思想、教育体制、教育内容和方法等，走出一条既顺应现代社会潮流又适合中国国情，既符合世界教育发展趋势又具有浓厚的民族特色的面向社会、面向生活、面向人民大众的教育新路。因此，生活教育理论是进步的、革命的，具有新民主主义教育的性质。特别值得肯定的是，在陶行知生活教育理论感召下，形成了以陶行知为主要代表、以"生活教育"为基本理论、以生活教育社为核心组织、以《生活教育》杂志为基本阵地的"五四"以后中国最具影响力的进步教育流派之一——生活教育派。该流派除代表人物中国近现代著名教育家、社会活动家和诗人陶行知外，核心成员有张宗麟、刘季平、董纯才、张劲夫、方与严、王洞若、戴伯韬、程今吾、操震球、汪达之、马侣贤、帅昌书、孙铭勋、戴自俺、张健、方明等人，他们大都是陶行知的学生兼战友，而且多为中国共产党党员（其中有些人还是国民党统治区左翼文教界的负责人，如张劲夫、张宗麟、帅昌书、王洞若、戴伯韬等），不少人在中华人民共和国成立之后还担任了文教方面的重要领导，为新中国文教事业的建设与发展作出了重要贡献①。

生活教育理论对20世纪20年代以后的中国社会和教育所产生的作用是广泛而深刻的。它加速了教育内容与教学方法的变革，推动了教育组织和教育体制的改造与重建，有力地促进了教育事业的发展。特别是生活教育的理论建树，显示出浓烈的时代气息，让人们的教育观念为之一新，教

---

① 董宝良、周洪宇主编：《中国近现代教育思潮与流派》，人民教育出版社1997年版，第535页。

育思想为之一变。不仅如此，它的影响还跨越国界，辐射到了国外(特别是日本和东南亚一带的国家和地区)，具有了一定的国际性。

应该肯定，生活教育思想所产生的历史作用与影响是积极的、健康的。尽管还有不少值得商榷的地方，但是在旧中国半殖民地半封建社会里，“生活教育”论已经是达到了它所能达到的高度了①。而且，该理论自始至终反对封建的传统教育和外来的不切中国实际的洋化教育，着眼于中国的劳苦大众，且从坚定的人民立场出发，对教育的本土化、民主化、科学化、社会化和终生化进行了艰辛、大胆和有价值的探索，主张建立面向社会、面向生活、面向人民大众的新教育，不愧为我们民族乃至世界教育理论宝库中十分可贵的遗产，值得我们珍惜并认真研究汲取。就像章开沅教授所说的那样：“陶行知教育思想不仅属于中国，也属于人类；不仅属于过去，也属于未来。陶行知的著作固然不可能为我们制定21世纪教育发展的具体蓝图，但他早已指明了正确的基本原则与前进方向，如生活即教育、社会即学校、教学做合一、教育的整体改革等等，这些理论与实践经验，都可以作为我们探讨21世纪教育发展的基础。我们只要对照一下当前的教育存在的种种弊端，如应试教育、忽视通识、德育滑坡，乃至形形色色的借教育之名以牟暴利等等，就可以理解陶行知的教育思想及其实践具有何等的价值。应当肯定，陶行知教育思想不仅可以作为当前教育改革的武器，而且可以作为探寻未来教育走向的正确指针。”②

当然，像其他教育理论一样，生活教育理论的影响也有其不足的一面，这集中表现为：一是对在批判中国传统教育和杜威实用主义教育理论的同时，没有很好地及时总结其值得继承的经验，从而导致大“破”大“立”，有时甚至出现一些全盘否定的思想或者是采取非此即彼的思维方式和态度简单地进行否定。如在将杜威的“教育即生活”、“学校即社会”和“做中学”改造为“生活即教育”、“社会即学校”和“教学做合一”时，没有很好地注意总结吸取其好的一面，而是简单地以“行不通”、“通不出电来”的理由将其推倒重来。这也是不符合辩证法的。二是在大“破”大“立”的过程中，公务繁忙尤其是较多地参与政治活动导致陶行知在教育自身发展的规律和儿童

① 孙培青：《中国教育史》，华东师范大学出版社2000年版，第748页。

② 周洪宇、余子侠、熊贤君主编：《陶行知与中外文化教育·序言》，人民教育出版社1999年版，第2页。

的身心发展规律研究上投入的精力不够，也使他在处理问题时，往往过多地强调了问题的某一方面，而忽视了问题的另一方面。如实施生活教育主张的学校或其他机构，大都过分强调生活本身的教育作用而对学科课程的系统教学有所忽略，或注重受教育者的自我管理与学习主动性的发挥，而相对放松了对受教育者的管理与引导，有的虽名为“教学做合一”，却多做少教少学甚至只做不教不学，实际与理论没有很好地结合起来。而且，对“教学做合一”也过于绝对化。又如当小朋友还饿着肚皮首先需要争取生存而不是读书识字时，陶行知不恰当地扩大“小先生”的作用并将大众普及教育过多地寄希望于“小先生制”的推行。事实上，从根本上看，即使在当今，普及教育仍须借重学校，不大可能通过社会运动来达成；而学校的根本在于师资，师资的养成主要依靠师范，“小先生制”毕竟并非正道，小先生的人生阅历与经验毕竟有限；“教学做合一”，也并非一定要机械化，而且要根据教育内容和教育对象的特点等实际情况而定，该教则教、该学则学、该做则做等。出现这些问题，原因是多方面的：从陶行知所肩负的历史重任来看，由于国难所迫，陶行知不可能专注其栖身的教育事业，也不得不分散一些精力去关注民族的危亡，从而影响他对自身教育理论和实践的研究和完善；从理论上说，这与生活教育理论的特点及其来源有关。生活教育理论与“老八股教育”、“洋八股教育”均有明显的不同，它强调生活与教育之间的一致性和相关性，强调教学不能脱离做，强调受教育者在社会生活实际中学习知识，追求真理，这都有其现实的针对性与理论的合理性。应该说，这些也正是生活教育理论区别于当时其他教育理论的地方，是它的特点，也是它的优点和长处。但是，从另一个角度来看，优长又往往是其缺憾。强调一方面的同时往往会忽略另一方面。进而言之，这与生活教育理论主要来源于对美国实用主义教育思想的继承与改造有关。中国教育家们从美国实用主义教育思想中吸取了许多精华，但没有也不可能彻底剔除其糟粕。美国实用主义教育思想中的某些消极因素与积极因素一道融入了生活教育理论中，给它带来了成功的盛誉，也对它造成了负面的影响。从实践上说，由于理论素养的完善和提高非一朝之事，加上缺乏经验，往往出现一些偏差。这在生活教育理论产生的早期表现得特别明显。当然，也与他爱憎分明、敢作敢为的个性不无关系。不过，相比较而言，生活教育理论的不足之处只是其次要的一面，而且，从历史哲学的角度来讲，这正是伴随中国现代教育的进步所必然付出的“历史的代价”①。

因此，对于当年生活理论中的种种偏差与失误，“后人不应该给予苛责，也不可因时因势而随人意志来立废启停”②，更不能让新中国成立之初对陶行知的悲剧式的评价重演，而是要本着历史的、发展的、全面的和实践的观点。正如周洪宇教授所说的那样：今天人们所应做的是，从中吸取宝贵的经验教训，以作为今后有中国特色的社会主义教育理论体系的构建与教育事业的发展之借鉴③。在某种意义上讲，也只有这样，才是对陶行知先生的最好纪念，也是对陶行知教育思想最好的继承和发展。

同陶行知一样，牧口常三郎将自己的一生奉献给了教育事业，而且为反抗日本军国主义的战争，维护人类的和平献出了自己宝贵的生命。与陶行知相比，尽管牧口常三郎的社会地位、外语水平以及组织活动能力等方面都难以相提并论，而且对他扩大自己影响和创价教育理论的宣传和扩介都有着一定的制约，也尽管牧口常三郎的创价教育思想在他生前因为多种原因没有引起当时日本政府和社会的足够重视，同时由于他的书最初是以日文出版，对西方影响不大，对整个世界影响也不大，但这些并没有影响到牧口常三郎作为一个教育家的地位。就像戴勒 · M. 贝瑟(Dayle M. Bethel)在《牧口常三郎：价值创造者》一书中所说的那样：“日本人没有认识到牧口常三郎的思想价值并不能影响到他作为一个教育家和哲学家的地位。相反，这种忽视和拒绝在今天更衬托了他对当代教育所作出的贡献。”④笔者相信，随着世界和平步伐的加快和教育人性化改革的日益推进，研究和发掘其创价教育思想对于推进当今的教育改革、培养创造型人才、致力于和谐社会以及和谐世界的建设将有着积极而深远的现实和历史意义。

牧口常三郎的教育思想必须放在20世纪他所生活的日本社会和当时

---

① 董宝良、陈桂生、熊贤君主编：《中国教育思想通史》第七卷，湖南教育出版社1994年版，第185页。

② 余子侠：《山乡社会走出的人民教育家：陶行知》，湖北教育出版社1999年版，第16页。

③ 董宝良、周洪宇主编：《中国近现代教育思潮与流派》，人民教育出版社1997年版，第571页。

④ MAKIGUCHI: THE VALUE CREATOR by Dayle M. Bethel, Published by Weatherhill, Inc., of New York and Tokey, First edition, 1973, p. 21.

的文化背景来进行考察评价。当时，日本正经历着从欧洲和北美开始的世界范围内的工业化进程，牧口常三郎和其他工业化国家的教育家面临着同样的教育问题和现实。工业化对经济、社会、政治和教育所带来的影响是理解牧口常三郎的思想的必要前提。牧口常三郎对日本教育的缺陷深为忧虑，一生致力于改革他所处社会的教育制度并构建其创价教育理论①。他对教育的关心可以用“困忧”来形容。

如果牧口常三郎提出的教育理论和教育改革建议得到了采纳和实施，日本的教育乃至日本的社会将会发生更为深刻的变革。但是这些建议没被当时的政府采用，而且至今也没有被日本教育界所认真考虑。牧口常三郎没有接受过大学教育，也因为此，牧口常三郎没有为崇尚学历的日本社会所重视。1930 年《创价教育学体系》第一卷出版后，牧口常三郎就像当年《人生地理学》一样再次在学术界产生了较大影响，获得了到各地进行演讲发表自己见解的机会。然而尽管他希望人们接受他的观点，甚至对他的观点进行辩论，但是他的努力因为他的学历和地位没有得到应有的反应或者说没有得到持久的关注。就像牧口常三郎对自己的失望进行的表述那样：“1931 年在东京帝国大学的教育会议上我向学术界阐述了我的观点，然而，没有引起反应，为此，我对国家的教育状况非常失望。”②

当然，如果日本的政治在 20 世纪 30 年代朝着公开和民主的道路前进的话，如果不是当时日益高涨的军国主义思想影响的话，他的思想可能会引起人们更多的关注，其作为一个教育家的认可度也会得到大大提高③。可是，正如历史记载，这种现象没有发生。1932 年 5 月，首相犬养毅(Inukai)被暗杀④，从此进步的教育家和政治家的地位急剧下降。也正因此，牧口常三郎对通过纯粹的教育途径来取得改革的成功的希望开始消失。不过，必须指出的是，当时田边寿利、柳田国男和新渡户稻造等一些具

---

① Education for Creative Living, Ideas and Proposals of Tsunesaburo Makiguchi, Translated by Alfred Birnbaum, Edited by Dayle M. Bethel, First edition, 1989, p. 4.

② Education for Creative Living, Ideas and Proposals of Tsunesaburo Makiguchi, Translated by Alfred Birnbaum, Edited by Dayle M. Bethel, First edition, 1989, p. 11.

③ MAKIGUCHI: THE VALUE CREATOR by Dayle M. Bethel, Published by Weatherhill, Inc., of New York and Tokey, First edition, 1973, p. 96.

④ [美]D. M. ベセル:《価値創造者：牧口常三郎の教育思想》，中内敏夫、谷口雅子訳，小学館 1974 年版，第 106 页。

有一定影响和威望的人对牧口常三郎的思想表示了认同。田边寿利指出：过去三十年学术精进的最终成果，牧口常三郎先生撰写的《创价教育学体系》今日受到了广泛关注①。“此成果决非仅仅是理论性推论的结果”，“不是纸上的空论和无关紧要的东西”，“而是牧口常三郎先生宝贵实践的结晶”。“他将价值创造作为教育的主要目标”，“任何人都很清楚，这对日本的教育现状来说是多么的必要啊”。“《创价教育学体系》与30年前《人生地理学》一下子掀起我国地理学的潮流一样，他肩负有为把当代日本的教育界导入新轨道的使命，这一点用不着论述。以一句话来概括他的话，就是以稳固的理论和长久累月的实验为基础而发轫的《创价教育学体系》是当代日本最需要的教育学。……”②他甚至呼吁，日本应该像学问之国法兰西一样将一名为昆虫研究默默奉献了自己一生的小学校长法布尔视为法兰西的骄傲，教育部官员亲切地驾车去拜访他，并以法兰西的名义向他表达诚挚的感谢那样去尊重牧口常三郎。新渡户稻造称道：“……时至今日我一直致力于教育。虽然还在从事教育事业，但是我觉得我对日本教育中缺乏独创性感到非常的不满和遗憾。此时，曾经出版《人生地理学》一书、具有卓越思想的牧口常三郎先生再次站出来将综合多年的体验和思考撰写成《创价教育学体系》，让人立即惊异于其卓绝的见识和以事实为依据的广博深邃的研究，让人深感《人生地理学》的著者尚未老去。”③此外，日本著名的领导人，如犬养毅等，还有其他一些有威望的人士对牧口常三郎的思想都表示了赞成和支持。然而这种局面随着日益增长的军国主义观念的盛行，尤其在1932年犬养毅首相被暗杀而“昙花一现”。

牧口常三郎生活的年代，正是日本竭尽全力跻身帝国主义列强、野心勃勃的时代。他却“不识时务”一门心思要依托教育，为国造才。牧口常三郎根据自己在教育实践中长期摸索出的经验，通过研究在日本能够接触到的各国的教育学说，努力学习哲学、社会学等诸领域先贤的思想，再加上自己的独特思考，融会贯通，创立了创价教育学，并形成了完备的体系。从这个意义上可以说，牧口常三郎无愧于“创价教育之父”的称谓。

同陶行知一样，牧口常三郎的教育思想源自对本国教育的理性反思，

---

① ［日］牧口常三郎：《創価教育學體系》Ⅲ，聖教新聞社1979年版，第277页。
② ［日］牧口常三郎：《創価教育學體系》Ⅲ，聖教新聞社1979年版，第278页。
③ ［日］牧口常三郎：《創価教育學體系》Ⅲ，聖教新聞社1979年版，第279页。

不仅仅是自己教学经验的总结，而且也是借鉴了他人的教育智慧并与自身长期实践相结合的结晶。只有那些被实践证明为行之有效的观念才能被接受并融合到他的理论中来，反之，被舍弃①。

牧口常三郎认为日本社会中的一个顽疾就是日本缺乏教育，这个问题在当今的其他西方国家同样也存在。尽管他提出的改革思路在某些情况下显得过于激进，但是它们反映出了对西方文化的理解。尤其是牧口常三郎的理论将人类的健康成长和有价值的生活概念联系在一起，而这些概念正是苏格拉底、柏拉图和亚里士多德他们在幸福哲学中首次提出的。牧口常三郎的创价教育思想始终着眼于人的本质和对价值人生的诉求，与一直流传至今的苏格拉底、柏拉图和亚里士多德以及其继任者的幸福哲学思想和教育理念息息相通，而这也充分说明了牧口常三郎思想所具有智慧的深度②。

在纳粹主义国家的统治下，牧口常三郎先生立足于杜威等实用主义的立场，深知“能称为价值的唯一价值就是生命，其他的所谓价值是只有在和生命相互交涉中才能成立”③的道理，高呼“教育是为了孩子们的幸福而存在”的人性主义教育；在《人生地理学》的著作中，留下了迈向“共生的世纪”、“人道的世纪”的警世格言。字面上看，此书完全是一本地理学专著。也许正因为这，牧口常三郎作为一名教育家的地位没有得到日本政府和社会应有的认可，也在一定程度上弱化了牧口常三郎在日本和世界教育史上的知名度。其实，《人生地理学》并非仅仅是一本地理著作，同时也是一本教育著作，而且至今仍然是一部不可多得的生态文明教材。尽管当时人们尚未认真关注资源与能源的有限性、水与大气污染等环境问题，而他独具慧眼，有先见之明，认为外在的自然界是人类的启蒙者、指导者和安慰者，强调人与自然环境的平等交往对提升人的生活和人格的重要作用。书中，他列举了八项作为人与自然的关系：知觉的关系、利用的关系、科学的关

---

① MAKIGUCHI：THE VALUE CREATOR by Dayle M. Bethel，Published by Weatherhill，Inc.，of New York and Tokey，First edition，1973，p. 44.

② Education for Creative Living，Ideas and Proposals of Tsunesaburo Makiguchi，Translated by Alfred Birnbaum，Edited by Dayle M. Bethel，First edition，1989，p. 44.

③ ［日］创价学会教育本部：《蓬勃发展的儿童和人性教育——“为了教育而存在的社会”》，ASOKA CORPORATION CO，LTD 制作（非卖品），2006 年版，第 43 页。

系、审美的关系、道德的关系、同情的关系、公共的关系、宗教的关系。他认为人通过上述八种关系与自然密切接触，有助于培养人的身心和人格。他告诉人们，人与地球知觉的关系是非常重要的，是人与地球开展更多精神和智力活动的基础，也是一切科学产生的前提。通过对自然的观察和体验，人类不仅会对自然产生好奇心，更具价值的是，大自然的美丽与和谐会激发我们的情感，净化我们的灵魂，善良的美德也会油然而生。

牧口常三郎认为：人类和地球的关系是非常复杂的，也正是人与自然的这种关联性使得自然界也蕴含着非常丰富的生命意义。人必须学会与自然界"交往"，如果能从人与自然相互生存的角度来引导人们重新体验和认识自己所生活的自然界，人就会在与自然进行各方面的交往中得到全面发展，而且在人类与自然界的深入接触中，其个性和道德都会变得日趋成熟。相反，如果人与自然进行的是不健全的交往，那样不仅会导致自然对人生命的伤害，甚至会损害完善人格中不可缺少的慈爱等美德。牧口常三郎《人生地理学》中所提出的人类自身价值与自然界价值相统一、人类生存发展权利与自然界生存发展权利相统一的教育思想对当今的生态文明教育具有多方面的启迪，它不仅可以让人们充分认识自然是人的生活世界的重要组成部分，而且可使人们学习大自然的宽宏、公平、真诚和富有同情心等品质，同时可以领悟生态文明教育的核心内容，超越自身物种的局限性，代表所有生命物种的利益，承担起地球生态环境的管理者、生物圈向宇宙太空进化的引导者和组织者的伟大使命。牧口常三郎的教育思想蕴含着科学的发展观、生态文明观与和谐观，具前瞻性。

牧口常三郎对教育所做出的贡献应归功于他所创立的并充分体现于《创价教育学体系》中的"创价教育"思想。尽管《创价教育学体系》已出版70多年了，但书中燃烧的祈愿"孩子们的幸福"、致力于人性主义的创价教育之火，通过创价学会户田城圣和池田大作等几任会长的传承，现已传播到世界各地；面对物欲横流、利己主义盛行的资本主义社会中人们对价值、人生和幸福等一系列重大问题困惑难解的状况，他跳出"小我"，放眼人类，从"价值创造"入手，提倡"个人和全体的共存共荣"，追求教育就是在于强化对公共生活即社会生活的意识形态的理解，提高人们在适应社会生活中和他人一道，共同筑起个人和全体的共存共荣的人格真谛，而且提醒人们，应该毫不犹豫地摒弃那种"只为自己而不管其他人怎样的利己主义"幸福观，而是应该追求那种“虽以己为中心，但却又抱有只有和社会共存共荣的情况下生活才能安定，才有真正意义上的幸福”的精神状态。所有这些，至今仍是难能可贵的。

牧口常三郎的创价教育思想内容博大。作为一个长期工作在教育一线的实际工作者，他不仅注重实践，而且能够结合实际就教育面临的重大问题进行深层次的反思，并提出了许多富有创意和具有指导意义的真知灼见：教育要关注每一个生命，平等地对待每一个孩子；要坚信，任何一个儿童只要教给他思考方法的根本，让他充分发挥自己的能力，都能成为优等生；要注重主体性教学，只有孩子们自己主动地求学上进，学习能力、生活能力才会变得旺盛，才能找到打开知识宝库的金钥匙；教育的目的不只是传授知识，而是应该指导学习的方法、领会研究。更不是进行知识的买卖和灌注，而是掌握如何运用自己的力量去获取知识的方法。教育就是应该这样给孩子们打开知识宝库的金钥匙，踏上发现发明的路途①；要崇尚自然，注重学问、教育与生活的一体化。他指出，如果学问和生活、教育和生活之间隔离分开的话，那么孩子们的健康成长是不会成立的。这对于如何为了孩子们的幸福相互配合的学校和家庭、学校和社会来说也是同样的；学问来源于生活但又必须回归到生活中去。教育真正的任务是让受教育者了解自己所处的自然和社会环境的意义，要让他们的生活融于自然和社会中；教育要讲究快乐、通俗易懂同时又有效率。医生也好，教育工作者也好，他们的对象是人的生命，医学发展日新月异，教育技术也在进步，教育工作者应该在有效地使用教育技术之上，能进行有趣的、通俗易懂同时又有效率的指导②；建议实行半日学校制度。他认为，这样可以很好地将课堂和社会结合在一起，将师生全身心投入的课堂教育活动回归到社区和家庭中。与此相关的就是，正规的教育必须拓展其对学生的关注范围，除了关注学生的智力发展，还要关注其作为个人的整体发展。尤为重要的是，教育必须承担起培养学生养成良好的道德品质的责任。这意味着要求首先使用事实和真理来培养年轻人价值认定、价值评价以及最终需要具备的

---

① ［日］创价学会教育本部编：《蓬勃发展的儿童和人性教育——“为了教育而存在的社会”》，ASOKA CORPORATION CO，LTD 制作（非卖品），2006 年版，第 48 页。

② ［日］创价学会教育本部编：《蓬勃发展的儿童和人性教育——“为了教育而存在的社会”》，ASOKA CORPORATION CO，LTD 制作（非卖品），2006 年版，第 50 页。

价值创造的能力；教育学犹如医学，应该像人得了感冒吃感冒药一样，钻研推敲如何让任何一个孩子都爱学的这种普遍的教育技术和方法；教师里面有无技术的教师、有技术的教师、艺术型的教师这三种。教学方法不好，费劳收益又少的是无技术型教师，掌握要领拥有好的教学方法的是技术型教师，技术锤炼纯熟的是艺术型教师。在教育中，教师首先必须是一个有用的向导，而非一个信息提供者，他能够对学生的学习主动性作出指导。他们应该将寻求事实的工作丢给课本，而在学生的自我学习经验方面扮演一个支援者的角色。我们必须认识到，教育中最根本的推动力实际上是学生的自我兴趣。教育必须要以能够产生社会意识以及辨别社会道德能力为目的，必须努力培养社会成员所需要的个人品质，使其能够成为社会中一位具有创造性的参与者，等等。

不言而喻，牧口常三郎这些教育主张强调尊重并平等对待每一个学生、发挥学生的主体性作用和教师的主导作用、以优化教育方法作为提高教育质量的突破口、教育与现实生活的有机结合等都充分反映了教育自身发展的规律和人的身心发展规律。特别是他从人性的高度、从整个人类的利益的层面和教育的角度论证了人与自然、人与人、人与社会之间的关系，提出了许多创造性、前瞻性的论见，对当今和谐教育、和谐社会乃至和谐世界的构建都具有现实的指导意义。

以人为本是牧口常三郎思考教育的出发点。从教育目的到教育功能，从教育内容到教育方法，无不贯穿了这一思想。他坚定地认为，只有教育，才是人类迈向新时代的关键之所在，是实现个人价值的推动力。他明确主张：教育的目的和人生的目的是一致的，就在于人的幸福。而人的幸福关键要凭自己的双手获得，教育的根本宗旨就在于在培养这类人的同时，还要培养能使全社会获得幸福的人。因此，教育要立足于培育学生的观察能力和感觉能力，使他们养成良好的社会意识，挖掘他们进行价值创造的潜力。牧口常三郎一再强调："教育并不是知识的填充和灌输，而是培养学生自己获取知识的能力。送给他们一把开启知识宝库的金钥匙。"他认为，只要学生能自发地进行学习，他们就能自学到一切知识和智慧。如果能指导他们把所学的知识置于生活中合适的位置，在生活中积极利用，为生活服务，那样就能创造出巨大的社会价值。他曾怒斥扼杀孩子天性的僵化的教育体制，强烈主张要对现行教育体制作根本性的变革。牧口常三郎的视线从来就没有离开过“人”，他始终关注每一个孩子的成长，始终关注每一个孩子的喜怒哀乐，始终把孩子们获得幸福放在首位。他大声疾呼，教育要重视每一个小孩，要一切为了孩子；学校要重视每个孩子的情感和差异，给孩子所需要的一切。牧口常三郎呼吁在教育岗位上的教师，一定要刻苦钻研教学技能，灵活地采用实物教育和综合教学等相结合的具体教学方法，在将学校大门敞开的同时，要重视学校和学生的自治权，实现学校的民主化管理，从而把学校变成学生的学习乐园。所有这些，都充分体现了牧口常三郎的人本主义教育观念，对于深化对教育规律、儿童身心发展规律的认识都有着巨大的现实指导意义，而且牧口常三郎富有洞察力的思想和教育改革建议为我们考察现时的教育困惑提供了一个使人耳目一新的而且是有益的框架。

特别值得一提的是，牧口常三郎在《创价教育学体系》第二卷《价值哲学》中，详细地阐述了自己独特的价值论。这一价值论，是牧口常三郎教育思想，乃至是其一切思想的基础。1931 年牧口常三郎出版《价值哲学》一书之时，价值哲学正处于发展早期。之前，西方价值哲学居主导地位的仍是主观主义价值论。尽管牧口常三郎的价值哲学理论存在着种种局限，但他坚持以主客体相互作用为基础，从主客体相互作用产生的功能出发去理解价值，从现实生活的实际出发，提出了如何科学地把握价值的本质问题的新思路，也把价值本质的研究推进到一个新的高度。

此外，历史将永远铭记牧口常三郎所倡导的创价精神。他的教育思想处处体现了独有的创价精神。他始终以“幸福”、“创造”、“和平”为价值取向，且认为，教育的目的是获得幸福。而幸福靠自己双手创造，靠奉献得来。牧口常三郎指出，所谓幸福就是获得创造价值的能力。人活着就是为了追求价值，而且只有创造价值的人生才是幸福的人生。牧口常三郎还从佛学“看破、放下、奉献”的角度对幸福进行了解读，认为，无论是谁，只要能摆脱金钱、权力的诱惑，抓住事物的本质，历经磨难能持久如一地追求自己的幸福，这样他就拥有一颗“开放”而非“闭塞”之心，就成为一名世界公民。牧口常三郎一生对民众所表现出来的智慧总是赞不绝口。牧口常三郎的目光，始终停留在地球上的“一个人”身上。他尊重每一个人，为了一个普通的人可以竭尽所能，不顾一切，这也是创价教育的精神之所在。值得欣慰的是，牧口常三郎这种“为了一个人”的精神后来被几代创价人所秉承。

户田城圣在牧口常三郎倡导做一个“世界公民”的基础上，推崇“地球民族主义”。他认为，生命诚可贵，信仰价更高。在美苏冷战加剧时，他每天关心事态的最新发展，唯恐爆发战争和冲突，因为受害的总是无辜的普通民众。他认为，为了永久和平，必须超越狭隘的个人信仰，把自己当成地球民族的一员。户田城圣去世后，以师命为己任的池田大作会长，主张关注每一个人的“精神觉醒”，他认为只要有一个人发生了变化，整个世界也就发生了变化，所以哪怕只要有一个人存在，就应当去做工作；人民必须创造出属于自己的历史，必须联合起来同蔑视人民、轻视人民的势力作坚决斗争；世界和平的基石必须建立在超越狭隘的宗派、党派和个人信仰之上，也就是说，只有“人性”的普遍联合，才能构筑真正的“世界和平”。可以说，牧口常三郎的教育思想随着他所创立的创价学会的发展一步步地被推广到全世界。笔者相信，牧口常三郎的创价精神随着教育的人性化、个性化、民主化和世界和平步伐的推进必将在人类历史中大放光彩。

诚然，金无足赤、人无完人。牧口常三郎的创价教育思想同陶行知的生活教育思想一样，也存在着缺憾的一面。陶行知和牧口常三郎的教育思想都是对当时教育的种种弊端进行批判的智慧结晶，他们都在批判的基础上对自己的教育思想进行了理想化的构建。如陶行知希望通过生活教育模式培养“真、善、美”的完人，牧口常三郎希望教育能培养出能创造价值、创造“得、善、美”的幸福之人；他们都关注教育实践，重视生活经验，强调教育要走向自然、走向生活，并对当时教育中存在的种种脱离实际的问题进行了大胆的抨击，这些在过去、现在和未来都是符合教育规律和儿童身心发展规律的，应该说，也是科学的、适合历史发展潮流的。然而，他们对教育中存在的问题的真正原因还缺乏深度的认识，或者说，他们对教育与经济基础、上层建筑的关系还缺乏深层次的研究，对教育体制和教育制度层面的问题也还缺乏全面的科学的反思。如陶行知把“生活”概念化、绝对化，特别是在抗战以前，只看到中国社会的贫穷与落后和劳苦大众的生活之贫困，想通过普及教育来改善劳苦大众的生活，而没能充分认识到贫穷、落后的生活是由于“三座大山”的压迫所造成的根本原因，而且由于早年政治上欠成熟曾对蒋介石抱有一定的幻想，从而在一定程度上导致了其“生活教育理论”的理想化成分。就牧口常三郎来说，他在注重实践经验的同时，对已有的教育理论的吸纳没有给予应有的重视。如他对心理学的研究成果认识的高度是不够的，正像他自己所言："依赖心理学运用寻求实现目的的方法，我不得不断然提出反驳。"[①]牧口常三郎以追求幸福为教育目的，但他对当时的日本社会制度并没有提出质疑，没有认识到现存的权力政府并没有为个人提供创造幸福、创造价值的机会，而且尤其是在晚年把希望完全寄托于教育变革，而且是依靠宗教教育来推动。从这一点上看，牧口常三郎的理想也是天真的，而且在当时的社会制度下是难以实现的。牧口常三郎一生追求和平这一人类之"大善"，但他对垄断资本主义的唯利是图和法西斯政府的侵略本质认识不足，这一点也表明了他政治上的幼稚。牧口常三郎关于价值分类的思想、关于价值量的探讨、关于价值与人的生活目标的见解，都值得我们借鉴和利用，但他晚年皈依佛门，所以过分抬高宗教价值的地位，认为日莲佛法具有最高的价值；对价值的量的比较和规定、关于善恶价值比较的观点、认为"真理"是永远不变的、将"真"排斥于价值观体系之外等，都有值得商榷之处[②]。牧口常三郎先生对马克思是很尊敬的，可惜的是，他似乎仅停留在这种尊敬上，而未去认真研究和掌握马克思的理论和方法。假如牧口常三郎先生能运用马克思主义的理论和方法从社会实践的高度去进行批判和论述，其教育思想成果肯定会更为丰硕。当然，这些都是由于历史的背景和个人的具体条件等多因素所形成的，自然不能苛求于牧口常三郎先生。

牧口常三郎自 21 岁登上讲坛以来，一直刻苦研究教育，追求探寻人生哲理，并在教育活动中努力地加以实践。在当时教育界混乱的情况下，很多人迷信教育学家的高谈阔论，拘泥于缺乏实践经验的理论，并试图仿效西方的教育模式，而牧口常三郎极力反对这样做，并以坚定的信念，坚持实践自己的教育理念，终于获得良好的效果。从日本后来的义务教育制度以及现在推行的终身教育制度的实施和完善中可以看到，牧口常三郎早年提出的改革意见得到了部分采纳。在教育中，牧口常三郎力图开拓学生的视野，培养和合的精神，要求学生具有世界公民的意识。这是一种非常超前的观点，在全球化迅猛发展的今天，也是值得世人学习的具有时代意义的

---

① ［日］牧口常三郎：《人生地理学》，陈莉等译，复旦大学出版社 2004 年版，第 100 页。

② ［日］牧口常三郎：《价值哲学·英文版序言》，马俊峰、江畅译，中国人民大学出版社 1989 年版，第 147 页。

见地①。同陶行知一样，牧口常三郎是一个非常务实的教育学家。他一向反对虚伪的、毫无实际意义的、空洞的教育学理论。尽管各国的社会制度、教育体制、教育方针以及目的都不尽相同，但是，牧口常三郎的许多教育理念值得我们深入地研究和探讨，也值得借鉴。

评价教育史人物，不是一件容易的事。但是，只要我们在研究中正确地运用历史的视角、求是的心态、全面的立场、发展的眼光和实践的坐标，就一定会真正地走近他们的"真实"。

所谓历史的视角，就是说，评价教育史人物，应分析他所处时代的各种社会条件，如政治、经济、思想、文化的发展状况，指出社会诸方面的发展向教育家提出了哪些急需解决的重大教育课题，然后分析教育家是否解决、又如何解决、在多大程度上解决了他所面临的课题。这样，我们就可以清楚地看到历史人物教育思想的形成原因、过程及其教育活动对于他所处时代的意义。评价陶行知和牧口常三郎，就必须注意到19世纪末到20世纪前半叶中日教育改革和发展的大背景，必须联系日本法西斯军国主义的侵略和中国人民的反侵略的历史事实，否则就无法找到他们教育思想的真正来源，也就看不到他们理论的价值和意义。比如，要想真正了解牧口常三郎的教育思想源头，就必须联系他当时所处历史背景，尤其是20世纪前25年(1900—1925)。这一时期正是牧口常三郎的教育理论和实践走向成熟的关键时期。也正是在这一时期，日本教师自主发起的教育改革运动开展得如火如荼。然而，当时的日本试图称霸亚洲，成为亚洲的军事、经济大国。为达此目的，政府竭力利用教育作为推行自己的政治目的的手段，拼命压制孩子们的个性和自主意识。也正因为这，受到国家权力过分压制的教师奋起批判不断增加。这种现象逐渐演化为"儿童为中心"的改革口号。加上1919年杜威访问日本，更使日本的许多教师为之共鸣。与此同时，卢梭及裴斯泰洛齐等强调儿童个性与自由的教育家的著作也多被翻译成日文，并在广大教师中广为传读。所有这些对牧口常三郎创价教育思想的形成都有着密切的关联。其次，评价教育历史人物时，还要"把'古为今用'和以'今'的标准来论衡'古的人事'，这两件事分别开来"②，要实事求是地在

① 贾蕙萱、张可喜主编：《池田大作研究论文集》，香港社会科学出版社有限公司2004年版，第277页。

② 陶愚川：《中国教育史比较研究》(古代部分)，山东教育出版社1985年版，第429页。

历史的范围内比较历史人物的是非善恶，切不能以现在的标准机械地套到前人古事上去。最后，研究的眼光还要面向未来。不是为了研究而研究，更重要的是，要站在历史的角度去认真总结这些教育历史人物的经验教训，“只有这样，历史才能成为财富而不是包袱，而人们也只有在尊重历史的前提下才能实现对于历史的超越”①。

所谓求是的心态，就是说，评价教育史人物一定要坚持求是的原则，一切从世界各国客观存在着的教育实际出发，实事求是地反映客观现实，从中得出固有的而不是臆造的教育史事。只有这样，才符合邓小平同志反复强调的“解放思想，实事求是”的精神②。要做到这一点，必须防止过去曾经发生过的两种偏向。一种是唯生产力论，根据生产力发展水平判断优劣：发达国家的教育理论和教育制度十分优越，发展中国家和落后国家的教育家、教育理论和教育制度不值一提。一种是唯“社”论，一边倒，根据姓“资”姓“社”判断是非，凡是与我们友好的国家或是社会主义国家的教育家的教育思想就视为尽善尽美，凡是与我们敌对的国家或资本主义国家的教育家的理论，甚至与这些国家有过关联的教育家都被看作一无是处，或束之高阁，或一概否定。过去，我们对陶行知的评价有起有落，而且在批判中采用贴标签的做法显然不是客观、公正的，而且可以说是极其错误的，其教训也是非常深刻的。这两种偏向都违反实事求是原则，在实践中都产生了极其不良的后果。此外，求是的心态还必须做到一分为二。绝对不可以为了充分肯定一个人而将他看成真理的化身，或者因为情绪化而将所有的一切都加以否定。如果我们将牧口常三郎同当时的日本法西斯军国主义混在一起而看不到日本人民爱好和平的良好愿望，是不正确的。在这方面，陶行知为我们树立了很好的榜样。当时陶行知对日本人民的看法是理性的，也是很客观的。即使在日本侵略中国处于最疯狂的时期，他始终以其冷静的头脑和过人的智慧告诫世人：必须把日本法西斯政府同日本人民区别开来。日本人民同样是战争的受害者，一样忍受着失业和饥饿的煎熬，饱受着战争带来的妻离子散和家破人亡的痛苦，而且他还号召中国人要团结日本人民共同反对日本侵略者、反对日本军国主义。历史证明，陶行知

---

① 王运来：《诚真勤仁　光裕金陵——金陵大学校长陈裕光·总序》，山东教育出版社 2004 年版，第 2 页。

② 吴文侃、杨汉清主编：《比较教育学》(修订本)，人民教育出版社 1999 年版，第 11 页。

的做法至今仍值得我们认真学习。牧口常三郎就是日本人民中爱好和平的杰出代表，也是中日友好的化身。

所谓全面的立场，就是说，评价教育史人物必须着眼于整体，要始终把研究对象作为一个整体看待，要把整体的功能和效益作为认识和解决问题的出发点和归宿，不仅注意到人物的教育思想，还要看到其哲学思想、政治思想和宗教思想；不仅分析其教育思想不同构成，还应注意到其各不同部分之间的内在联系。与此同时，还必须研究组成整体的诸要素之间的内在联系。如果违反辩证法的要求，任意选择其中的个别条件，片面地进行评判，或者割断事物之间的联系，孤立地下结论，都是不正确的。在这方面，日本学者斋滕秋男先生曾提出的"要整体地研究陶行知"的看法是值得我们借鉴的。

所谓发展的眼光，就是要重视教育史人物思想的来龙去脉，追溯其历史渊源，这样才有利于从发展的角度观察现在和展望未来，使人们看清教育思想的发展脉络，既认识其发展的渐进性和飞跃性，又认识其发展的前进性和曲折性。教育史人物的思想也不是旦夕所能形成，而是一个人的一生之聚成，它有一个量变到质变的过程，有一个萌芽、发展直至成熟的渐进过程，或者说，每一个教育史人物的思想都是他们在实践中不断提升、不断总结、不断丰富和完善的产物。陶行知和牧口常三郎的教育思想不是他们与生俱来的，都是经过几十年的历练才慢慢完成、丰富并渐渐走向成熟的，都因为历史的局限和自身的原因不同程度上存在着美中不足。为此，切忌把他们视为完备无缺的、尽善尽美的模板，把他们的教育理论看作万古不变的教条。

所谓实践的坐标，就是要把教育史人物置于教育历史的全过程中进行考察，绝对不能拿研究者现时代的标准去衡量、苛求历史人物对现今社会作出贡献，而只能以之与其前辈或同辈相比。首先，与其前的时代相比，看他比前人提供了哪些新的东西，看他作出了什么独特创造，从而考察他在教育实践和教育思想方面对前人有哪些发展；与其后的时代相比，看他对后世的教育产生了哪些影响。其次，要看他的言行是否有益于应对和解决时代提出的教育问题，是否有助于当今教育理论和实践的丰富和推进。如果他所提出的教育思想或理论不具有现实指导意义，也就说明没有多大的研究价值。最后，教育史人物的思想和实践不是一时性的，而是"对未来将会产生重大的影响，具有长久的生命力，可以谓之'精神不死'"①。陶行知和牧口常三郎教育思想是否值得继承和借鉴，不仅要看到其哲学、政治和宗教思想中的精华，更重要的是要站在教育基点上去考察其教育思想的本质、内涵、特点及其在当时、现在乃至未来教育理论和实践中的价值。实践表明，陶行知的"真、善、美"的价值取向和牧口常三郎的"得、善、美"的价值体系都饱含着划时空和划时代的内容，不仅在当时，而且对当今中日乃至世界教育的发展和改革都有着重要的参考意义。

必须承认，无论是陶行知的生活教育思想还是牧口常三郎的创价教育思想，都只具相对真理性，都未达到至臻完善的境地，都存在着许多有待进一步发展和完善的空间，这些理论还会随着时代的发展而发展和丰富。为此，我们一方面应当深入研究并把握其思想精髓和理论灵魂，另一方面还应将他们的教育思想与当今的教育实际密切结合起来，亲身从事一定的实验研究，并在实践中不断地去创新、丰富和发展。也只有这样，才是对他们进行真正的学习、继承、纪念和感恩。

① 杜成宪、邓明言：《教育史学》，人民教育出版社2004年版，第118—119页。

结　语

前几年，国内教育界曾掀起了一场关于“教育家”的讨论。“仁者见仁，智者见智。”笔者比较认同顾明远教授的看法。他指出：“教育家应该是长期从事教育工作，有自己的理论见解，在教育界有较大影响，被广大教师所公认的人，不论他是第一线的教师，还是教育行政工作者或是教育理论研究者，都应该具备这样的条件。”笔者正是以此标准来衡量陶行知和牧口常三郎的。他们不仅是教育家，而且是伟大的教育家。就后者而言，尽管目前持这种看法的人还不多，但笔者相信，随着时间的推移，这种评价和他的价值一定会逐渐被世人所认同。

从长跨近一个世纪的陶行知研究来看，其经历的时间之长、规模之大、影响之深远，在中国教育史上可以说是屈指可数。人们对陶行知的敬仰没有因为时间的流逝而褪色，对他教育思想的继承和发扬不仅没有因为其曾一度所受到的不公正的对待而丝毫有所停止，相反，“陶研”势头日趋强劲。同样，牧口常三郎这位在生前不仅没有引起当时日本政府和社会的重视，而且因政治的压制几乎窒息，甚至一度是被历史所埋没的有影响的教育家。在他逝世半个多世纪后，他不仅没有随着岁月的流逝而为人们所遗忘，反而走出国门、走向世界，在人们心中的形象日益高大，世人对其教育思想挖掘的力度越来越大、步伐越来越紧、成果越来越多。其原因究竟何在？值得耐人寻味，值得深思。这也是这些年来一直伴随笔者的“追问”。

一、博爱——教育家的灵魂所在

爱是陶行知和牧口常三郎为教育铺下的一块厚重的基石，也是他们为后人留下的一笔宝贵财富。

陶行知生活在中华民族危机空前严重的时代。天下兴亡，匹夫有责。面对危亡的国势，陶行知用“爱”写就了不平凡的人生。陶行知一生实践事业不断发展，理论不断创新，但是变中自有不变之处，那就是“捧着一颗心来，不带半根草去”的博爱情怀始终没有变。陶行知去世后，“爱满天下”这四个笔力遒劲的亲笔大字被镂刻在其墓前的碑额上，成为昭示后人的玉石之箴。纵览陶行知一生，用“爱满天下”四字来概括，颇为契合。陶行知留学归来，不图安逸，而将全部精力投入到大众教育中去，夸父逐日般追求理想、经营事业，劳碌了一生；他弃象牙塔如破屋，坚辞大学教授之职，谢辞大学校长之职，推却教育厅厅长之职，婉拒总干事之职，布衣草履，甘与平民为伍，为他们服务，而且以此为乐、以此为福。

陶行知所倡导的“爱”，是一种对人类的爱，对中华民族的爱，特别是对中华民族最多数而最不幸的工农大众的爱。他是一位爱的大师，从办平民教育到办国难教育，他始终像抱着爱人游泳一样。正是因为有“爱”，陶行知才有着无穷的力量，有着过人的胆识和惊人的毅力“与土豪劣绅奋斗，与外力压迫奋斗，与传统教育奋斗，与农人封建思想奋斗，与自己带来之伪知识奋斗”，“这奋斗之历史，也就是这颗爱心之历史”①。

同陶行知一样，牧口常三郎在踏上教育的人生旅途后，也就把自己的人生交给了他所挚爱的事业。

这是一种平等之爱、不屈之爱。在大正寻常小学任校长期间，他就因为断然拒绝几个当地的豪强士绅提出的要学校对他们的子女特别关照的无理要求遭到报复并被调任到办学条件较差的西町寻常小学当校长。

这也是一种温馨、慈祥、无私的爱。牧口常三郎与孩子们在一起时，总是温情脉脉。他坚信：老师是学生的倚靠。从教育的眼光来看，不管是哪个孩子，同样都是学生，不应该有分别，都要给予无微不至的呵护和关怀②。他认为即使有的学生的衣服破旧或被弄脏，但我们应该看到那脏衣服内所透射出来的灿烂生命的光辉。在他看来，在严酷的社会歧视待遇中，唯一能够庇护他们的就是教师。他始终认为，从事这一神圣职业的教育工作者不应“高高在上，坐在受人尊敬的宝座上”，而应是“教导走向宝座的人的公仆”，而且，“只要是为了孩子，任何事都可以做”。

这更是一种对生命、对人类的博爱。早在所谓日本国威高扬的日俄战争时期，牧口常三郎就坚决地痛斥日本人的岛国劣根性，而且提醒日本人要有世界市民的觉悟。之前，也就是牧口常三郎第一部著作《人生地理学》

---

① 章开沅、唐文权：《伟大的爱国主义者陶行知——纪念陶行知诞辰 100 周年》，华中师范大学学报(哲学社会科学版)1991 年专辑。

② [日]池田大作：《万里长空》，天地图书有限公司 2001 年版，第 65 页。

出版的前一年——1903年，适逢日本对俄开战的呼声达到顶点，牧口常三郎却在该书中提倡与当时的战争气氛格格不入的“人道世界的和谐”。他还主张世界应该从“军事竞争、政治竞争、经济竞争”的时代转向“人道竞争”的时代。尤其是在《价值哲学》一书中，他通过对“善”的阐释，充分表达了他对生命和人类的博爱。

很难想象，如果没有爱，牧口常三郎会四十多年如一日执着于教育、对创造价值锲而不舍地追求，会有创价教育理论的形成，会有赋予大自然生命灵性的《人生地理学》的问世，会有人道主义竞争社会的美好画卷，会有“不行善便是作恶”的修德格言。

研读陶行知和牧口常三郎的人生，我们会发现，他们呕心沥血为教育，百折不挠地投身于事业，视死如归面对威胁和生死，原因固然很多，但其中最为重要的一条就是他们拥有让世人感动且永远铭记的博爱情怀。爱是他们对教育作出的注解。他们的言行足以证明：没有爱就不会有教育，也就没有一流的教育，更不会产生一流的教育家。

二、教育的真谛——培养人的创造性

“创造”是陶行知和牧口常三郎教育思想的基本内核，是他们对人生和价值所作的应答，也是贯穿其人生的一根红线。“创造性”是两位教育家教育理论与实践的一个基本特征。与之相联系的是，“价值”和“幸福”是我们理解和把握其教育思想的核心词语。与牧口常三郎相比，尽管陶行知对“价值”和“幸福”没有进行足够的理论阐述，但他的生活教育理论以及他一生的实践已从不同角度对“价值”人生和“幸福”人生进行了解读。陶行知和牧口常三郎始终把为社会创造与人的价值和幸福融在一起来考察，始终把创造观、价值观和幸福观放在人与自然、人与人、人与社会的共荣共存的基点上来思考。这便是陶行知一生具有“富贵不能淫，贫贱不能移，威武不能屈”的大丈夫精神、把“促进文明”四个大字作为人生大事、痛斥大肚的“守财奴”和大头的“守知奴”并用全副的精神力量践行“天下为公”的远大抱负，面对国民党的恫吓视死如归的真正缘由；这便是牧口常三郎在《人生地理学》中大胆构想人道主义社会，在纳粹主义的横行下提倡人性主义教育，唾弃利己主义幸福观，倾毕生精力创立“创价教育学”，笑对生死并同法西斯军国主义抗战到底的力量之源。这也正是二位教育家的幸福所在和随着历史的车轮前进其价值与日俱增的原因所在。

陶行知和牧口常三郎告诉我们：个人的社会价值在于贡献。他们热切希望教育具有创造性，能促使人去过一种创造性的生活，能让人们养成一种对待整个生活的积极、肯定的创造性态度，从而使创造性人格得以普遍生成。从根本上说，就是让人人都能走上创造这条“成人之路”。

陶行知和牧口常三郎都坚信，个人的自我价值与个人的社会价值一样离不开“创造”二字。然而，现实中许多人在讲个人的自我价值时片面地强调“自我”、“个人的意志和观念”，或者把“自我”仅仅看作是需要者、消费者、享受者，而不是同时看作供给者、生产者和创造者，或者把“自我价值”理解为个人的封闭式的自我满足，从而走入“实现自我价值就仅仅意味着索取、占有、享用”的思想误区，甚至将实现自我价值与孤立的“自给自足”、“自我奋斗”、“自我表现”、“自我扩张”等同起来，结果势必是同社会、集体和他人相分离、相对立、相抗衡。这恰恰是和真正的“自我价值”背道而驰的。因为这种“自我价值”强调的是不要社会的个人，不要肉体的意志，不要付出的索取，不受约束的自由。这种错误价值观，归根结底是一条：不要社会。这正是陶行知和牧口常三郎所不屑的。

在某种程度上可以说，陶行知和牧口常三郎的一生是创造的一生，而且是把个人价值的实现与社会价值的实现高度统一于自己的社会实践的一生。他们在满足所处的社会需要、实现着自身的社会价值的同时，也实现着个人的社会理想追求，实现着自身个人的价值，同时也创造了自己的幸福人生。同样，他们用自己的理论和实践告诉我们，教育要立足于创造，教育的真谛在于培养人的创造性。也只有这样，个人的人生才会具有价值和幸福可言。

三、科学借鉴——教育生命力所系

无论陶行知的生活教育思想还是牧口常三郎的创价教育思想，都是科学借鉴的产物，也是其充满生命力的“灵丹”。打一个很简单的比喻，就像没有杜威的教育思想也就没有陶行知的教育思想一样，没有对康德、杜威、文德尔班、裴斯泰洛齐等欧美大师和内村鉴三、志贺重昂等本国（日本）学术权威思想的吸呐，也就没有牧口常三郎的创价教育理论。可以说，他们的思想是在科学借鉴的基础上，结合实际，经过自身内化实践的结晶。

必须承认,任何一个国家或地区的教育都有一个不断地积累、创新、发展和完善的过程。在这一过程中,不仅需要总结自身的实践经验和理论成果,而且需要借鉴人类教育的积极成果。当然,借鉴是一把双刃剑。如果用之不当,其后果自然无异于“邯郸学步”、“东施效颦”。为此,做到像陶行知和牧口常三郎那样理性地认识“借鉴”,根据实际进行借鉴,“趋利避害”地借鉴,真正做到有所为有所不为是非常必要的。

陶行知的教育理论可以说是杜威思想与中国教育实践相结合的产物。他是杜威的中国信徒中第一个发展出自己的一套教育理论和实践,并且第一个探索着把杜威的影响从城市里的大学扩大到乡村学校的人①。在一定程度上说,陶行知进入哥伦比亚大学教育学院学习的动机就与他仰慕杜威有着密切关系,学习期间又深受杜威及其门徒教育思想的影响。特别要指出的是,杜威于 1919 年至 1921 年在中国长达两年多的游历和讲学活动中,其教育思想对陶行知再次进行了浸染。在杜威来华之前,陶行知就专门写文章介绍杜威的教育学说,他还多次充当杜威讲演的翻译,为实用主义在中国的传播起了重要作用。尤其难得的是,他能够响应杜威的“行而后知”号召,身体力行地投身于中国的教育事业当中去。当然,陶行知对杜威教育理论并不盲目照搬,而是根据自己的教育实践和中国的国情进行了创造性的转化和发展。这种转化和发展是他深刻领会杜威思想精髓的结果。他的“生活教育”思想深受杜威经验中心教育思想的影响,“教学做合一”的原则也是杜威实验方法的具体应用,他在晓庄的试验也有助于普及杜威教育思想。陶行知在“民族土壤”的基础上对杜威的“教育即生活”、“学校即社会”、“做中学”的理论进行了接受、改造和克服,形成了“生活即教育”、“社会即学校”、“教学做合一”的生活教育理论。

每一种教育理论总是特定时代的产物,它的历史针对性可以说较充分地展示了它的优点和长处,不过这种理论的正确性和有效性往往是就它所处的社会、国度、时代而言的,它不一定在另一个社会、另一个国度、另一个时代起到同样的效能,这里存在一个历史的、地域的局限性问题,也是一个理论移植的适应性问题。

---

① 袁刚、孙家祥、任丙强编:《民治主义与现代社会:杜威在华讲演集·前言》,北京大学出版社 2004 年版,第 16 页。

历史的实践早已证明，迷信源理论，而不是去研究它的不足和局限性，进而创造性地移植它是要付出沉重代价的。没有自我，借来的教育理论终究难以“生根”。就像牧口常三郎告诫当时日本国人那样，如果不切实际地“一味地向欧美一边倒的话，是无论过多长时间都制定不出符合国情的方针政策的”①。显而易见，牧口常三郎告诉我们：借鉴学习一定要做到不忘“我”，要为我所用。事实证明，陶行知如果不是根据中国的需要将杜威的教育理论翻半个跟斗，他的生活教育理论自然就不会在中国“生根”，也就没有生命力可言。同样，牧口常三郎如果照抄他人的思想，也就不可能形成其别具一格的“创价教育”理论，其研究价值也就无从谈起。

四、宗教信仰——两位教育大师人格魅力的重要来源

从某个角度来看，陶行知一生之所以能够“富贵不淫、贫贱不移、威武不屈”；之所以能“爱满天下”，舍肉体劳苦于不顾，置生死存亡于度外，艰辛办学，培育人才，摩顶放踵以利天下；之所以被人民所长久崇敬，一个很重要的原因就是因为他有着巨大的人格魅力，而这一个人格魅力的塑制显然是离不开基督教信仰所起的作用②，同时也与他推崇佛教有着极大的关联。

牧口常三郎是一个坚定的佛教徒。自从结上佛缘之后，牧口常三郎的人生为之一变，整个精神面貌为之一新。佛教中“真诚、清静、平等、正觉、慈悲”等理念成为他晚年创价教育实践，尤其是为人类和平事业同日本军国主义所进行不屈不挠斗争的力量之源。同陶行知一样，他之所以能为世人所敬仰，一个非常重要的原因也就是他有着巨大的人格魅力，而这一个人格魅力的形成显然离不开佛教信仰所起的作用。

当然，必须看到，宗教信仰也给陶行知和牧口常三郎带来了某些消极影响。比如，陶行知一度过分相信人类的理性和“爱力”的伟大，即使在他创办的晓庄学校被国民党当局查封之后，他仍然主张“我们奋斗的工具是爱力不是武力，爱力如同镭之第三种射线，不是任何射线，不是刀剑所能阻碍住的”。这就不免流于政治上的天真。事实上，牧口常三郎也犯了类似

① [日]牧口常三郎：《创价教育学体系》第一卷，刘焜辉译，正因文化事业有限公司2004年版，第30页。

② 周洪宇：《陶行知与基督教》，《安徽史学》1991年第4期，第68页。

"错误"。在日本法西斯政府统治时期,将实现和平的理想过多寄托在"谏言"上,实际上也是政治上幼稚的表现。尽管如此,这丝毫无损于他们的光辉形象。我们应遵循马克思主义的基本原理,把问题放在当时的历史条件和社会环境里加以考察,对于他们应给予充分的理解,而不宜过于苛求。这不只是一种雅量,更是一种襟怀,一种气度,一种眼光,一种后人对前人的尊重。我们更应充分看到宗教对他们在精神支撑方面所起到的巨大的而且是积极的作用。这一点,在本书的前三章中已经得到了充分证明。

毛泽东说过,"人是要有一点儿精神的"。而精神生活质量的高低又与人所接受的精神教育密切相关。研究精神教育特别是回答有关精神信念问题,宗教自然是一个不可回避、更不可逾越的话题。当然,我们尽管可以说,在精神教育的终极理念和归宿上,宗教信念或宗教情怀绝对不是唯一的选择,但是,我们应该看到,对于社会来讲,信仰宗教未必不是好事,"我们今天社会上的许多丑恶现象或社会弊端的出现,其原因之一恐怕正在于人们少了一种信仰的情怀和精神的依托,或少了对某种外在力量的敬畏,于是,许多人做了丑事并不觉得羞耻,做了恶事也并不忏悔,胆大妄为到廉耻全无的地步,其根源就是没有信条"①。

事实上,无论是基督教还是佛教,有许多精华是值得我们在教育中予以重视和吸取的。比如,基督教提倡爱人如己的博爱胸怀、以身作则殉身于十字架的人格感化教育原则、言行一致的实践作风、循循善诱的教学方法、学以致用的治学之道、有教无类的教育理念等都是我们教育中应该得到遵循的。佛陀的教育,着重于戒、定、慧三学兼施,与现今的德、智、体三育并举多有类似。佛教的教育的方法很多,不一而定,随机施教、应病与药是其一大特色。佛教主张自力拯救与众生共同解脱,突出了佛教以人为本、即人成佛的主体性,体现了人的命运掌握在人自己手中、人的终极归宿必须以人为出发点而又实现人的自我超越的人本主义的精神。这种精神在现实社会中既有利于发挥个人能动性,又能抑制极端个人主义,有利于树立集体主义观念,使弱者能得助,使强者乐于助人,爱人爱家爱国爱世界和平,从而有利于社会的团结稳定和发展。佛教的众生平等精神与现代民

---

① 王道俊、郭文安主编:《主体教育论·论精神与精神教育——一种教育哲学视角的当代教育反思》,人民教育出版社2005年版,第216页。

主社会和谐一致；佛教劝善止恶的精神特质，有着强大的伦理力量，不仅把挖掘发扬人性善的方面推向极致，而且为如何克服控制人性中恶的方面提供了具体操作技术。佛教力倡行难行之行、忍难忍之忍这种勇猛精进大无畏精神，极具道德感召力。佛教生死轮回因果报应之说，对舍生取义者是鼓舞，对行恶害人者则是威慑。而且，佛教中丰富的伦理规范对于调节人与人、国与国，甚至人类与自然界的关系都具有重大作用。比如，佛教众生平等的精神积极倡导构建个人与个人、民族与民族、国家与国家乃至人类与其他生命物种、人类与整个大自然的一种和平共处、协调发展的关系。可以说，和平主义、动物保护主义、环境保护主义均是佛法个中之义。佛教劝善止恶的深刻内涵，对于如何做人，如何处理婚姻、家庭、事业、人际关系等提供了有益的教诲，开辟了"人成则佛成"的修持道路。特别在当今社会的呼唤爱心、呼唤见义勇为、呼唤乐于助人的世态中，佛教的"头与脑髓皆可布施与人"、"我不入地狱谁入地狱"的无畏无私菩萨道精神若得到强化，必能有助于社会风气的好转、道德水平的提高及和谐社会的构建。

客观地说，在中国，尽管信仰是每一个公民应有的权利，但长期以来，宗教在人的精神教育中所起的积极作用并没有得到足够的重视。甚至可以说，宗教一直被当作迷信而加以否定或批判。然而从陶行知高尚人格的形成和事业成就来看，宗教发挥了不可替代的作用。就像南京晓庄学院陶行知研究所所长徐志辉所言，近代以来，中国出了很多教育家，但论影响，没有任何人可以胜过陶行知。这不是因为陶行知创造了高深的理论，甚至也不是由于他对中国教育事业作出的巨大贡献和产生的深远影响，而是在于他本身就是一座丰碑——用他的事业、他的信仰、他的人格所树立起的道德楷模。他将事业与信仰融为一体使他具有一种"我不入地狱谁入地狱"的宗教献身精神①。

陶行知如此，牧口常三郎的一生又何尝不是如此！事实上，历史上因为宗教的积极影响而对人类作出了巨大贡献的人不胜枚举，陶行知和牧口常三郎只不过是其中的典范而已。

五、和平教育——人类的永恒追求

1946年10月26日晨九时在上海吕班路震旦大学大礼堂举行了陶行

① 徐志辉：《万世师表陶行知》，陶研网2007年9月26日。

知追悼大会。

> 会场大门口，高竖"爱满天下"。两侧有"生活即教育"、"社会即学校"……祭桌前摆放了宋庆龄、冯玉祥、美国援华会的一排花圈。台前上端悬有蓝底金字之"民主之魂，教育之光"横幅，两侧有"满腔热血为民主，千秋自有定论"，"毕世功勋在育才，万代长出新苗"，与对壁"民主魂"三字遥遥相对，至为显著。礼堂四周上下满悬挽联诔词，其中最醒目的是"陶先生的教育方向，就是中国人民大众的教育方向"。……还有宋庆龄女士题的"万世师表"，何香凝题词"行知先生精神不死"等。……来宾六七千人。会场拥塞，水泄不通……①

1946年11月30日上午九时，上海文化界、教育界在南市徽宁路徽宁会馆恭送陶行知先生灵柩赴南京公葬举行公祭仪式。

> 到会有郭沫若、马叙伦、张曼筠、段力佩等千余人。中共代表团驻沪联络处王炳南、潘梓年、华岗、陈家康代表中共致祭。……下午一点钟，上海殡仪馆的运灵车来了……灵柩罩上了公葬委员会敬献的"人民导师"的蓝绸灵罩，运到了北火车站行李房旁，用芦蔗临时搭成的灵堂里，棚前正中是山海工学团师生及农友敬献的"人民导师"的大花圈，棚檐上挂有"民主之魂，教育之光"金字蓝底大横额……右侧有"民主第一，人民万岁"；左侧有"天下为公，文化为公"；"生活是大众唯一的教育，社会是大众唯一的学校"等陶先生遗言。……黄炎培主祭，沙千里、徐伯昕、陈根度等陪祭。余之介读祭文，闻声哀恸而泪落者比比皆是。……最后为章士钊先生陪同抗日名将张自忠将军二位公子来祭奠。……12月1日清晨六时二十分，灵柩抵达南京时，董必武、梅益、沈钧儒、罗隆基……丁先藩、庄严等各方好友千余人在车站迎灵。……"②

---

① 中国陶行知研究会、上海市陶行知研究会编：《民主之魂——陶行知的最后100天》，上海教育出版社2003年版，第96页。

② 中国陶行知研究会、上海市陶行知研究会编：《民主之魂——陶行知的最后100天》，上海教育出版社2003年版，第111—113页。

陶行知追悼大会和公祭仪式虽然只是两个小小的历史镜头，但它们真切地告诉我们：人们研究和纪念他，绝不仅仅是因为他为世人留下了宝贵的教育遗产；人们仰慕和追随他，也绝不是一个"教育家"的称谓所能表达的。陶行知如此，牧口常三郎同样如此。

牧口常三郎逝世后虽然没有"收到"陶行知那样的厚礼，但他一样受到了世人的敬仰。

牧口常三郎一直认为，和平是人类的至善。尤其是在处理中日战争问题上，牧口常三郎始终坚持个人利益服从集体和国家利益、国家利益服从人类利益的原则，把和平至上作为教育思维和行动的原点。尤其让人敬佩的是，在日本宗教界大多都倒向作为发动战争精神支柱的"国家神道"之时，牧口常三郎和户田城圣率领他们创立的创价学会会员同军部政府对思想及宗教自由的蹂躏进行奋起反抗直至去世。牧口常三郎对和平的拥护和执着追求显示了他过人的勇气与睿智。值得告慰牧口常三郎在天之灵的是，他的遗志为后来创价学会的领导人继承至今。创价学会第二任会长户田城圣以牧口常三郎"协作与共存"理论为指导，始终强调世界和平。1957年(他去世前一年)9月8日，他在5万日本青年面前发表了可称之为遗训的《禁止原子弹宣言》。

池田大作在1960年继任创价学会第三代会长后的长达40年的任期中，始终信守创价学会"为人类的幸福与社会的繁荣、世界的和平做贡献"的宗旨。在池田大作会长的领导下，创价学会实现了飞跃性的、国际性的发展。此外，几十年来，池田大作会长还亲自与各国领导人、各界知识分子、文化人士进行对话，作为和平大使、文化大使，开展民间外交，将人道主义的潮流推广到全世界，这可以称得上是创价学会的一大特色。特别值得赞赏的是，为了中日两国人民的友谊，池田大作会长在1968年顶着国内的巨大非难、压力和威胁提出了具有历史性意义的恢复日中邦交的倡议。1969年，他在小说《人间革命》中喊出了日本应排除万难与中国缔结"日中和平友好条约"的心声。在一定程度上说，池田大作会长是1972年中日两国邦交实现正常化的先驱者之一。

事实表明，牧口常三郎以及他缔造的"创价精神"正以前所未有的力度走向世界。

陶行知和牧口常三郎始终高举和平大旗，致力于和平教育，与人类共命运。人们对他们的纪念和赞美表明：和平是教育的永恒主题，和平世界，人人向往。教育应该在和平世界的建设中发挥重要作用。教育家不可单纯为教育而办教育，更应关注人类共同的价值取向。每一个教育工作者应该像他们一样，举和平之旗，走和平之路，唱和平之歌，写和平人生。陶行知和牧口常三郎都不愧是人类和平的忠诚卫士，他们捍卫和平的人生壮举符合历史发展潮流，在中日两国人民心中筑起了不朽的丰碑。我们甚至可以说，当今人们研究和仰慕陶行知和牧口常三郎，绝不是仅仅因为他们为人类教育添加了难得的宝贵财富，人们更为他们在残酷的战争中所表现出的勇气和坚毅所折服，更为他们对和平的执着的追求所感动和激励。他们就像一面光辉的和平大旗，永远昭示着中日两国人民着眼未来、携手并进。

陶行知和牧口常三郎将永远活在中日两国人民心中，也必将永远活在每一个爱好和平的世人心中！

参考资料

一、文集、资料

1. 安徽省陶行知教育思想研究会编:《陶行知一生》,湖南教育出版社1984年版。

2. 北京大学日本研究中心编:《日本学第12辑》,北京大学出版社2003年版。

3. 北京市陶行知教育思想研究会:《陶行知研究》,湖南教育出版社1986年版。

4. 陈学恂主编:《中国近代教育大事记》,上海教育出版社1981年版。

5. 陈学恂主编:《中国近代教育史教学参考资料(上)》,人民教育出版社1986年版。

6. 陈学恂主编:《中国近代教育史教学参考资料(下)》,人民教育出版社1987年版。

7. 陈学恂主编:《中国近代教育史资料汇编(上、中、下)》,人民教育出版社1991年版。

8. 陈学恂主编:《中国近代教育文选》,人民教育出版社2001年版。

9. 高平叔编:《蔡元培全集》,中华书局1988年版。

10. 胡晓风、金成林等编:《陶行知教育文集》,四川教育出版社2005年版。

11. 华中师范大学教科所编:《陶行知全集(1—6卷)》,湖南教育出版社1984年版。

12. 华中师范大学教科所编:《陶行知全集(7—8卷)》,湖南教育出版社1992年版。

13. 黄炎培:《八十年来》,文史资料出版社1982年版。

14. 贾蕙萱、张可喜主编:《池田大作研究论文集》,香港社会科学出版社有限公司 2004 年版。

15. 金林祥主编:《二十世纪陶行知研究》,上海教育出版社 2005 年版。

16. 吕达、刘立德主编:《舒新城教育论著选(下)》,人民教育出版社 2000 年版。

17. 南京大学高教所校史编写组编:《金陵大学史料集》,南京大学出版社 1989 年版。

18. 冉毅、曾建平主编:《关爱人性　善待生命——池田大作思想研究》,湖南师范大学出版社 2003 年版。

19. 任钟印主编:《杨贤江全集》,河南教育出版社 1995 年版。

20. 舒新城编:《中国近代教育史资料(上)》,人民教育出版社 1981 年版。

21. 四川省纪念陶行知先生诞生九十周年大会筹备组编:《陶行知纪念文集》,四川人民出版社 1982 年版。

22.《陶行知全集》编辑委员会编:《陶行知全集(1—12 卷)》,四川教育出版社 2005 年版。

23. 王超英编著:《陶行知》,中国和平出版社 1996 年版。

24. 王道俊、郭文安主编:《主体教育论》,人民教育出版社 2005 年版。

25. 章开沅、[美]林蔚主编:《中西文化与教会大学》,湖北教育出版社 1990 年版。

26. 中国陶行知研究会、上海市陶行知研究会编:《民主之魂——陶行知的最后 100 天》,上海教育出版社 2003 年版。

27. 中华职业教育社编:《黄炎培教育文集》,中国文史出版社 1994 年版。

28. 中央教科所编:《中国现代教育大事记》,教育科学出版社 1988 年版。

29. 周洪宇、余子侠、熊贤君主编:《陶行知与中外文化教育》,人民教育出版社 1999 年版。

30. 周洪宇编:《陶行知研究在海外》,人民教育出版社 1991 年版。

31. 朱泽甫编:《陶行知年谱》,安徽教育出版社 1985 年版。

32. [日]创价大学平和问题研究所编:《平和・文化・教育》,株式会社、白帝社 2006 年版。

33.［日］创价学会教育本部编：《蓬勃发展的儿童和人性教育——“为了教育而存在的社会”》，ASOKA CORPORATION CO，LTD 制作（非卖品）2006 年版。

34.［日］日本国立教育研究所编：《日本教育系统基本概况》，哈尔滨工业大学出版社 1986 年版。

二、专著

1. 陈宝堂编著：《日本教育的历史与现状》，中国科学技术大学出版社 2004 年版。

2. 陈景磐编：《中国近代教育史》，人民教育出版社 1983 年版。

3. 陈青之：《中国教育史》，商务印书馆 1936 年版。

4. 陈永明编著：《日本教育——中日教育比较与展望》，高等教育出版社 2003 年版。

5. 陈元晖：《中国现代教育史》，人民教育出版社 1979 年版。

6. 戴本博主编：《外国教育史（上、中、下）》，人民教育出版社 1990 年版。

7. 单中惠：《现代教育的探索——杜威与实用主义教育思想》，人民教育出版社 2002 年版。

8. 董宝良、周洪宇主编：《中国近现代教育思潮与流派》，人民教育出版社 1996 年版。

9. 董宝良、周洪宇主编：《陶行知教育学说》，湖北教育出版社 1993 年版。

10. 杜成宪、邓明言：《教育史学》，人民教育出版社 2004 年版。

11. 凡喆、一芬：《中国古今教育家》，上海教育出版社 1982 年版。

12. 费孝通：《乡土中国》，北京大学出版社 1998 年版。

13. 高达一：《创价学会——日本新兴宗教性政治团体》，世界知识出版社 1963 年版。

14. 高洪：《日本当代佛教与政治》，东方出版社 1995 年版。

15. 高洪：《日本政党制度论纲》，中国社会科学出版社 2004 年版。

16. 郭元祥：《生活与教育》，华中师范大学出版社 2002 年版。

17. 何劲松:《创价学会的理论与实践》,中国社会科学出版社 1995 年版。

18. 何荣汉:《陶行知——一位基督徒教育家的再发现》,基督教文艺出版社 2004 年版。

19. 扈中平:《教育目的论》,湖北教育出版社 1997 年版。

20. 黄济:《教育哲学通论》,山西教育出版社 2004 年版。

21. 金岳霖:《道·自然与人》,广西师范大学出版社 2005 年版。

22. 净空法师:《认识佛教》,文化教育出版有限公司。

23. 李德顺、马俊峰:《价值论原理》,陕西人民出版社 2002 年版。

24. 李德顺:《价值论:一种主体性的研究》,中国人民大学出版社 1987 年版。

25. 李连科:《世界的意义——价值论》,人民出版社 1985 年版。

26. 梁忠义主编:《日本教育》,吉林教育出版社 2000 年版。

27. 刘北鲁:《日本教育现状》,湖南教育出版社 1986 年版。

28. 毛礼锐、沈冠群主编:《中国教育通史》,山东教育出版社 1989 年版。

29. 邱椿:《古代教育思想论丛(下)》,北京师范大学出版社 1985 年版。

30. 区应毓、张士充等:《教育理念与基督教教育观》,四川大学出版社 2005 年版。

31. 石云霞主编:《当代中国价值观》,武汉大学出版社 1996 年版。

32. 舒新城:《中国近代教育史》,中华书局 1929 年版。

33. 宋恩荣、吕达主编:《当代中国教育史论》,人民教育出版社 2004 年版。

34. 宋先伟主编:《法华经(上、下)》,大众文艺出版社 2004 年版。

35. 孙培青:《中国教育史》,华东师范大学出版社 2000 年版。

36. 孙正聿:《哲学通论》,辽宁人民出版社 1998 年版。

37. 唐晋主编:《大国崛起》,人民教育出版社 2006 年版。

38. 陶愚川:《中国教育史比较研究(古代部分)》,山东教育出版社 1985 年版。

39. 滕大春主编:《外国教育史》,山东教育出版社 1993 年版。

40. 田正平主编:《中外教育交流史》,广东教育出版社 2004 年版。

41. 涂艳国:《走向自由——教育与人的发展问题研究》,华中师范大学出版社 1999 年版。

42. 汪高鑫、程仁桃:《东亚三国古代关系史》,北京工业大学出版社 2006 年版。

43. 王炳照、郭齐家等:《简明中国教育史》,北京师范大学出版社 1985 年版。

44. 王炳照、阎国华主编:《中国教育思想史(第六、七卷)》,湖南教育出版社 1994 年版。

45. 王桂:《日本教育史》,吉林教育出版社 1987 年版。

46. 王天一等:《外国教育史(上、下)》,北京师范大学出版社 1985 年版。

47. 王一心:《劳谦君子陶行知》,南京师范大学出版社 2004 年版。

48. 王运来:《诚真勤仁　光裕金陵——金陵大学校长陈裕光》,山东教育出版社 2004 年版。

49. 吴式颖、任钟印主编:《外国教育思想通史(第五卷)》,湖南教育出版社 2000 年版。

50. 吴文侃、杨汉清主编:《比较教育学(修订本)》,人民教育出版社 1999 年版。

51. 熊明安、周洪宇主编:《中国近现代教育实验史》,山东教育出版社 2001 年版。

52. 熊贤君:《千秋基业——中国近代义务教育研究》,华中师范大学出版社 1998 年版。

53. 燕国材:《素质教育论》,江苏教育出版社 1997 年版。

54. 杨东平主撰:《艰难的日出——中国现代教育的 20 世纪》,文汇出版社 2003 年版。

55. 杨曾文主编:《日本近现代佛教史》,浙江人民出版社 1996 年版。

56. 于洪波:《日本教育的文化透视》,河北大学出版社 2003 年版。

57. 余子侠:《山乡社会走出的人民教育家:陶行知》,湖北教育出版社 1999 年版。

58. 喻本伐、熊贤君:《中国教育发展史》,华中师范大学出版社 1999 年版。

59. 袁刚、孙家祥、任丙强编：《民治主义与现代社会：杜威在华讲演集》，北京大学出版社 2004 年版。

60. 张惠芬、金忠明编著：《中国教育简史》，华东师范大学出版社 2001 年版。

61. 张瑞璠、王承绪主编：《中外教育比较史纲（古代卷、近代卷、现代卷）》，山东教育出版社 2001 年版。

62. 章开沅、唐文权：《平凡的神圣——陶行知》，湖北教育出版社 1992 年版。

63. 章开沅：《开拓者的足迹——张謇传稿》，中华书局 1986 年版。

64. 章开沅：《论张謇》，经济日报出版社 2006 年版。

65. 赵祥麟、王承绪编译：《杜威教育论著选》，华东师范大学出版社 1981 年版。

66. 郑金洲：《教育通论》，华东师范大学出版社 2000 年版。

67. 周兴旺：《日本人凭什么》，世界知识出版社 2006 年版。

68. 邹尚智：《陶行知素质教育思想研究与实践》，中国社会科学出版社 2004 年版。

69. [德]伊曼努尔·康德：《实践理性批判》，韩永法译，商务印书馆 2000 年版。

70. [德]伊曼努尔·康德：《康德三大批判精粹》，杨祖陶、邓晓芒编译，人民出版社 2001 年版。

71. [德]伊曼努尔·康德：《论教育学》，赵鹏、何兆武译，上海人民出版社 2005 年版。

72. [法]古斯塔夫·勒庞：《乌合之众》，中央编译出版社 2000 年版。

73. [加]许美德，[法]巴斯蒂等：《中外比较教育史》，上海人民教育出版社 1990 年版。

74. [美]D. M. ベセル著：《価値創造者：牧口常三郎の教育思想》，中内敏夫、谷口雅子訳，小学館 1974 年版。

75. [美]梯利：《西方哲学史（增补修订版）》，[美]伍德增补，葛力译，商务印书馆 2005 年版。

76. [美]约翰·杜威：《民主主义与教育》，王承绪译，人民教育出版社 1990 年版。

77.［日］池田大作：《万里长空》，（香港）天地图书有限公司 2001 年版。

78.［日］村上重良：《国家神道》，聂长振译，商务印书馆 1990 年版。

79.［日］村上专精：《日本佛教史纲》，杨曾文译，商务印书馆 1981 年版。

80.［日］高桥俊乘：《日本教育史》，秦企贤译，中日文化协会 1950 年版。

81.［日］近代日本思想史研究会：《近代日本思想史（第二卷）》，商务印书馆 1991 年版。

82.［日］近代日本思想史研究会：《近代日本思想史（第三卷）》，商务印书馆 1992 年版。

83.［日］近代日本思想史研究会：《近代日本思想史（第一卷）》，商务印书馆 1983 年版。

84.［日］牧口常三郎：《人生地理学》，陈莉等译，复旦大学出版社 2004 年版。

85.［日］牧口常三郎：《创价教育学体系（第一卷）》，刘焜辉译，（台北）正因文化事业有限公司 2004 年版。

86.［日］牧口常三郎：《价值哲学》，马俊峰、江畅译，中国人民大学出版社 1989 年版。

87.［日］牧口常三郎：《創価教育學體系》Ⅰ，聖教新聞社 1972 年版。

88.［日］牧口常三郎：《創価教育學體系》Ⅱ，聖教新聞社 1972 年版。

89.［日］牧口常三郎：《創価教育學體系》Ⅲ，聖教新聞社 1972 年版。

90.［日］牧口常三郎：《創価教育學體系》Ⅳ，聖教新聞社 1972 年版。

91.［日］日本国立教育研究所编：《日本教育的现代化》，教育科学出版社 1980 年版。

92.［日］矢仓久泰：《学历社会》，王振宇译，吉林人民出版社 1982 年版。

93.［日］小原国芳：《日本教育史》，吴家镇、戴景曦译，商务印书馆 1935 年版。

94.［日］小原国芳：《小原国芳教育论著选（上、下）》，人民教育出版社 1993 年版。

95.［日］新渡户稻造：《武士道》，张俊彦译，商务印书馆 2005 年版。

96.［日］依田憙家:《近代日本与中国日本的近代化——与中国的比较》,卞立强等译,上海远东出版社 2004 年版。

97.［日］斋藤秋男、土井正兴、本多公荣:《教育中的民族——日本和中国》,日本明石书店 1988 年版。

98.［日］斋藤秋男:《陶行知生活教育理论的形成》,日本明治图书出版社 1983 年版。

99. Barry Keenan. The Dewey Experiment in China, Hasrvard University Press, Cambridge.

100. Education for Creative Living: Ideas and Proposals of Tsunesaburo Makiguchi, Translated by Alfred Birnbaum. Edited by Dayle M. Bethel, First edition, 1989.

101. Ethical Visions of Education. Philosophies in Practice. Edited by David T. Hansen, Teachers College Press, Columbia University, New York and London, 2007.

102. Letters of Nichiren, Translated by Burton Watson and others. Edited by Philip B. Yampolsky, Columbia University Press, New York, 1996.

103. Makiguchi. Value Creator by Dayle M. Bethel. Published by Weatherhill, Inc. , of New York and Tokey, First edition, 1973.

104. Tsunesaburo Makiguchi. A Geography of Human Life. Edited by Dayle M. Bethel. Published by Caddo Gap Press 3145 Geary Boulevard PMB 275 San Francisco, California 94118 U. S. A, 2002. Massachusetts, 1982.

三、论文

1. 蔡幸福、周洪宇:《陶行知和牧口常三郎教育思想之比较》,《华中师范大学研究生学报》2008 年第 1 期。

2. 蔡幸福:《对待教育科学研究要有科学的心态》,《教育导刊》2006 年第 4 期。

3. 陈汉才:《试论陶行知的中西文化教育观》,《华南师范大学学报(社会科学版)》1997 年第 6 期。

4. 陈宏毅:《实用主义教育与“生活教育”——杜威与陶行知教育理论

之比较》,《求索》2003 年第 4 期。

5. 陈竞蓉:《孟禄与陶行知》,《文教资料》2005 年第 7 期。

6. 程良道:《创造教育的过去与现状》,《湖北师范学院学报(教育科学版)》2003 年第 3 期。

7. 邓宗琦:《陶行知——伟大的人民教育家》,《华中师范大学学报(哲学社会科学版)》1991 年专辑。

8. 董宝良:《“捧着一颗心来,不带半根草去”——陶行知师德观新论》,《华中师范大学学报(哲学社会科学版)》1991 年专辑。

9. 董宝良:《试论陶行知与杜威在教育思想上的联系与区别》,《华中师范学院学报》1982 年第 6 期。

10. 冯雪红:《陶行知教育思想的主体性解读》,《西北第二民族学院学报》2002 年第 2 期。

11. 关松林:《杜威教育思想在日本》,南京师范大学 2004 年博士学位论文。

12. 郭笙:《试论陶行知对传统教育的批判及其生活教育理论》,《华东师范大学学报(教育科学版)》1986 年第 3 期。

13. 海巴根:《陶行知创造教育思想的现实意义》,《内蒙古师范大学学报(教育科学版)》2002 年第 6 期。

14. 何劲松:《创价学会与政治——以池田大作“中道政治”思想为中心》,《外国宗教研究》1996 年第 2 期。

15. 何劲松:《论日莲后期的佛教思想》,《世界宗教研究》1994 年第 3 期。

16. 胡继渊:《略论杜威和陶行知的知识观》,《外国中小学教育》2004 年第 11 期。

17. 胡小明:《要重视陶行知教育思想的研究》,《教育研究》1980 年第 2 期。

18. 胡志坚:《自我统摄下的心理与行为——蔡元培、黄炎培和陶行知社会心理与行为特点研究》,华中师范大学 2005 年博士学位论文。

19. 黄济:《对“传统教育”和“现代教育”都应实事求是》,《教育理论与实践》1985 年第 2 期。

20. 黄济:《试论传统教育与现代教育》,《北京师范大学学报(社会科学版)》1986 年第 5 期。

21. 黄晓光:《陶行知生活创造教育思想及其启示》,《南京晓庄学院学报》2003 年第 3 期。

22. 姜俊和:《杜威的教育目的论及其启示》,《外国教育研究》2005 年第 2 期。

23. 金林祥、李庚靖:《20 世纪 90 年代陶行知教育思想研究综述》,《教育研究》2001 年第 6 期。

24. 金林祥、李庚靖:《试论陶行知的创造教育思想及其现实意义》,《华东师范大学学报(教育科学版)》2000 年第 1 期。

25. 李庚靖:《论陶行知的教育功能观》,《广西师范学院学报(哲学社会科学版)》1999 年第 2 期。

26. 李庚靖:《陶行知教育思想研究之现状》,《上海教育科研》2002 年第 4 期。

27. 李庚靖:《中国陶行知研究 80 年概述》,《广西师范学院学报(哲学社会科学版)》2002 年第 1 期。

28. 李小融:《也论传统教育与现代教育》,《教育理论与实践》1987 年第 5 期。

29. 刘长贵:《陶行知"基督徒教育家"定位的逻辑追问》,《南京晓庄学院学报》2006 年第 1 期。

30. 刘慧群:《试论陶行知的价值观》,《四川师范大学学报》1996 年第 1 期。

31. 刘维鸿:《陶行知"中国式教育道路"浅谈》,《内蒙古师范大学学报(教育科学版)》2003 年第 4 期。

32. 鲁洁:《创造性是人的一种基本德性》,《教育研究与实验》2007 年第 5 期。

33. 陆家骏:《陶行知创造教育思想和实践对我们的启示》,《中国教育学刊》2000 年第 2 期。

34. 蕲阳侠:《陶行知教育观散论》,《华中师范大学学报(哲学社会科学版)》1991 年专辑。

35. 秦裕芳、何长辉:《创新:陶行知教育思想的灵魂》,《南京晓庄学院学报》2002 年第 3 期。

36. 孙穗平、孙耀珠:《价值与创造价值——牧口常三郎〈价值论〉的核心理论》,《河北大学成人教育学院学报》2002 年第 4 期。

37. 谭德礼:《从杜威的“教育即生活”到陶行知的“生活即教育”》,《河南师范大学学报(哲学社会科学版)》2003 年第 3 期。

38. 田忠杰:《陶行知教育思想的批判、改革精神和现实意义》,《华中师范大学学报(哲学社会科学版)》1991 年专辑(69—72)。

39. 童富勇:《对建国以来陶行知研究的回顾》,《教育评论》1991 年第 6 期。

40. 童富勇:《陶行知生活教育理论的若干特色》,《教育评论》2003 年第 4 期。

41. 王荣国:《陶行知对中西文化的态度》,《厦门大学学报(哲学社会科学版)》1990 年第 2 期。

42 王玉樑:《牧口常三郎与价值哲学》,《天府新论》2004 年第 3 期。

43. 王卓民:《关于陶行知创造教育思想的哲学思考》,《山西师大学报(社会科学版)》1989 年第 2 期。

44. 韦朝烈:《“价值哲学”兴起的社会学和经济学背景》,《社会科学研究》2003 年第 1 期。

45. 文喆:《努力实现由传统教育向现代教育的根本性转换》,《教育研究》2002 年第 7 期。

46. 吴华细:《创造教育:陶行知教育思想的精华》,《教育探索》2000 年第 7 期。

47. 肖垠:《对传统教育思想和现代教育思想都应实事求是》,《教育理论与实践》1987 年第 1 期。

48. 邢奕斐:《生活教育和陶行知教育哲学的启示》,《华中师范大学学报(哲学社会科学版)》1991 年专辑。

49. 熊贤君、周洪宇、余子侠:《陶行知研究国际学术讨论会综述》,《华中师范大学学报(人文社会科学版)》1997 年第 1 期。

50. 熊贤君:《陶行知的乡村教育利弊得失谈》,《华中师范大学学报(哲学社会科学版)》1991 年专辑。

51. 熊贤君:《陶行知对中西文化的批判——兼论陶行知对中国文化发展道路的选择》,《华中师范大学学报(哲学社会科学版)》1988 年第 6 期。

52. 须养本、王思清:《全面正确评价陶行知先生的教育思想》,《教育研究》1980 年第 1 期。

53. 徐海滨:《浅析康德"人是目的"》,《太原大学学报》2005 年第 3 期。

54. 颜昌武:《寻求哲学的合法性》,《现代哲学》2003 年第 1 期。

55. 杨汉清、蔡幸福:《关于我国比较教育研究方法的思考》,《高教与人才》1991 年第 1 期。

56. 杨曾文:《日莲心目中的〈法华经〉》,《世界宗教研究》1998 年第 2 期。

57. 余子侠:《双子座的光能——黄炎培陶行知教育思想比较研究》,华中师范大学 1997 年博士学位论文。

58. 余子侠:《陶行知生平事迹五考》,《安徽史学》2001 年第 3 期。

59. 喻本伐:《论"教学做合一"的实践历程及其局限》,《华中师范大学学报(哲学社会科学版)》1991 年专辑。

60. 曾繁铬:《从陶行知和胡适的分道扬镳看两种不同的世界观和人生观》,《教育研究》1991 年第 10 期。

61. 张伯兴:《活教育　真教育　好教育》,《中国教育学刊》2000 年第 4 期。

62. 张澄清:《自由·目的·价值——对康德真、善、美哲学体系的思考》,《厦门大学学报(哲学社会科学版)》1995 年第 1 期。

63. 张蓉:《批判与反思:1952—1978 年的陶行知研究》,《华东师范大学学报(教育科学版)》2005 年第 3 期。

64. 章开沅、唐文权:《伟大的爱国主义者陶行知——纪念陶行知诞辰 100 周年》,《华中师范大学学报(哲学社会科学版)》1991 年专辑。

65. 赵刚:《陶行知研究在日本》,《日本研究》1989 年第 3 期。

66. 周洪宇、蔡幸福:《从船工之子到教育大师——牧口常三郎的人生历程》,《河北师范大学学报》2007 年第 5 期。

67. 周洪宇、蔡幸福:《牧口常三郎创价教育思想的三大基石》,《教育科学》2006 年第 6 期。

68. 周洪宇、蔡幸福:《牧口常三郎的"创价教育"思想研究》,《比较教育研究》2007 年第 6 期。

69. 周洪宇:《杜威教育思想在中国的传播及其影响》,《河北师范大学学报》2001 年第 4 期。

70. 周洪宇:《关于人民教育家陶行知的生年问题》,《华中师范学院学报》1983 年第 5 期。

71. 周洪宇:《湖北省陶行知研究会成立大会暨学术讨论会综述》,《华中师范大学学报(哲学社会科学版)》1987 年第 4 期。

72. 周洪宇:《六十年来国内陶行知研究文献目录(1928—1991)》,《华中师范大学学报(哲学社会科学版)》1991 年专辑。

73. 周洪宇:《欧美陶行知研究概况》,《国外社会科学》1991 年。

74. 周洪宇:《生活教育研究如何深入》,《华中师范大学学报》1991 年第 6 期。

75. 周洪宇:《陶行知研究的方法论问题》,《华中师范大学学报(哲学社会科学版)》1989 年第 2 期。

76. 周洪宇:《陶行知研究在国外》,《教育研究》1991 年第 11 期。

77. 周洪宇:《陶行知与基督教》,《安徽史学》1991 年第 4 期。

78. 周洪宇:《陶行知与中国现代文化》,华中师范大学 1992 年博士学位论文。

79. 周洪宇编:《国外及港台陶行知研究资料索引》,《文教资料(南京)》1991 年第 5 期。

80. [日]渡边宝阳:《日莲对〈法华经〉"一念三千"的继承》,杨曾文译,《世界宗教研究》1998 年第 2 期。

81. [日]菅野博史:《〈法华经〉的中心思想——以一佛乘思想为中心》,《世界宗教研究》1996 年第 3 期。

四、网络、音像资料

1. 国际创价学会网站——http://chs. sgichn. org/sgichn/index.

2. DVD. Tsunesaburo Makiguchi — For the Happiness of Children, Kinokuniya Company Ltd. , Tokyo, Japan, 2006.

3. http://bmweb. njxzc. edu. cn/xzh/taoyansuo.

4. http://www. infosoka. net/wiki/index.

后　记

本书是在我的博士学位论文的基础上修改、完善而成的。

光阴荏苒，时光如梭。回首旧事，感慨万千。2005 年，承蒙硕士导师杨汉清教授和师兄方彤教授的推荐、鼓励和张云芳老师的关心和帮助，我有幸被周洪宇教授收为门徒。十多年来，恩师周洪宇教授的关爱和教诲历历在目。

记得 2006 年元月，恩师建议我将“陶行知与牧口常三郎教育思想比较研究”作为毕业论文的题目。听完恩师对牧口常三郎的介绍后，心情喜忧参半。高兴的是，因为被牧口常三郎不屈不挠、乐于奉献和爱好和平的人格魅力所感染；担忧的是，因为这是我有生以来第一次听说这位日本教育家。而且由于语言的原因，资料收集难度可想而知。十九世纪日本教育家牧口常三郎，由于种种原因，曾一度被历史所湮没。他的处女作《人生地理学》以及他的教育力作《创价教育学体系》，在当时的日本教育界产生了较大影响。当时不少报纸和杂志对其进行了报道。遗憾的是，其教育思想在他生前不仅没有得到当时日本政府和社会的足够重视，而且因政治的压制几乎窒息，同时由于他的书集最初是以日文出版，外文翻译版问世较晚，使其对世界的影响力受到了一定的局限。实事求是地讲，从当时我国已发表的文章来看，对牧口常三郎进行专题研究的成果很少，从网上检索到公开发表的有关研究牧口常三郎的论文只有几篇。

在写作过程中，恩师多次鼓励我说：“是金子总是要发光的。过去没有研究或者说研究不多，不等于不值得研究或者说没有研究价值。牧口常三郎的教育思想过去没有得到教育史学界应有的认可，不等于现在和未来不能或不会得到教育史学界的重视。”也正是在恩师的悉心指导下，对牧口常三郎的教育思想进行的专题挖掘得以顺利进行。

2006 年 10 月，恩师和我向“和谐社会与和谐世界——池田大作思想国际学术研讨会”提交的《教育的目的就是要增进人格的价值·日本创价教育思想的先驱——牧口常三郎》一文，堪称国内专题研究牧口常三郎教育思想的开基之作。也就在当年的12月，恩师和我在《教育科学》发表了《牧口常三郎创价教育思想的三大基石》一文。此外，恩师和我撰写的文章《牧口常三郎"创价教育"思想研究》《从船工之子到教育大师——牧口常三郎的人生历程》《陶行知和牧口常三郎教育思想之比较》和《牧口常三郎创价教育思想之研究》也先后分别在《比较教育研究》《河北师范大学学报》《华中师范大学研究生学报》和《中国教育科学》上发表了。

为了帮助我了解牧口常三郎，恩师想方设法帮我获取关于牧口常三郎的资料和信息，并助我与日本创价学会有关学者取得联系。可以说，没有恩师的高瞻远瞩，没有恩师宽厚的学术底气和独到的慧眼，要想在攻读博士的三年学业中顺利完成这篇博士论文完全是不可能的。自然，更不会有2008年山东教育出版社出版《陶行知与牧口常三郎教育思想比较研究》("教育史学研究新视野丛书"之一，2012年获第四届中华优秀出版物奖图书奖)一书之说了！

恩师的人格魅力有口皆碑。他不仅是位难得的经师，更是位难得的人师。

他和蔼可亲、有求必应，让弟子铭记于心！昔日恩师的关爱和教诲闭目可见。工作再怎么紧张繁忙，他从来也没有放松过对我的学业指导。无论是在专业知识的传授上，还是在博士论文的选题、构思、材料收集、行文方面，他都为我倾注了大量心血。特别让人难忘的是，恩师诲人不倦的精神。记得有一次晚上8点钟，我打电话就博士论文写作中的困惑请教恩师。恩师因工作忙一时来不及详细解答，可让我感动的是，当晚11点50分恩师来电就没有回答完的问题进行耐心指导，而且当时他正在开会返家的路上。当电话结束时，已是深夜12点40了！还有几次，当我早上打开自己的邮箱时，我意外地收到了恩师写来的关于学业方面的回信，而且是深夜1点写来的回信！

他甘为人梯、无私奉献，让弟子终身受益。他总是会在我最需要的时候雪中送炭。在学习和论文写作中，他或是精心字句扶正，或是给予思想和思路的点拨，或是帮我找来稀贵的研究信息原料，或是向我介绍国内外有关学术研究权威，或是在重要学术会议上推介我的研究；在作品的发表上，他或是着力将我的作品向学术刊物推荐，或是将他的珍贵人脉直接切搭给我。他总是那样智慧牵引在先，而不主导学生的学术自由；唱戏搭台在后，而不让弟子“自生自灭”。

学习期间，本人深得教育史专业导师组成员余子侠教授、杨汉麟教授、熊贤君教授和喻本伐教授在做人方面的教导和修业方面的悉心指导，受益匪浅。他们对论文的材料提供、写作的建议和意见为论文的最终完成起到了重要作用。这些老师的敬业精神、渊博学识、严谨学风、民主作风，让人刻骨铭心，也使我终身受益！

德高望重的历史学家章开沅教授，华中师范大学教育学院的资深专家杨汉清教授、董宝良教授、任钟印教授一直关心和指导晚辈的专业学习；教育学院方彤教授、王建梁副教授、欧阳光华副教授、马英老师，研究生处的李炎芳处长，外语学院的张隆胜教授，历史研究所的田彤副教授，省新闻出版局副局长陈锋教授以及日本创价大学的高桥强先生都在精神和学业上给了我诸多帮助和指导。

各位老师深厚的学养、平易近人的态度以及他们在学术研究中的精辟见解都在我心中打下了深刻的烙印。在此，对以上各位老师对我的关心和指导一并表示衷心的感谢！师恩浩大，永铭在心！

需要指出的是，本人必须诚挚地感谢本书稿所参考和引用的所有研究成果的作者，是他们为我提供了宝贵的研究素材、精神动力和智力支撑。如果没有他们的智慧，要想如期完成本书稿是很困难的！

攻读博士期间，有幸结识了但昭彬、胡志坚、广少奎、赵厚勰、郭娅、肖会平、申国昌、吴玉伦、孙广勇、程斯辉、陆克俭、陈晴、赵霞、兰军、冉春、耿红卫、张明武、陈功江、梁淑红、粟高燕、高培华、侯云汉、樊艳艳、朱红梅、汪楚雄、汪丞、方玉芬、吴丹、冯秀梅、雷丹、朱浩、陈光春、陈竞蓉、王萍、李贤智、付宏、郑刚、喻琴等同门，还有曾新、卢洁莹、邹强、张国强、汤广全、周芬芬、黎琼锋、陈元欣、郭清扬、周小李、邱珊珊、高迎爽等同学。在与他们的接触中，我不仅开阔了眼界，增长了见识，也从他们身上学到了许多治学的经验和方法。特别要提到的是，金保华博士在帮我收集有关资料上不厌其烦、付出了大量心血，在论文写作中提出了许多宝贵的意见。在此对各位学友给予我的帮助和鼓励，表示诚挚的谢意！

多年来，得益于各级组织的培养，受惠于老师、领导、同志、亲友的关心、鼓励和帮助，自己的政治思想、专业水平和工作能力一步步走向成熟。借此机会，我衷心地向他们道一声“谢谢”！

我还要诚挚地感谢我去世的父母和岳父，感谢岳母、爱人杜青、儿子明远以及其他亲人！他们对我无私的关爱和支持一直是我能够安心学业、奋力前行的基石！

2008 年山东教育出版社蒋伟老师、王慧女士为书稿的首次出版付出了很多心血，此次华中师范大学出版社的陈良军老师为书稿的再版耗费了大量心力。在此，向他们致以崇高的敬意和真诚的感谢！

蔡幸福

2020 年 10 月于汉口百步亭花园